민주사회정책연구 총서 4

1950~1960년대 한국형 발전모델의 원형과 그 변용과정

내부동원형 성장모델의 후퇴와 외부의존형 성장모델의 형성

공제욱·조석곤 공편

한울
아카데미

국립중앙도서관 출판시도서목록(CIP)

1950~1960년대 한국형 발전모델의 원형과 그 변용과정 /
공제욱 외 지음. 파주 : 한울, 2005
   p. ;   cm.(한울아카데미 ; 798)(민주사회정책연구 총서 4)

ISBN   89-460-3461-0 94330

320.911-KDC4
330.9519-DDC21   CIP2005002187

* 이 저서는 2002년 정부(교육인적자원부) 재원으로 한국
학술진흥재단(기초학문육성 인문사회분야)의 지원을 받아
수행된 연구임(KRF-2002-073-BS1506).

책을 펴내면서

한국의 자본주의 발달사를 연구할 때 1960년대에 대한 연구는 피해갈 수 없는 부분이며, 가장 중요한 부분 중의 하나일 것이다. 1960년대에 들어와서 한국의 자본주의는 본격적인 성장을 시작했다. 이러한 급속한 성장을 가능케 한 요인이 무엇이었는지에 대해서는 앞으로도 연구가 지속될 수밖에 없을 것이다. 그런데 이러한 급속한 성장을 가능케 한 요인들 중 당시 박정희 정부의 역할, 특히 박정희 정부의 경제성장정책이 어떻게 형성되었으며, 어떤 성격을 갖고 있었는지, 그리고 어떠한 역할을 했는지는 밝혀야 할 중요한 부분 중의 하나이다. 이 책에서는 박정희 정부가 초기에 '내부동원형' 성장전략을 갖고 있었으며, 미국의 반대와 정책의 실패 등 현실에 적응하는 과정에서 정책방향을 바꾸어 1960년대 중반 이후 '외부의존형' 성장전략으로 전환했다는 가설을 갖고 있다. 또한 '외부의존형' 성장전략으로 정책을 전환한 이후에도 한국형 성장전략의 원형으로서의 '내부동원형' 성장전략을 완전히 포기하지는 않았다는 견해를 갖고 있다. 이러한 가설에 입각해서 1960년대의 급속한 자본주의 성장과 관련한 당시 박정희 정부의 역할과 그 문제점을 살펴보고자 하는 것이 이 책의 목표이다. 이 책이 이러한 목표에 비추어 조그마한 기여라도 하기를 바랄 뿐이다.

이 책은 민주사회정책연구원이 한국학술진흥재단 기초학문육성과제의 지원을 받아 이루어진 공동연구의 성과물이다. 이 공동연구의 기획자이자, 연구팀을 실질적으로 조직한 사람은 상지대학교의 조석곤 교수이다. 그런데 이 연구가 본격적으로 시작된 지 몇 개월이 지나지 않아 조석곤 교수가 대학에서 기획처장이라는 보직을 맡게 되는 바람에 연구 진행에 어려움을 겪은 것이 사실이다. 하지만 바쁜 가운데에서도 연구 진행을 챙겨 이렇게 무사히 연구 성과물이 나올 수 있게 되었다. 상지대에서 보직을 맡는 것은 매우 바쁘고 힘든 것이 사실인데, 그 가운데서도 스스로의 연구 결과물을 제때에 내어놓는 조석곤 교수의 놀라운 능력에 감탄하였다. 그 수고에 감사할 뿐이다. 그리고 연구 진행과정과 최종 연구 성과물이 나오는 과정에서 김정주 박사가 많은 노력을 기울였다. 감사의 마음을 전한다. 또한 이 책에 실린 원고들을 완성해준 모든 필자들의 수고에 고마운 마음을 전한다.

이 책은 민주사회정책연구원의 연구총서 제4권으로 출판하게 되었다. 연구총서가 지속적으로 출판되는 데 이 책이 일익을 담당하게 되었음을 기쁘게 생각한다. 또한 장사가 잘되지 않는 사회과학 서적의 출판을 결정해준 도서출판 한울의 여러분께도 감사의 마음을 표한다.

필자들을 대신하여 공제욱 씀

차례

서론

1950-1960년대 한국형 발전모델의 원형과 그 변용

공제욱(상지대 교수, 사회학)·조석곤(상지대 교수, 경제학)

1.

1980년대 중반 '3저호황'을 거치면서 한국경제는 이른바 '성장의 엔진'을 확실하게 장착한 것으로 평가받기 시작했다. 이에 따라 한국자본주의가 이러한 역사적 성과를 거둘 수 있게 된 배경에 대한 관심이 국내외적으로 고조되기 시작했으며, 학계 역시 이른바 '한국사회 발전모델'에 대해 탐구하기 시작했다.

물론 한국사회의 역사적 발전과정을 파악하는 전통적 방법론으로 한국사회의 예속성과 파행성을 강조하는 예속자본주의론이나, 자립경제의 달성 추구를 주장하는 민족경제론 등이 있는데, 이러한 방식에 입각한 논자들은 한국의 경제성장을 예속이 강화되는 과정이거나, 민족경제를 지향하는 내포적 성장의 방식을 포기하고 외향적 성장을 추구한 것으로 파악함으로써 일반적으로 부정적인 평가를 내리는 것이 보통이어서,[1] 1980년대 이후 한국자본주의 발전의 성과를 제대로 파악해내는 틀로는

---

[1] 이러한 여러 주장들은 1980년대 중반 이른바 '사회구성체논쟁'을 통해 나름대로 이론적 정교화를 시도했지만, 그 이후의 역사적 전개과정에서 현실 기반을 상실하였다.

한계가 있었다.

때문에 사실 최근 10여 년간 사회과학계의 핵심 화두는 1960년대 이후 한반도 남쪽에서 이루어진 기적에 가까운 자본주의 고도성장의 동력과 그것의 역사적 기원을 밝히는 것에 집중되었다고 해도 과언이 아니다. 이러한 경향의 연구는 한국사회의 발전을 '발전국가', '개발독재', '압축성장' 등의 개념으로 표현하고 있다. 이러한 연구들은 모두 한국사회의 발전이 과거 다른 지역의 국가에서는 볼 수 없는 20세기 후반 동아시아의 경제성장과 그 맥을 같이하는 것으로 파악하고 있으며, 그러한 '성공'을 가능케 한 요인으로 대체로 국가주도형 성장, 재벌의 일정한 역할, 인적 자본의 기여 등을 들고 있다.

그러나 이러한 개념들은 정도의 차이가 있기는 하지만 성장에 대한 과대한 강조로 다른 문제들을 은폐하는 경향이 있으며, 국가의 긍정적 역할이 부각되면서 그 업적이 과도하게 '미화되거나' 혹은 '사후 합리화' 된 것은 아니가 하는 우려도 낳을 수 있다. 또 결과만을 부각함으로써 그 과정에서 지불된 사회적 비용을 무시한 것 또한 문제라 할 수 있다.[2]

결과에 입각한 '사후 합리화'에 불과한 논의라는 비판을 벗기 위해서는 한국사회 발전의 결과가 아니라 발전과정 자체가 분석되어야 한다. 본 연구는 박정희의 집권기간 동안 추진된 국가기획에 의한 일련의 경제성장 정책과 그것의 작동메커니즘을 1960·1970년대 한국형 발전모델(이하

---

2) 그렇다고 해서 한국사회 발전모델에 대한 대항담론이라 할 수 있는 예속적 자본주의론이나 민족경제론 등이 주장했던 논의가 정당성을 복원한 것은 아니다. 이 논의들 역시 한국경제가 주변부적 위치에서 벗어났는가, 현재까지의 경제발전이 종속의 약화 혹은 폐기를 말할 수 있는 수준인가에 대한 질문에 답해야 한다. 또 민족경제론은 세계화시대에 이미 그 시의성을 상실한 것은 아닌가, 혹은 일부 논자의 주장처럼 부르주아적 환상에 기초한 덧없는 이론에 불과한 것인가를 검토받아야 한다.

'한국형 발전모델'이라 한다)이라 부르고, 그러한 한국형 발전모델의 형성·변모 과정을 검토하고자 한다. 이러한 역사적 접근이 국가개입을 효율적으로만 평가하는 사후 합리화의 위험을 배제하는 첩경이 될 것이다.

즉, 발전국가론이 효율성의 원천으로 지적하고 있는 국가의 능률적인 개입, 유능한 기업가, 양질의 노동력 등이 박정희 집권 초기부터 존재했던 것이 아니라 1960·1970년대를 통해 점차 형성된 것이며, 시행착오와 학습을 통해 역사적으로 구조화된 것이었다. 따라서 본 연구에서는 한국형 발전모델을 그 원형의 형성과 변모라고 하는 역사적인 관점에서 파악하고자 한다. 또 기존 연구가 '성장의 동력'이나 '상품의 흐름'(수입대체/수출지향)에 초점을 맞추었다면, 본 연구는 당시 국가기획의 핵심이 '성장을 위한 자본 확보'였다는 엄연한 사실에서 출발해 '자본의 형성과 흐름'에 초점을 두고자 한다.

본 연구에서 우리는 한국자본주의를 '자본에 허기진 따라잡기 자본주의(scant capital catch-up capitalism)'로 규정하고, 한국자본주의가 이러한 유형으로 특성이 자리 잡게 된 1960년대 초중반을 본격적으로 분석하고자 한다.

2.

1980년대 초반까지의 경제발전에 대해서 동시대 학계의 반응은 대개 한국의 성장을 종속 혹은 예속의 관점에서 파악하는 것이었다. 그러나 1980년대 중반의 3저호황을 계기로 한국경제가 수지흑자를 기록한데다가 사회주의권의 붕괴를 통해 체제 대립이 해소됨으로써 기존 패러다임에 큰 변화가 나타났다.

이후 한국사회 발전과정에 대한 해석이 다양하게 시도되었다. 물론 한국의 경제발전을 세계체제론이나 조절이론의 관점에서 '주변부적'인 현상으로 파악하려는 논의나, 요소 투입의 양적 증대라고 하는 순경제적인 요인으로 설명하려는 논의도 있지만, 한국의 고도성장을 가능하게 했던 이유를 시장친화적인 제도의 존재에서 찾는 논의가 주류를 이루고 있다. 후자의 논의는 미시적인 차원에서 행한 국가의 역할(시장친화적인 규율의 수립, 산업정책을 통한 가격의 왜곡 등)을 강조하면서 동시에 후발성의 이익(학습효과), 전통적 제도(유교자본주의) 등의 비시장적 요인을 동시에 언급한다. 이제 각 주장에 대해 살펴보자.3)

먼저 세계은행(1993)의 입장을 살펴보자. 세계은행은 동아시아 고성장국의 특징으로 농업부문의 동태적 변화, 수출의 빠른 성장, 급속한 인구변동(인구증가율의 급감), 높은 저축과 투자, 인적 자본에 대한 많은 투자 등을 들고, 급속한 인구증가율 감소가 교육에 대한 투자를 증대시키면서도 동시에 저축 가운데 좀더 많은 부분을 물적 자본에 투자할 수 있게 한 원동력이라고 주장했다. 그리고 이러한 성장이 가능했던 이유로 학습효과, 거시경제적 안정성, 공정한 소득분배(농지개혁, 교육에 대한 투자로 사회적 이동성 강화) 등을 언급하고 있다.

원래 신고전파 주류의 입장은 동아시아에 있어서 산업정책의 존재를 인정하고 있지 않았지만, 세계은행(1993)에서는 산업정책의 존재를 인정하고 나아가 학습효과가 일정한 영향력을 발휘했음을 지적하고 있다. 이는 그 이전의 신고전파 주류의 입장과는 차이를 보이는 점인데(장하준, 2002), 그럼에도 불구하고 여전히 동아시아의 성장의 원천은 그러한 제도적 측면보다는 거시적인 요소배분에 있어서의 유리성에서 찾고 있다.

---

3) 본 연구의 주된 관심이 시장과 국가/제도와의 관계의 영역이기 때문에 예속의 관점에서 파악하는 논의나, 조절이론에서 제시하는 주변부 포디즘적 관점에서 파악하는 논의들에 대해서는 검토를 생략한다.

또한 세계은행(1993)은 동아시아의 정책결정자가 거시경제적 안정성과 인적 자본 형성, 대외거래의 개방, 그리고 시장·경쟁 및 민간부문을 증진시키는 정책을 추구했다는 점에서 시장친화적 발전(market-friendly development)을 했다는 사실을 인정하면서도, 훈련되지 않은 국가관료의 성장이 초래하는 위험과 정책개입에 따른 가격왜곡의 비용 또한 강조하고 있다.

성장회계의 방식을 이용한 연구에서도 비관적인 결론을 내리고 있는데, 동아시아 국가의 총 요소생산성이 낮음에도 불구하고 성장률이 높았던 것은 인구증가율의 감소가 지속가능한 성장경로를 상방으로 이동시켰기 때문인데, 이제 그러한 효과가 사라지면 총 요소생산성 증가율을 높여야 하는 한계점에 도달한다고 주장하고 있다. 크루그만(1994)은 이러한 주장의 한 극단에 서 있는데, 그는 아시아 경제성장의 비결은 구소련처럼 내일의 이득을 위해 오늘의 만족을 기꺼이 희생시키는 것에 불과하다고 보았다. 그의 주장은 동아시아의 성장은 발전국가와 같은 특별한 개념장치를 빌리지 않고서도 성장회계로 충분히 설명 가능하다는 것이다.

이에 대해 동아시아 시장의 불완전성을 전제로 국가의 개입이 그러한 시장 불완전성을 개선하는 효과가 있었음을 주장하는 논의들이 있다. 이러한 논의의 효시는 일본의 경제발전을 설명한 존슨(1982)을 들 수 있는데, 뒤이은 일련의 주장들을 우리는 발전국가론이라 부른다. 김대환(2001)은 발전국가의 특징으로, 자본의 이윤창출조건을 개선하기 위해 국가가 수출지향적 산업화를 통해 경제성장을 주도했고, 저렴한 노동력의 재생산을 위한 정책적 개입을 했으며, 기업간의 경쟁과 협력이 따라잡기에 유리하도록 국가의 조정이 이루어졌으며, 경제 및 사회정책의 근저에 국민경제 또는 국민국가의 이념이 자리하고 있었다고 보았다. 그러면서도 그는 국가개입은 경제성장과 사회통합을 위해 시장기구의 대체물이라기보다는 보완물로서 기능했다고 보았다.

반면 암스덴(1989)은 국가의 개입이 단순한 시장기구의 보완물이 아니라 시장기구의 불완전한 작동을 '왜곡'함으로써 그것을 효율적으로 대체할 수 있었으며, 그것이 한국경제 성장의 원동력이었다고 설명한다. 그녀는 한국과 같은 후발공업화에 성공한 나라가 선진국을 따라잡을 수 있었던 가장 중요한 요인은 학습이었으며, 따라서 그러한 공업화의 유형을 학습을 통한 공업화라고 주장했다.

후진공업화에 성공한 나라들에 공통적으로 보이는 일반적 특징으로 국가는 보조금을 통해 상대가격을 왜곡함으로써 자본의 흐름을 조정할 수 있었으며, 다각화된 기업집단으로서의 재벌은 따라잡기에 효율적인 생산조직이었다고 주장한다. 또한 국가는 핵심전략의 하나로 생산노동자에 대한 훈육에 집중했는데, 이것이 생산성 향상과 경쟁력 제고에 큰 역할을 했으며, 노동자들 역시 품질관리 등 자발성에 기초한 노동참여를 보였다고 주장했다. 물론 국가는 노동뿐만 아니라 자본도 적절하게 훈련시킬 수 있었는데, 국가는 수출의무의 부과, 정책금융, 판매가격에 대한 통제, 외환에 대한 통제(특히 자본의 해외도피 등을 막는) 등의 수단을 적절하게 사용했다.

장하준(1993) 역시 한국경제 성장의 요인을 시장기구의 작동만으로 설명할 수 없으며, 국가가 일정한 기여를 했다고 주장하고 있다. 그는 한 국민경제가 발전하기 위해서는 수입대체 혹은 수출지향과 같은 발전전략 수립 외에도 인프라 및 기간산업에 대한 투자능력, 적절한 노동력 공급 등의 요인이 복합적으로 결합되어야 한다고 주장했다.

그는 특히 한국의 국가개입이 다른 나라에서와 달리 특별하게 성공할 수 있는 요인을 탐구했다. 한국에 있어서 국가개입의 목표는 자립경제의 건설이었으며, 이를 위해 확장적 경제정책을 실시했다. 그것은 성장에 필수적인 투자에 우선순위를 둔다거나, 저축을 확보하기 위해 소비수요를 억제한다거나, 생산의 효율성을 위해 내수 규모를 넘는 규모의 경제를 추구한다거나 하는 방식으로 나타났다.

그는 이러한 국가개입은 국가에 의한 지대의 창출과정인데, 이 과정에서 발생하는 낭비가 경제성장을 방해하지 않은 이유로 한국은 경성국가였으며, 재벌이라는 소수의 집단만이 지대추구과정에 참여했기 때문에 지대추구비용이 낮았다는 점을 들고 있다. 지대가 일단 허용되면 지대시장에 진입장벽이 세워지며 이 역시 지대추구비용을 낮추는 역할을 한다는 것이다. 이 경우 지대수혜자로부터의 정치적 압력 때문에 국가에 의해 창출된 지대가 없어지기는 힘들게 된다. 그럼에도 불구하고 재벌이 부패하지 않았던 것은 재벌에 대한 국가의 우위가 확고했다는 점을 들고 있다.[4]

이러한 모든 논의에서 일단 전제하고 있는 것은 국가의 개입이 시장을 보완하든 시장을 대체하든 어느 정도 효율성을 가지고 있다는 사실이다. 이재희는 1970년대 중화학공업화가 과잉중복투자로 귀결한 이유를 1970년대 말에 이르러 자유경쟁의 효율성 논리에 밀려 국가가 시장에 적극적으로 개입하지 못했기 때문이라고 주장했다(이재희, 1999: 146). 이는 국가의 개입이 효율적이라는 사실을 선험적으로 전제하고 있는데, 그러나 이러한 전제가 반드시 타당한 것은 아니며 모두 동의하는 것도 아니다. 국가주도의 산업정책의 비효율성을 주장하는 시장주의자들의 입장은 말할 것도 없지만, 국가개입의 효율성은 사후적인 판단의 문제이며, 사전적으로 전제할 수는 없는 것이다.

사후적인 효율성 판단에 있어서도 분석방법의 문제가 여전히 존재한

---

4) 이처럼 한국의 국가가 강력할 수 있게 된 이유로 그는 농지개혁, 한국전쟁 등을 거치면서 사회계급이 취약해졌으며, 군사정권의 지도자들은 자유시장경제 보다는 일본형 조합주의에 더 친화력을 지니고 있었기 때문이었다. 그들은 지도받는 자본주의를 육성하기 위해 은행을 국영화했고, 산업정책의 지휘를 위해 경제기획원을 설립하는 등 제도적 장치를 마련했다.

다. 통계치를 이용해 원인과 결과를 직접 연결시킨 경제학적 모형을 이용해 국가개입의 타당성을 논하는 것은 그 정책이 추진되고 집행되는 구체적인 과정을 생략함으로써 과도한 단순화로 귀착할 수 있다. 또 정부문서를 이용한 연구는 자료의 취사선택 과정에서 정부정책의 일관성을 입증하는 자료만 선택될 가능성이 있고, 재벌에 대한 연구에서도 기업이 매우 일관적인 목표를 가지고 정책을 추진한 것처럼 자료가 수집될 수도 있는 것이다.5) 따라서 국가개입의 효율성 문제에 대해서는 다른 차원의 접근방법이 필요한 것이다.

다음은 한국경제의 성장과정을 발전전략의 대체로 설명하는 연구성과를 검토해보자. 김대환(1996)은 한국의 공업화를 수입대체 경공업화 단계, 수출지향 경공업화 단계, 수출지향 중화학공업화 단계로 구분하고 있다. 이러한 입장은 한국의 외향적 공업화를 전제로 주도산업이 변화하는 과정을 단순하게 설명할 수 있다는 장점이 있지만, 그만큼 복잡한 현실을 설명하는 데는 한계가 있다. 또 이러한 발전전략의 대체는 단선적으로 이루어졌다기보다는 복선적인 과정을 거쳤다고 보는 것이 더 타당하다(장하원, 1999; 조석곤, 2001).6)

김대환(1996)의 주장은 한국의 급속한 공업화가 수입대체 공업화의

---

5) 발전국가론이 대두하기 이전 국가개입이나 재벌에 대한 평가는 일반적으로 경제발전에 장애요인으로 지적되었지만, 발전국가론에서는 경제발전에 순기능을 한 것으로 평가하고 있다. 과정을 검토한다는 것은 정책의 수행과정에서 발생하는 시행착오나 비용에 대해서도 검토해야 한다는 것이다. 국가나 재벌을 경제성공 신화와 연결할 때는 구체적인 국가정책이나 재벌의 행태보다는 관념적 추상물로서 논의하는 경우가 많은데 그 또한 문제라 할 수 있다.

6) 시장전략의 '대체'라는 관점에서 파악하는 것은 단순화의 편리성은 있지만 한 사회의 발전과정의 원동력의 상당 부분을 외부요인에 둘 수밖에 없으며, 결과적으로 그 발전과정이 유리한 외적 시장조건에 결정적으로 의존한 '우연적 성공'이라는 평가를 내릴 수 있는 가능성도 있다.

방향을 버리고 수출지향 공업화의 방향을 채택했기 때문에 가능한 것이었음을 지적한 학계의 일반적인 주장과 그 궤를 같이한다. 이제민은 20세기 후반기 수입대체 공업화가 성공할 수 없었던 요인은 이미 기술격차가 너무 벌어졌기 때문이며, 한국이 수출지향형 공업화에 성공한 것도 제3세계 전체로 일반화할 수 없는 것이라는 점을 지적했다(이제민, 1995).

수입대체에서 수출지향으로 정책의 기조가 바뀌었다는 일반론에 대한 반론이 최근 제기되고 있다. 장하원은 이는 이분법적인 발상이며 당시의 경제정책을 이렇듯 단순화할 수는 없다고 비판하면서 "1960년대의 발전전략은 경제정책의 시행착오적 진화과정에 의해 형성"(장하원, 1999 : 82)되었다고 보아야 한다고 주장했으며, 그는 이것을 '진화론적 정책형성 가설'이라고 불렀다. 또 이병천(1999), 박태균(2000)은 박 정권하의 공업화가 수입대체와 수출주도형의 복선적 발전전략이었음을 지적하고, '1차계획'과 '보완계획'이 일정한 정책상의 차이를 보이고 있다는 점을 실증적으로 보여주었다.

적어도 1차계획 수립 당시에는 수출지향형 정책이 명시적으로 채택된 것은 아니었다(강광하, 2000: 30). '제1차 경제개발계획 보완계획'(이하 '보완계획'이라 한다)에서도 여전히 수출은 수입수요의 증대에 따른 국제수지의 적자폭을 감소시키는 수단으로 인정되고 있었던 것으로 보인다. 다만 '보완계획'에서 수출진흥책으로 "수출산업을 육성키 위한 산업정책면의 고려"를 해야 할 것임을 지적한 것은 이후 정책변화와 관련해 중요한 의미를 가진다고 할 것이다. 박태균은 이를 후진국 개발전략을 수출주도형으로 전환하려는 미국 측의 입장이 어느 정도는 반영된 것으로 보고 있다(박태균, 2000: 200).

이 점에서 장하원의 진화론적 정책형성 가설은 매우 흥미롭다(장하원, 1999). 즉, 수출주도형으로의 전환은 처음에는 국제수지의 적자보전이라는 차원에서만 논의되다가, 1960년대 후반 수출의 경제성장에 대한 폭발적인 기여도가 인지되면서 정책의 전면으로 급부상하게 되었다는 것이다.[7] 그러나 장하원 역시 정책선택이 적응적 혹은 진화론적으로 '개선'되고 있음을 전제하고 있다는 점에서 크게 보아 기존 논의의 연장선상에 있다.

3.

본 연구는 국가개입의 역할과 성장전략의 전환이라고 하는 두 측면에서 선행연구의 입론과 일정한 거리를 두고자 한다. 본 연구에서는 국가와 시장의 관계에 있어서 국가개입의 효율성 문제를 중요시하는 기존 연구경향과는 달리 국가기획의 전략적 목표가 무엇이었는지, 그리고 그러한 전략목표는 시간의 흐름 속에서 어떤 변화를 겪었는지에 초점을 맞추고자 한다. 물론 이러한 변화는 성장전략의 전환이라는 주제와 밀접하게 연결된다.

성장전략의 전환이라고 하는 측면에서는 그러한 전환이 적응적 혹은 진화론적으로 '개선'되어 왔다는 가치판단을 배제하고자 한다. 한국형 발전모델의 목표가 '경제자립을 위한 성장'이었음이 분명하지만, 이 목표 달성에 있어 가장 큰 장애요인의 하나는 '극심한 자본부족'이었다. 이

---

7) 그는 산업정책이 진화적 과정에 의해 형성된 것의 가장 극적인 예가 수출주도전략이라고 평가한다. 제2차 경제개발 5개년 계획서를 보아도 수출의 역할은 여전히 주로 국제수지개선을 위한 수단으로 이해되고 있었다. 그러다 1960년대 후반부터 수출이 급격하게 증가하자 정부는 이른바 수출에 대한 정책금융의 비율을 재량적으로 확대했고, 이러한 증가가 가능했던 것은 1960년대에 꾸준하게 성장한 수입대체적 내수산업이 수출산업과 연관효과를 갖게 되면서 나타난 결과라고 설명하고 있다(장하원, 1999: 107~111).

<표 1> '자본에 허기진 따라잡기 자본주의'의 시기별 유형화

시기	자본의 유입	위기
1960년대	한일협정, 베트남 파병	부실기업정리, 8·3조치
1970년대	차관, 중동특수	투자조정, 디플레이션 정책
1980/1990년대	3저호황, 단기외채	구조금융, 빅딜/워크아웃

경우 국가기획의 핵심이 '성장을 위한 자본확보'가 되는 것은 너무나도 당연한 일이었다.

이러한 한국자본주의의 특징은 적어도 20세기 후반까지 지속적으로 나타났다. <표 1>은 한국자본주의가 시기별로 외부자금의 수혈을 통해 필요한 자금의 상당 부분을 확보했으며, 그것이 장애에 부딪혔을 때 주기적인 경제위기를 겪었음을 보여주고 있다.

한국자본주의는 이러한 제약조건하에서 자축축적을 위한 방향을 모색했다. 박정희 시대의 한국사회 발전모델은 어느 정도 유형화가 가능한데, 그것은 단순한 구조를 가진 것은 아니었으며, 그간 한국사회의 역사 속에서 형성되어온 다양한 속성들을 부여받고 있었다. 그 속성은 크게 확장가능성과 경로의존성으로 요약할 수 있다.

먼저 모델의 구조를 살펴보면, 모델을 구성하고 있는 내부요인은 급속한 인구증가, 도시화, 산업구조의 고도화 등의 특징을 가지고 있다. 이 과정에서 1인당 소득은 증가했지만 국가가 제공하는 사회복지수준은 제자리걸음을 하고 있었다. 후자의 요인은 지속적인 분배에 관한 요구로 구조화되어 나타난다. 외부요인은 미국의 압도적 영향력, 북한의 적대적 관계 등인데, 이 요인은 현재까지도 상존하고 있다. 마지막으로 모델을 구성하는 행위자 중 가장 중요한 역할을 수행한 것은 정책결정자로서의 대통령의 역할이었다. 수직적 권력행사는 '지도받는 자본주의'로서의 박정희 모델에 일사불란한 힘을 부여할 수 있었다.

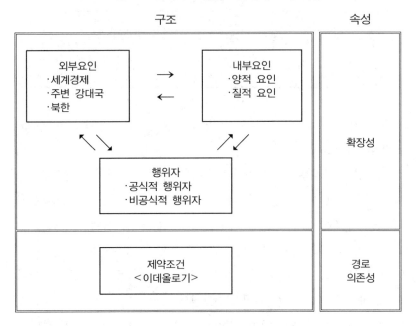

<그림 1> 한국사회 발전모델의 구조와 속성

모형의 속성은 확장성, 즉 경제규모의 양적 확대를 최고의 목표로 삼는 것에서 주어졌다. 수출에 대한 맹목적인 추진이나 국민경제 규모를 넘어선 대형 플랜트의 건설 등은 이러한 속성을 반영한다. 반면 역사적으로 형성된 몇 가지 사항들은 일종의 경로의존으로 작용해 확장성과 배치되는 역할을 수행했다. 대표적으로는 중농주의를 표방한 것과 자주국방으로 대표되는 중화학공업에 대한 과잉투자였다. 물론 농촌보호는 체제 유지를 위한 수단이기도 했지만, 그 자체가 속성상 확장성과 거리가 있었던 것은 분명하다. 이를 나타낸 것이 <그림 1>이다.

물론 본 연구의 주제가 박정희 모델의 이러한 일반적인 특징을 고찰하는 것은 아니다. 오히려 박정희 모델은 어떤 점에서는 1950년대까지 유지되어온 성장전략과는 거리를 두는 것이었으며, 그러한 두 경향의 분해가 어떻게 나타나고 있는지를 살펴보고자 한 것이다. 이제 이 문제와 관련한 우리의 작업가설을 본격적으로 다루어보자.

'성장을 위한 자본확보'라는 관점에서 성장모델을 유형화하면 성장을 위한 인적·물적 자본을 내부에서 마련하려는 '내부동원형' 성장모델과 그중의 상당 부분을 외부에 의존하는 '외부의존형' 성장모델로 분류할 수 있다. 이 분류기준을 한국의 역사에 대입해보면 한국형 발전모델은 초기에는 '내부동원형' 성장전략을 채택했다가 1960년대 중반 이후 '외부의존형' 성장전략이 점차 전면에 나타났는데, 이러한 전환은 당시 한국의 경제상황을 반영한 것임은 물론이지만 그 배경으로 무시할 수 없는 중요한 요인의 하나는 미국의 강력한 영향력이 작용했다는 것을 보이고자 한다.

이러한 연구방법의 전환은 어떤 의의를 가지는 것일까? 성장전략의 전환이라는 관점에서 한국형 발전모델을 파악했던 기존 연구는 두 가지 큰 문제를 내포하고 있다. 첫째, 이 관점은 사실 생산된 상품의 실현장소에 초점을 둔 것이었다. 즉, 수입대체형이란 생산물이 주로 국내에서 실현되는 것을 의미했고, 수출지향형이란 생산물의 실현장소가 주로 해외임을 의미하는 것이었다. 그런데 이러한 구분방식은 당시 성장의 가장 큰 애로요인이었던 자본 기근 문제가 전면에 드러나지 않는다는 점에서 한국형 발전모델을 정확하게 설명하고 있다고 볼 수 없다. 둘째, 실현장소를 중심으로 성장전략을 구분하는 것은 현재와 같은 국제화시대에는 별 의미가 없다.

'성장을 위한 자본확보'라는 관점에서 성장전략의 전환을 파악하면 이러한 문제점을 극복할 수 있을 것으로 보인다. 상품을 생산하기 위한 자본의 확보방안이 성장전략의 핵심이었기 때문에 당시 국가기획의 핵심적 고민을 정확하게 파악할 수 있으며, 현재와 같은 자본자유화 시기에도 자본수지라는 지표를 통해서 '내부동원형'과 '외부의존형'의 유의미한 구분이 가능하기 때문이다.[8]

본 연구가 기존 연구와 구별되는 또 한 가지 중요한 논점은 성장전략의
전환을 한 성장전략의 폐기와 다른 성장전략의 대체를 의미하는 것으로
파악하지 않는다는 점이다. '내부동원형' 성장전략은 1960년대 중반의
대내외적인 조건 속에서 후퇴했고 '외부의존형' 성장전략이 전면에 부상
했지만, 그러한 전환이 '내부동원형' 성장전략의 폐기를 의미한 것은
아니었다. 이러한 관점은 1970년대 '중화학공업화'로 표현되는 일련의
경제정책들을 성장전략의 전환이라는 차원에서 이해하는 데 중요한 시사
점을 제공할 것이다.9)

이러한 관점의 전환은 한국형 발전모델에 기초한 성장의 진정한 원동
력이 무엇인지를 분명히 하고, 이를 기초로 현재 막연히 유포되고 있는
박정희 발전국가의 성공신화에 대해 비판적으로 검토하며, 나아가 성장
전략과 경제규모의 상호작용을 분명히 함으로써 현재에 있어서의 대안적
발전모델이 어떤 것인지에 대해서도 일정한 시사점을 던져줄 수 있을
것이다. 앞 절에서 분명히 했듯이 본 연구는 한국형 발전모델을 분석함에
있어서 그것이 처음부터 완성된 형태로 존재한 것이 아니라 역사적으로
구조화된 산물이라는 점, 또 그 구조화과정에서 최초의 원형이 변화를

---

8) 사실 이 경우에는 '내부동원형'이라는 표현보다는 '내부조달형'이라는 표현이
   더 적합할 것으로 보이지만, 이 연구의 직접적 연구대상 시기는 아니므로 상세한
   논의는 피한다.
9) 중화학공업화를 단순히 수출주도형 공업화전략으로 해소할 수는 없다는 것이
   기존 연구에서도 난점의 하나였으며, 이병천(1999), 박태균(2000)이 복선적 공
   업화를 주장한 이면에는 이러한 고민이 깔려있는 것으로 보인다. 본 연구의
   작업가설이 입증된다면 이 문제는 다음과 같이 설명될 수 있을 것이다. '내부동
   형' 성장전략이 미국의 압력과 대내적 자본부족에 직면해 '외부의존형' 성장전략
   에 의해 일시 후퇴했지만, 미국과의 관계가 변화하면서 다시 전면에 드러났던
   것이다. 이런 의미에서 '내부동원형' 성장전략은 한국형 발전모델의 원형이라
   할 수 있다.

겪었지만 완전히 대체되어 폐기된 것은 아니라는 점을 보이고자 한다. 이 과제를 수행하기 위해 본 연구에서는 다음과 같은 작업가설을 설정한다.

첫째, 한국형 발전모델의 형성과정에는 크게 보아 두 개의 힘이 작용했다. 하나는 원조경제에서 탈피해 자립경제를 달성하고자 하는 한국 측의 기획이고, 다른 하나는 사회주의권의 팽창을 저지하기 위해 한국경제를 안정시키고자 하는 미국 측의 기획이었다. 둘째, 한국형 발전모델은 자본조달과 시장측면에서 초기에는 전자의 기획이 압도하는 내부동원형 성장전략을 추구했다. 셋째, 내부동원형 성장모델은 내부에서의 자본조달의 애로와 미국의 동아시아 전략에 의한 압력에 의해 굴절되고 후퇴하면서 외부의존형 성장모델로 전환했다. 그러나 내부동원형 성장전략은 여전히 국가기획의 일부로서 남아있었다. 넷째, 이런 점에서 한국형 성장모델은 선험적 기획물이 아니라 내·외부 힘의 복합적 상호작용을 통해서 결과한 역사적 구성물이라고 할 수 있다.

4.

이러한 가설에 입각해 1950-1960년대 한국형 발전모델의 형성과정을 살펴보기 위해서 우리는 대략 다음 주제들을 검토했고 그에 대한 일정한 성과를 거두었다. 박정희 정권 초기에는 강한 자립(민족)경제적 지향을 보이는데, 이는 4·19 정신의 반영이기도 하지만 1950년대 원조경제로부터 벗어나야 한다는 시대정신의 반영이기도 했다. 내부동원형 성장을 위한 자본을 마련하기 위해 부정축재자 처리, 화폐개혁 등의 조치를 추진하면서 균형성장전략에 입각한 수입대체적 기간산업의 생산기반을 강화하려 했다. 그러나 국내의 경제상황과 한국과 일본의 분업관계를 전제로 한 미국의 동아시아 전략으로 이 기획은 좌절되었고, 이후 한일회담, 베트남 파병 등의 정치적 거래를 매개로 '따라잡기'를 내용으로 한 방향으로 선회했다. 성장에 필요한 자본은 외부로부터 들여오되 그것을 국가가 주도적으로 관리·통제하며, 불균형성장전략에 기초한 수출산업에 대한 집중투자방식이 선호된 것이었다. 이제 이에 대한 구체적인 내용을 요약한다.

1부에서는 한국형 발전모델이 형성되는 과정에서 그 모태가 되었던 원형(原型)과 그것이 변용되는 과정을 대외적·대내적 요인을 통해 살펴보고 있다. 박태균의 「1960년대 초 미국의 후진국 정책 변화」는 1950년대 미국의 후진국 정책변화를 살펴보고 있다. 미국의 후진국 정책은 뉴룩정책하에서 후진국에 대한 원조를 최소화하기 위해 공적 원조보다는 사적 원조를 동원하고자 했다. 또한 대규모의 경제원조보다는 대공산권 봉쇄를 위한 군사원조 중심의 원조를 실시했다. 따라서 1950년대 원조는 후진국의 성장이나 개발보다는 현상유지를 우선시했다.

그러나 1960년대에 이르러 이러한 미국의 대외정책은 변화되었다. 케네디 행정부의 대외정책 입안자들은 1950년대 후반부터 미국의 후진국 원조를 비판했던 학자, 관료들로, 이들은 후진국의 경제개발을 촉진하기 위한 원조로의 전환을 주장했다. 특히 이들은 후진국의 민족주의가 경제개발을 위한 동력이 될 수 있다는 사실에 주목했으며, 이를 위해서는 미국이 대외정책의 원칙으로 삼고 있었던 미국식 자유주의를 후진국에 그대로 대입해서는 안 된다는 견해도 내세웠다. 결국 이러한 미국의 대외원조정책은 1960년대를 통해 후진국의 경제계획을 촉진하는 역할을 했다.

공제욱의 「박정희 정권 초기 외부의존형 성장모델의 형성과정과 재벌」은 쿠데타 이후 군사정부와 재벌의 관계를 깊이 있게 분석하고 있다. 박정희 집권 초기의 경제정책은 민족주의적 성격이 강하고, 경제에 대한

국가의 개입 정도가 매우 큰 국가주도적 내포적 공업화의 성격을 갖고 있었다. 내포적 공업화 전략은 주로 국내자금을 동원해, 기간산업 등 기초적 생산재공업을 우선적으로 건설하려 했다. 이러한 국가자본주의적 성향을 가진 내포적 공업화의 시도는 미국의 강력한 반대와 경제정책 그 자체의 문제로 좌절되었으며, 경제정책은 점차 수출주도 산업화라는 외부의존형 성장모델로 변화해갔다. 그러면 박정희 정부는 어떠한 과정을 거쳐 수출주도 공업화 정책을 선택하게 된 것인가에 대해서는 앞으로 더 많은 상세한 탐구가 필요하지만, 이 논문에서는 잠정적으로 박정희 정부가 수출주도 공업화를 선택하는 과정에서 재벌들이 영향을 주었다고 보고, 재벌들이 수출과 관련해 어떠한 내용들을 박정희 정부에 투입했는지를 살펴보고 있다. 박정희 정부가 재벌들의 주장을 받아들여 수출주도형 성장모델을 택하게 되었다고 해도 국가가 1960년대 이후 경제성장을 주도한 사실을 부정할 수는 없다.

조석곤·정건화의 「1960년대 중후반 '국민경제연구회' 보고서를 통해 본 정책담론 분화과정」은 '국민경제연구회'의 활동을 통해 박정희 정권 출범 초기의 경제개발방식을 둘러싼 담론구조를 분석하고 있다. 경제개발계획을 시행하면서 박정희 정권이 원했던 것은 자립경제의 확립이었다. 그것은 쿠데타로 획득한 정권의 정당성을 확보하기 위해서도 꼭 필요한 것이었다. 하지만 성장을 위한 자원을 확보하기 위해서는 외화가 필요했는데, 당시 한국의 상황에서 외화는 절대적으로 부족했다. 그런데 이 외환을 확보하는 방법을 둘러싸고 1960년대 초중반에 수입대체적 내향 공업화와 수출지향적 외향 공업화를 둘러싼 논쟁이 첨예하게 진행되었는데, 정부는 결국 후자의 길로 발전방향을 선정했다.

조석곤·정건화의 논문은 이러한 방향의 전환을 국민경제연구회의 연구활동 결과인 보고서들의 내용을 검토하면서 구체적으로 살펴본 것이다. 초기 보고서들은 민족경제론적 입장에서 수입대체적인 내향 공업화를 주장한 논의가 많았지만, 1960년대 중반 이후 수출지향적 외향 공업화를 주장하는 논의도 많았고, 정책대안과 현안에 대한 대응방식에 있어서도 다른 처방을 제시하기도 했다. 수출을 바라보는 관점뿐만 아니라 기간산업 육성을 둘러싼 논의나 중소기업·농업에 대한 대응 등에서도 쟁점이 형성되어 있었다.

정부가 수출주도형 전략으로 큰 방향을 잡은 이후에도 민족경제론적 지향의 대안들이 계속 제시되었으며, 그 과정에서 내포적 공업화론이나 협업화론 등이 점차 이론적인 체계를 갖추기도 했다. 그리고 불균형성장론을 어느 정도 수용한다거나, 적정 생산규모를 위한 대외수출의 필요성 등에 대한 논의도 수용하면서 초기의 극단적인 자립경제론적 성격을 점차 완화시키고 있었다.

2부의 논문 6편은 외부의존형 성장모델이 한국형 발전모델로 정착되는 과정을 부문별로 살펴보고 있다. 김정주는 「1950-1960년대 한국의 자본축적과 국가기구의 전면화 과정」에서 1960년대 이후 한국경제의 구조전환 과정에서 나타난 가장 중요한 특징 가운데 하나인 국가기구의 전면화 과정을 다루고 있다. 김정주는 1960년대 경제개발과정에서 나타나는 국가기구의 전면화 과정이 시장기구가 갖는 불완전성을 보완하기보다는 성장동력의 확보와 자원배분 차원에서 시장기구를 대체하며 시장 그 자체를 형성해간 과정이었음을 강조하고 있다. 즉, 1960년대 국가기구의 전면화 과정은 시장기구를 통한 자본의 내적 축적 메커니즘이 부재했던 1950년대의 축적조건과 표리관계에 있으며, 이로 인한 성장동력의 외부화는 국가기구가 시장기구를 대체하며 경제과정에 전면적으로 개입할 수밖에 없었던 가장 중요한 계기였음을 강조하고 있다. 이를 논증하기 위해 김정주는 1950년대 원조경제의 성격과 축적구조를 검토하고 있으며, 이를 통해 1950년대 한국경제에서처럼 시장기구가 자본축적의 기본 기제로서 원활하게 작동하지 않는 한 경제과정에 개입하는 국가기구의 기본목표는 자본을 효과적으로 동원하고 배분하는 데 있었음을 밝히고 있다. 김정주는 또한 국가기구를 통한 자본의 확보라는 차원에서 수출산업의 육성과 수입대체산업의 육성 사이에 존재하는 정책적 연관성에 대해 검토하고 있다. 이를 통해 1960년대 경제개발과정에서 수출주도형 공업화와 수입대체 산업화 전략은 서로 상충되는 정책적 수단이 아니라, 자본확보라는 차원에서 서로 표리의 관계를 이루고 있었음을 보여주고 있다.

최상오의 「1950-1960년대 무역·외환정책의 형성과 전환」은 외환정책의 전환을 매개로 1950-1960년대 수출주도 공업화와 수입대체 공업화 사이의 정책적 연관성에 대해 검토하고 있다. 한국경제 고도성장의 동력으로서 수출은 한국사회의 발전모델을 특징짓는 가장 중요한 요인 가운데 하나로 주목받아왔다. 특히 1964-1965년의 환율현실화 조치와 환율제도 개혁을 통해 수출주도 공업화전략을 위한 정책체계가 확립되었다고 평가했다는데, 이 글은 이에 대한 비판적 검토이다.

일반적으로 생각하고 있는 것과 달리 수출은 한국정부 수립과 동시에 강조되기 시작했다. 그러나 수출이 갖는 의미는 시기마다 약간씩 차이가 있었으며, 특히 미국의 원조정책의 변화와 관련해 크게 변화되었다. 1950년대 후반을 전후해 미국의 대한원조의 감소가 예상되었으며, 실제 1958년부터 감소하기 시작했다. 이때부터 정부는 수입재원의 확보를 위한 수출증대의 필요성을 더욱 중요하게 인식하기 시작했다. 물론 이러한 인식변화가 곧바로 수출정책의 변화로 반영된 것은 아니지만, 수출확대를 위한 다양한 논의와 정책이 강구되기 시작한 중요한 계기가 되었다. 사실 박정희 정부의 초기 수출정책도 이런 연장선상에 있었으며, 다만 이때에는 수출증대를 위한 좀더 구체적인 정책과 제도가 도입되기 시작했다는 점이 이전과 다르다. 그러나 1963년 말에 직면한 외환위기는 수출의 중요성을 새삼 일깨워준 중요한 사건이었다. 이런 점에서 볼 때 1960년대 중반까지는 수출이 성장의 동력이라는 인식보다는 성장에 필요한 자본을 확보하기 위한 수단으로서의 인식이 계속 강조되었고, 그 정도의 차이는 있으나 이런 인식은 이미 원조가 감소하기 시작하는 1950년대 후반부터 형성되기 시작했다고 할 수 있다.

유철규의 「1965년 금리현실화: 재평가와 이론적 쟁점」은 오늘날의 주류적 관점과 달리 국가주도형 외향적 개발방식 혹은 수출주도형 공업화 전략의 맥락에서 1965년 금리현실화 조치를 이해하고자 시도하고 있다. 금리현실화 조치의 성격과 의미에 관한 연구의 주요 주장 및 관련된 쟁점은 본문에서 다음과 같이 제시되고 있다. ① 1965년 금리현실화는 근대(서구) 자본주의의 성립과정에서 관찰되는 일반성, 즉 전근대적 고리대 자본과 토지자본의 약탈성이 제거되고 양자가 산업(생산)자본의 순환 및 재생산에 기능적으로 결합되는 과정의 일환으로 이해할 수 있다. ② 이렇게 볼 때 1965년 금리현실화 조치는 1961년 은행국유화, 1972년 8·3조치, 1990년대 금융실명제와 함께 고리대 자본을 산업자본의 순환에 복속시키는 일련의 과정에서 하나의 계기를 구성한다. 실제로 동 조치이 후 고리사채(지하금융) 자금이 은행부문으로 흡수되어 은행자본에 결합된 점이 관찰된다. 뒤이어 산업자본의 이윤율은 회복, 상승, 안정화되는 반면 은행의 수익구조는 악화된다. ③ 매키넌(Mackinnon)과 쇼(Shaw)가 말한 금융억압(financial depression)을 그들처럼 금융시장의 가격체계 왜곡 으로만 보지 않고, 오히려 금리수취계층에 대한 억압구조로 재해석한다 면, 1965년 금리현실화 조치는 그 의도나 이론적 배경과 달리 금융억압의 심화과정이다. ④ 1965년 금리현실화 조치를 계기로 설비금융에 있어서 외자의존, 대기업 우위의 산업구조, 부채에 의한 투자, 특혜금융에 의한 수출촉진 등 이후 한국 산업화의 주요 특징을 이루는 현상들이 뚜렷해진 다. 따라서 1965년 조치는 매키넌과 쇼 식의 금융자유화 과정으로 이해하 는 데는 한계가 있다. ⑤ 1965년 금리현실화 조치를 국내자본의 동원을 통해 산업화를 촉진하는 조치로 해석하기보다는 외자의존적 수출주도 공업화 전략으로의 전환을 위해 시행된 핵심조치로 이해해야 한다고 보았다.

조석곤·황수철의 「농업구조조정의 좌절과 소득정책으로의 전환: 1960년대 후반 농지법 제정 논의를 중심으로」는 1960년대 후반 한국사회에서 치열하게 전개되었던 농업구조개선을 둘러싼 논쟁을 검토했다. 그것은 협업농과 기업농의 상대적 우위를 주장하는 학문적인 논쟁과, 농지소유상한 폐지와 소작제 용인을 골자로 하는 농지법의 통과를 둘러싼 입법과정에서 드러났다. 농촌의 피폐와 식량확보의 어려움에 기인한 외화유출은 정부로 하여금 농공병진이라는 슬로건을 내걸 수밖에 없도록 했지만, 그 속에서 농업구조 개선정책은 방향을 잡지 못하고 표류했다. 이러한 상황은 농촌을 급격하게 피폐화시키면서 농업생산 의욕감퇴, 급격한 이농, 식량수입의 급증이라는 새로운 문제를 야기했다.

기업농의 전망이 특수한 분야에 국한된 이상 농업의 자본제화를 위한 길로서 농민적 길인 농업의 협업화, 조합적 소유로의 개편은 변형된 주식회사제도의 농업도입이라는 초기적 외형에서 출발해 한국농업에 있어서 생산력 정체를 해결하는 가장 현실적인 농업개혁의 길이었는지 모르겠다. 그러나 정부는 농업구조 개선정책의 선택을 포기하고 가격지지정책을 통한 농민의 소득보전방향을 선택했다.

정부정책이 고미가정책으로 선회한 것은 1968년 10월 대통령의 지시인 것으로 보인다. 1960년대 농정의 기조는 농업의 구조개선정책이었다. 농업을 이끌어갈 핵심 농가를 어떻게 설정하느냐는 것이었는데, 그것이 치열한 논쟁 속에서 하나의 방향으로 귀결되지 못한 채 유야무야된 것은 경제기획원의 승리이기도 하지만, 농업정책에 관한 의견을 수렴할 수 있는 핵심층이 부재했기 때문이기도 했다. 농지법의 좌절과 농업기본법의 탄생은 이러한 상황을 반영하는 것이었다. 그 다음의 과제, 즉 그렇다면 농정을 어떻게 이끌 것인가가 문제인데, 정부가 택한 것은 구조조정정책이 아니라 가격지지를 통한 소득보전이었다.

이상희의 「1960년대 성장전략의 전환과 노동통제기제의 변용과정」은 1960년대 이후 통제적 노동관계 법·정책이 변용되는 과정을 성장전략의 전환과 연관지을 수 있는지를 검토하고 있다. 비사(秘史) 수집이라는 한계가 있으나, 당시 노동관계법 제(諸)개정 과정과 노동정책의 실행과정을 복원해보는 것이다.

5·16 이후 경제개발계획과 노동관계법·정책이 전개된 시기적 상황에 연관지우자면, 1960년대 통제적 노동관계법·정책의 변용과정은 성장전략에 대응하는 것으로 볼 수 있다. 이 시기의 노동입법이나 정책은 제1공화국과 같은 정치적 이용의 의도나 1971년 이후 및 1980년대와 같이 철저한 통제 자체에 목적이 있다고 하기는 어렵다. 유신 이후보다 낮은 통제가 있었으나, 그 의도는 정치적 이용이나 일사불란한 통치에 있는 것이 아니라 성장전략상 필요한 노동력동원 유인에 필요한 통제로 볼 수 있다. 다만 5·16 이후 군정의 행태나 1963년 이후 노동행정의 전개를 보면 일사불란한 통치 자체를 위해 결정 지도되고 있음도 부정할 수 없다. 결국 1960년대 노동관계법·정책의 도입 및 변용은 일사불란한 통치적 요소도 수반하면서 1960년대 전반은 내부동원형 성장을 위한 통제, 1960년대 후반은 외부의존형 성장을 위한 통제, 1971년 이후 안보를 이유로 한 무단의 통제라는 변용과정을 거친다. 적어도 1960년대 통제는 성장전략에 필요한 노동력 동원에 대응하는 수단과 정도로 전개되고 있다.

노중기의 「군부독재 시기 노동체제 형성에 관한 연구: 1961-1987」에서는 시야를 더 넓혀서 광의의 제3공화국 시기의 노동체제를 분석하고 있다. 군부독재 30여 년간 국가의 노동통제는 하나의 방향으로 일관되게 변동해왔다. 그 변동의 방향은 국가억압의 강화, 노동착취의 심화에 맞추어져 있었다. 그것은 억압적 배제체제라 할 만한 것이었다. 1기의 다소 애매하던 노동체제는 2기를 거치면서 기업별노조와 노동기본권 부정으로 나아갔고, 그 완성형태는 3기에서 법 제도적 변화로 명료하게 나타났다. 기존의 국가코포라티즘 이론은 이 기간의 노동통제와 그 변동을 충분하게 설명할 수 없었다.

억압적 배제체제는 국가와 자본의 물리적 억압을 중심으로 노동계급의 이해를 배제하는 노동체제를 일컫는다. 여기에는 합법적 비합법적 제도적 폭력 행사 일반이 포함되는데, 대체로 이데올로기적 통제수단, 법적 통제수단, 조직적 통제수단, 탈법적 국가폭력인 물리적 수단이 전방위적으로 동원된다. 코포라티즘 이론에서 주목하는 합법노조를 통한 조직적 지배는 단지 전체 통제기제들 중 한 요소라고 할 수 있다. 그리고 여러 요소들을 관통하는 하나의 원리는 국가가 노동계급의 이해를 완전히 배제하기 위해 모든 수단을 다 동원할 수 있으며, 그 결과는 최종적으로 물리적 억압에 대한 의존이 결정적이었다는 점이다.

5.

전체 연구성과의. 개괄은 이미 앞 절에서 했으므로 이 연구의 연구사적 의미를 몇 가지 제시함으로써 맺음말에 대신하고자 한다. 첫째, 박정희 모델이 시행착오적으로 형성되어간 것임을 입증함으로써 박정희 모델에 대한 신화화 경향을 제어할 수 있게 한다. 서구의 학계에서 한국형 발전모델은 특별한 기획을 통해서 구상되고 일사불란하게 실시된 모형으로 인식되고 있다. 발전국가론도 그런 이론들 중의 하나이다. 한국형 발전모델은 선험적인 일사불란한 지도하에 이루어진 것이 아니라 내외부적 힘의 복합적 상호작용을 통해서 형성된 역사적 구성물인 것이다.

미국의 발전국가론이나 서구의 발전이론은 한국형 발전모델을 '성장의 결과'만에 집중해 선험적 모델처럼 간주해 분석하고 있다. 마치 하나의 완결된 모델을 기획하고 그것을 현실에 적용한 결과 경제성장이라는 결과가 나타난 것처럼 인식하고 있다. 이 연구에서 이루어진 경제개발계획의 원형적 기획과정 및 현실적 구현과정에 대한 심층분석은 이와 같은 기왕의 잘못된 인식을 수정할 수 있게 할 것이다.

둘째, 한국형 발전모형의 역사적 기원(起源)을 추적할 수 있다. 한국형 발전모델은 5·16 군부세력이 구성한, 더 소급하면 1950년대 한국에서 구성된 국가기획으로 간주하고 있다. 그러나 한국형 발전모델의 원형이 구성되는 과정에, 미국적 기획과 한국적 기획이 존재하고 있었으며, 전자가 후자를 누르는 과정에서 한국형 발전모델의 기본모델이 형성되었던 것이다. 본 연구는 경제개발계획의 원형이 형성되는 과정을 미국과 한국의 두 경로로 나누어, 형성과정을 미국의 최근 자료와 한국의 초기 자료 및 초기 경제개발계획 등을 참고해, 한국형 발전모델의 역사적 기원을 해명했고, 이는 최근 쟁점이 되고 있는 식민지근대화론을 둘러싼 논쟁에도 일정한 시사점을 제공할 수 있을 것으로 기대된다.

셋째, 한국형 발전모델을 일관된 모델로 보는 인식을 정정하게 된다. 일반적으로 한국형 발전모델은 '수출형 축적체제' 혹은 수출지향형 경제로서 일관된 기획으로 인식되고 있다. 그러나 1960년대 초반의 인식지형에서 수출지향형 경제 및 수출주도형 경제모델의 성공은 어느 누구의 머리에도 없었고, 당시 인식 지형에서 유일한 대안으로 인식되었던 '내부 동원형' 혹은 '자립경제형' 모델이 내외부적 힘에 의해 후퇴하면서 결과론적으로 정착한 모델이라고 할 수 있다. 이러한 인식전환은 1970년대의 '중화학공업화'나 1990년대의 '외환위기'에 대해서도 탄력적인 해석을 가능하게 한다.

넷째, 셋째와 관련된 것이지만 성장전략의 전환을 진화론적으로 혹은 최선의 선택으로 파악하는 관점을 극복할 수 있게 한다. 외부의존형 성장전략은 자본 기근을 타개하기 위한 고육책으로 선택된 것이지만, 원리금 상환의 부담은 외화획득이 가능한 산업에 우선적으로 지원하도록 정책방향을 규정했으며, 이는 이후 한국경제에 일종의 경로의존성을 부여했다. 이러한 경로의존이 이후 한국경제의 발전과정에 어떤 영향을 미쳤는지를 검토하는 것은 또 다른 과제가 될 것이다.

■■■ 참고문헌

강광하. 2000. 『경제개발5개년계획: 목표 및 집행의 평가』. 서울대학교 출판부.
김대환. 1996. 「해방 이후 한국의 공업화와 민주화」. 『공업화의 제유형(Ⅱ)』. 경문사.
_____. 2001. 「경제변화와 국가의 역할 전환: '발전국가론'의 재검토」. 『동아시아 신흥공업국 경제의 변화와 국가의 역할 전환』. 2001.12., 민주사회정책연구원 특별학술대회.
박태균. 2000. 『1956-1964년 한국 경제개발계획의 성립과정』. 서울대학교대학원 국사학과 박사학위논문.
이병천. 1999. 「박정희 정권과 발전국가 모형의 형성」. 『경제발전연구』, 제5권 제2호.
이재희. 1999. 「한국경제 : 1970년대 한국 중화학공업화의 성격」. 『지역사회연구』, 7-1.
이제민. 1995. 「前後 世界體制와 韓國의 輸出指向的 産業化」. 『韓國經濟:爭點과 展望』. 지식산업사.
장하원. 1999. 「1960년대 한국의 개발전략과 산업정책의 형성」. 한국정신문화연구원 편. 『1960년대 한국의 공업화와 경제구조』. 백산서당.
장하준. 2002. 「동아시아 산업정책 재고」. 『개방화 속의 동아시아』. 한울아카데미.
조석곤. 2001. 「민족경제론 형성의 사회경제적 배경과 그 이론화과정」. 《동향과 전망》, 48.

Amsden, A. H. *Asia's Next Gisnt: South Korea and Late Industrialization*. Oxford University Press. 1989. 이근달 역. 『아시아의 다음 거인』. 서울: 시사영어사. 1991.

Chang, H-J. 1993. "The Political Economy of Industrial Policy in Korea." *Cambridge Journal of Economics,* Vol.17, No.2.

Johnson, C. 1982. *MITI and the Japanese Miracle*. Stanford Univ. Press.

Krugman, P. 1994. "The Myth of Asia's Miracle." *Foreign Affairs*, Vol.73, No.6 .

World Bank. 1993. *The East Asian Miracle: Economic Growth and Public Policy*.

제1부

한국형 발전모델의 원형과 그 변용

1

1960년대 초 미국의 후진국 정책변화:

후진국 사회변화의 필요성*

박태균(서울대 국제지역대학원 교수, 한국사)

1. 머리말

미국의 대외정책을 비판하는 학자들에게 있어서 패켄함(Robert A. Packenham)의 『자유주의 미국과 제3세계: 대외원조와 사회과학의 정치적 발전 아이디어』[1]는 하나의 교과서와 같다. 이 책의 기본적인 내용은 다음과 같은 몇 가지 명제로 나눌 수 있다. 첫째로 미국은 자신들의 목적을 달성하기 위해 대외원조를 실시하고 있다. 이러한 원조는 수혜국에게 도움이 되기보다는 미국의 목적을 위해 이루어지는 것이다. 둘째로 미국은 자신들의 자유주의적 이데올로기를 후진국[2]에 심고자 한다. 미국

---

* 본 논문은 『미국사 연구』 제20집(2004)에 실린 글을 수정 편집한 것입니다.

1) Robert A. Packenham, *Liberal America and the Third World: Political Development Ideas in Foreign Aid and Social Science*(Princeton: Princeton University Press, 1973).

2) 미국의 정책문서에서는 원조의 대상이 되는 국가들을 후진국(undeveloped country), 후진국(underdeveloped country), 제3세계(The Third World)를 혼용해서 쓰고 있다. 이 글에서는 수혜국의 대상을 제3세계에 포함되지 않는 한국이나 대만, 필리핀 등 미국의 동맹국까지 포괄하고 있기 때문에 직접 인용을 제외하고는 '후진국'이란 용어로 통일하도록 하겠다.

은 자유주의적 이데올로기를 하나의 기준으로 생각하고 있으며, 그러한 기준에 맞추도록 강요한다는 것이다.

이러한 패켄함의 주장은 미국의 대외원조의 한 측면을 보여주고 있음이 분명하다. 미국의 자유주의적 이데올로기는 대외원조를 통해, 국제통화기금(IMF: International Monetary Fund)이나 세계은행(World Bank; International Bank for Reconstruction and Development)과 같이 미국이 주도하고 있는 국제적인 금융기관을 통해 후진국에 강요되고 있다. 1960년대 근대화의 과정에서 미국은 후진국에 자유무역의 필요성과 보호주의 무역의 철폐를 강조했으며, 최근의 세계화 과정에서도 이러한 점이 잘 드러나고 있다. 또한 박명림(1996)이 규정했던 "미국의 범위"라는 새로운 규정에서도 잘 나타나는 바와 같이 미국은 한 손에는 반공, 다른 한 손에는 미국식 민주주의라는 준거 틀을 가지고 후진국의 정치문제에 개입하곤 했다.[3]

그러나 1950년대와 1960년대의 상황을 고려한다면 패켄함의 설명이 결코 올바른 것이라고 할 수 없다. 미국은 사회주의적인 경제개발을 추진했던 인도에 많은 원조를 주었다. 미국은 금융기관을 국유화하고 많은 국유기업을 거느리고 있으면서 경제에 깊숙이 개입했던 한국정부에게도 많은 원조와 차관을 공여했다. 미국은 석유의 국유화를 통해 독재체제를 유지하고 있었던 많은 산유국들과 좋은 관계를 유지했다. 과연 이러한 현상은 미국식 경제 개념, 미국식 자유주의 개념 속에서 어떻게 조응하는 것일까?

이 글에서는 이러한 모순을 1960년대 초 미국의 대외정책 변화 속에서 찾고자 한다. 특히 이러한 변화가 후진국, 또는 후진국에 대한 원조와 깊은 관련을 맺고 있다는 점에서 1960년대 초에 이루어진 미국의 후진국

---

3) 박명림, 『한국전쟁의 발발과 기원Ⅱ』(서울: 나남, 1996), 10장 참조.

정책의 변화에 초점을 맞추었다. 특히 이 시기 새로운 후진국 정책의 특징에 대한 분석을 통해서 미국적인 관념과는 다른 새로운 내용의 정책의 내용을 밝히도록 하겠다.

2. 1950년대 말 후진국 정책에 대한 재고

1950년대 후반 미국 내의 후진국 정책에 대한 비판은 지식인, 학계, 정치가들, 관료들 사이에서 광범위하게 공감대를 형성하기 시작했다. 로스토(Walt Whitman Rostow)가 그의 책에서 밝히고 있는 바와 같이 1954년의 프린스턴(Princeton) 회합과 1955년의 콴티코(Quantico) 모임 등은 모두 미국의 후진국 정책을 비판하기 위한 것이었고, 이 두 모임에서 나온 『새로운 미국의 대외 경제정책을 위한 하나의 제안(A Proposal for a New United States Foreign Economic Policy)』과 『정치심리적 정책의 도구로서의 경제정책(Economic Policy as an Instrument of Politi- cal and Psychological Policy)』이란 글은 모두 새로운 후진국 정책과 경제개발론의 필요성에 대해 역설한 것이었다.[4]

---

4) Rostow, *Eisenhower, Kennedy, and Foreign Aid*(Austin: University of Texas Press, 1985), pp.85~98. 여론선도자들이 주도한 미국의 대외정책에 대한 비판은 부분적으로 1950년대의 정책에 반영되었다. 국무장관 덜레스(John Foster Dulles)는 1957년 상원에서의 연설에서 미국의 대외정책이 바뀌어야 할 필요성에 대해서 강조했다. 그는 장기간에 걸친 경제원조에 초점을 두어 연설했다. *The Future Aid Program, Hearings before the Special Committee to Study the Foreign Aid Program, United State Senate, Eighty-Fifty Congress, First Session*(Washington: Government Printing Office, 1957), pp.397~399. 또한 후진국에서 군대조직과 우호적인 관계를 유지해야 할 필요성은 1959년의 정책문서에서 강조되기 시작했다. "Basic National Security," NSC 5906/1(August 5, 1959), RG 59, NND

새로운 정책대안은 미국이 너무나 후진국에 대한 군사원조에 매몰되어 있으며, 후진국의 특징을 무시하고 있다는 것이다. 미국은 후진국의 상황에 적합한 새로운 정책을 개발하지 않는다면, 미국의 원조는 어떠한 효과도 가질 수 없으며, 오히려 미국은 그들 국가들로부터 좋지 않은 평가를 받을 수밖에 없다는 것이다. 따라서 후진국 내부에서 민족주의가 발흥하고 있는 상황을 잘 이해해야 하며, 여기에 기초해 장기간에 걸친, 계획적인, 그리고 대규모의 경제개발원조가 필요하다는 점이 강조되었다. 이러한 내용은 『새로운 미국의 대외경제정책을 위한 하나의 제안』을 통해서 잘 드러나고 있다.

제출된 위의 문건들은 회합 이후 대통령과 국무장관을 비롯한 행정부 내의 주요 인사들에게 열람되었다. 이와 함께 행정부와 입법부에서도 위원회를 조직해 후진국에 대한 원조를 재검토하기 시작했다. 물론 기본적인 목적은 미국의 대외원조를 줄이기 위한 것이었고, 그렇기 때문에 대외원조의 액수가 많은 국가들이 그 대상이 되었다. 1950년대를 통해 미국의 후진국 원조 중 가장 많은 액수를 받고 있었던 한국, 베트남, 필리핀 등이 조사대상이 되었다. 이러한 조사를 위해서 행정부와 의회에서는 1954년 랜달(Randall) 위원회, 1957년 페어리스(Fairless) 위원회, 1959년 드레이퍼(Draper) 위원단 등을 구성해 후진국과 원조기관을 조사하는 작업을 벌였다.[5]

그러나 뉴룩(New Look) 정책하에서 "거대한 균형(Great Equation)"을 추구하던 아이젠하워(Dwight D. Eisenhower) 행정부가 더 많은 재정적 투여를 요구하는 "장기간"의 "계획적" 투자를 적극적으로 받아들이는

909039, National Archive(이하 'NA'로 약칭).

5) Park, Tae Gyun, "Changes in U.S. Policy Toward South Korea in the Early 1960s," *Korean Studies*, 53, 1999.

것을 요구하는 것은 쉽지 않았다. 아이젠하워 행정부는 대외정책에 대한 비판을 부분적으로 수용해 경제개발원조를 주목적으로 하는 개발차관기금(DLF: Development Loan Fund)을 설치했고, 남미에 대한 경제개발원조를 1950년대 말 시작했다.[6] 특히 국가안전보장회의(NSC: National Security Council) 5707 시리즈는 후진국을 포함한 세계적인 변화와 이에 따른 미국의 대외정책의 변화의 필요성을 제시하고 있는 문서였다.[7] NSC 5707 시리즈에서는 아시아와 아프리카의 변화에 주목하고 민족주의의 고양과 경제개발에 관한 문제를 강조했다.

이러한 변화에 대해 미국의 대한정책을 연구한 일부 연구자들은 그것이 경제개발원조로의 전환을 보여주는 것이라고 주장하고 있지만,[8] 이러한 변화가 어느 정도의 근본적인 변화였는가에 대해서는 재평가가 필요하

---

6) William O. Walker Ⅲ, "Mixing the Sweet with the Sour: Kennedy, Johnson, and Latin America," in *The Diplomacy of the Crucial Decade-American Foreign Relations During the 1960s*, ed., Diane B. Kunz(New York, Columbia University Press, 1994), pp.44~45; Diane B. Kunz, "Cold War Dollar Diplomacy: The Other Side of Containment," ibid., p.81. 워커(Walker)는 미주 개발은행(Inter-American Development Bank), 수출입은행(Export-Import Bank), 그리고 세계은행(International Bank for Reconstruction and Development)의 역할이 1958년 이후 강화되지만, 장기간의 계획이 부재하다는 점을 고려할 때 본격적인 대외정책의 변화로 규정할 수는 없다고 주장한다.

7) "National Security Council, Review of Basic National Security Policy : Basic Problems for U. S. Security Arising out of Changes in the World Situation," NSC 5707(February 19, 1957); "Basic National Security Policy," NSC 5707/8 (June 3, 1957), *FRUS 1955~1957*, vol. XIX, 511~516.

8) 우정은과 이종원은 NSC 5702/2 문서에서 나타나는 변화에 그 초점을 맞추었다. Jung-En Woo, *Race to the Swift*(New York: Columbia University Press, 1991), pp.69~72. 이종원, 『東アジア冷戰と韓米日關係』(東京: 東京大學出版會, 1995), pp.205~222.

다. 무엇보다도 아이젠하워 행정부하에서의 대외원조는 군사부분을 중심으로 한 원조가 계속 강조되고 있었다. NSC 5707 시리즈를 보면 대외정책 변화의 필요성을 주장했을 뿐이지, 그것이 전반적인 대외원조의 성격을 바꾸어야 한다는 데까지는 나아가지 못했다. 즉, 군사적 원조가 점차 감소해야 할 필요성을 지적했음에도 불구하고 계속적으로 군사적인 원조가 중심이 되어야 함은 NSC 5707의 8번째 수정판인 NSC 5707/8에서 다시 강조되었다. 오히려 1950년대 말에 이르러서는 중국의 성공적인 경제부흥과 군사력 강화에 따라서 아시아에 대한 군사원조의 필요성이 더욱 강조되는 현상까지 나타났다.[9]

1959년의 국가안보회의와 NSC 문서들도 새로운 정책을 수용하기 힘들었던 당시 미 행정부의 고민을 잘 보여준다. 1959년 8월에 나온 NSC 5906/1 문서에서는 군사원조를 최대한으로 줄여야 할 필요성에 대해서 강조하고 있으며, 소련과의 비군사적인 경쟁 속에서 후진국의 정치적, 경제적 진보의 필요성에 대해 주목했다. 그러나 후진국의 정치적, 경제적인 진보는 궁극적으로 군사적인 목적을 위한 수단으로, 경제원조는 군사원조가 줄어들 경우 상정될 수 있는 2차적인 수단으로 설정되었다.[10]

같은 해 나온 NSC 5913/1 문서[11]의 실효성을 재평가한 1960년의

9) "U. S. Policy in the Far East," NSC 5913/1(September 25, 1959), White House Office, Office of the Special Assistant for National Security Affairs; Records, 1952~1961, Box 18, Dwight D. Eisenhower Library(이하 'DDEL'로 약칭).

10) "Basic National Security," NSC 5906/1(August 5, 1959), RG 59, NND 909039. NA.

11) "U.S. Policy in the Far East.," NSC 5913/1(September 25, 1959), White House Office, Office of the Special Assistant for National Security Affairs; Records, 1952~1961, Box 18, DDEL.

한 문서에서는 가장 중요한 위협은 아시아에서 점증하는 공산주의의
힘이라고 분석했다.12) 이 문서에서 가장 주목되는 부분은 중국의 군사적,
경제적, 정치적인 성장에 따라 아시아의 제국(諸國)에서 경제적인 발전이
필요한데, 이러한 경제적 발전은 군사적 안보에 대한 자신감이 뒷받침되
지 않고서는 불가능하다고 규정했다.

　더욱이 1959년에는 군사원조가 장기적인 관점에서 계획적으로 이루어
져야 할 필요성이 제기되었으며, 의회에서는 무상경제원조를 중지할 것
을 요구했다.13) 이러한 1959년과 1960년 미 행정부의 정책문서들은
새로운 정책에 대한 수용과 기존 정책 사이의 갈등을 보여주는 것이었다.

　또 하나 주목해야 하는 점은 경제원조 또는 기술원조의 필요성을 강조
하면서도 이것이 미국 대외원조의 증가와 연결되지 않는다는 점이다.
즉, 뉴룩 정책하에서 지속적으로 추진해온 대외원조의 감축정책이 지속
적으로 추구되었다는 점이다. 따라서 대외원조를 강조하는 데 있어서
사적(私的) 자본(Private capital)의 역할이 강조되는 것이 일반적인 현상이
었다. 공적 자본의 증가를 억제하면서 개인 투자자들의 역할을 증가시키
겠다는 것이었다. 미국의 대외원조를 재고하기 위해 조직된 랜달 위원회
의 보고서를 보면 원조의 축소와 함께 "민간자본 투자의 촉진"이 중요한
고려사항 중 하나였다.14)

---

12) James S. Lay, Jr., "U.S. Policy in the Far East,"(November 10, 1960), White
　　House Office, Office of the Special Assistant for National Security Affairs;
　　Records, 1952~1961, Box 18, DDEL

13) "Status of the Military Assistance Program, As of 30 June 1959,"(August
　　14, 1959), Department of Defense Report to National Security Council 중
　　section 1과 NSC 5912 part 2와 관련된 논평.

14) Burton I. Kaufman, *Trade and Aid; Eisenhower's Foreign Economic Policy, 1953~*
　　1961(Baltimore; The Johns Hopkins University Press, 1982), pp.17~26.

이후 NSC 5429/3(1954년 11월 19일자)에서 "민간자본 투자의 장려"가 새로운 신설조항으로 삽입했고, 대외원조와 관련된 문서들에서 미국의 공적 자본보다는 민간자본의 역할을 강조하는 방향이 지속적으로 제시되었다.15) 1955년 12월 15일자의 '국제금융 관련 국가보좌관회의(National Advisory Council on International Monetary and Financial Affairs)' 문서 제1868호에서는 저개발지역에 대한 미국의 민간자본의 투자를 촉진하기 위한 방안이 구체적으로 제시되었다. 특히 여기에서 강조된 것은 미국의 원조가 민간자본이 투자하기에 적합한 환경을 만드는데 사용되어야 한다는 것이었다. 이것을 위해서 현지의 국내법이 개정되어야 할 필요성과 함께 투자협정, 우호협정 등이 체결되어야 할 필요성이 제기되었다.16)

이렇게 본다면, 1950년대 후반 아이젠하워 행정부의 대외원조에 대한 비판이 이루어졌지만, 본격적인 정책변화는 이루어지지 않았다. 경제, 기술원조가 강조되기는 했지만, 그것은 현실성이 없는 '사적 자본에 의한 투자'를 강조하는 데 그치고 있었다. 즉, 사회, 정치적으로 불안정한 후진국에 투자를 촉진하겠다는 것은 현실적으로 실현 가능성이 거의 없는 것이었다. 곧 아이젠하워 행정부의 정책은 후진국에서의 현상유지를 통한 안정화 정책에 초점이 맞추어졌던 것이다.17)

---

15) NSC 5506("Future United States Economic Assistance for Aisa,"(January 21, 1955), White House Office, Office of the Special Assistant for National Security Affairs; Records, 1952~1961, Box 18, DDEL)에서는 "자유아시아 세계의 발전에 필요한 국내외 사적 자본의 이용을 증가시킬 것"을 제1의 과제로 제시했다.

16) 이종원, 『東アジア冷戰と韓米日關係』(東京: 東京大學出版會, 1995, p.1868)에서 재인용.

17) 아이젠하워 행정부의 대후진국 정책에 대해서는 가디스(Gaddis)와 이종원, 박태균(Park Tae Gyun)의 연구성과를 참조.

3. 케네디 행정부하에서의 후진국 정책의 변화

미국의 후진국에 대한 정책의 변화는 학계에서부터 시작되었다. 위에서 언급한 로스토의 연구는 학계에서 시작된 후진국 정책변화에 대한 비판의 하나였다. 라이샤워(Edwin O. Reischauer) 교수, 갤브레이스(John Kenneth Galbraith) 교수와 동북아시아 문제 전문가였던 스칼라피노(Robert A. Scalapino) 교수 등이 모두 이러한 경향을 대표했으며,[18] 각 대학에는 후진국에 대한 연구와 이를 미국의 정책에 반영하기 위한 연구소들이 설립되었다.[19] 스칼라피노 교수는 1945년 이전 중국, 일본, 한국의 공산주의 운동에 대한 연구를 통해 동북아시아 각국의 정치적 특수성을 밝혀내기 위한 연구성과를 냈으며,[20] 이를 기반으로 풀브라이트(Fulbright)를 의장으로 하는 상원외교위원회의 요청으로 콘론(Conlon) 보고서를 제출했다. 콘론 보고서는 미국의 동북아시아 정책에 많은 영향을 주었을 뿐만 아니라, 한국과 일본에서 번역되어 한국과 일본 내의

---

18) John W. Dower, *Origins of the Modern Japanese State; Selected Writings of E. H. Norman*(New York; Pantheon Books, 1975), pp.45~47; John Kenneth Galbraith, *A Life in our times-memoirs*(Boston: Houghton Mifflin Company, 1981), p.323. 갤브레이스 교수는 1955년 네루의 친구이자 인도의 경제개발계획 입안에 핵심적 역할을 했던 마할라노비스(Prasanta Chandra Mahalanobis)를 만나며, 1956년부터 인도에 가서 인도통계연구원(the Indian Statistical Institute)에서 활동한 경험을 가지고 있었다.

19) 예를 들면 국제학연구소(Center of International Studies, Princeton University), 국제문제연구소(Center for International Affairs, Harvard University), 국제학연구소(Center for International Studies, M.I.T.), 대외정책연구원(The Foreign Policy Research Institute, University of Pennsylvania) 등이 후진국 연구 및 미국의 대외정책에 대한 연구기관으로 1950년대에 설립되었다.

20) Robert A. Scalapino, *Communist China and Taiwan*(University of California, Berkeley, 1960).

정치세력에게도 큰 영향을 주었다.[21] 라이샤워 교수는 일본의 정치사와 더불어 중국, 한국의 역사에 관심을 가지고 있었으며, 서구의 시각에 기초해 동아시아 사회를 분석해서는 안 된다는 점을 강조했다.[22]

이러한 학문적 경향들은 후진국의 특수성을 인식해야 한다는 문제제기에서 출발했다. 대체로 여기에서 강조되는 것은 식민지의 경험, 민족주의·중립주의·공산주의로의 편향성, 그리고 현대화된 조직으로서 군대의 중요성 등이다.[23] 가장 중요한 변화는 미국식 민주주의를 아시아와 아프리카에 그대로 대입시키지 말라는 것이었다. 즉, 미국식 개인주의나 정당정치는 가족, 씨족, 종족이 전통적으로 강조되고 있는 이 지역에서 비정상적인 것으로 받아들여져 실패하고 있다는 것이다.[24] 이것은 한편으로는

---

21) 스칼라피노(Robert A. Scalapino) 교수와의 인터뷰, 1999년 10월 13일, 워커힐 호텔. 스칼라피노 교수는 1961년 한국을 방문했을 때 박정희를 만났으며, 박정희는 5·16 쿠데타 이전에 콜론 보고서의 군부에 대한 서술 내용을 보고 많은 감명을 받았다고 말했다고 한다. 케네디 행정부는 스칼라피노 교수에게 평화봉사단의 책임을 맡아줄 것을 요청했지만, 거절하면서 행정부에 직접 참여하지 않고 주로 의회와 정부의 자문기구에 참여했다.

22) Edwin O. Reischauer, "Our Asian Frontiers of Knowledge," *University of Arizona Bulletin Series*, vol.XXIX(September 1958); Edwin O. Reischauer, *My Life between Japan and America*(New York: Harper & Row, 1986). 라이샤워 교수는 하버드 대학 옌칭 연구소(Harvard-Yenching Institute)의 소장이었으며, 케네디 행정부의 주일 미국대사로 임명되었다.

23) 후진국의 특수성에 대해 전반적으로 강조하고 있는 문건 중 대표적인 것은 *United States Foreign Policy, Ideology and Foreign Affairs(The Principal Ideological Conflicts, Variations Thereon, Their Manifestations, and Their Present and Potential Impact on the Foreign Policy of the United States*, prepared at the request of the Committee on Foreign Relations United States Senate by Center for International Affairs, Harvard University, January 17, 1960), United States Government Printing Office, Washington, 1960.

24) *A Study of U.S. Military Assistance Programs in the Underdeveloped Areas.*(Final

서구의 기준으로 볼 때 비민주적인 후진국의 군부정권에 대한 지원을
가능하도록 만드는 이론적 배경을 제공하는 것이었다.[25] 후진국의 정치
체제를 서구정치에 그대로 대입하지 말고 문화적 상대주의적 입장에서
바라보아야 한다는 1960년대의 루시앙 파이(Lucien W. Pye)와 새뮤얼
헌팅턴(Samuel Huntington)의 연구 역시 후진국의 특수성을 있는 그대로
의 입장에서 바라보자는 경향의 연장선상에서 이해할 수 있다.[26]

이들은 후진국의 정치 역시 미국과 서구를 모델로 해 발전해야 한다는
기존의 근대화론을 반박하면서 경제발전과 정치발전을 과도하게 연결할
수 없으며, 오히려 경제발전이 정치적 혼란을 가져올 가능성이 큰 것을
분석했다. 아울러 정치의 근대화라는 것은 비단 민주주의에만 적용되는
것이 아니라 독재체제에서도 역시 적용될 수 있는 문제라고 주장하면서
후진국의 상대적인 특수성을 강조했다.[27]

Report), 8 April 1959, Prepared for The Institute for Defense Analyses by
the foreign Policy Research Institute, University of Pennsylvania, Draper
Committee Papers, DDEL.

25) *United States Foreign Policy, Ideology and Foreign Affairs*(The Principal Ideological
Conflicts, Variations Thereon, Their Manifestations, and Their Present and
Potential Impact on the Foreign Policy of the United States.), Study, prepared
at the request of the Committee on Foreign Relations United States Senate
by Center for International Affairs Harvard University. January 17, 1960
(Washington: United States Government Printing Office).

26) Lucien W. Pye, *Aspects of Political Democracy*(Boston: Little Brown & Company,
1966); Samuel Huntington, *Political Order in Changing Societies*(New Haven:
Yale Univ. Press, 1968). 파이는 MIT 대학 국제학연구소(CENIS)의 연구원이
었고, 헌팅턴의 책은 하버드 대학의 국제문제연구소에서의 연구를 포드 재단과
카네기재단의 지원으로 발행한 것이다.

27) 로스토 역시 경제개발의 과정에서 민주적 정치체계를 유지하는 것이 어렵다는
점을 지적했다. Keynote Address by the Honorable W.W. Rostow, Counselor

후진국의 특수성을 제대로 파악하지 못한 상황에서 무제한적 군사원조에 대한 비판에는 예외 없이 한국에 대한 거대한 군사원조의 문제가 중요한 사례로 인용되었다.[28] 이러한 비판에서 지적되고 있는 것은 미국의 후진국 정책의 결정자들이 군사원조로 모든 문제가 해결될 수 있으리라는 환상에 빠져있으며, 이들 국가에 대한 관심이 군사적인 것에서 정치적, 경제적인 것으로 전이되어야 한다는 것이었다. 오히려 장기적인 무상원조는 경제적인 정체와 연결될 가능성이 더욱 클 수도 있다고 지적되기도 했다.[29] 또한 세계가 사회주의와 자본주의의 양 극단에 서있고 중립주의와 민족주의가 또 하나의 중요한 축으로 받아들여지는 상황으로 바뀌고 있는 점을 충분히 인식해야 한다는 점도 지적되었다.[30]

이들의 견해의 또 하나의 특징은 후진국 자체가 원조를 효율적으로 사용할 수 있도록 흡수 능력을 극대화해야 한다는 것이었다. 즉, 한국의

---

and Chairman of the Policy Planning Council, Department of State, At the Seminar on Democracy, Merida, Venezuela, Sunday, January 26, 1964, 4:00 p.m., "The Challenge of Democracy in Developing Nations," Records of the Policy Planning Council, 1963-64 Lot 70D199 NND 979524, Box 267, NA.

28) 1950년대 의회와 대학의 연구소에서 나온 대외원조 보고서는 대체로 한국에 대한 엄청난 원조가 가지는 효과에 의문을 제기하고 있다. 학계의 보고서로는 Edgar S. Furniss, Jr., "Some Perspectives on American Military Assistance, Center of International Studies,"(Princeton University, June 18, 1957). 이 보고서에서는 한국문제의 해결의 유일한 방안은 한국 자체를 비무장지대나 중립지역으로 만드는 방안이라고 제안했다.

29) 로스토는 거대한 규모의 군사원조는 "발전을 위한 발걸음을 무겁게 만드는 것"이라고 비판했다. W.W. Rostow, "The future of Foreign Aid," *Foreign Service Journal*, 38-6(1961), pp.30~35.

30) Edgar S. Furniss, Jr.,"Some Perspectives on American Military Assistance, Center of International Studies,"(Princeton University, June 18, 1957).

예에서 보이는 바와 같이 아무리 많은 원조를 주어도 수혜국 자체가 그것을 효율적으로 이용할 수 있는 능력이 없다면, 원조가 효과를 보기 어렵다는 것이다. 따라서 후진국 자체의 개혁이 필요하며, 이를 위해서는 새로운 세력이 지배계층으로 등장할 필요가 있다고 주장했다. 여기에서 주장하고 있는 새로운 지배세력의 중심에는 미국의 지원을 통해서 근대화의 수혜를 가장 많이 받고 있는, 농촌 출신으로 기존의 생산관계에 연결되어 있지 않은 군인이 지목되었다.[31]

로스토를 중심으로 한 국제학연구소(CENIS) 학자들의 견해는 1957년부터 케네디(John F. Kennedy) 상원의원의 의회활동을 통해 반영되기 시작했으며, 케네디 쿠퍼 결의안(Kennedy-Cooper Resolution)의 승인은 아시아에 대한 마셜 계획(Marshall Plan)을 주장하는 국제학연구소의 주장이 전적으로 반영된 것이었다.[32] 보스턴에 기반을 두고 있으면서 하버드 대학교 출신인 케네디는 MIT대학의 국제학연구소뿐만 아니라 하버드 대학교에서 경제개발론, 후진국 문제에 전문적인 식견을 가지고 있던 라이샤워 교수, 갤브레이스 교수와 가까운 관계를 유지하면서 1950년대의 후진국 정책에 대한 비판을 적극적으로 수용했다.[33] 케네디는 이를 통해 자신의 "think tank"를 만들려고 했으며, MIT와 하버드의 교수들을 중심으로 한 "찰스 강 그룹(Charles River Group)"을 형성시켰다.[34]

---

31) 박태균, 「로스토의 제3세계 근대화론과 한국」(『역사비평』, 2004 봄) 참조.
32) Recorded interview by Richard Neustadt, 11 and 25 April, 1964, JFKL Oral History Program, pp.3-6; Rostow, *Eisenhower, Kennedy, and Foreign Aid*, pp.2~7.
33) John Kenneth Galbraith 교수와의 인터뷰, 1998년 5월 18일, 케임브리지(Cambridge)에 있는 자택. 갤브레이스 역시 장기간에 걸친 공적 자본 중심의 원조를 강조했다. "Fire Brigade Operations Abroad", NSF : Departments of Agencies, Department of State: General, 3/6/61-3/31/61, Box 284, John F. Kennedy Library(이하 'JFKL'로 약칭) 참조.

결국 후진국 정책의 변화를 의회에서 주장하던 케네디의 대통령 당선
은 미국의 대외정책 변화를 결정적으로 이끄는 계기가 되었다. 케네디
행정부가 출범하기 직전에 조직된 "대외경제정책에 관한 긴급임무팀
(Task Force on Foreign Economic Policy)"[35]의 보고서는 1950년대 미국
학계의 후진국 정책 비판이 새로운 행정부에 그대로 적용될 것임을 알리
는 신호탄이었다.

　"새로운 원조계획은 각 지역의 지도자들이 민족주의적인 힘을 민주주의
　국가를 수립하는 건설적인 계기로 전화시키는 작업을 위한 동기부여를
　제공해야만 한다. 그것은 특히 사회를 근대화시키려는 지도자들(leaders
　who are eager to modernize society)에게 지원이 이루어져야 한다. …후진국
　의 문제들에 대응하는 현재 계획의 실패 : 현재의 계획은 개발원조의 의무를
　사적 투자 (private investment)로 전가하려 하고 있다. 이러한 계획은 후진지

---

34) David Halberstam, *The Best and the Brightest*(NewYork; Fawcett Crest,1969),
　　pp.183~184(John Lodewijks, ibid, p.295에서 재인용); Recorded interview,
　　1964, pp.18-20, 113, 149. Kennedy는 대통령 취임 후에도 이들 Charles
　　River Group을 중용했는데, 행정부 내에서는 Boston에 근거지를 둔 대통령이
　　그곳 출신의 일류 학자들을 선호한다는 비판이 제기되기도 했다. Robert Henry
　　Johnson과의 인터뷰. 한국문제에 깊숙이 관여한 Robert Henry Johnson,
　　Robert William Komer, Robert Warren Barnett과 경제고문이었던 Charles
　　Wolf, Jr., Princeton Nathan Lyman 등은 모두 하버드 대학, 하버드 대학원
　　출신이었다.
35) 행정부 출범 이후 대외경제정책을 조율하기 위해 설치된 "대외경제정책에
　　관한 긴급임무팀"은 갤브레이스, 고든(Lincoln Gordon, 하버드 대학 경영대학
　　원 교수), 로버트 네이산(Robert Nathan), 막스 밀리칸(Max F. Millikan), 그리
　　고 로스토로 구성되었다. 로버트 네이산은 1952년 한국의 경제개발계획과
　　관련된 네이산 보고서(Nathan Report)를 작성했던 인물로 1965년에 박정희
　　정권의 제2차 경제개발 5개년 계획에 대한 기술자문을 위해 다시 내한했다.

역에서의 민족주의의 힘과 그러한 원조가 필요한 지역에 사적인 투자를 꺼리는 부분에 대해서 제대로 인식하지 못하고 있다. …그러한 작용은 다양한 입법과 정책 방향에 의해서 방해받고 있다. 계획은 연간 계획(annual basis)으로 이루어지고 있고, 이에 따라 연속성이 결여되어 있다."36)

이 보고서는 두 가지 측면에서 새로운 계획이 제시되어야 함을 강조했다. 첫째는 후진국의 민족주의를 경제발전의 동력으로 이끌 수 있는, 이전의 지배계급 출신이 아닌 지도자들에 대한 적극적인 지원이 이루어져야 한다는 점을 강조함과 동시에, 둘째로 장기적이고 계획적인, 그리고 사적(私的)이 아닌 공적(公的)인 형태의 경제개발원조가 이루어져야 한다는 것이다.

케네디 행정부 출범 직후에는 새로운 대외정책을 입안하는 관련자의 폭을 대폭 넓혀 새로운 대외원조를 구체화하기 위한 작업이 더욱 활발하게 이루어졌다.37) 이 연구에서는 서구와는 다른 후진국의 특수성에 대한 폭넓은 인식에 기초한 새로운 대외정책의 필요성이 강조되었으며, 평화

---

36) Task Force Report, Dec. 31, 1960, NSF: Subjects: Foreign Economic Policy, Box 297, JFKL. 실제로 매년 결정되는 계획은 장기계획을 어렵도록 했다. 한국의 경우 1955년의 원조 현황을 보면 1955년에 배당된 전체 원조 물품의 60%만이 1955년 12월 1일까지 도착했으며, 비계획원조는 94% 실행된 데 반해 계획원조의 실행률은 49%에 불과했다. "Annual Economic Report 1955, Republic of Korea," 895b.00/3-1956, Decimal File, NA. 미국 대사관은 원조의 지연이 곧 계획의 지연을 가져올 것이라고 전망했다.

37) "Plans for the Reorganization of Foreign Assistance," March 4, 1961, RG 59, Lot 67D378, Box 10, Records of Department, Assistant Secretary, Richard N. Gardner, 1961-65, NA; Report of the Development Assistance Panel(President's Science Advisory Committee), "Research and Development in the New Development Assistance Program," March 7, 1961, ibid.

봉사단(Peace Corps)을 통한 문화적, 심리적 원조의 중요성 또한 지적되었다. 이러한 후진국의 상황에 인식의 변화는 전반적인 미국의 대외경제정책의 내용을 바꾸는 하나의 원인이기도 했다.[38]

로스토는 케네디 행정부 출범 직후에 이와 같은 내용을 담은 대외정책과 관련된 보고서를 제출했다. 여기에서 그는 아이젠하워 행정부의 정책을 "올드룩(Old Look)"으로 비판하면서 새로운 사고에 기초한 "뉴룩(New Look)"의 창출을 주장했다.

> "일반적으로 "새로운 전망(new look)"은 허약한 경제를 떠받치고 단기적인 정치적 군사적 이익을 얻고자 하는 방어적인 노력에서, 그러한 국가가 개발의 목적으로 그들 자신의 자원을 동원할 수 있도록 준비하기에 충분한 자원을 공급받도록 자유세계가 조정하는 방식으로의 전환을 의미한다. 원조는 스스로 유지할 수 있는 성장이 달성되었을 때 끝나며 대출은 일반적인 상업적 방식으로 나아갈 수 있을 것이다. …우리가 할 수 있는 것은 전환할 수 있는 기초가 나타나기 시작한 곳, 즉 대만, 한국, 터키, 그리스, 필리핀, 그리고 아마도 이란 등에 대한 방위지원(defense support)과 특별원조(special assistance)를 장기간(long-term)의 차관으로 전환하는 것이다. …인도네시아와 아프가니스탄과 같은 곳은 차관이 주어지기 전에 심각한 국내의 문제들을 해소해야 한다. …가장 중요한 점은 짧은 기간 내에 자본을 생산적으로 흡수할 수 있는 능력(the capacity to absorb capital productively)을 가지고 있는 국가들에게 우리의 공약을 신속하게 확장시켜야만 한다는 사실이다. 이러한 국가에는 인도, 파키스탄, 나이지리아, 브라질, 콜롬비아, 베네수엘라 등이 포함된다."[39]

---

38) "Some Main Considerations Affecting the Foreign Economic Policy of the United States," RG 59, General Records of the Department of State, Box 2, NA.

이 문서에서 로스토는 새로운 정책이 수혜대상국의 사회개혁을 통해 자본 흡수능력이 확대되어야 한다는 전제 위에서, 미국이 경제개발원조를 해야 하는 국가를 열거하고 새로운 정책이 빨리 시행되어야 함을 강조했다. 이 문서는 로스토의 경제개발론이 미국의 대외정책에 어떠한 방식으로 적용되는가를 잘 보여준다. 즉, 자신이 분류한 경제성장의 5단계에 맞추어 각각의 단계에 따라 적절한 방식의 경제개발원조가 이루어져야 한다는 것이다.

로스토가 작성한 또 다른 문서인 "경제개발시대의 아이디어"[40]에서는 경제성장의 5단계에 조응하는 경제개발원조의 형식을 구체적으로 지적하고 있다. 즉, 그는 도약의 단계에 막 들어선 국가들에서 경제개발원조는 더욱 효율적인 결과를 가져올 것이라고 설명하면서 남미의 아르헨티나, 브라질, 콜롬비아, 베네수엘라, 아시아의 인도, 필리핀, 타이완, 남유럽의 터키, 그리스 등을 도약의 단계에 들어선 국가들, 그리고 이집트, 파키스탄, 이란, 이라크 등을 도약단계에 진입하는 것이 가능한 국가로 분류했다.[41]

---

39) Memorandum to the President, February 28, 1961, Rostow, "Crucial Issues in foreign Aid," NSF: M&M: Staff Memoranda, Walt W. Rostow, Foreign Aid, 2/24/61-2/28/61, Box 324, JFKL.

40) "The Idea of an Economic Development Decade," Papers of President Kennedy, President's Office Files, Box 64a Staff Memoranda W. Rostow 1961, 3/61-5/61, JFKL.

41) 경제개발원조의 강조에 따라 정책기획국의 존슨(Robert Henry Johnson)과 웨버(George Weber)는 로스토에게 보내는 문서에서 한국, 대만, 터키, 그리스, 필리핀 등의 국가가 군사보다는 경제에 보다 강조가 두어져야 할 국가라고 분류했고, 이란의 경우 계획 자체가 감소되어야 할 나라로 분류되었다. Memorandum, Feb. 22, 1961, NSF: M&M: Staff Memoranda, Walt W. Rostow, Foreign Aid, International Aid for Underdeveloped Countries,

로스토를 비롯해 1950년대 미국의 대외정책을 비판하고 새로운 정책의 필요성을 강조한 학자들의 견해에 반대하는 견해도 있었다. 우선 경제개발원조가 공산주의의 확산을 막는 데 결정적인 역할을 할 것이라는 견해에 대해서는 이것이 너무나 "경제결정론적인 인식"이라는 점이 제기되었다. 미국의 경제원조와 관련해서는 미국의 의도와는 달리 수혜국에서 미국의 원조로 인해서 이익을 얻는 계층은 농민을 비롯한 빈곤층이 아니라 특수층이라는 점 역시 강조되었다. 또 사회적인 개혁이 곧 미국의 새로운 정책에 긍정적으로 조응하는 결과만을 가져오지는 않을 것이라는 점도 지적되었다.[42]

또 다른 비판은 거대한 공적(公的) 원조에 대한 것이었다. 즉, 케네디가 암살된 시기를 전후해 의회는 새로운 후진국 경제개발원조가 막대한 재정적자를 초래하기 때문에 새로운 원조의 필요성을 제기하면서 후진국 정책의 개편을 요구하기도 했다.[43] 그러나 이러한 요구는 존슨 행정부에

2/21/61-2/23/61, Box 324, JFKL.

[42] From Robert H. Johnson, Memorandum for Mr. Kaysen, "The AID Research Program," Dec. 11, 1961, NSF: Carl Kaysen: Foreign Aid Policy : 7/26/61-9/8/61 Box 373, JFKL.

[43] "A Proposal to strengthen the Foreign Economic Assistance Program," December 27, 1963, RG 59, Lot 67D378, Box 10, Records of Department, Assistant Secretary, Richard N. Gardner, 1961-65, NA. 1963년 말 의회에서는 미국의 재정적자 해소를 위해 사적 자본의 투자가 필요함이 다시 강조되기 시작한다. 이러한 의회의 제동에 대해 행정부측은 기존의 정책이 변화될 수밖에 없는 상황에 대응하기 위해, 줄어든 대외원조 액수에 적합한 새로운 방안을 연구해야 한다는 입장을 표명했다. 그럼에도 불구하고 미국 국제개발처(USAID)는 경제개발 중심의 원조방식을 고수할 것임을 명백히 했다. "The Future of Foreign Aid," December 18, 1963, RG 59, Lot 67D378, Box 10, Records of Department, Assistant Secretary, Richard N. Gardner, 1961-65, NA; President's Committee to Examine the Foreign Assistance

서 추진한 '더 많은 깃발(more flag)'을 통한 베트남 전 개입으로 인해 추진되지 못했다. 오히려 베트남 전 개입을 통해서 미국의 대외원조는 대폭 증가하게 된 것이다. 1966년에는 아시아 전체를 대상으로 하는 아시아개발은행 설립에 투자를 해야 했고, 한국에게는 베트남 전 파병의 대가로 브라운 각서(Brown Memorandum)를 전달해야 했다.

한편, 경제개발원조로 전환하는 문제뿐만 아니라 후진국의 새로운 지도력으로서 군인들에 대한 집중적인 지원이 거론되기 시작했다. 이미 1959년 아이젠하워 행정부 내에서 후진국의 군부가 미국의 정책목표에 유리하게 작용할 가능성도 고려해야 한다는 주장이 대두되었는데,[44] 케네디 행정부에 들어서 본격적으로 정책화했다. 로스토가 스스로 "군대의 역할에 관한 우리들의 외교정책(Our doctrine of the role of the military)"이라고 명명한 문서는 후진국 군부에 대한 지원정책을 표현하고 있는 대표적인 문서이다.[45]

"장교집단은 후진국에서 친서구적(pro-Western)이면서도 비공산주의적 (non-Communist)인 지도력을 가지고 있는 가장 잘 조직된 집단이다. 그들은 특히 과학, 엔지니어링, 행정과 기술에서 잘 교육되어 있다. 비록 정치적,

---

Program, "Outline," December 26, 1963, ibid.

44) 이종원, 『東アジア冷戰と韓米日關係』(東京: 東京大學出版會, 1995, p.246)에서 재인용.

45) "The Role of the Military in the Underdeveloped Areas," RG 59, Department of State, 1960~1966 : Box 6 NA. 이 문서가 존재함에도 불구하고 로스토는 필자와의 인터뷰에서 자신이 후진국의 군부 역할을 강조했다는 점에 대해 부인했다. 1998년 10월 6일 로스토 교수와의 인터뷰, 텍사스 주립대학에 있는 로스토 교수 연구실. 필자의 생각으로는 베트남 전 확전의 책임으로 비난을 받고 있었던 로스토가 후진국 군부에 대한 지지 여부에 대한 질문에 부담스러워 했던 것이 아닌가 생각된다.

사회적 지향이나 국내의 발전정책에 있어서 동일한 목표를 가지고 있지는 않지만, 그들은 보통 가장 순종적(disciplined)이다.

그들은 "근대화를 이룩하는 사람들(modernizers)"의 힘 있고 잠재력 있는 집단을 구성하고 있으며, 만약 그들의 능력과 외부로부터의 지식이 충분히 발휘된다면, 서구적인 생각과 가치관의 도랑(conduit)으로서 역할을 할 것이다.…

발전하는 과정에서 군대의 역할은 선악의 판단에 상관없이 불가피한 것이다. 몇몇 경우 그들은 미국의 남북전쟁 이전과 같이 민족국가의 기본적인 토대를 만드는 데 결정적이며 기술적인 역할을 할 것이다. 다른 경우 그들은 일본이나 터키의 예와 같이 전통적이거나 신전통적인(neo-traditional) 정부를 대체하기 위한 근대적인 정치기관을 만드는 것을 선도할 것이다.

나른 한편으로 만약 군대가 전통석이거나 신전봉적인 집단과 결합한다거나 무책임하게 행동한다면 근대화를 향한 움직임이 연기되거나 잘못 형성되도록 경제와 사회정책을 심각하게 흔드는 역할을 할 것이다. 만약 그들이 근대화의 과정에 그들 스스로를 건설적으로 결합시키지 않는다면 많은 사회에서 미국의 경제, 정치, 사회적 발전과 관련된 정책의 목표들은 좌절될 것이다.…

전통적인 사회로부터 근대적이고 민주적인 사회로 이행하는 진화과정의 특징을 극적으로 보여주는 근대화의 역동성에 대한 현재의 설명들, 즉 군대의 역할이 절대적으로 필요한, 그리고 어느 정도 그러한 역할을 합법화할 수 있다는 설명은 민주주의적 신념에 대한 우리의 기본적인 공약과 일치하면서 미국의 외교논리 및 정책에 조응하는 조건을 제공할 것이다."

부제로부터 내용을 유추할 수 있도록 한 이 문서는 후진국에서 군대라는 조직과 구성원인 군인들의 중요성을 자세하게 묘사하고 있다.[46] 이 문서에서 또 하나 주목할 점은 쿠데타가 일어났을 경우 정치에 참여한 군인들을 군대의 조직으로부터 분리되도록 해야 하며, 이들이 정부에 참여한 가운데 민정이양이 이루어져야 한다는 점이 지적되고 있다는 것이다. 또한 로스토는 미국이 앞으로 취해야 할 정책으로 ① 각국의 미국외교사절단(country team)으로 하여금 군부세력과 계속적인 연락을 취하도록 하고, ② 민간정치인들로 하여금 미국의 후진국 군부에 대한 정책(doctrine)을 이해하도록 하며, ③ 미국에 온 군인들에게 발전경제학, 시민행정학, 엔지니어링, 공공보건, 공공교육과 같은 비군사적인 분야에 대해 교육해야 한다는 점을 권고하고 있다.

케네디 행정부의 가장 중요한 정책 내용을 담고 있다고 평가되는 "기본적인 국가안보정책(Basic National Security Policy)"[47] 역시 후진국의 군부와의 호의적인 관계의 유지가 미국의 후진국 정책에 핵심적인 사안임을 강조했다. 직접적으로 군부를 언급하지는 않았지만, 더 근대화된, 그리고 과거의 생산관계로부터 떨어져 있는 그룹과의 관계가 향후 미국의 후진국 정책의 성패를 좌우하는 관건이 될 것임을 강조했다.[48]

---

46) 이 글이 실질적인 정책에 어느 정도 영향을 미쳤는가에 대해 평가하고 있는 문서는 없지만, 이 글이 나오기까지 약 1만 5,000명의 군인들이 미국에서 교육을 받았고, 4,000명의 군인들이 미국이 현지에 설립한 기관에서 교육을 받았다는 점이 이 문서에 명시되어 있다.

47) S/P draft, "Basic National Security Policy," March 26,1962, Lyndon B. Johnson Papers, Vice Presidential-Security File, Box 7, Lyndon B. Johnson Library(이하 'LBJL'로 약칭). 이 문서의 중요성에 대해서 처음 주목한 사람은 개디스였다. 비록 이 문서가 NSC 68과 마찬가지로 곧바로 승인되지는 않았지만, 케네디 행정부의 정책의 핵심적인 내용들을 거의 전부 포괄하고 있다고 평가했다. John Lewis Gaddis, *Strategies of Containment*(Oxford: Oxford University Press, 1982), pp.200~201.

48) 케네디 행정부의 후진국 정책이 군부에 대한 지지를 보여주는 것이었음에도 불구하고, 한국에서 5·16 쿠데타가 일어났던 시기는 미국에서 피그 만 사건이 실패로 돌아간 직후였기 때문에 쿠데타에 대한 판단에 대해 신중한 입장을

이상과 같은 논의는 곧바로 미국의 후진국 원조에 반영되었다. 우선 대외원조를 입안하고 실행하며 평가할 통합된 기관으로서 미국국제개발 처(US Agency of International Development)가 설치되었다. 1950년대부터 대외원조에 대한 비판의 한 부분이 대외원조기관의 비효율성의 측면에서 제기되었기 때문에 새로운 원조기관의 필요성은 "대외경제정책에 관한 긴급임무팀"에서 먼저 제기되었다. USAID의 목표와 활동을 설명한 『AID 해설』에서는 전술한 장기적인, 경제개발을 동기로 한, 계획적이며 공공적 성격의 경제개발원조에 대해 많은 부분을 할애하고 있으며, 수혜 대상국인 후진국 자체의 개혁을 통한 자본흡수능력 강화를 가장 중요한 원조의 기준으로 설정했다.[49] 아울러 미국은 아프리카 지역에까지 관심 의 영역을 확대하는 한편, 남미를 대상으로 한 "진보를 위한 동맹(Alliance for Progress)"을 통해 후진국에 대한 경제개발원조 중심의 정책을 실행하 기 시작했다.[50]

취할 수밖에 없었다. 이와는 반대로 미국은 남베트남의 쿠데타를 배후 조종한 것으로 알려져 있다(박태균, 「5·16 쿠데타와 미국」, 『역사비평』(2001 여름).

49) 『AID 해설』(서울: 공보처, 1962) 또한 Policy Planning Council, "The New Aid Criteria and U.S. Foriegn Economic Programs," October 26, 1961, Department of State, RG 59, General Records of the DOS, Office of the Executive Secretariat, NSC Meetings, Files and Policy Reports, 11/1959-05-1966, Lot 70D265, Box 10, NA 참조.

50) 1950년대 말 쿠바 혁명의 충격은 미국으로 하여금 자신들의 생명선(vital line)이 라고 할 수 있는 남미에 대한 관심을 제고하도록 하는 동기를 부여했다. 미주 개발은행의 설립과 '진보를 위한 동맹'의 설립은 그 대표적인 예라고 할 수 있다. 케네디와의 불화로 인해 국무부에 밀려나 있었던 로스토가 존슨 행정부 시 백악관에서 핵심적인 역할을 하면서 '진보를 위한 동맹'의 책임자를 역임했 던 것이 남미에 대한 중요성을 보여주는 것이지만, 존슨 행정부 시기 대외정책 의 핵심은 베트남 전에 있었다. 따라서 1960년대 남미에 대한 정책은 앞으로 진행되어야 할 연구과제의 하나라고 할 수 있다.

4. 후진국 정책의 변화의 성격

이상과 같은 케네디 행정부하의 새로운 대외원조정책은 기본적으로
새로운 생각을 가지고 있는 학자들과 관료들이 행정부 내에 들어오면서
형성되었다. 이들이 가지고 있었던 새로운 생각은 다음의 세 가지 내용으
로 대표될 수 있다.

첫째로 경제적인 관점에서 볼 때 대외원조의 증가가 재정적자를 증가
시키는 결과를 가져오지 않을 것이라는 생각이다. 이것을 당시에는 소위
"신경제학(new economics)"으로 지칭했다.[51] 이러한 생각은 대외원조의
감축을 통해 재정적자를 줄이려고 했던 아이젠하워 행정부 시기의 관료들
의 생각과는 차이가 있었다. 케네디 행정부에 참여한 학자와 관료들의
이러한 생각은 NSC 68을 입안했던 정책결정자들의 생각과 일치하는
것이었다.[52] 이러한 경향은 군사 분야의 "맥나마라 혁명(McNamara
Revolution)"에 조응하는 경제부문의 "케인스 혁명의 완성(the comple-
tion of the Keynesian revolution)"이라고 설명되기도 한다.[53]

아이젠하워 행정부와는 달리 케네디 행정부 내의 많은 관료들은 적극
적인, 그리고 팽창된 대외원조는 미국의 경제를 활성화시킬 것으로 보았
다. 즉, 재정적자가 통화안정을 위협할 것이라는 아이젠하워 행정부의

---

51) Arthur M. Schlesinger, *A Thousand Days; John F. Kennedy in the white House*
    (Boston: Houghton Mifflin, 1965), pp.153, 155~157, 299~300, 381~384.
    갤브레이스 교수와의 인터뷰. 쿤즈는 이러한 경향을 "팽창주의적(expan-
    sionist)" 경향이라고 지칭했다. Diane B. Kunz, ibid, p.82.
52) 트루먼(Harry S. Truman) 행정부 시기 대외정책을 입안했던 핵심적인 관료들
    이었던 애치슨(Dean Acheson)과 니츠(Paul Nitze), 러스크(Dean Rusk) 등이
    케네디 행정부에 참여했다.
53) John Lewis Gaddis, *Strategies of Containment*(Oxford: Oxford University Press,
    1982), pp.213~232.

생각은 소극적인 것이며, 일정 정도의 인플레이션을 감수하더라도 적극적인 대외원조를 확대해야 한다는 것이다. 그리고 관세장벽에 반대하는 자유무역의 확대는 단기적으로는 불이익을 가져올 수도 있지만, 장기적으로 볼 때 미국의 경제에 긍정적인 결과를 가져올 것이라고 보았다.54) 이들의 입장에서 아이젠하워 행정부의 뉴룩 정책이 대외적으로 성공한 것은 "단지 한국에 대한 원조를 조금 감소"시킨 것뿐이었다.55)

둘째로 후진국 정부의 역할에 대한 생각의 변화이다. 전술한 바와 같이 후진국의 경제개발계획의 과정에서 일정 정도 독재정권의 긍정적인 역할을 인정했을 뿐만 아니라 미국의 자유주의적 경제철학에 조응되지 않음에도 불구하고 후진국 정부의 역할에 대해 강조하는 흐름이 나타나기 시작했다.56) 이것은 공(公)기업에 대한 입장변화에서 잘 나타난다.

1961년 10월 말 후진국 공기업의 역할에 대한 미국의 입장을 정리한 문서가 제출되었다.57) 이 문서의 작성자는 미국에서 효율적으로 작동되는 경제체계가 최소한의 구매력을 가지고 있는 후진적 농업구조를 가지고 있는 미개국가의 전혀 다른 문화 속에서도 같은 효과를 가져 올 것이라는

---

54) William O. Walker III, *The Diplomacy of the Crucial Decade-American Foreign Relations During the 1960s*, pp.46~48.

55) Gaddis, *Strategies of Containment*(Oxford: Oxford University Press, 1982) p.171.

56) "Excerpt from the Senate Foreign Relations Committee Hearings," June 6, 1961, Part 1, Page 248, Economic Assistance to State Enterprise, NSF: Subject: Policy Planning: 06/61-08/61 Box 303, JFKL. 이 문서는 인도의 예를 들어 공기업에 대해 정태적으로 바라볼 것이 아니라 그 동안의 경험적, 동정적, 실용적인 관점에서 재고해야 할 필요성을 제기했다.

57) Policy Planning Council, "US Policy Toward Government-owned Enterprise in Transitional Free World States," October 4, 1961, RG 59, Lot 67D378, Box 7, Records of Department, Assistant Secretary, Richard N. Gardner, 1961~1965, NA.

60   제1부 한국형 발전모델의 원형과 그 변용

가정은 잘못된 것이라는 전제 위에서 후진국에서 공기업의 역할에 대해 적극적인 평가가 필요하다고 인식하기 시작했다.58) 이러한 공기업에 대한 적극적인 평가는 한편으로는 혼합된 경제체제가 가장 좋을 것이라고 믿는 후진국의 지도자들과 우호적인 관계를 통해 공산주의권의 영향을 차단하고, 다른 한편으로는 공기업에 대한 강조가 사회주의권의 전유물로 되는 현상을 막는 역할도 할 수 있다고 지적되었다.59)

케네디 행정부의 대외원조 담당 관료들은 사적 투자를 강조하던 아이젠하워 행정부 관료들의 생각 역시 바뀌어야 하며, 케네디 행정부의 대외원조와 관련된 철학은 중앙집권적 국가계획과 장기간의 발전계획의 원칙이라고 명시했다. 개인기업을 중요시하는 자본주의적인 사고를 비판한 것이 아니라 정부를 대신해 민간기업 중심으로 대외원조를 이끌려고 했던 정책에 대한 비판이었다. 사(私) 기업을 중심으로 대외경제원조를 이끌어가려고 했던 시도들은 후진국에서 민족주의의 고양과 사적 자본들

---

58) 주 55)의 문서에서는 지금까지 후진국의 공기업에 대한 지원을 금지한 이유는 미국의 몇 가지 잘못된 믿음에서 시작했다고 지적했다. 그것은 ㉮ 자유기업을 위주로 하는 자체의 경제구조에 대한 선호, ㉯ 소비자에 보다 큰 효율과 이익을 주어야 한다는 믿음, ㉰ 공기업이 자유 기업구조를 위협할 수 있다는 두려움, ㉱ 해외에서 미국자본에 대한 우호적인 투자조건을 유지해야 한다는 희망, ㉲ 사적 부문의 강화하는 것에 의해서 근대화된 사회의 정치적 안정, 경제적 성장, 그리고 민주주의 가치가 가장 잘 유지될 수 있다고 하는 믿음 등이다. 그러나 인도의 경우 국가소유기업이 가장 큰 역할을 하고 있으며, 후진국의 경우 선진국과는 달리 중간계층(middle-class)에 의한 산업화 과정이 없었다는 점을 이해하는 것이 필요하다는 점이 지적되고 있다.

59) 갤브레이스는 궁극적으로 소유의 문제는 중요하지 않으며, 중요한 것은 자율성의 문제이자 돈을 버는 문제라고 하면서, 인도의 경우 공공부문과 사적인 부문의 균형을 잘 고려해야 할 필요성에 대해 강조했다. John Kenneth Galbraith, *A Life in our times-memoirs*(Boston: Houghton Mifflin Company, 1981), pp.332~337.

이 후진국에 투자하기를 꺼려하는 양자간의 기본적인 성향을 제대로 이해하지 못했다고 비판되었다.[60]

후진국에서 공기업의 역할을 강조하는 새로운 사고는 "현재까지 미국은 법이나 정책으로 국가소유의 기업에 대한 미국의 지원을 금지한 적"이 없었다고 합리화되었으며, 전통적인 미국식 사고에 기초한 대외정책의 입안은 "가장 큰 실수(greatest mistakes)"라고 규정했다. 실제로 국가자문회의(National Advisory Council)는 1961년 3월 20일 소유형태를 불문하고 정유회사나 수출입은행의 지원을 허가했으며,[61] 1950년대의 사적투자의 강조, 특히 남미에서의 활동에 대해 그것이 명백한 실수였음을 지적했다.[62]

셋째로 케네디 행정부에 참여한 학자와 관료들은 후진국에서 현상유지를 통한 안정보다는 사회적, 정치적 불안정을 불러일으킬 수도 있는 사회적 개혁을 구상하고 있었다는 점이다. 1950년대 미국의 후진국 정책, 특히 그중에서도 대한정책을 보면 미국은 한국정부의 개혁을 주장하기도

---

60) The Task Force on Foreign Economic Policy, "Report to the Honorable John F. Kennedy," NSF: Subjects: Foreign Economic Policy, Task Force Report 12/31/60 Box 297, JFKL.

61) Policy Planning Council, "US Policy Toward Government-owned Enterprise in Transitional Free World States," October 4, 1961, ibid.

62) 공기업에 대한 생각의 변화는 로스토와 밀리칸의 "하나의 제안"에서 이미 제기되었다. 즉, "많은 경우에 사적인 투자를 위한 호의적인 환경은 정부의 후원하에 어느 정도 거대한 자본형성이 이루어진 이후에 조성될 수 있"으며, 명치유신(明治維新) 시기의 일본이나 1950년대의 인도는 대표적인 예라고 지적했다. 미국의 전통적인 관념 속에서 나오는 사기업의 역할에 대한 강조가 그대로 후진국에 투입될 수는 없다는 것이었다. 아울러 이것은 사회주의만이 공기업과 관련된 이론을 독점하고 있다는 이론적 믿음을 제거할 수 있는 유일한 방안이라고 주장했다. *A Proposal; Key to on Effective Foreign Policy*(New York: Harper & Brothers, 1957), pp.13~15.

했지만, 현실적으로는 인플레이션의 억제를 통한 사회적 안정을 통한 내부 붕괴의 방지가 가장 중요한 정책의 핵심이었다. 그러나 1960년대에 들어와 행정부 내의 관료들은 토지개혁, 세제개혁을 비롯한 사회체제의 개혁뿐만 아니라 정신개혁을 통한 후진국의 총체적인 사회개혁이 미국의 후진국 정책을 더 효과적으로 사용할 수 있는 계기를 만들 수 있을 것이라고 보았다.[63] 결국 사회개혁은 공산주의적 성격을 갖는 혁명을 막기 위한 수단으로서의 의미를 갖는 것이었다.

경제개발원조를 넘어선 총체적인 사회개혁에 대한 강조는 1950년대를 통한 후진국의 특수성에 대한 연구에서 비롯되는 것으로, 새로운 지도세력의 필요성 및 부패구조의 개혁에 대한 강조와 직접적으로 연결되는 것이다. 특히 전근대사회의 생산관계와 단절을 요구하는 것은 기존의 지배계급과 타협을 통해 현상유지의 안정을 추구했던 아이젠하워 행정부 시기 후진국 정책과는 상이한 내용을 갖는 것이었다.[64] 갤브레이스의 경우 후진국 경제개발정책에서 중요한 내용을 갖는 것으로 교육, 개인의 동기와 사회적 통합을 위한 사회적 정의, 효과적인 정부의 역할, 그리고 어떠한 발전방향으로 나갈 것인가에 대한 분명한 전망이 갖추어질 수

---

63) 국무성의 경제담당 차관보(Under Secretary for Economic Affairs)였던 볼 (George W. Ball)이 의장으로 있던 긴급임무팀은 "재정적이고 기술적인 원조 외에 무엇인가가 더 필요"함을 지적하면서 "공산주의의 확산을 막기 위한 부분에 우선적인 초점을 두는 것에서부터 경제적 사회적 개혁을 위한 계획에 자금을 대는 방향으로 대외경제원조가 재조정될 필요"가 있음을 강조했다.William O. Walker Ⅲ, *The Diplomacy of the Crucial Decade-American Foreign Relations During the 1960s*, pp.46~48.

64) 1950년대 미국의 대한정책은 이러한 부분을 잘 보여준다. 정부의 투자와 재정 확대를 최대한 억제하면서 안정과 현상유지를 추진했고, 정치적으로도 민주화를 주장하는 야당보다는 자유당 내의 온건파들을 지지하는 입장을 보였다. 李鍾元,「五十年代東アジア冷戰ノ變容米韓關係」,『法學』59(1995).

있는 사회적인 개혁이 필요함을 강조했으며, 케네디 대통령은 미국이 필요로 하는 것은 경제뿐만 아니라 사회적인 계획이라고 언급했다. 이것은 이 시기 미국의 후진국 정책과 관련된 정책입안자들의 생각의 변화를 잘 보여주는 예라고 할 수 있다.[65]

사회개혁에 대한 요구는 이전의 미국의 자유주의적 전통에서 나오는 관념과는 변화된 형태를 띤다. 미국의 자유주의적 전통에 의하면, 후진국의 발전은 곧 미국식 민주주의 형식으로의 변화를 추구하는 것을 의미했다. 그러나 1960년대의 새로운 생각은 미국식 민주주의 이데올로기를 후진국에 적용하려는 시도가 반드시 미국의 이해관계에 일치하는 것만은 아니라는 새로운 인식을 보여주는 것이었다.

5. 맺음말

후진국 정책과 관련해서는 이러한 생각의 변화가 전반적인 정책의 전환을 이끌었다. 이러한 생각의 변화에서 한국 문제는 항상 핵심적인 내용이었다. 한국은 대만, 터키, 파키스탄, 베트남과 함께 "빅 파이브(Big Five)"에 포함되었다.[66] 무상원조에 대한 비판 — "거대한 무상원조가 해당국의 경제성장을 가로막는다" — 의 중요한 사례였으며, 미국의 대외원조 삭감의 제1의 대상이었다. 케네디 행정부의 대외정책 변화의 무대에서 대한정책은 가장 중요한 시험대의 하나였다.

---

65) William J. Sheppard, "Program for a decade of Development," *Foreign Service Journal*, 38-8(1961), pp.21~23.

66) Robert H. Johnson and Gerge Weber to Rostow, Feb. 22, 1961, NSF: M&M: Staff Memoranda, Walt W. Rostow, Foreign Aid, International Aid for Underdeveloped Countries, 2/21/61-2/23/61, Box 324, JFKL.

이 중에서도 특히 후진국에서의 사회변화, 그리고 경제개발에 대한 새로운 정책의 도입은 당시 미국의 대외정책에서 커다란 변화를 가져왔다. 이것은 한편으로는 후진국에서의 경제개발이 적극적으로 실행될 수 있는 계기를 만든 것이었지만, 다른 한편으로는 미국이 더욱 적극적으로 개입할 수 있는 여지를 열어놓은 것이었다. 즉, 후진국에서의 개혁 없이는 더 이상 미국의 원조나 지원이 효율적일 수 없다는 생각은 미국의 안보와 관련해 시급한 지역에 있어서는 미국이 개입을 통해서라도 사회적인 변화를 이끌어내야 한다는 정책의 필요성을 제고시키는 것이었기 때문이다.

특히 이 문제는 한국과 함께 베트남 문제에 대한 개입을 통해서 잘 드러난다. 한국과 남베트남은 모두 미국의 정책에 많은 영향을 받은 국가이다. 특히 1960년대 이후 쿠데타를 통한 군인들의 정부를 경험했으며, 미국의 경제개발원조를 중심으로 한 사회적인 변화를 경험했다. 그리고 미국은 그 과정에서 적극적으로 개입했다. 초기의 개입은 한국에서의 경제개발계획의 수정, 베트남에서의 메콩강 계획 등 경제적인 것이었지만, 이후 정치, 군사적인 적극적 개입으로 이어졌다.

이러한 케네디 행정부의 정책은 미국의 대외정책 변화의 흐름 속에서 보면 트루먼(Harry S. Truman) 행정부의 정책과 연결성을 갖고 있는 것이었다. 그러나 트루먼 행정부의 정책과는 연속성과 함께 차별성을 동시에 보인다. 후진국의 보편성, 획일성보다는 특수성을 강조했다는 점에서 케넌(George F. Kennan)의 "봉쇄(Containment)"이론과 동질성을 갖지만, 케인지안적인 생각에 기초하고 있다는 점에서는 케넌 보다는 니츠(Paul Nitze)의 NSC 68과 유사성을 갖는다. 또한 특정 지역에 대한 고려보다는 전체적인 후진국을 고려한다는 점에서 NSC 68과 유사한 성격을 갖지만, 군사적인 측면보다는 경제적인 측면을 강조했다는 점에서 커다란 차별성을 보인다. 뿐만 아니라 트루먼 행정부 시절에 하나의 선언 이상의 의미를 갖기 힘들었던 후진국에 대한 기술원조정책인 '포인트 포(Point IV)' 계획을 보다 체계적으로 발전시킨 것이었다. 이것은 1950년대를 통해 이루어진 후진국 지역에 대한 관심과 이해 없이는 불가능한 것이었다.

그런데 이상과 같은 케네디 행정부 시대 관료들의 생각 변화가 모든 관료들에게 공유되었던 것은 아니다. 특히 1960년대 초반 미국의 대한정책 관련문서들을 보면 일정한 정도의 시차(jet lag)를 발견할 수 있다. 본국에서 이미 공유되고 있는 생각들이 현지에서는 그대로 적용되지 않는다는 점이다. 1961년부터 1963년 사이 주한 미국 대사관이나 한국에 있는 미국의 원조기관의 책임자, 직원들이 작성한 문서들에는 인플레이션을 막고 안정화 정책을 실시해야 한다는 주장, 국가기관의 과도한 개입에 대해 우려하는 목소리가 많다. 따라서 미국의 정책변화가 당시에 바로 후진국에 그대로 적용되었다고 볼 수는 없다.

그럼에도 불구하고 1960년대 초반의 정책변화는 분명 미국의 대외원조상에서 나타나는 중요한 변화였음에 틀림없다. 한편으로는 미국이 대외정책을 구사하면서 좀더 많은 여유를 가질 수 있는 변화의 폭을 주었다. 다른 한편으로는 미국 자체 내에서 후진국을 바라보는 눈이 변화했다는 점을 보여준다. 이러한 변화가 1960년대와 1970년대를 통해 미국과 후진국의 이른바 "개발독재"국가 간의 관계를 합리화시켜 주는 중요한 무기가 되었음은 분명한 사실이다. 카터(Jimmy Carter) 행정부의 "인권외교"나 부시(George W. Bush) 행정부의 신보수주의(Neo-con)적 외교정책은 이와는 다른 흐름에 놓여있는 것이지만, 1960년대 초반에 이루어진 변화는 이후 후진국 정책의 중심적인 축의 하나로 작용하고 있다.

■■■ 참고문헌

박명림. 1996. 『한국전쟁의 발발과 기원Ⅱ』. 나남.
박태균. 2001. 「5.16 쿠데타와 미국」. 역사문제연구소 『역사비평』, 2001년 여름호.
＿＿＿. 2004. 「로스토의 제3세계 근대화론과 한국」. 역사문제연구소 『역사비평』, 2004년 봄호.
이종원. 1995. 『東アジア冷戰と韓米日關係』. 東京大學出版會.
Dower, John W. 1975. *Origins of the Modern Japanese State; Selected Writings of E. H. Norman.* New York: Pantheon Book.
Gaddis, John Lewis. 1982. *Strategies of Containment.* Oxford University Press.
Galbraith, John Kenneth. 1981. *A Life in our times-memoirs.* Boston: Houghton Mifflin.
Halberstam, David. 1969. *The Best and the Brightest.* New York: Fawcett Crest.
Huntington, Samuel. 1968. *Political Order in Changing Societies.* New Haven: Yale University Press.
Park, Tae Gyun. 1999. "Changes in U.S. Policy Toward South Korea in the Early 1960s." *Korean Studies,* 53.
Pye, Lucien W. 1996. *Aspects of Political Democracy.* Boston: Little Brown & Company.
Reischauer, Edwin O. 1958. "Our Asian Frontiers of Knowledge." *University of Arizona Bulletin Series,*vol. XXIX(September).
＿＿＿. 1986. *My Life between Japan and America.* New York: Harper & Row.
Rostow, Walt W. 1957. *A Proposal; Key to on Effective Foreign Policy.* New York: Harper & Brothers.
Scalapino, Robert A. 1960. *Communist China and Taiwan.* University of California, Berkeley.
Schlesinger, Arthur M. 1965. *A Thousand Days: John F. Kennedy in the white House.* Boston: Houghton Mifflin.
Sheppard, William J. 1961. "Program for a decade of Development." *Foreign Service Journal.*
Woo, Jung-En. 1991. *Race to the Swift.* New York: Columbia University Press.
李鍾元. 1995. 「五十年代東アジア冷戰ノ變容米韓關係」. 『法學』, 59.

제2장

박정희 정권 초기 외부의존형 성장모델의 형성과정과 재벌

공제욱(상지대 교수, 사회학)

1. 머리말

박정희가 군부쿠데타로 정권을 잡은 이후 초기의 경제정책은 민족주의적 성격이 강하고, 경제에 대한 국가의 개입 정도가 매우 큰 국가주도적 내포적 공업화의 성격을 갖고 있었다(木宮正史, 1991; 이완범, 1999; 이병천, 1999). 군사정부는 경제이념을 '지도받는 자본주의'로 명명했다. 그리고 내포적 공업화는 제1차 경제개발 5개년 계획의 성안과 1962년의 통화개혁, 그리고 통화개혁에 따른 봉쇄예금으로 설립하려 했던 산업개발공사의 설립 시도로 구체화되었다(유원식, 1987: 330~340; 木宮正史, 1991: 111~117; 이병천, 1999: 147~149; 한국개발연구원 편, 1996: 203). 이 공업화 전략은 주로 국내자금을 동원해, 기간산업 등 기초적 생산재공업을 건설하려는 목표를 갖고 있었다. 이러한 일련의 시도는 국가재건최고회의 재경위원회의 상공분과 위원장이었던 유원식에 의해 주도되었으며, 그 이론적 기반은 국가재건최고회의 의장 자문위원이었던 박희범이 제공했다.[1] 그리고 국가재건최고회의 의 의장인 박정희가 뒷받침했다고 볼

---

1) 내포적 공업화의 개념에 대해서는 박희범의 책을 참고할 수 있다(박희범, 1968:

수 있다. 이러한 국가자본주의적 성향을 가진 내포적 공업화의 시도는 미국의 강력한 반대와 경제정책 그 자체의 문제로 좌절되었으며, 경제정책은 점차 수출주도 산업화라는 외부의존형 성장모델로 변화해갔다. 하지만 내포적 공업화의 흐름이 박정희 정부에서 완전히 사라진 것은 아니었으며, 전반적인 외부의존형 산업화 가운데에서도 그 흐름은 중화학공업화라는 형태로 표출되기도 했다. 그런데 박정희 정부의 민족주의적 경향은 반공주의와 결합되어 있었으며, 노동계급에 대한 억압에 기초하는 노동배제적 성격을 갖는 것이었다(이병천, 1999: 146, 152).

여기서 내포적 공업화를 외부의존형 성장모델과 간략하게 비교해보기로 하자. 내포적 공업화는 외자를 배제하지는 않지만 우선적으로 내자에 기초해 공업화를 추진하며, 기간산업 등 기초적 생산재공업을 우선적으로 건설하려는 공업화전략이다. 또한 내포적 공업화는 수입대체 공업화를 주로 추진하지만, 수입대체 공업화가 곧 바로 내포적 공업화인 것은 아니다. 여기서 수출은 국제수지 개선을 위해 한정된 목표로 추진된다. 반면에 외부의존형 성장모델은 내자에 비해 상대적으로 외자를 활용하는 데 중점을 두며, 공업화도 수출을 성장의 엔진으로 여기는 수출주도 공업화를 추구한다. 생산재공업 건설과 같은 수입대체적 성격을 갖는 공업화는 부차적으로만 추구하는 성장전략이다. 박정희 정권 초기의 내포적 공업화 전략은 미국의 강력한 반대에 부딪혀 포기되었지만, 미국이 수출주도 공업화를 대안으로 제시한 것은 아니었다. 미국은 개방적이면서도 안정된 성장전략을 원했다.

그러면 박정희 정부는 어떠한 과정을 거쳐 수출주도 공업화 정책을 채택하게 되었던 것인가? 이 문제는 아직 제대로 밝혀지지 않은 상태이다. 박정희 정부가 작성한 제1차 경제개발 5개년 계획은 여전히 수입대체

73, 84~85).

공업화의 성격을 갖는 것이었다. 그리고 미국이 제1차 경제개발 5개년 계획에 대해 반대한 것은 미국의 시각에서 볼 때 이 계획 자체가 성급하게 마련된 것이며, 계획의 전제 자체가 현실적이지 않다는 것이었다. 그리고 연평균 성장률 7.1%는 너무 야심적이며, 경제의 안정성을 해칠 수 있다고 보았기 때문이었다(木宮正史, 1991: 91~92). 당시 미국의 관심은 사회의 안정을 위한 경제의 안정이었다. 그리고 내포적 공업화 시도에 대해 미국이 반대한 것은 그 시도가 지나치게 민족주의적이고, 국가 통제경제의 지향을 갖는 것이라고 보았기 때문이었다(이완범, 1999: 85~86; 이병천, 1999: 150). 따라서 미국은 박정희 군사정부의 초기 경제정책에 대해 비토권을 행사한 것일 뿐, 수출주도 공업화 정책을 구체적으로 제안했던 것은 아니었다. 그런데 박정희 정부는 내포적 공업화의 시도가 좌절되는 시기인 1962년에서 1964년 사이에 수출주도 공업화 정책으로 이행하기 시작해, 1964년 후반기에서 1965년 초 사이에 수출지상주의를 확고하게 표명하게 된다(木宮正史, 1991: 192~193; 이완범, 1999: 114, 125~126). 그렇다면 木宮正史(1991: 167)가 주장하는 것처럼 내포적 공업화가 좌절된 이후에 박정희 정부가 '잔여적 선택지'로서 수출주도 산업화를 선택하게 된 것인가? 미국이 반대한 내포적 공업화를 포기한다고 해서 박정희 정부가 선택할 수 있는 경제정책은 수출주도 산업화뿐이었는가? 그런 것은 아니라고 할 수 있다. 미국이 비토권을 행사한 형태의 내포적 공업화는 아니라고 해도 수입대체 공업화를 지속할 수도 있었을 것이다. 그렇기 때문에 박정희 정부는 내포적 공업화가 좌절되면서, 스스로 입장을 바꾸어 수출주도 공업화를 적극적으로 선택하고, 추진한 것이라고 할 수 있다.

그러면 박정희 정부는 어떠한 과정을 거쳐 수출주도 공업화를 선택하게 된 것인가? 이 점에 대해서는 앞으로 더 많은 탐구가 필요하다고 생각한다. 이 글은 박정희 정부가 수출주도 공업화를 선택하는 과정에서 재벌들이 영향을 주었다는 입장을 갖고 있다. 재벌들이 영향력을 행사해 수출주도 공업화를 채택하도록 한 것은 아니지만, 수출주도 공업화라는 선택지가 있다는 것을 박정희 정부에 계속 투입함으로써 박정희 정부의 선택에 영향을 미쳤다는 입장이다.

이 글에서는 박정희 정부의 경제정책이 내포적 공업화에서 수출주도 공업화로 바뀌는 과정에 재벌들이 어떠한 영향을 미쳤는가를 살펴보기 위해 1961년부터 1964년 사이의 박정희 정부와 재벌 사이의 상호작용에 대해 점검해보려 한다.

2. 내포적 공업화 전략 시기의 정부와 재벌(1961년-1962년)

5·16 군사 쿠데타 이후 박정희 정부와 재벌 사이의 최초의 상호작용은 부정축재자 처리문제를 둘러싼 것이었다. 군사정부는 초기에 부정축재자에 대해 강경하게 대처했다. 5·16 군사정부는 1961년 5월 28일에 당시의 국가재건최고회의를 통해 부정축재처리위원회를 구성하고, 부정축재처리요강을 발표하면서 전격적으로 정재호(조선방직 등), 이정림(대한양회 등), 설경동(대한전선 등), 남궁련(극동해운 등), 이용범(대동공업 등), 조성철(중앙산업 등), 함창희(동립산업 등), 최태섭(한국유리 등), 박흥식(흥한방적 등) 씨를 구속하고, 당시 동경에 머물고 있던 이병철(제일제당 등), 백남일(태창방직 등), 이양구(동양시멘트 등) 3인의 구속을 명령했다(김진현, 1964: 169~170). 1961년 5월 30일에는 다시 홍재선(김성곤)(금성방직 등), 김지태(조선견직 등), 이한원(대한제분 등) 3인을 구속함으로써 이들 15인은 부정축재자 처리 문제의 최대의 초점이 되었다. 이들 15인은 당시 한국 재계를 대표하는 재벌들이었다.

국가재건최고회의는 1961년 6월 13일 부정축재처리법을 의결하고

14일자로 공포했다. 이들은 의회의 절차도 필요로 하지 않았기 때문에 자본가들은 로비를 할 여유도 갖지 못했다. 그리고 이미 허정 과도정부부터 장면 정권에 이르는 사이에 논의가 진전되어 있었기 때문에 별다른 어려움 없이 군사정부는 자신들의 의도대로 부정축재처리법을 국가재건최고회의를 통해 의결했다. 전문 29조 부칙으로 된 부정축재처리법은 1953년 7월 1일부터 1961년 5월 15일까지 동안에 국가공무원, 정당인 또는 국가요직에 있던 자가 지위나 권력을 이용하거나 기타 부정한 방법으로 재산을 축적한 부정공무원, 부정이득자와 학원부정축재자 등의 부정축재에 대한 행정상 형사상의 특별처리를 규정한 것이었다(공제욱, 1999: 242). 군사정부가 만든 부정축재처리법의 내용은 법률상으로 볼 때는 민주당 정권하의 부정축재처리법에 비해 보다 완화된 것이었다.[2] 하지만 이러한 형식상의 요건을 떠나 당시 군사정부의 방침은 우선 부정축재자의 재산을 몰수한다는 것이었다. 따라서 국가재건최고회의 부정축재처리위원회는 6월 30일 최고회의 공보실을 통해 구속 중에 있는 부정축재자 중 ① 전 재산을 국가에 반환하겠다는 각서를 제출한 자에 대해서는 반환할 재산목록을 제출케 해 구속을 즉시 해제하기로 하는 한편, ② 반환된 재산은 국가재산으로서의 소정의 절차가 완료되면 정부가 감독관을 임명 파견하는 동시에 해당 재산의 관리운영은 그 재산을 반환한 본인에게 위탁하고, ③ 부정축재처리위원회에서 결정한 소정 기간 중에 판정한 총액을 납부하면 정부 관리하의 해당 재산은 본인에게 환부해 부정축재처리법에 해당되는 일체의 의무를 필하게 된다는 처리방침을 발표하게 된다. 그리해 부정축재자로 구속 중에 있는 재벌들 중 이미 조사를 일단락지은 최태섭, 이양구, 설경동, 조성철, 남궁련, 함창희, 김지

---

2) 민주당 정부와 군사 정부의 부정축재자처리법의 조항에 대한 비교는 공제욱 (1999: 244)을 참조.

태, 홍재선, 이정림 씨 등 9명을 6월 30일에 석방했다(≪조선일보≫, 1961년 7월 1일).

부정축재처리위원회는 조사를 거쳐 1961년 8월 13일에 부정축재자 27명에 대해 총 475억 6,000여 만 환에 달하는 벌과금을 통고해 이를 공표했다. 여기서 삼성재벌 소유주인 이병철의 벌과금 통고액은 103억여 환으로 전체의 21.7%에 해당했다. 다음으로 태창방직의 백남일이 35억여 환과 미화(美貨) 691만 달러의 벌과금, 삼호재벌의 정재호는 49억여 환, 동립산업의 함창희는 15억여 환과 미화 58만여 달러, 금성방직의 김성곤이 19억여 환, 대동공업의 이용범이 14억여 환, 대한양회의 이정림이 26억여 환, 대한제분의 이한원이 21억여 환, 대한전선의 설경동이 14억여 환, 락희화학의 구인회와 조선견직의 김지태가 각각 9억여 환, 동양시멘트의 이양구와 중앙산업의 조성철이 각각 8억여 환의 벌과금을 통고받았다(한국혁명재판사 편찬위, 1962 : 989). 또한 이날 발표된 통고액 중 은행주에 대해서는 부정축재처리법 제11조에 의해 국가에 환수 조치했다(≪조선일보≫, 1961년 8월 13일). 군사정부는 1950년대 말에 민영화되었던 주요 은행들을 국유화함으로써 금융자본을 통제할 수 있게 되었고, 재벌을 통제할 수 있는 수단 중의 하나를 갖게 되었다.

그런데 부정축재자들에 대한 군사정부의 조사가 시작되면서 재벌들의 로비는 먹혀들어가기 시작했다. 재벌들은 자신들만이 군사정부가 약속한 '민생고 해결과 경제 건설'을 담당할 주체임을 끊임없이 설득했고, 구체적으로 자신들에게 유리한 방향의 경제개발계획을 만들어 군사정부에 제시했다. 이러한 자본가들의 노력은 군사정부를 설득하는 데 성공했다. 그 결과 군사정부는 1961년 10월 21일자로 부정축재자에 대한 처리방법을 대폭 완화한 '부정축재처리법 중 개정법률'과 '부정축재 환수절차법'을 각각 공포했다. 이 개정 처리법은 부정축재자로 규정된 부정이득자일지라도 국가재건에 필요한 공장을 건설해 정부에 그 주식을 납부코자

하는 자에 대해서는 각의에서 심사 후 내각 수반이 승인하는 기한, 기타 조건에 따라 공장을 건설하고 그 주식을 정부에 납부하면 이로써 부정축재 통고액에 대신할 수 있게끔 조치했다. 그리고 그러한 공장 건설은 앞으로 3년간인 1964년 12월 31일까지 건설하는 자로 기한을 한정하는 한편, 정부에 납부할 주식은 부정축재 통고액에 물가지수 상승률을 곱한 금액을 가산한 액에 해당하는 부분이라고 규정했다(≪조선일보≫, 1961년 10월 27일). 그리고 부정축재 환수업무를 내각 내에 설치한 '부정축재환수관리위원회'에서 관할하도록 규정했다(한국혁명재판사 편찬위, 1962: 991).

그런데 여기서 중요한 사항은 부정축재의 벌과금을 공장을 건설해 그 주식으로 납부한다는 사실인데, 이것은 당시 부정축재자로 간주된 자본가 전체의 승리를 의미하는 것이었다. 군사정부가 이러한 결정을 하게 된 것은 당시 자본가들의 로비와 설득이 효과를 발휘한 측면도 있지만, 이에 못지않게 중요한 것이 미국의 압력과 군사정부 자체의 판단 변화가 있었다고 보아야 할 것이다. 미국의 압력은 자본가의 로비와 더불어 군사정부의 입장을 변화시키는 데 기여했다 할 수 있을 것이다.

여기서 먼저 이 과정에서 자본가들의 로비가 얼마나 치열했는가에 대해 살펴보도록 하자. 당시 재벌들의 로비가 구체적으로 드러난 사건이 소위 부정축재조사단 부정사건이다.3) 부정축재 조사를 둘러싼 재벌들의 로비와 이해 다툼은 격렬했고, 재벌들은 살아남기 위한 싸움에서 양분되어 최고회의 내의 서로 다른 세력들과 선이 닿았던 것이다. 그리고 이는 또한 최고회의 내의 세력다툼과도 연관되어 있었다. 이병철, 정재호 등

---

3) 당시 최고회의 공보실장은 10월 7일 "부정축재 조사과정에서 반혁명적 부정행위를 저지른 혐의로 부정축재처리위원회 제1조사단 전원과 부정축재처리법 및 시행요강 입법에 관여한 일부 인원을 지난 9월 25일 긴급 구속했다"고 발표했다(≪조선일보≫, 1961년 10월 8일).

영남재벌은 김종필 중앙정보부장 및 유원식 최고위원과 연결되었고, 설경동, 이양구 등 함경도 재벌은 부정축재 조사위원회의 이주일 위원장과 연결되었다. 이들의 대결은 이주일의 패배로 끝이 났고, 이는 9월 25일의 부정축재조사단 부정사건으로 표면화되었던 것이다(김진현, 1964: 171).[4]

이에 따라 부정축재조사단 부정사건을 거치면서 벌과금이 전체적으로 감소하고 있으나 개별 자본가에 있어서는 증가한 사람도 있다. 이렇게 최종 통고액에서 증감이 있게 된 것은 소위 부정축재조사단 부정사건의 결과였다. 부정축재조사단 부정사건 이후 부정축재처리 통고액은 재조정되었는데, 이때 이병철, 정재호 등 영남재벌에 대한 통고액은 줄고, 설경동, 이양구 등 함경도 재벌은 늘었던 것이다. 이병철은 80억 환의 수준으로 삭감되었고, 정재호도 36억여 환으로 삭감되었다. 반면에 설경동은 48억여 환으로 늘어났고, 이양구도 31억여 환으로 늘어났다(한국혁명재판사 편찬위, 1962: 992).

다음으로 부정축재자에 의한 공장건설과 그 주식으로 벌과금을 납부하는 문제에 대한 군사정부의 시각을 살펴볼 필요가 있다. 박정희 군사정부는 이 시기에 외자도입을 부정한 것은 아니지만, 외자 못지않게 내자에 기초해 기간산업을 우선적으로 건설하고자 하는 내포적 공업화 전략을 구상하고 있었다. 따라서 기간산업을 건설하는 데 필요한 내자를 동원해야 하는 문제를 안고 있었는데, 여기서 군사정부는 필요한 국내

---

4) 군정 부패의 싹은 바로 부정축재 조사에서 시작되었다고 한다. 당시 최고위원이었던 사람은 다음과 같이 술회하고 있다. "결국은 안 되더군요 …부정축재자들 돈에 다 놀아나니 결국 남북한 재벌의 균형이나 맞추어주어야겠다고 생각했습니다. 마침 미국 사람들도 제1차 통고대로 하면 남한 재벌만 죽지 않느냐고 해서…." 영남재벌을 대변했던 김종필 중앙정보부장 및 유원식 위원 대 함경도 재벌을 대변했던 이주일 위원장의 싸움은 이주일 씨의 패배로 끝이 났다(김진현, 1964: 171).

자본으로 부정축재자들의 벌과금을 활용하고자 한 것이다. 군사정부는 부정축재자들에게 구속에서 풀려나오자마자, 경제재건촉진회를 만들어 제철공장, 비료공장, 정유공장, 양회공장, 전기공장, 화학섬유공장 등 기간산업에 해당하는 공장건설에 매진하도록 하는 과제를 부여했다. 그런데 처음에는 기간산업에 해당하는 공장건설의 임무 부여와 별개로 부정축재에 대한 벌과금을 1961년 12월 31일까지 완납하도록 했고, 완납하지 못하면 다시 인신 구속한다고 했던 것이다. 하지만 경제재건촉진회를 중심으로 한 재벌들의 로비의 결과 먼저 공장을 건설하고, 벌과금을 그 공장의 주식으로 납부할 수 있게 하는 물납(주식납)으로 전환하는 법률개정을 함으로써 자본가들에게 일대 승리를 안겨주었다(춘수, 「연재 전경련 소사」, No.18). 이러한 법률개정으로 자본가들은 1964년 말까지 벌과금을 납부하면 되었기 때문에 시간을 벌었을 뿐만 아니라, 스스로 기간산업 건설의 주역이 될 수 있게 되어 지위를 더욱 확고하게 할 수 있는 기회를 부여받은 셈이 되었다. 결국 군사정부는 재벌들에게 처음부터 기간산업 건설의 임무를 부여하기는 했지만 초기에는 벌과금을 정부 스스로 활용해 기간산업을 주도적으로 건설하려 했다면, 부정축재처리법을 개정할 때에는 재벌들이 주체가 되어 기간산업을 건설하고, 국가에는 벌과금에 해당하는 주식만 납부하면 되도록 변화된 것이었다. 따라서 부정축재자들을 중심으로 만들어져 기간산업 건설을 목표로 하는 단체인 경재재건촉진회와 그 후신인 한국경제인협회는 자본가들이 서로 들어가고 싶어 하는 단체가 되었다.

또한 부정축재자 처리문제에 대한 미국의 입장은 민주당 시절부터 처벌 자체에 대해 강경하게 반대했다(공제욱, 1999: 223~224). 미국은 부정축재 문제가 재산몰수와 같은 형태로 진전될 수 있는 가능성을 우려하고, 부정축재 문제가 자본가에 대한 탄압이 되어서는 안 된다는 점을 강조했다. 이러한 미국의 입장은 군사정부의 입장 변화에 영향을 미쳤다고 볼 수 있을 것이다(이병천, 1999: 145).

그리고 부정축재 벌과금의 주식으로의 환수조치는 공장건설을 위한 자본가들의 외자도입 교섭과 더불어 '울산공업센터'의 건설로 귀착하게 되는 것이다. 그러면 이 점에 대해 좀더 자세히 살펴보기로 하자.

이와 관련해 먼저 재벌들이 정부정책에 영향력을 행사하기 위해 만든 조직에 대해 간략하게 살펴볼 필요가 있다. 재벌들은 4·19 이후 부정축재 처리법이 논의되는 상황에서 자신들의 이익을 지켜줄 단체에 대한 논의를 시작해 1961년 1월 10일에 78명의 대기업체 대표들이 모여 한국경제협의회를 창립하게 된다(전국경제인엽합회, 1983: 167~168). 이 한국경제협의회는 부정축재처리법의 처벌내용이 완화될 수 있도록 압력을 행사하는 일이 주된 일이 되었다.[5] 그런데 5·16 군사쿠데타가 일어나고, 군사혁명위원회 포고령 제6호에 따라 모든 경제사회단체들이 일단 해산됨에 따라 한국경제협의회도 해산하게 된다. 그후 얼마 있다가 다시 포고령을 변경해 법인단체는 신고만으로 재활동을 하도록 했지만, 한국경제협의회는 처음부터 임의단체였기 때문에 다시 활동하는 것이 불가능했다(춘수, 「연재 전경련 소사」, No.15).[6] 이렇게 한국의 재벌들이 최초로 만든 압력단

---

5) 전경련 상임고문을 지낸 김입삼은 경제재건촉진회의 창립보다는 한국경제협의회의 창립을 훨씬 더 의미 있는 것으로 평가한다. 그리고 한국경제협의회 시절인 1961년 3월 24일에 민주당 정부의 장면 총리 및 주요 각료들과 한국경제협의회의 회장단이 회동해 주요 경제문제들에 대해 논의한 것을 최초의 정·재계 합동회의로서 민간 경제인들이 국가 경영의 한 주체로 부상한 사건으로 높게 평가하고 있다(김입삼, 2003: 23~30).

6) 「연재 전경련 소사」는 춘수 윤태엽이 전경련에서 발간한 주간 『전경련회보』에 1976년 11월 5일자부터 연재를 시작해 매주 연재한 것이다. 1978년 4월 21일자까지 총 75회를 연재한 다음 월간 『전경련』으로 지면을 옮겨 99회까지 연재했다. 윤태엽은 1946년부터 1958년까지는 대한상공회의소에서 근무했고, 1960년부터는 한국경제협의회, 경제재건촉진회, 한국경제인협회, 전국경제인연합회에

체는 5개월도 존속하지 못하고 사라지게 된다.

그 후 주요 재벌들이 부정축재 문제로 구속되었다가, 풀려나게 되면서 박정희 군사정부로부터 기간산업에 해당하는 공장건설의 임무를 부여받게 된다. 따라서 기간산업 공장건설이라는 목표를 수행하기 위해 13명의 재벌들이 1961년 7월 17일에 창립한 조직이 바로 경제재건촉진회이며, 이 조직이 바로 오늘날의 전국경제인연합회의 직접적인 전신이다(전국경제인엽합회, 1983: 169~170). 경제재건촉진회는 창립의 원칙으로서 이 조직은 일반 경제단체와 같은 것이 아니며, 기간산업 공장건설을 위한 실무기관이라는 점을 분명히 했고, 이 조직의 회원을 13명으로 한정하는 것도 실제로 기간산업 공장을 건설할 인원으로 한정한 것이라는 점을 밝히고 있다. 그리고 인원의 확대는 공장건설에 동참할 재벌이 나타나면 점차 그들을 포함시킬 뿐이라고 했다(춘수, 「연재 전경련 소사」, No.16).

또한 경제재건촉진회는 기간산업 공장건설이 주된 목표였기 때문에 이사회 아래에 두 개의 위원회를 두었는데, 하나는 기간산업건설위원회였으며, 다른 하나는 국제경제협력위원회였다. 기간산업건설위원회는 6명의 재벌이 위원이 되어, 공장건설 입지 조사, 설계, 사업계획서 작성 등의 실무를 담당하고, 국제경제협력위원회는 나머지 7명의 재벌이 위원이 되어 외자도입, 기술도입, 수출시장조사, 외국기업인 초청, 외자도입 교섭단 파견 등의 일을 추진하게 했다(춘수, 「연재 전경련 소사」, No.17; 오원철, 1995: 19~20).

경제재건촉진회는 처음부터 스스로에게 두 가지 임무를 부여했는데, 하나는 군사정부와 약속한 기간산업 건설 민간계획서를 수립해 정부에 제출하고 그것을 실천하는 일이었고, 다른 하나는 부정축재처리법에 의한 벌과금을 현금이 아닌 물납(주식납)으로 바꾸는 일이었다. 벌과금을

계속 근무해 1981년 전경련 상임 부회장을 마지막으로 퇴임했다.

현금이 아닌 물납(주식납)으로 바꾸는 일은 앞에서 이미 살펴본 바와 같이 성공을 거두게 되며, 제1차 경제개발 5개년 계획과도 연관된 기간산업 건설 민간계획안을 성안해 1961년 9월 8일에 군사정부에 제출하게 된다(김입삼, 2003: 105; 춘수, 「연재 전경련 소사」, No.18; 전국경제인엽합회, 1983: 592). 기간산업 건설 민간계획안은 계획안대로 실천되지는 않았지만, 재벌들이 처음에 어떤 계획을 갖고 있었는지를 살펴볼 수 있다. 재벌들은 기간산업 공장건설의 1차 프로젝트로서 6가지 분야의 공장을 기간산업으로 선택했는데, 그것은 양회공장, 화학섬유공장, 전기공장, 비료공장, 제철공장, 정유공장이었다. 이 중에서 정유공장은 상당히 인기가 있었지만, 정부가 직접 운영권을 갖고 건설하기로 해 민간계획에는 빠지게 되었으며, 나머지 5가지 공장의 건설은 재벌들 사이에서 다음과 같이 분담했다. 양회공장은 금성방직그룹(김성곤)에서 맡기로 하고, 비료공장은 삼성그룹(이병철)과 삼호그룹(정재호)에서, 전기공장은 대한제분그룹(이한원)에서, 제철공장은 대한양회그룹(이정림)·극동해운그룹(남궁련)·대한산업그룹(설경동)·동양시멘트그룹(이양구)에서 합작으로, 화학섬유공장은 화신그룹(박흥식)·조선견직그룹(김지태)·한국유리그룹(최태섭)에서 각각 단독 혹은 합작으로 건설하도록 했다(춘수, 「연재 전경련 소사」, No.18). 그리고 이 과정에서 서로 전망 있는 공장을 건설하기 위해 심사숙고를 했는데, 어떤 분야는 인기가 있고, 어떤 분야는 서로 기피하기도 했다. 또한 이렇게 계획을 세우게 되자 다음으로 필요해진 것이 외자도입과 기술도입이었다(춘수, 「연재 전경련 소사」, No.18).

그리고 경제재건촉진회는 창설된 지 한 달 만인 1961년 8월 16일에 조직의 명칭을 한국경제인협회로 바꾸게 되며, 바로 이 한국경제인협회가 오늘의 전국경제인연합회의 직접적인 출발이 된다. 한국경제인협회는 회원이 13명이었는데, 1961년 10월 12일에 회원을 20명으로 증원하게 되며(춘수, 「연재 전경련 소사」, No.19), 1961년 말에는 회원수가 40명으로 늘어나게 된다. 회원이 이렇게 늘어나게 된 것은 이 협회에 참여하지 못한 자본가 약 80여 명이 1961년 10월 25일에 모여 한국경제인협회와 별개로 가칭 '한국경제협회'라는 단체를 만들기로 결의했기 때문이다(조선일보, 1961년 11월 1일). 경제재건촉진회가 부정축재자들의 모임으로 시작되었지만, 이들이 기간산업 건설의 주축이 되고, 또 외자유치에 나서는 등의 계획이 이루어지자, 이 협회에 속하지 못한 대기업가들의 불만이 가칭 '한국경제협회' 조직 시도로 나타난 것이다. 그 결과 한국경제인협회가 한국경제협회 창립준비위원회의 주요 구성원들을 흡수하는 것으로 결론이 나게 된 것이다(《조선일보》, 1961년 11월 1일).

경제재건촉진회에서 명칭이 바뀐 한국경제인협회는 기간산업 건설 민간계획안을 군사정부에 제출한 다음, 외자도입의 방법을 모색하기 시작했다. 그리하여 1961년 9월 14일에 "외자도입 추진방안에 대한 건의"를 최고회의에 제출했다(전국경제인엽합회, 1983: 592). 또한 최고회의 관계자와의 회합을 거쳐 9월 하순에는 '외자도입 촉진책'을 마련해 최고회의에 제출했다. 그 내용의 주요 사항을 살펴보면 다음과 같다. 첫째, 현재 민간 개별 기업의 신용 기반으로서는 외자도입이 어려우므로 유럽, 미국, 일본 등에 교섭단을 조직, 파견해 기업집단의 공동 신용 기반으로 외자를 도입할 수 있도록 해줄 것, 둘째 민간차원의 차관이 성립될 때 한국은행이 지불보증을 해줄 것, 셋째 외국인 투자가, 기술자를 민간 기업에서 자유로이 초청해 공장건설을 협의할 수 있도록 해줄 것, 넷째 외자를 도입해 공장을 건설할 때 차관액에 상당하는 만큼의 환화(圜貨)를 후취 담보형태로 융자해줄 것, 다섯째 외자도입촉진법, 외환관리법, 이중과세 방지조약 등을 합리적으로 조정해줄 것 등이었다(춘수, 「연재 전경련 소사」, No.22; 김입삼, 2003: 115~116). 외자를 도입할 때 국가가 지불보증으로 하고, 국내은행에서는 후취 담보형태로 대규모 융자를 받는 등의 파격적인 내용이었음에도 불구하고, 당시 군사정부는 기간산업 건설에 관련해서는 이러한 재벌들의 건의를 전폭적으로 받아들였다고 한다(춘수, 「연재 전경련 소사」, No.22; 김입삼, 2003: 116). 당시 군사정부의 입장에서 볼 때 기간산업 건설은 1962년부터 실시 예정이었던 제1차 경제개발 5개년 계획의 주요 부분이었고, 또한 재벌을 활용해 기간산업을 건설하겠다는 의지가 그만큼 강했다고 할 수 있을 것이다.

군사정부의 승인을 얻은 다음 한국경제인협회는 미국과 유럽에 외자도입 교섭단을 파견하기로 결정하고, 1961년 11월 2일 제1진을 미국에 파견했고, 1961년 11월 8일 유럽에 제2진을 파견했다(≪조선일보≫, 1961년 11월 2일). 제1진은 이병철을 단장으로 하고, 송대순을 부단장으로 했으며, 남궁련·설경동·최태섭·구인회·정재호 등이 포함되었다. 제2진은 이정림을 단장으로 하고, 조성철을 부단장으로 했으며, 이한원·이양구·홍재선·김용성 등이 참여했다. 그리고 독일에는 민간 외자도입 교섭단과는 별도로 정부에서 정래혁 상공부 장관을 단장으로 하는 외자도입 교섭단을 파견했다. 정부가 파견한 교섭단은 1961년 12월 13일에 독일정부와 공공차관 발전설비 등 3,750만 달러 차관 협정을 체결하는 성과를 올렸지만, 민간 외자도입 교섭단은 첫 번째 방문에서 직접적인 성과를 얻지는 못했다(김입삼, 2003: 122~123). 하지만 외국의 자본가들과 접촉해 의견을 나누고, 외국의 공업지대를 돌아보는 등 이후의 외자도입의 기초를 닦았다고 볼 수 있다. 특히 박정희 최고회의의장이 1961년 11월 11일에 미국을 방문했기 때문에 미국으로 파견한 교섭단은 박정희를 수행하는 의미도 지니고 있었다. 미국에서는 밴프리트 퇴역장군[7]이 도움

---

7) 밴프리트 퇴역장군은 한국전쟁 중에 미8군 사령관을 지낸 인물로 미국 경제계에 넓은 지면을 갖고 있었다. 또한 1950년대에 이승만과 절친했으며, 한국정부, 한국군에 아는 인물들이 많았다. 5·16 군사쿠데타 직후에도 미국 내에서 일찍 쿠데타를 지지한 친한파(親韓派)의 대표적 인물이었다(木宮正史, 1991: 133; 김입삼, 2003: 124~125).

을 많이 주어 많은 자본가들을 만났는데, 미국의 자본가들이 여러 가지 투자의 전제조건들을 설명하면서, 임해지역이나 내륙 요지에 수송, 전력, 교통, 용수, 노동력, 광활한 용지 등을 갖춘 공업지대를 먼저 만들어야 한다고 제안했다는 것이다(춘수, 「연재 전경련 소사」, No.23; 김입삼, 2003: 125; 이완범, 1999: 56). 이러한 미국 자본가들의 제안에 무턱대고 그렇게 하겠다고 약속을 하고 12월 초에 귀국을 했다는 것이다. 그리고 귀국 후 1961년 12월 16일에 정부의 주요 인사들과 기업가들을 초청해 외자도 입 교섭단 보고회를 개최하고, 외국 기업가들과의 접촉 경과를 보고했다 (춘수, 「연재 전경련 소사」, No.23; 김입삼, 2003: 126). 또한 1962년 1월 초에 한국경제인협회 이사회를 개최하고, 공업지대 창설에 관한 협의를 한 결과, 기후, 용지, 항만, 교통 등의 측면에서 보아 울산이 가장 적합한 지역이라는 결론을 내렸다는 것이다. 따라서 울산공업지대 건설에 대한 건의서를 작성해 1962년 1월 11일에 최고회의에 제출했다.[8] 당시 군사정 부는 즉각 이에 대응해 정부와 민·관인 24명으로 구성된 '울산공업도시 신설안에 대한 연구반'을 조직하고 한국경제인협회가 제출한 계획안을 검토하게 했으며, 바로 최고회의 관계위원들과 정부 관계자, 한국경제인 협회 대표가 군용기로 울산을 답사했다고 한다(춘수, 「연재 전경련 소사」, No.23; 김입삼, 2003: 125~127). 당시 군사정부는 울산공업단지를 과도할 정도로 의욕적으로 추진해 땅과 장소를 물색한 다음, 토지도 매입하지 않은 상태에서 논과 밭, 그리고 구릉지를 불도저로 밀어놓고, 기공식부터 먼저 했다. 기공식이 1962년 2월 3일에 거행되었으니, 한국경제인협회가 건의서를 제출한 지 한 달도 채 되지 않은 상태에서 울산공업단지 기공식

---

8) 한국경제인협회가 건의서를 작성한 시점은 1962년 1월 5일이며, 건의서의 제목은 「종합공업지대 창설에 관한 제의서」이다. 이 건의서의 전문은 춘수 윤태 엽이 쓴 「연재 전경련 소사」, No.24와 No.25에 실려 있다(춘수, 「연재 전경련 소사」, No.24~No.25).

을 하게 된 것이다. 그리고 기공식을 먼저 한 다음 정부 내각 수반 산하에 울산개발 계획본부를 만들고, 개발계획본부 안에 울산개발위원회, 울산 토지조정위원회, 외국기술용역단 등을 두어 비로소 토지도 매입하고, 기술검토도 하기 시작했다(춘수, 「연재 전경련 소사」, No.25~No.26; 오원철, 1995: 30~31).

5·16 군사쿠데타 이후 재벌들은 군사정부의 위세에 눌려 군사정부가 맡긴 임무를 수행하기 바빴으며, 기간산업 건설 민간계획안의 작성과 외자도입 교섭단의 파견, 울산종합공업지대의 창설 제의 등은 군사정부의 요구에 부응하기 위해 나름의 대안을 내는 과정이었고, 이 당시에는 군사정부와 재벌의 상호작용은 이러한 맥락의 상호작용이 주된 것이었다고 할 수 있을 것이다. 당시 군사정부는 내포적 공업화의 맥락에서 제1차 경제개발 5개년 계획을 작성해 1962년부터 시행하기 시작했으며(박희범, 1968: 72~73, 85), 내자 동원을 바탕으로 하면서 동시에 외자를 도입해 기간산업에 해당하는 공장을 우선적으로 건설하려는 입장을 갖고 있었다. 이러한 기간산업 공장의 건설은 수입대체 공업화에 해당하는 것이었다. 이러한 당시 군사정부의 공업화 전략을 재벌들이 간파하고 있었던 것은 아니며, 단지 재벌들의 시각에서는 기간산업에 해당하는 공장의 건설은 언제든지 꼭 필요한 것이라고 여길 따름이었다.

당시 제1차 경제개발 5개년 계획에 대해 미국은 적절하지 않은 계획이라고 보고, 수정할 것을 요구하고 있었다. 경제개발계획을 세우는 것에 대해서는 1950년대 후반부터 미국 측에서 먼저 제안했던 것이기 때문에 (박태균, 2000: 150~153; 이완범, 1999: 21~22) 당연히 찬성했지만, 제1차 경제개발 5개년 계획의 연평균 성장률 7.1%는 미국의 시각으로 보았을 때 과잉의욕이었다. 미국은 급작스러운 성장이 아닌 장기적인 계획에 의해 서서히 성장하는 것이 경제안정에 도움이 된다고 보았다(이완범, 1999: 85). 또한 제1차 경제개발 5개년 계획의 중점사업의 측면에서도 전력, 에너지 등 사회간접자본의 투자에 대해서는 적극적으로 찬성하면서도, 기간산업의 건설에 대해서는 정유, 비료 이외에는 될 수 있는 대로 억제하려 했다.[9] 제철사업에 대해서는 특히 부정적이었으며, 결국 제1차 경제개발 5개년 계획 기간에는 좌절시켰다(이완범, 1999: 87; 木宮正史, 1991: 135~139). 또한 울산공업지구와 같은 대규모 공업단지의 건설에 대해서도 시기상조라고 반대했다.

이렇게 제1차 경제개발 5개년 계획을 둘러싸고 한·미간에 갈등이 있는 가운데 1962년 6월 9일 밤에 제2차 통화개혁이 공표되었고, 6월 10일 0시를 기해 발효되었다. 화폐개혁은 유원식이 주도했는데, 이는 내포적 공업화를 성공시키기 위해 필요한 내자동원을 위한 핵심적 수단이었다고 볼 수 있다. 군사정부는 일정액 이상의 예금을 봉쇄계정에 동결하고, 그 자금으로 산업개발공사를 설립해 그 주식을 돌려줄 예정이었다. 하지만 이러한 통화개혁은 미국의 강력한 반대에 부딪혔다(유원식, 1987: 330~340). 미국은 모든 봉쇄예금의 계정을 해제하도록 요구했고, 무조건 통화개혁을 백지화하지 않으면 경제원조를 중단하겠다는 압력을 행사했다. 통화개혁에 대해서는 재벌들도 당연히 반대했다(김정렴, 1990: 95; 이병철, 1986: 129~130). 자금동결 때문에 기업활동에 필요한 자금이 압박을 받았기 때문이다. 군사정부는 이러한 미국의 압박을 이기지 못하고, 한 달여 만인 7월 13일에 봉쇄예금을 전면적으로 해제함으로써 통화개혁은 실패했고, 산업개발공사의 구상도 좌절되었다(木宮正史, 1991; 119~125). 통화개혁의 실패는 미국의 반대만이 아니라 예상과는 달리 유휴자금, 대기성 자금이 그렇게 많지 않았고, 자금 편재 현상도 그다지 심하지 않았던 사정과도 관련이 있었다(오원철, 1995: 60~61).

---

9) 정유의 경우 미국의 걸프(Gulf) 사가 합작사업에 적극적이었기 때문에 미국이 별로 반대하지 않았다(오원철, 1995: 43~49).

이 통화개혁의 실패를 계기로 유원식이 최고위원을 사임하게 되며, 군사정부는 내자 동원을 우선시했던 내포적 공업화 전략을 점차 포기하게 된다. 이는 제1차 경제개발 5개년 계획의 수정과정과도 연관되어 있었다. 그런데 내포적 공업화 전략이 좌절되었다고 해서 바로 수출주도 공업화 전략을 채택하게 된 것은 아니다. 군사정부는 1963년과 1964년의 모색기를 거쳐 1964년 후반기에 와서야 본격적으로 수출입국 등의 수출지상주의를 표방하게 된다(이완범, 1999: 124~125).

그런데 수출주도 공업화 전략을 채택하게 된 시기에도 내포적 공업화 전략의 경향이 완전히 포기된 것은 아니었다. 비록 내자동원에 보다 초점을 두던 것에서 외자에 의존하는 경향으로 기울게 되고, 원래 계획했던 것에 비해 일정이 뒤로 늦춰지는 경향은 있었지만 기간산업 공장의 건설은 지속적으로 추진되었던 것이다. 이는 임가공 위주의 수출주도 공업화 전략이 전면에 부각된 시기에도 마찬가지였다.

그러면 이후의 기간산업 공장의 건설과 관련된 부분을 간략하게 살펴보기로 하자. 울산공업단지의 기공식이 끝난 다음 한국경제인협회는 미국에 외자도입 교섭단으로 갔을 때 만났던 미국의 자본가들에게 모든 준비가 끝났으니 방문해달라는 전문을 보냈고, 미국의 자본가들은 반신반의해 여러 번 재확인한 다음, 1962년 5월 11일에 밴프리트 퇴역장군을 단장으로 한 38명의 자본가가 한국을 방문했다(춘수, 「연재 전경련 소사」, No.27). 한국경제인협회 소속 자본가들은 공장건설계획서를 내놓고 매일 이들과 개별 접촉해 차관 교섭을 벌였다. 그리하여 우선적으로 연산 35만 톤 규모의 울산종합제철과 삼척 PVC공장 등 주요 프로젝트에 대한 투자합의서에 서명했다(오원철, 1995: 37). 하지만 이들은 민간 자본가의 자격으로 한국을 방문했을 뿐이며, 당시 한국과 미국은 제1차 경제개발 5개년계획에 대한 입장 차이가 있었고, 또한 종합제철공장 건설에 대해서는 미국이 시기상조라고 반대했기 때문에 종합제철공장은 건설될 수 없었다(木宮正史, 1991: 133~136).[10] 결국 종합제철공장의 건설은 제1차 경제개발 5개년 계획의 보완계획에서는 빠지게 되며, 제2차 경제개발 5개년 계획 시기로 미뤄지게 된다. 이렇게 종합제철공장은 뒤로 미루어져서 1967년부터 다시 포항종합제철 공장건설계획이 시작되어 1973년에 완공된다(오원철, 1996: 231~234). 그리고 국가가 직접 담당하기로 한 정유공장은 미국의 걸프(Gulf) 사와 합작이 성사되어 울산 정유공장(유공)이 1964년 5월에 완공되었다(이승구, 1987: 230~235; 오원철, 1995: 45~49).

다음으로 재벌들이 부정축재와 관련해 건설하기로 약속한 기간산업 공장의 건설에 대해 살펴보기로 하자. 내자조달의 실패 또는 외자도입의 부진으로 공장의 건설을 약속하고도 건설하지 못하는 경우도 많았지만, 약속대로 공장을 건설한 사례도 적지 않았다. 먼저 비료공장의 건설을 약속한 삼성의 이병철은 처음에 삼호방직의 정재호, 한국생사의 김지태와 함께 건설하려 했던 울산비료는 미 원조당국인 유솜(USOM)과의 견해 차이로 실패했지만, 이후 한국비료를 1964년부터 건설하기 시작해 1967년에 완공했다. 시멘트 공장의 건설을 약속한 금성방직의 김성곤은 방직회사들을 팔고 쌍용시멘트를 건설했는데, 1962년 9월에 기공해 1964년 4월에 준공했다. 인조섬유공장은 화신의 박흥식이 약속해 흥한화섬(뒤의 원진레이온)을 건설했는데, 노후화된 기계를 들여와 부실화되었다(오원철, 1995: 22, 38, 190~195). 럭키의 구인회는 최고회의로부터 송배전용 전선

---

10) 울산종합제철공장은 한국 측에서는 건설비용의 4분의 1 가량을 충당하고, 나머지는 외자로 하는데 외자 중에서 75%를 US AID 차관으로 하고, 25%를 미국 기업의 민간투자로 하려고 했다. 그런데 US AID측에서 차관승인을 해주지 않았기 때문에 결국 좌절되고 만다. 그리고 한국 측의 투자는 대한양회의 이정림이 20%, 극동해운의 남궁련이 9%, 동양시멘트의 이양구가 24%, 대한산업의 설경동이 39%의 비율로 하게 되어 있었다(木宮正史, 1991: 132, 135~136).

공장을 건설하라는 명령을 받고 한국케이블(뒤의 금성전선) 공장 건설을 1962년에 시작해 1966년 4월에 완공했다(럭키 40년사 편찬위, 1987: 339~340; 오원철, 1995: 90~106). 대한제분의 이한원은 전기기기 공장을 건설했는데, 경영이 부실해 은행관리로 넘어갔다. 그리고 부정축재와 관계없이 현대건설의 정주영은 시멘트공장 건설에 착수해 현대시멘트를 1963년 6월에 착공해 1964년 7월에 준공했다(오원철, 1995: 22, 40).

그런데 부정축재 벌과금의 납부는 기간산업 공장을 건설한 경우이거나 건설하지 못한 경우이거나 간에 대부분 현금으로 납부하게 된다(배광복, 1987: 44~45). 공장건설을 이유로 시간을 벌 수 있었고, 공장을 건설한 경우에도 주식보다는 현금납부를 선택한 것으로 보아 이때에는 현금납부가 더욱 유리해졌다고 볼 수 있다. 그것은 그동안 시일이 지나 인플레 등으로 실질 불입액이 줄었고, 건설한 공장은 그 가치가 더욱 커졌기 때문이다(공제욱, 1999: 249).[11]

3. 수출주도 산업화 전략으로의 이행시기의 정부와 재벌 (1963년-1964년)

자립경제를 지향하고 내자 동원에 기초해 기초적 생산재 공업을 우선 건설하려 하는 내포적 공업화 전략(박희범, 1968: 73, 81)은 통화개혁의 실패 이후 점차 포기되고, 1963년과 1964년의 과도기를 거쳐, 점차 외향적이며 개방적이며, 외부의존적인 수출지향적 산업화 전략으로 이행하게

---

11) 벌과금을 현금으로 납부할 경우에 부정축재 통고액에 물가지수 상승률을 곱한 금액을 가산한 금액을 납부해야 했다. 하지만 공식적인 물가지수 상승률보다는 실질적인 인플레이션이 훨씬 더 심했고, 주식도 액면가보다는 실질적인 가치가 훨씬 더 커졌기 때문이라고 볼 수 있다.

된다. 이 이행의 시기는 동시에 제1차 경제개발 5개년 계획을 수정 보완하는 시기이기도 하다. 제1차 경제개발 5개년 계획은 제1차년도인 1962년의 경제성장률 목표치가 5.7%였지만, 실제 달성한 것은 2.8%밖에 되지 않는 등 그 자체의 문제를 드러내고 있었고(이완범, 1999: 105), 또한 미국의 반대가 심했기 때문에 수정 보완을 하게 된다. 제1차 경제개발 5개년 계획의 보완작업의 지시는 내부적으로는 1962년 11월에 내려지고, 이때부터 보완작업을 위한 연석회의가 열리게 된다. 하지만 공식적으로는 제1차 경제개발 5개년 계획의 제3년차 계획을 포함한 5개년 계획의 보완작업을 1963년 2월 4일에 경제기획원에 지시했다. 박정희 정부는 1963년 8월에 원안을 대폭 수정한 보완계획을 본격적으로 작성했고, 수정안을 1964년 1월에 발표하고 2월에 확정했다(이완범, 1999: 106~107).

그러면 제1차 경제개발 5개년 계획과 그 수정안 사이에는 수출과 관련해 어떠한 변화가 있었는가. 제1차 경제개발 5개년 계획의 원안에는 중점 시책사항 중에서 5번째로 수출에 대해서 언급하고 있는데, 그 내용은 "수출증대를 주축으로 하는 국제수지의 개선"이다(김달현 편, 1962: 19; 한국개발연구원 편, 1996: 203). 이 시기의 수출에 대한 시각은 국제수지의 개선이라는 측면에 초점이 맞추어져 있었는데, 기본적으로 이러한 시각은 제1차 경제개발 5개년 계획의 수정안에도 그대로 이어지고 있다. 당시 한국의 수출에 대한 미국의 시각도 마찬가지였는데, 미국은 한국이 불필요한 수입을 억제하고 비교우위의 입장에서 수출 가능한 품목을 수출함으로써 국제수지의 균형을 도모할 수 있을 것이라고 보았다(이완범, 1999: 114). 이러한 수지균형적 수출관은 1964년 후반기부터 시작된 수출을 성장의 엔진으로 보는 수출드라이브 정책과는 다른 것이다.

그러면 제1차 5개년 계획의 수정안은 어떠한가. 수정안에서도 주요 과제 5가지 중 4번째로 "수출진흥을 주축으로 해 국제수지의 개선을 도모한다"라고 했다. 이처럼 수출은 여전히 국제수지의 개선이라는 차원에 있었다. 그러나 이 시기에 민간기업들의 단순 가공품 수출이 예상 밖으로 급속히 목표치를 상회했기 때문에 공산품 수출을 4배 정도 늘려 잡는 등 수출제일주의의 맹아가 나타나고 있다. 또한 수출에 대한 설명에서도 그 이전에는 사용되지 않았던 '수출산업' 혹은 '수출산업으로 육성' 등의 표현이 등장하고 있다(이완범, 1999: 114, 120, 122~123).

이렇게 1963년 중반에 작성되어 1964년 2월에 확정 발표된 수정안에서는 수출지상주의의 맹아는 보이지만, 명확한 수출제일주의의 입장이 나타나지 않는 데 비해, 1964년 후반기에 가면 '수출입국', '수출제일주의' 등의 표현이 등장하고, 1965년에 가서는 '수출 아니면 죽음', '수출만이 살 길' 등의 사생결단적 구호가 등장하고 있다. 박정희 정부는 1965년에 가면 수출지상주의의 깃발을 확고하게 세우게 되는 것이다(이완범, 1999: 124~127).

그러면 박정희 정부가 내포적 공업화 전략에서 수출주도적 산업화 전략으로 입장을 바꾼 것은 누구의 아이디어에 기초한 것인가? 박정희 정부가 내포적 공업화 전략을 포기하게 된 것은 미국의 반대와 정책 시행 그 자체의 실패에 기인하는 것이라는 점을 앞에서 밝혔다. 그런데 내포적 공업화 전략의 포기가 바로 수출주도적 산업화 전략의 채택을 의미하는 것은 아니라는 점에서 수출주도적 산업화 전략의 채택과정은 앞으로 계속 연구되어야 할 과제이다. 이 글에서는 수출주도적 산업화 전략의 아이디어를 투입하는 측이 있었다고 보며, 박정희 정부는 이 아이디어를 현실과정에 적응하는 가운데에서 적극적으로 채택하게 되었다고 본다. 그리고 이 글에서는 수출주도적 산업화의 아이디어를 투입한 쪽은 그 주된 부분이 재벌들이라는 가설을 갖고 있다.

그러면 수출주도적 산업화 전략으로의 이행기에 수출과 관련해 재벌과 군사정부의 상호작용에 대해 살펴보기로 하자. 한국의 자본가 중에서 수출에 대해 일찍부터 주목한 사람은 천우사의 전택보이다. 전택보는 1947년에 천우사를 차려 무역업에 종사했고, 1950년대에 들어와서는 대성목재와 조선피혁을 인수해 1950년대의 주요 자본가 대열에 오른 사람이다. 또한 전택보는 허정 과도내각에서는 상공부장관을 잠시 맡기도 했고, 4·19 이후에 만들어진 한국경제협의회의 부회장을 맡기도 했다 (설봉문화재단 설립준비위, 1981: 112, 139~142, 162; 공제욱, 1993: 186; 춘수, 「연재 전경련 소사」, No.3). 또한 5·16 군사쿠데타 이후인 1961년 9월에 대한상공회의소 회장에 당선되기도 했으나, 곧바로 반혁명 혐의로 구속되기도 했다(설봉문화재단 설립준비위, 1981: 197~203). 김입삼에 의하면 전택보는 1947년에 홍콩에 가서 홍콩의 많은 인구가 별다른 자원도 없이 '보세가공'으로 살아가는 것을 보고 아이디어를 얻었으며, 한국에도 많은 우수한 유휴노동력이 있으므로 원자재를 수입해 가공해 수출하면 잘살 수 있게 된다고 확신했다고 한다(김입삼, 2003: 94~95). 전택보는 민주당 정부 시기에 신문에 "가공무역의 추진방안"이라는 제목의 글을 통해 저렴한 노동력을 활용해 가공무역을 할 것을 주장했다고 하며, 민주당 정부하에서 상공부장관, 재무부장관들과 함께 '가공무역 추진위원회'라는 단체를 만들려고 시도했다(설봉문화재단 설립준비위, 1981: 190~193). 또한 5·16 군사쿠데타 직후인 1961년 6월에 국가재건최고회의에서 자본가들을 불러 경제에 관한 의견을 듣는 자리에서 전택보는 박정희에게 보세가공수출을 제안했다는 것이다. 그 이후 박정희는 다시 전택보를 불러 최고회의에서 보세가공에 대해 설명할 수 있는 기회를 주었다고 한다. 이를 계기로 보세가공이 최고회의에서 국가정책으로 결정되었다고 하며, 제1차 경제개발 5개년 계획에서도 보세가공이 수출의 한 항목으로 자리 잡게 된 것으로 보인다(설봉문화재단 설립준비위, 1981: 210~211; 김달현 편, 1962: 37). 또한 전택보가 경영한 천우사가 한국에서 보세가공수출을 제일 먼저 했으며, 천우사는 1963년부터 1967년까지

1964년 한 해를 제외하고는 계속 전국 수출업체 중 수출 순위 1위를 기록했다. 1964년에는 2위를 기록했으며, 1968년에는 3위를 차지했다. 그리고 전택보는 1963년에 만들어진 한국보세가공수출협회의 초대회장이 되기도 했다(설봉문화재단 설립준비위, 1981: 212, 257~258; 공제욱, 1993: 254).[12] 바로 이러한 활동 때문에 1963년과 1964년에 두 번에 걸쳐 상공부장관을 지낸 박충훈은 회고록에서 전택보가 우리나라 보세가공무역의 "선구자"이며 "보세가공의 시조라 불러도 무방하리만큼 큰 기여를 했다"고 쓰고 있다(박충훈, 1988: 78).

다음으로 한국경제인협회 차원의 활동에 대해 살펴보기로 하자. 이와 관련해 전택보 다음으로 중요한 역할을 한 사람은 삼경물산(뒤의 코오롱그룹)의 이원만이다. 이원만은 일제시기와 1950년대의 일본에서의 사업경험 때문에 일찍부터 수출에 대한 안목을 키운 것으로 보인다. 또한 이원만은 정치에도 관심이 많아 4·19 이후 민주당 정권하에서 국회의원을 하기도 했다(한국일보사 편, 1981: 54~113). 한국경제인협회는 1963년 1월에 박정희 최고회의 의장을 비롯한 경제관련 최고회의 의원들과 신년 간담회를 개최하게 되는데, 이 자리에서 이원만은 한국의 기술과 노동력으로도 장난감, 가발, 와이셔츠 등 수출상품들을 충분히 만들 수 있으며, 수억 불의 수출도 가능하다는 주장을 했다(한국일보사 편, 1981: 133~139; 김입삼, 2003: 145~148). 이에 박정희는 이원만과 한국경제인협회의 회장단을 최고회의로 불러 이 문제를 다시 상의하게 되며, 이 결과 군사정부는 수출산업개발을 위한 총력지원정책을 채택할 것을 약속했다고 한다. 이에 한국경제인협회에서는 최고회의와의 협의하에 일본에 수출산업 조사

---

12) 전택보는『신동아』1966년 4월호에 「수출진흥을 위한 제언」이라는 글을 싣고 있다. 이 글에서 전택보는 한국에서 수출이 진흥되어야 하는 이유를 다시 한 번 정리하고, 1964년부터 시작된 수출진흥 종합시책에 대한 평가를 하고 있다(전택보, 1966: 91~99).

단을 파견하기로 하는 한편, 재계 인사를 망라한 '수출산업촉진위원회'의 조직을 위해 노력했다. 그리하여 1963년 3월에 정부 각료들이 참석한 가운데 '수출산업촉진위원회'의 발족식을 가지고 이원만을 위원장으로 선임했다(김입삼, 2003: 149~150, 161~168; 춘수, 「연재 전경련 소사」, No.29). 그리고 3월 15일에는 일본을 비롯한 선진국 수출산업의 실태를 파악하기 위해 이원만을 단장으로 하는 수출산업 조사단을 파견해 일본에서 선진국의 우수 수출상품을 수집해 돌아오게 했다. 또한 수집해온 견본상품들을 진열해 놓고 한국경제인협회에서 박정희를 비롯한 관련 최고회의 위원들과 정부 관련자들을 초청해 견본상품 설명회를 개최했다고 한다(춘수, 「연재 전경련 소사」, No.30; 김입삼, 2003: 183~184).

그리고 한국경제인협회는 재일교포 자본가들의 잠재력에 일찍부터 주목했다. 그리하여 미국과 유럽에 외자도입 교섭단을 처음 파견하던 시기인 1961년 12월 20일에 재일교포 자본가 65명을 초청해 자본유치 노력을 했다. 또한 1962년 2월 2일과 1962년 9월에도 재일교포 자본가 가운데 주요 인물들을 초청해 합작투자 혹은 단독투자 등을 권유했다. 이러한 교류를 하는 가운데 재일교포 자본가들은 교포투자장려법과 같은 것이 필요하다고 제안하는 한편, 재일교포 자본가 중 비교적 대자본가들은 울산공업센터나 기타 주요 공업지대에 독자적으로 공장을 건설하도록 하지만, 비교적 중소규모의 자본가들은 경인지대에 내륙 대도시 연결 공업단지를 만들어 중소규모의 공장을 집단적으로 건설할 수 있도록 해달라고 제안했다(춘수, 「연재 전경련 소사」, No.28). 이에 한국경제인협회는 서울 근교에 공업단지의 창설을 추진하기로 결정했다.

한국경제인협회는 1963년 초에 최고회의에 서울 근교의 내륙 공업단지 건설을 제안해 정부가 이를 받아들이게 된다. 그런데 울산공업센터의 경우는 한국경제인협회가 먼저 제안하기는 했지만 정부 주도로 건설되었지만, 구로동 수출산업공단은 한국경제인협회의 '수출산업촉진위원회'

가 모태가 되어 건설되는 특징이 있다. 물론 정부는 장관급을 위원장으로 하는 '수출산업공업단지 육성위원회'를 설치하고, 이어 1964년에는 '수출산업공단개발조성법'을 제정하는 방식으로 지원했다(한국수출산업공단, 1994: 132~134, 141~153; 춘수, 「연재 전경련 소사」, No.30 ~ No.31; 김입삼, 2003: 184). 당시 구로동에는 약 30만 평의 국유지가 있었는데, 한국경제인협회는 이 중 일부를 공단부지로 무상으로 제공해 달라고 정부에 요청했지만, 정부에서는 장기 분할해 불하를 받게 했고, 대신 전기, 상하수도, 도로 등을 정부예산으로 건설해 주기로 약속했다. 이에 한국경제인협회는 회원들의 기부금을 모금해 1963년 10월에 (주)한국수출산업공단을 출범시켰고, 이사회 회장을 이원만이 맡게 된다. 이렇게 시작된 구로동 수출산업공단은 보세가공수출의 거점역할을 하게 된다(한국수출산업공단, 1994: 149~167; 춘수, 「연재 전경련 소사」, No.30~No.31).

또한 한국경제인협회는 1963년 말 무렵 새로 수립된 제3공화국 정부에 대해 1963년 초부터 제안하기 시작한 수출에 대한 건의를 더욱 구체화해 당시 이미 수정보완작업이 진행 중이던 제1차 경제개발 5개년 계획의 수정안과 관련해 이를 수출산업 진흥계획으로 전면 수정할 것을 건의하고, 수출증대계획의 목표액을 당시 총 수입액인 4억 달러에 해당하는 수출계획을 세워 외화수지의 균형을 맞출 것을 건의했다. 당시 자본가들은 공장을 건설하게 되면서 이 공장들에서 대량 생산될 공산품의 판로가 수입대체 형태의 내수만으로는 한계가 있다고 생각하기 시작했다. 그들은 판로가 없다면 공장을 유지해갈 방법이 없다고 판단해, 판로개척을 위해 수출에 주목하게 된 것이다. 그런데 이러한 한국경제인협회의 4억 달러 수출 주장은 허황된 논의라고 많은 반발을 불러일으켰다고 한다(춘수, 「연재 전경련 소사」, No.60; 김입삼, 2003: 197~202).

그러면 전택보, 이원만을 비롯한 일부 자본가들의 제안과 한국경제인협회의 제안에 군사정부는 어떠한 방식으로 대응했는가. 당시 군사정부는 정치적으로 정당성이 약한 상태에 있었기 때문에 이를 경제적인 성장으로 만회하려는 욕구를 갖고 있었다. 따라서 경제성장에 도움이 된다고 여겨지는 정책은 빠르게 채택하는 경향이 있었다. 전택보의 보세가공 수출 제안이 있은 후 군사정부는 보세가공을 수출정책으로 바로 채택해 수출의 한 분야로 장려했다는 점은 앞에서 지적한 바와 같다. 그리고 1962년 상반기 수출실적이 2,226만 달러에 불과해 목표에 미달하자 1962년 6월 4일 최고회의는 수출진흥긴급대책위원회를 소위원회로 만들었다. 그리고 이 위원회에서는 1963년을 수출제일주의의 해로 삼았다(한국군사혁명사 편찬위, 1963 : 492~495). 또한 1962년 3월 20일에는 수출진흥법을 제정했으며, 수출진흥법에 따라 1962년에 한국무역진흥공사(KOTRA)를 설립했다. 그리고 1962년 12월에는 내각 수반 아래에 수출진흥위원회를 설치했다(이완범, 1999: 122, 125; 상공부, 1988: 50~51). 이렇게 수출을 위한 노력을 했으나 이 시기의 수출의 목표는 어디까지나 "수출증대를 주축으로 하는 국제수지의 개선"이라는 시각에 머물러 있었다. 그리고 여러 가지 제도정비나 정책적 노력도 1950년대에 이미 시작된 정책들, 예를 들면 1954년의 수출장려보조금제도, 1956년의 수출 5개년 계획 수립, 1957년의 수출진흥요령제도, 1958년의 수출진흥을 위한 당면시책 수립 등의 제도나 정책들을 정비하거나 확대하는 수준이었다(상공부, 1988: 36). 하지만 1964년 6월에 그간 산만하게 시행되어 온 제반 수출지원책을 통합, 정리해 수출진흥종합시책을 수립해 정책 효과를 극대화하는 데 힘을 기울이게 된다. 이후 박정희는 1964년 10월에는 수출제일주의를 표방하게 되며, 수출 1억 달러 달성 기념으로 1964년 12월 5일을 수출의 날로 제정하게 된다.[13] 또한 1965년부터는 매월

---

13) 수출의 날은 처음에 1964년 12월 5일로 정했으나, 수출 1억 달러 달성이 12월 5일이 아니라 11월 30일인 것으로 확인되어 1964년 11월 30일로 변경되었

대통령이 직접 참여하는 수출진흥확대회의 개최를 지시함으로써 수출을 직접 진두지휘하게 된다. 이 시기에 오면 수출은 단지 국제수지의 개선의 차원이 아니라 경제성장의 동력으로 부상하게 되는 것이다(이완범, 1999: 125~127, 129~130).

이렇게 앞 절에서 살펴본 기간산업 공장건설과 관련한 외자도입 문제나 울산공업센터 건설, 그리고 여기서 살펴본 수출주도 산업화와 관련한 재벌의 제안들은 군사정부가 적극적으로 받아들였지만, 재벌의 모든 제안을 군사정부가 적극적으로 받아들인 것은 아니다. 재벌의 제안 중에서 군사정부가 받아들이지 않은 가장 핵심적인 내용은 민간주도의 산업화 제안이었다.

재벌들은 5·16 군사쿠데타 직후인 1961년 5월 19일에 당시 재벌들의 대표기관인 한국경제협의회를 비롯해, 대한상공회의소, 무역협회, 방직협회 등 5단체 명의의 건의서를 군사혁명위원회에 제출했다. 이 건의서의 내용은 군사쿠데타의 지지를 선언한 다음, 경제계획수립과 경제정책 및 외교에서 재계의 의견을 충분히 수렴해줄 것, 그리고 경제활동에서 정치나 권력의 간섭을 배제하는 등 경제 외적 장애를 제거해달라는 요구, 국제경제협력의 개방적인 정책을 채택해달라는 요구, 또한 국가 예산정책은 경제성장에 중점을 두어야 한다는 등을 포함한 것이었다. 이 건의서와 관련해 국가재건최고회의 경제정책자문위원회에서는 한국경제협의회와 직접 만나기를 원해 1961년 5월 22일에는 면담도 했다는 것이다(춘수, 「연재 전경련 소사」, No.13). 그런데 이 한국경제협의회는 곧 바로 해산 당하게 되며, 이후 앞에서 살펴본 바와 같이 재벌들은 경제재건촉진회를 거쳐 한국경제인협회를 결성하게 된다. 한국경제인협회도 기회가

다. 또한 11월 30일은 1987년부터는 무역의 날로 개칭되었다(이완범, 1999: 127).

있는 대로 민간주도의 경제활동을 건의하게 되는데, 1963년 초에 당시의 인플레이션을 둘러싸고 한국경제인협회와 최고회의 사이에서 이른바 물가논쟁이 벌어지게 되어, 한국경제인협회는 인플레이션의 원인을 화폐개혁 등 정책적 실책에 기인하는 것이라고 본 반면에, 최고회의에서는 인플레이션의 원인이 부정축재자들이 벌과금을 마련하기 위해 가격을 올려 폭리를 취하는 것이 아닌가 하는 재벌책임론을 흘리는 등의 논쟁이 벌어졌다. 이때에도 한국경제인협회는 담화문을 통해 "당국의 경제시책에 대해 그 근본방침이나 정책수단에 대해 견해를 달리하는 바가 적지 않았습니다"라고 적시하면서 "정부 당국은 화폐개혁과 같은 급격한 정책변경 등을 가급적 피하"라고 권고하고 있다. 또한 이 문제를 계기로 만들어진 박정희 최고회의의장을 비롯한 정부의 관계자와 한국경제인협회의 회장단이 만난 간담회 자리에서도 "경제인들이 자율성 있게 사업활동을 펼 수 있도록 정부는 높은 곳에서 교통정리식의 큰 방향의 행정만을 해주기 바란다"고 건의했다는 것이다(춘수, 「연재 전경련 소사」, No.41 ~ No.44). 또한 1963년 말 박정희가 제3공화국의 대통령으로 취임하는 시기에도 "이 나라 경제를 자유경제원리에 입각한 민간주도형으로 이끌어나가야 한다"고 건의했다. 또한 그 건의내용에는 "현하 우리들이 감행하고 있는 경제건설은 불과 몇 해 사이에 괄목할 진보를 보고 있으나 이것이 지나친 관주도하에 운영되므로 인해 민간기업 활동을 의존적 방향으로 이끌어 창의와 활력을 발휘케 해야 할 자유경제 신장에 역행되는 감이 짙다"는 점과 "재정과 외자를 기간으로 한 정책위주의 투자계획집행은 민간위주의 자기 책임하에서 자율적 투자활동으로 명확히 바꾸어져야 하며, 정부와 민간기업의 분야 역할을 확연케 해야 할 것"이라는 등의 건의를 했다는 것이다(춘수, 「연재 전경련소사」, No.49). 하지만 이러한 민간주도의 산업화 건의는 군사정부가 받아들이지 않았으며 지속적으로 국가주도적 산업화 방향을 추진하게 된다.14)

4. 맺음말: 재벌의 역할과 한계점

이 글에서는 박정희 정부가 수출주도 산업화를 선택하는 과정에서 재벌들이 영향을 주었다고 보고, 재벌들이 수출과 관련해 어떠한 내용들을 박정희 정부에 주입했는지를 살펴보았다. 그리고 재벌 외에 수출주도 산업화의 아이디어를 투입한 사람들은 박충훈, 김정렴 등의 일부 관료들이라고 볼 수 있을 것이다(박충훈, 1988: 73~79; 김정렴, 1990: 114~117). 그런데 이 글의 한계는 재벌들이 수출주도 산업화의 아이디어를 주입했다는 사실만 밝혔을 뿐, 외부에서 주입된 이 아이디어들이 박정희 정부 내부에서 수출주도 산업화 정책을 결정하는 데 어느 정도나 영향을 미쳤는지를 파악할 구체적인 자료들을 찾지 못했다는 점이다. 그리고 이 글에서는 윤태엽(춘수)이나 김입삼처럼 전경련 상임 부회장을 지낸 사람의 기록을 많이 참조할 수밖에 없었는데, 이들의 기록에는 주요 정책의 결정에서 재벌들의 역할을 과장하는 측면이 있다. 따라서 과장 여부를 검증하고자 했고, 다른 자료들과 비교 검토했지만, 그럼에도 불구하고 한계가 없는 것은 아닐 것이다.

그리고 박정희 정부가 재벌과 일부 관료들의 주장을 받아들여 수출주도형 성장모델을 택하게 되었다고 볼 수 있지만, 그렇다고 해서 국가가 1960년대 이후 경제성장을 주도한 사실을 부정할 수는 없다. 재벌들은 자신의 경험을 바탕으로 아이디어를 정부에 투입했지만, 그것을 채택하도록 압박할 힘은 당시에 없었으며, 그것을 받아들여 매우 적극적으로 추진한 것은 당시의 군사정부였던 것이다.

---

14) 김입삼은 초기의 박정희 군사정부보다는 민주당 장면 정권을 훨씬 더 높게 평가한다. 그 이유는 장면 정부가 나름의 "합리적인 경제발전 청사진"을 갖고 있었다는 점만이 아니라 민간 주도의 산업화를 계획했다는 점에서 높게 평가하고 있다고 볼 수 있다(김입삼, 2003: 51~58, 73~76).

그리고 수출주도 공업화로의 전환은 재벌배제정책에서 재벌위주정책으로의 전환과 동일한 것은 아니지만 그 맥을 같이한다. 이 측면에 대해 살펴보면 다음과 같다. 박정희 군사정부는 쿠데타 이후 초기에는 내포적 공업화를 추진하는 방향에서 재벌배제적인 입장을 취하지만, 얼마 지나지 않아 경제재건촉진회를 구성케 하는 시점에서는 재벌에게도 기간산업 공장건설의 기회를 주는 형태의 재벌포용정책으로 변화하게 된다. 이후 재벌들이 공장건설을 위해 외자도입 교섭을 나서면서 민간에서 도입하는 외자에 대해 정부가 지불을 보증하는 단계에선 점차 재벌위주의 정책으로 변화하게 되며, 이후 내포적 공업화를 포기하고 외부의존적 공업화 정책으로 이행하면서 완전히 재벌위주의 정책으로 변화하게 된다. 이후 재벌의 발언권과 영향력은 점차 커지게 되며, 수출주도 산업화의 중심은 재벌이 된다. 박정희 군사정부는 국가주도적이고 재벌배제적인 내포적 공업화 정책에서 점차 국가주도적이기는 하지만 재벌위주의 수출중심, 외자중심의 외부의존적 산업화 정책으로 정책의 전환이 이루어지는 것이다.

■■■ 참고문헌

공제욱. 1993. 『1950년대 한국의 자본가 연구』. 서울: 백산서당.
_____. 1999. 「부정축재자 처리와 재벌」. 한국정신문화연구원 편. 『1960년대의 정치사회변동』. 서울: 백산서당.
김달현 편. 1962. 『5개년 경제계획의 해설: 내용, 해설, 논평』. 서울: 진명문화사.
김입삼. 2003. 『초근목피에서 선진국으로의 증언』. 한국경제신문.
김정렴. 1990. 『한국경제정책 30년사: 김정렴 회고록』. 중앙일보사.
김진현. 1964. 「부정축재처리전말서」. 『신동아』, 1964년 12월호.
럭키 40년사 편찬위. 1987. 『럭키 40년사』. 주식회사 럭키.
木宮正史(기미야 다다시). 1991. 「한국의 내포적 공업화전략의 좌절」. 고려대 대학원 정치외교학과 박사학위논문.

박충훈. 1988. 『이당회고록』. 서울: 박영사.

박태균. 2000. 「1956-1964년 한국 경제개발계획의 성립과정」. 서울대 대학원 국사학과 박사학위논문.

박희범. 1968. 『한국경제성장론』. 고려대 아세아문제연구소.

배광복. 1987. 「독점자본과 의회민주주의: 부정축재처리과정(1960~1961)의 분석」. 고려대 대학원 정치외교학과 석사학위논문.

상공부. 1988. 『무역진흥 40년: 그 과정과 정책』. 상공부.

설봉문화재단 설립준비위원회. 1981. 『설봉 전택보 전기』.

오원철. 1995. 『한국형 경제건설』, 제1권. 기아경제연구소.

_____. 1996. 『한국형 경제건설』, 제2권. 기아경제연구소.

유원식. 1987. 『5·16 비록: 혁명은 어디로 갔나』. 인물연구소.

이병천. 1999. 「박정희 정권과 발전국가 모형의 형성」. 한국경제발전학회. 『경제발전연구』, 제5권 제2호.

이병철. 1986. 『호암자전』. 중앙일보사.

이승구. 1987. 「비화·제1차 5개년 계획 산고」. 『월간 경향』, 1987년 2월호.

이완범. 1999. 「제1차 경제개발 5개년계획의 입안과 미국의 역할」. 한국정신문화연구원 편. 『1960년대의 정치사회변동』. 서울: 백산서당.

전국경제인연합회. 1983. 『전경련 20년사』. 전국경제인연합회.

전택보. 1966. 「수출진흥을 위한 제언」. 『신동아』, 1966년 4월호.

춘수(윤태엽). 1976-1978. 「연재 전경련 소사」. 『전경련 회보』. 전국경제인연합회.

한국개발연구원 편. 1996. 『한국경제 반세기 정책자료집』. 한국개발연구원.

한국군사혁명사 편찬위원회. 1963. 『한국군사혁명사』, 제1집 상. 국가재건최고회의 한국군사혁명사 편찬위원회.

한국수출산업공단. 1994. 『한국수출산업공단 30년사』. 한국수출산업공단.

한국일보사 편. 1981. 『재계회고』, 제5권. 한국일보사.

한국혁명재판사 편찬위원회. 1962. 『한국혁명재판사』, 제1집.

제3장

1960년대 중후반 '국민경제연구회' 보고서를 통해 본 정책담론 분화과정

조석곤(상지대 교수, 경제학)·정건화(한신대 교수, 경제학)

1. 머리말

박정희 동시대인들이 박정희 정권에 대해 내린 평가는 매우 상반된 것이었다. 경제적인 측면에 국한해 보더라도 보릿고개를 극복한 지휘관이라는 평가와 한국경제를 종속의 나락으로 몰고 간 책임자란 평가가 엇갈렸다. 1980년대 중반 '3저호황'을 계기로 한국경제가 도약에 성공하자 박정희 정권하 경제정책은 경제기적을 창출할 수 있는 하나의 '모델'로 평가받게 되었고, 이른바 '발전국가론'으로 정형화되었다(Johnson, 1982; Amsden, 1989; 김대환, 2001). 현 단계 한국사회에서 일반인들은 박정희 모델의 '성공'을 하나의 '신화'로 인식하고 있다는 느낌도 지울 수 없을 정도이다.

발전국가의 특징을 일반적으로 정리한 김대환(2001)에 따르면, 발전국가는 자본의 이윤창출조건을 개선하기 위해 국가가 수출지향적 산업화를 통해 경제성장을 주도했고, 저렴한 노동력을 재생산하기 위해 정책적으로 개입했으며, 기업간의 경쟁과 협력이 '따라잡기'에 유리하도록 국가가 나서서 조정했으며, 경제 및 사회정책의 근저에 국민경제 또는 국민국가의 이념이 자리하고 있었다고 보았다. 즉, 국가는 국민경제의 건설, 보다 구체적으로는 자립적 국민경제의 건설이라는 목표 아래 경제부문에 적극적으로 개입한 것이었다.

그런데 발전모델의 성공여부에 관한 평가에서 수출이 매우 중요한 역할을 했다고 보는 것이 일반적이다. 김대환(1996)은 한국의 공업화가 수입대체 경공업화 단계, 수출지향 경공업화 단계, 수출지향 중화학공업화 단계로 구분하고 있다. 이 주장은 한국의 급속한 공업화가 수입대체 공업화의 방향을 버리고 수출지향 공업화의 방향을 채택했기 때문에 가능한 것이었음을 지적한 학계의 일반적인 주장과 그 궤를 같이한다.

이러한 입장은 한국의 외향적 공업화를 전제로 주도산업이 변화하는 과정을 단순하게 설명할 수 있다는 장점이 있지만, 최근 발전전략의 대체는 단선적으로 이루어졌다고 볼 수 없다는 반론이 제기되었다. 그것은 복선적 발전론(이병천, 1999; 박태균, 2000), 또는 적응적 발전론(장하원, 1999) 등으로 요약할 수 있지만, 한국경제 발전에 있어 수출이 행한 역할을 중요시하고 있는 것 또한 사실이다.

수출에 대한 강조는 그러나 1950년대에만 해도 매우 생소한 것이었다. 자립경제 지향으로부터 수출주도정책으로 전환하는 과정 또한 일사불란한 것은 아니었다. 장하원(1999)의 주장대로 그것은 시행착오를 통한 적응적 진화의 과정이었지만, 성장의 원천이 될 자본확보의 돌파구 마련을 위한 필사적 노력의 결과였다. 1960년대 초반과 후반 사이에 정부의 수출에 대한 인식은 수입대체 공업화를 위한 외화확보 수단으로부터 성장의 견인차로 크게 바뀌었다.

이러한 입장변화를 우리는 1960년대 중반 조직되어 비공식적으로 정부에 대한 정책자문 역할을 수행했던 국민경제연구회 보고서를 통해서도 살펴볼 수 있다. 군사정부 초기에만 해도 경제정책 최대의 목표는 자립경제의 확립이었는데, 초기의 보고서들은 부족한 외화의 효율적 사용을 위해 소비산업에 대한 외화 배분을 억제하고 기간산업을 육성하기 위한 외화배분을 늘려야 한다는 취지의 내용이 많았다. 그러나 이와는 달리 수출을 적극 육성해 그것을 성장의 동력으로 활용해야 한다는 내용의 보고서들이 있으며, 이러한 두 입장의 대립은 1965년경이 되면 분명한 형태로 나타난다.[1]

이제 수출에 대한 관점은 '성장을 위한 외환확보'라고 인식하는 그룹과 '성장의 동력'으로 적극 육성해야 한다는 그룹으로 갈리게 되었다. 전자의 입장은 말할 것도 없이 1960년대 초반까지 대세를 이루었던 논의였지만, 1960년대 후반 이후가 되면 후자가 그것을 대체해 주류적 지위를 차지하게 되었던 것이다.

이 글에서는 전자의 입장을 민족경제론으로, 후자의 입장을 수출입국론(輸出立國論)으로 표현하고자 한다. 국민경제연구회의 보고서는 이러한 전환과정을 잘 보여주고 있다. 이러한 전환과정은 1950년대까지 지배적이었던 자립경제적 지향이 외향적 성장론으로 대치되는 과정이었으며, 이 과정 속에서 자립경제적 지향은 아이러니하게도 민족경제론으로 이론화되었던 것이다.

논의의 순서는 2절에서는 국민경제연구회와 그 활동에 대해 개괄적으로 소개하고, 3절에서는 그 보고서들에 나타난 주요 논의와 쟁점들을 개관한 후 논점을 정리하고, 그 과정에서 민족경제론이 하나의 대안적 이론체계로 형성되고 있음을 보이고자 한다. 이 글의 목적이 국민경제연구회라는 연구조직의 활동에 있는 것이 아닌 만큼 연구회 활동에 대한 소개보다는 연구회 보고서에 드러난 정책담론의 변화에 주안점을 두고

---

1) 그러다 1966년 후반이 되면 다시 전자 입장의 보고서들이 대부분을 차지한다. 이러나 이러한 변화는 전자가 논쟁에서 승리했다기보다는 정부정책의 지향성이 후자로 선회하면서 정책자문기관으로서의 연구회의 위상이 변화했으며, 후자 입장을 가진 연구자들이 동 연구회와 분리되었기 때문에 나타난 현상으로 이해함이 타당할 것으로 보인다.

논의를 전개하고자 한다.

2. 국민경제연구회 연구보고서에 관한 개괄적 검토

1) 연구회의 활동

보고서에 관한 본격적인 분석에 앞서 이 보고서를 작성한 국민경제연구회에 대해 간략하게 소개할 필요가 있다. 국민경제연구회(영문명: The Economic Research Council)는 "경제분야의 연구조사, 경제발전에 기여하고 촉진하는 수단 제공, 국제적 발전분야에서의 사고와 경험, 사실 등을 교류"할 목적으로 1963년 8월 1일 창립했다.[2] 회장은 전 국회의원으로 1, 2차 국회 재정경제위원장을 역임한 홍성하였으며, 서울 시내의 유수한 대학의 경제학자를 자문위원으로, 대학을 졸업했거나 석사학위를 소지한 소장 경제학자를 연구원으로 구성했다.[3] 1964년 3월의 직원모집공고를 보면 연구원의 자격은 "대학원에서 경제학 또는 상학석사학위를 받은 자로서 병역의무를 마치고 조사연구업무에 2년 이상 종사한 자"로 당시로서는 매우 높은 수준이었다. 그리고 당시 유수한 기업의 경영자를

---

2) 국민경제연구회에서는 여러 유형의 문서철을 생산해냈는데, 그중에는 『주소록』, 『문서철, 1965-9』, 『문서발송부, 1965-6』, 『이력서』, 『회의록』, 『참고철』, 『종합철』, 『거래철』, 『연구계획서철』, 『문서철(접수)』 등이 있다. 이 내용은 『참고철』에 포함된 문서의 하나에서 발췌했는데, 이하 특별한 언급이 없는 인용은 이 문서철들에서 인용한 것이다.
3) 부회장은 정영기(전 부흥부차관), 연구담당 부회장은 안림(연세대), 총무담당 부회장은 임익두(전 통화국 위원, 농협 임원)이고, 자문위원으로는 성창환(고려대)·황병준(서울대)·홍성유(서울대)·남덕우(국민대), 연구위원은 이영식·오윤·이충효·박찬응·박중영·김영원, 비서는 김중혁·박홍 등이었다.

특별회원으로 두었다.[4] 사무소는 한일은행 중부지점 2층에 있었다. <표 3-1>은 1964년 초 국민경제연구회의 연구원 명단이다.[5]

연구회의 주 활동은 정부의 정책에 대한 검토나 정책대안을 마련해 보고서를 제출하는 것이었다. 1965년 이후, 즉 보고서 44호부터 발송처에 대한 기록이 있는데, 고정 발송처로는 대통령, 경제기획원장, 비서실장(이후락), 재정경제위원장, 재정경제위원회간사, 특별회원 11명, 경제과학심의위원회(2부)였다.[6] 1969년 3월분까지는 이 배포선이 유지되고 배포되었던 것이 확인되었지만, 이후 연구회와 정부와의 관계는 정리된 것으로 보인다.[7]

보고서는 매월 발행되었는데, 연구회의 활동이 활발했던 1965년과 1967년 중반까지는 매월 2-4편씩 간행되었지만 이후 2편 이하로 줄어들

---

4) 특별회원은 金龍成, 金泰完, 李漢垣, 洪在善, 沈相俊, 洪在善(동명이인), 崔泰涉 朴道彦, 李洋球, 鄭載護, 李秉喆 등 11인이었으며, 1965년 3월에는 12명, 8월에는 13면, 10월에는 14명으로 늘었는데, 추가로 늘어난 특별회원의 이름은 확인되지 않는다.

5) 연구원에 대한 보수는 1967년 5월까지는 지급된 것이 확인된다. 이후에도 지급이 되었는지는 확인할 수 없지만, 1968년 이후 연구회의 보고서 발행횟수가 줄어든 것을 보면 이 시점을 전후해 연구회의 활력이 저하된 것은 확실하다. 보수가 지급된 것으로 확인된 연구원은 1967년까지 총 15명이었는데, 이 중에는 임종철, 배무기, 박현채 등의 이름도 보인다. 직원 중 박현채는 1964년 8월 1일 사직하는데, 이는 인혁당사건과 관련된 것이다. 이후 연구회 직원 전체를 대상으로 신원보증서를 받는다.

6) 44호에는 상공부장관 상공부차관, 상공분과 위원장도 포함되었지만, 이후 45호부터는 제외되었다. 당시 재경위원장은 김성곤(金成坤), 재경위 간사는 김주인(金周仁)이었다.

7) 1966년 5월에 발행된 보고서 106호 「농업주산지조성계획의 문제점」은 대통령과 경제기획원장관에게 가지 않았는데, 유일한 사례이지만 그 구체적인 이유는 알 수 없다.

<표 3-1> 국민경제연구회 연구원명단(1964년 3월 10일 현재)

성명	채용일	연령	학력(졸업년도)	경력
方孝宣	63.9.30	33	문리대(55), 석사(59)	문리대조교, 기획통제관실분석관
朴贊應	63.8.20	31	중대(58), 석사(59)	EDC연참경제연구실, 재무부공무원교육원
金良元	63.8.20	30	상대(59), 석사(62)	
朴正龍	63.8.23	33	상대(56)	균명고 교사, 증협 촉탁
朴玄埰	64.1.11	31	상대(59), 석사(61)	서울상대, 국학대학강사, 농업경제연구소
金曾赫	63.8. 1	31	문리대(58)	
朴 弘	63.11.2	28	경북대(62)	

었고, 1968년 이후에는 매월 1편 수준으로 감소했다.[8] 1970년 2월까지는 그래도 빠짐없이 보고서가 나오다가 1970년 8월에 나오고 그 다음부터는 자료가 없다.

전체적으로 보고서의 내용은 아주 구체적이고, 통계자료 등을 적절하게 이용하고 있다. 일부 보고들은 초보적인 수준에서이지만 통계적 기법을 활용하고 있다. 전체적인 구성은, 새로운 개념을 소개하는 일부 보고서[9]를 제외하면, 주제에 따른 현황을 분석하고 그에 대한 문제점을 도출

---

8) 발행부수는 10호는 30부, 12호 31부, 14-16호 33부, 17호 34부, 18호 30부, 19호 32부, 20-29호 30부, 30-31호, 35부, 32호 42부 등 변화가 있다가 33호부터는 일률적으로 50부를 간행했다.

9) 이후 국민경제연구회의 보고서를 인용할 때는 그 호수를 「국경연 00」과 같은 형식으로 표현하기로 한다. 호수별 제목은 <부표>에 정리했다. 「국경연 90」은 산업연관표에 대한 개괄적 소개와 이론적 한계, 이용상의 유의점 등을 교과서적으로 서술하고 있다. 「국경연 107」도 지불준비 '베이스' 조절에 의한 통화정책에 대한 교과서적 설명이며, SDR 창출에 대한 설명과 그에 따른 영향 분석(「국경연 149」), 파운드화의 평가절하와 그 파문에 대해서는 4회에 걸쳐 소개(「국경연

한 후 몇 가지 정책대안을 제시하는 형태를 취하고 있다. 특히 82호부터는 서두에 전체 보고서의 내용을 요약한 "보고요지"를 수록함으로써 정책입 안자들의 시간을 덜어주려는 노력을 보이고 있다.10) 초기에는 보고요지 의 면수가 일정치 않았으나 1966년 중반 이후 요지도 4쪽으로 유형화되 고 있다. 본문도 의의, 현상 및 현안 소개, 문제점 도출, 대안제시 등으로 규격화했다. 당시 논쟁이 되고 있던 주제에 대한 나름의 입장표명도 있다.

보고서의 주제는 크게 2가지 경로를 통해 결정된 것으로 보인다. 첫째 는 외부기관으로부터 구체적인 검토의뢰가 있는 경우이다. 1964년 2월 민주공화당에서는 정책수립상 필요한 자료를 의뢰했으며,11) 1964년 4월 에는 경제과학심의위원회가 금리체계의 현실화, 증권시장의 육성책, 외 환공정환율의 현실화, 세제의 합리적 개편 등에 대한 연구를 의뢰했다. 1964년 9월에는 경제과학심의위원회에서 경제기획원과 서독 경제고문 단이 작성한 장기경제성장예측모형 시안에 대한 심의회의 조사분석실 연구 검토안에 대한 의견을 구하기도 했다. 1965년 4월에는 경제기획원 에서 대일청구권 및 경제협력자금 사용방안에 관한 의견제출을 의뢰하기 도 했다.12)

154」, 「국경연 155」, 「국경연 158」, 「국경연 159」)하고 있다.

10) 111호, 161호, 그리고 169-173호, 178호에는 보고요지가 없다.

11) 구체적인 주제가 명시되었는데, 외환예치집중제로 인한 외환 수급상의 변동예 측 의뢰, 수입대체산업과 외화절약(사업별) 방안, 수출자원조사(금년도분 우선 조사)서, 차관의 원리상환능력의 재검토 연구서, 추경예산추계, 환율인상시의 문제점(환율인상시기, 적정환율, 한국측 요구조건, 부작용 등으로 세분화했다), 현재 추진중인 외자도입계획과 그 전망, 소비절약방법과 그로 인한 외화절약방 안(폐품이용, 소비절약, 수입대체) 등이었다.

12) 이 요구에 대한 구체적 결과는 1965년 4월 보고서 58호 「대일청구권자금 및 경제협력자금의 효율적 사용을 위한 건의」로 제출되었다.

둘째, 연구주제를 자체적으로 개발해 연구검토한 경우가 있다. 정부의 정책이나 시의성 있는 현안에 대한 의견을 제시함으로써, 정책자문기관의 역할을 수행한 것이다. 예를 들면 「국경연 44」는 상공부가 한국생산성본부에 위탁해 작성한 『수출능력조사 및 특화순위분석 종합보고서』 중에서 특화순위 분석에 대해 비판적으로 검토한 보고서이다.

스스로 조사용역을 제안하기도 했는데, "불요불급한 사치성 소비품 및 소비산업을 가급적 억제함으로써 외화절약을 극대화하는 한편 산업구조의 개선을 중심으로 해 최소한도의 국민생활 필수품, 수입대체품, 수출용과 군납용 자재, 가능한 한 현 가동수준을 유지케 할 기초산업의 시설 및 원자재 등에 외화의 중점적 배정"(「국경연 14」: 1)에 필요한 산업조사 실시를 제안하고 있다. 기초산업 우선육성 아이디어는 민족경제론적 자립경제론의 핵심 아이디어이고, 이를 위해 500여 품목에 대해 1960-1968년까지의 수입액(추산액 포함)과 국내공급을 비교해 '대체전환 또는 수입조정'을 시도하려는 의욕적인 조사계획이었다. 1964년 9월에는 경제기획원에 수출산업에 관한 기본조사, 수입규모 책정을 위한 조사 등 조사연구비 882만 5,000원을 신청하기도 했다. 이러한 표현에서 알 수 있듯이 초기 연구회의 구성멤버들은 수입대체적인 입장에서 자립경제를 건설한다는 공통의 인식을 가지고 있었다.

2) 연구회 보고서의 개괄적 검토

앞서 언급한 경제기획원에 제출한 용역계획에서는 "경제의 자립을 이룩하기 위해는 수입수요를 가능한 한 절감함으로써 소비수요를 억제하는 동시에 수출을 적극적으로 신장하는 것만이 그 기본조건이 되므로 수출을 진흥하고 증대하기 위해는 수출산업에 대한 기본조사가 절실히 요청"된다고 주장했다.[13] 그러나 보고서들 중에는 수출을 통해서 자금을 확보하고 그를 통해 성장의 동력을 마련해야 한다는 주장도 개진하고 있었다.

보고서들에 나타난 외화에 대한 갈망은 어찌 보면 중상주의 시대의 금에 대한 갈망을 떠오르게 한다. 자립경제확립을 위한 자본확보방법으로 보고서들에서는 외화절감, 수입대체, 수출육성 등을 제시하고 있는데, 이는 중상주의시대의 정책을 떠오르게 하는 것이었다. 현존하는 보고서는 총 166건인데, 여기에서는 이 보고서의 내용을 개괄적으로 정리하고자 한다.

분야는 산업, 재정 및 경제계획, 물가, 국제수지, 노동문제로 구분했으며, 산업은 내수산업과 수출산업으로 구분했다. 그리고 민족경제론자들이 자기완결적 구조를 갖추는 데 필수적으로 생각한 농업과 중소기업을 따로 분류했다. 주제별로는 정책제안과 관련된 것은 입법안과 기타 정책대안으로 구분했고, 자본확보방안으로는 자본확보방법을 중심으로 외화절감, 수입대체, 수출육성 등으로 구분하고 여기에 내외자 유치를 추가했다. 이러한 점을 염두에 두면서 보고서들을 분야별 주제별로 분류한 것이 <표 3-2>이다.

정부정책에 대한 대안을 제시한 것이 103건(62.0%)으로 가장 많았으며, 다음으로는 수출육성방안이 28건(16.9%)이었다. 외화절감방안에 관

---

13) 흥미로운 것은 수출 자체가 목적이 아니라 자립을 위해 수입수요를 절감하는 것이 우선적으로 고려되고 있으며, 그 이후에 "한국경제에 있어서 수출산업의 역할은 단순히 경제의 안정을 촉진시키는 데 있을 뿐만 아니라 산업구조를 계열화해 경제성장을 신장케 하는 데 깊이 연관"된 것으로 이해하고 있다는 점이다. 즉, 성장의 원동력으로서의 수출산업은 2차적으로 인식되고 있다. '수입규모책정을 위한 조사계획'에서도 "한국경제의 자립을 이룩하는 데 깊은 연관성을 가진 무역정책은 외화부족을 극복해 국제수지를 개선하는 데 가장 중점"을 두어야 한다는 취지로, 자립경제 달성을 위해 현실적으로 극복해야 할 최고의 문제는 외화부족을 극복하는 것으로 이해하고 있다.

<표 3-2> 연구회 발간 보고서의 분야별 주제별 분류

		정책 제안		자본확보방안				계
		입법안	정책 대안	외화절감	수입대체	수출육성	내외자 유치	
농업		6	32		3	2		43
중소기업			8			3		11
산업	내수산업		4	2	17			23
	수출산업		5			14		19
재정/경제계획		1	23					24
물가			8					8
국제수지	무역수지	1	5	4		9		19
	자본수지	3	5	2			7	17
노동			2					2
계		11	92	8	20	28	7	166

한 보고서는 모두 초반(1065년 3월 이전)에 집중되었다. 이것은 후술하는 바와 같이 외화에 대한 무조건적인 갈망이 1965년 이후가 되면 보다 경제적인 관점으로 변화하는 것으로 해석할 수 있다. 분야별로는 농업에 관한 보고가 가장 많았는데, 그것은 당시 최대 산업으로서의 농업에 대한 배려일 수도 있지만, 민족경제론 이론체계 내에서 농업이 차지하는 위상과 관련된 것으로 보인다. 노동문제를 다룬 것이 2건에 불과한 것은 아직 노동문제가 큰 사회적 쟁점이 되지 않았던 당시 상황을 반영하고 있다.

이제 자본확보방안과 관련된 주제별 내용을 구체적으로 살펴보자. 초기 보고서들은 "외화절약가능액을 추산함과 동시에 수입대체산업을 조사"(「국경연 25」: 1)한 것이 많다. 우선 부족한 외화를 효율적으로 사용하기 위해 가장 먼저 시도할 수 있는 것은 외화절감방안인데, 소비를 줄이거나[14] 수입원료의 대체를 통해 외화를 절감하자는 안들이 제시되었다.

다음은 수입대체산업을 육성함으로써 외화의 유출을 막자는 수입대체 방안이 있다. 목재 및 펄프류 수급계획과 관련한 보고서(「국경연 25」)는 수입대체산업을 조사한 보고서 중에서 한 전형으로 분류될 만하다. 이 보고서는 100여 쪽에 달하는 방대한 것으로, 농림부의 수요 추정안에 대해 조목조목 비판한 후 새로운 추계치를 제시하고 있다. 목재 수요를 줄이기 위해 콘크리트 전주(電柱)를 이용하고, 화학펄프공장이나 볏짚(보리짚) 펄프공장을 지어 펄프 수입을 대체하자는 구체적인 아이디어를 제시하고 "외화부족으로 인한 소비의 합리화"(「국경연 25」: 75)라는 표현 속에 소비절약을 강조하고 있다.

생필품 생산에 소요되는 원료를 국산원료로 대체하자는 주장 속에서도 그 질은 일단 문제 삼지 않는 분위기이다. 비누 수입에 소요되는 쇠기름을 미강유로 대체함으로써 약 355만 달러의 수입대체 효과가 있다는 주장(「국경연 16」)이 그것이다. 질을 문제 삼지 않는 분위기가 도가 지나친 경우도 보인다. 예를 들면 합성수지 수입을 줄이기 위한 대안으로 요업이나 피혁업의 진흥, 또는 대나 왕골 등을 이용한 농가수공업품 사용 등을 제시하고 있는 것이 그것이다(「국경연 23」). 풀 재배를 장려해 화학비료에 대한 수입액을 줄이자는 주장도 같은 유형(「국경연 31」)[15]으로 분류될 수 있다.

부족한 외환 대신 금으로 지불하자는 아이디어도 제시되었다(「국경연

---

14) 「국경연 12」는 담배수요를, 「국경연 17」은 신발수요의 억제를 통해 외환수요를 줄임으로써 국제수지의 균형을 맞추자고 주장했다.

15) "잠재적 실업상태하에 있는 농민에게 일할 수 있는 기회를 갖게 하고 이제까지 불용지로 방치되어오던 토지를 활용함으로써 농업의 발전에 자하고 따라서 농가소득증대에 기여할 수 있는 기반조성의 일방의 요소가 될 수 있는 것이 바로 이 풀재배"(「국경연 31」, 6-7)라는 주장이다.

15」). 이의 실행과정에서 정부에서 난색을 표하자 「국경연 32」에서 '생산증명제' 등 몇 가지 대안을 다시 제시하기도 했다. 정부가 제시한 정책에 대한 검토가 아니라 스스로 정책수단을 개발하고 그것을 관철시킬 수 있도록 지속적으로 정책대안을 제시한 사례로 볼 수 있는데, 이는 이 연구회가 일종의 정책개발기관으로서의 역할도 수행하고자 했음을 보여주는 증거로 볼 수 있다.

수출육성정책은 보다 적극적인 외화확보방안이라고 할 수 있다. 돈이 되는 것은 뭐든지 수출한다는 차원에서 갈포벽지사업(「국경연 81」), 도자기공업(「국경연 120」), 수산물가공업(「국경연 128」), 금속공예공업(「국경연 140」) 등의 육성을 주장했다. 다만 면방직의 경우는 내수시장의 부족과 국내시장의 공급과잉을 해소하는 차원에서 수출산업으로 육성해야 한다는 주장도 제기(「국경연 127」)되었는데, 이는 1960년대 후반 이후 수출산업육성의 한 기준이 되었다.

내외자유치와 관련된 논의는 내자동원과 외자유치의 상관관계를 본격적으로 분석한 보고서들이다. 이는 성장을 위한 자본동원의 원천에 대한 고민이 보다 심화되고 있음을 의미한다. 1965년의 내자동원계획을 검토한 보고서(「국경연 49」)에서는 정부가 제시한 투자자금 확보계획에서 외자 대 내자의 비율이 4:6으로 제시된 것에 대해 외자동원비율이 높은 것에 회의를 표시하고 적극적인 내자동원정책을 펴야 한다고 주장했다. 특히 차관의 경우 국가의 지급보증이 전제되고 있는데, 이는 그만큼의 내자동원능력을 감소시키는 것이고, 실제 떼일 경우 대책 등이 문제가 된다는 점에서 차관위주의 정책은 바람직하지 않다고 제시하고 있다.16)

---

16) 지급보증에 문제가 있어 상환을 받을 경우 그 대책으로 지급보증분을 주식화한다는 방침을 제시하고 있다는 점에서 국유기업에 대한 거부감이 느껴지지 않는다. 당시 논자들이 지니고 있는 국가자본주의에 대한 친화력을 볼 수 있다.

차관상환능력에 대한 의문은 「국경연 50」에서 본격적으로 다루고 있다. 여기에서는 차관이 감당할 수 없는 수준에 달할 것이라는 점을 간단하지만 구체적 수치를 통해 보여주고 있다. 차관으로 추진되는 18개 기업에 대한 자료를 토대로 1965년 현재 총액에 대한 요상환액 비율이 7.6%인데, 대기업의 수익률이 9.97%이므로 감당 가능하다고 보았다. 그러나 상환이 집중되는 1960년대 후반을 대상으로 하면 연리 6%의 5년 상환을 전체에 대해 적용하면 총 상환액에 대한 상환원리금의 비율이 23.6%이고 내자로 60% 정도 충당한다 하더라도 연간 상환율이 11.8%에 달하기 때문에 문제가 된다는 것이다.[17] 정부는 차관도입규모를 경상외환수입의 9% 이내로 제한하고 있지만 현실적으로는 그 한계를 넘는 것이 일반적이었다(「국경연 111」).

이러한 문제점을 해결하기 위해 기업이윤을 증대하기 위한 제반 조치가 필요하며, 주식시장육성 등 내자동원방안을 활성화해야 함을 주장하고 있다. 만일 기업이 차관을 상환하지 못하면 "주식의 국유화를 위한 과감한 조치"(「국경연 50」: 29)를 취할 것을 주장했다.[18] 또 상환부담이 있는 차관보다는 직접투자를 유치하는 것이 바람직하다고 주장했다. 「국경연 51」에서는 직접투자유치에 제약이 되는 '이중과세' 문제를 해결하기 위한 법령개정을 촉구했다.

하지만 외자유치에 대해서도 "외국자본의 매판자본화"(「국경연 68」: 20)의 가능성에 대한 경계도 늦추지 않고 있다. 외자도입이 "사회간접자본과 기간산업의 건설을 통해 대내적 구조적 불균형을 개선 극복하며 수입대체산업과 수출산업의 건설로 대외적 불균형을 시정"(「국경연 68」:

---

17) 실제로 차관기업의 부실화는 1960년대 후반과 1970년대 초반 한국경제의 큰 짐이 되었다.

18) 반면 「국경연 105」에서는 국영기업체의 일정 부분은 민영화를 통해 합리화해야 한다는 주장을 제기하고 있다.

3)하는 의의가 있지만, "차관사업의 도입은 차관공여 측의 경제적 진출의 호계기로 간주"될 수 있음을 경계하고, 외자도입이 독점과 특혜를 위한 수단으로 전락되고 있는 현실을 비판하고 있다.

1966년 외자도입법 개정안 공포에 대해서도 두 편의 보고가 제출되었다. 「국경연 123」은 외국의 입법사례와 비교해 입법과정을 비교적 상세히 다룬 것임에 비해, 「국경연 121」은 민족경제론적 입장에서 외자도입에 대한 기본적인 경계감을 가지고 작성되었다. 전자도 과실송금의 규제 등을 주장하고 있지만 후자의 보고서는 훨씬 민족주의적이다. "한정적인 국내민족자본의 전략적 산업에의 배치와 외국자본의 보완적인 도입문제"(「국경연 121」: 9)가 중요한 관심이며, 외자도입과정의 사전 및 사후감찰을 강화해야 한다고 주장했다.[19]

차관에 대한 상환시기가 도래하면서 상환불능에 대한 문제가 제기되기 시작했다. 이에 대해 경제과학심의회의에서는 외자도입의 단일기구로 '창구은행제도'를 도입할 것을 건의했는데, 「국경연 153」에서는 창구은행 자체가 또 다른 다원화된 행정조직의 하나가 될 뿐이며, 새로운 정책방향은 "강력한 질적 규제와 엄선주의"(「국경연 153」: 32)를 채택해 엄격하게 관리해야 할 것을 주장했다.

농업정책과 관련해서는 정부정책에 대한 비판적 시각이 드러나고 있는 보고서들이 많다. 이는 농업을 중시하는 민족경제론적 입장이 반영된 것이기도 하지만, 농업이나 농민에 대한 희생을 요구하거나, 정부정책의 중심이 점차 농업에서 공업으로 이동하면서 나타난 농업에 대한 소외감 등이 반영된 것일 수도 있다. 당시 현금이 부족했던 농민에게 중요한 생산요소 확보수단이었던 양비교환제도에 대해서도 교환비율을 정부가

---

19) 이러한 분화과정에서 '내포적 공업화' 주장이 등장한 것도 후술하는바 민족경제론 이론화의 한 축을 형성한 것으로 해석할 수 있다.

일방적으로 결정하는 것에 대해 비판하고, 가격기준이 아닌 물량기준으로 고정화시킬 것을 제안하고 있는 것이 좋은 예이다(「국경연 29」).

이와 반대로 친정부적인 보고서도 있다. 당시 정부와 국회 사이 주요 쟁점의 하나는 외자도입에 대한 국회 동의권이었다. 「국경연 39」는 이 건에 대해 철저하게 정부 측 입장을 옹호하고 있다. 즉, 외자도입 시 국회의 개별동의를 받는 것은 업무가 번잡할 뿐 아니라 시일을 지체할 우려가 있으므로, 법에 여러 제약요인을 둔다는 전제 아래 "정부 측의 자의성이 개입"될 우려를 차단하고 당해년도에 소요되는 외국자본의 도입에 필요한 정부의 지불보증에 관한 연차계획을 총괄동의를 받는 총괄동의제를 도입하는 것이 타당하다고 주장했다. 외자도입의 절대적 필요성을 강조하고, 이를 정부가 국회의 간섭 없이 하겠다는 정부의도를 대변하고 있다.

이상 많은 보고서들에서는 국가주도의 경제계획에 대해 호의적인 태도를 보이고 있으며, 국가의 경제개입에 대해서도 적극적으로 옹호하는 경우가 많았다. 반면 이와 반대로 시장에 맡기자고 하거나 자본 측의 이해를 대변하는 보고서들도 있는데, 대표적으로는 정부소유주식의 처분 방향에 대한 대안을 제시한 보고서를 들 수 있다.[20] 이는 주식을 매각한 이후 그 가격이 하락하는 경향이 있어 불하를 통한 재정수입확보나 증권시장육성에 악영향을 미치고 있기 때문에 이에 대한 대안을 제시한 것이

---

20) 임시특별관세법을 폐지하자는 주장에 대한 비판은 반자본가적이다. 임시특별 관세법은 수입가격의 30%를 초과하는 부분을 과당이윤으로 포착해 과세함으로써 수입을 억제하고자 하는 의도를 가진 법률인데, 재계에서는 이를 폐지하려 시도했다. 이에 대해 「국경연 69」에서는 관세가 부과되는 마당에 특관세가 부과되는 것은 이중과세가 되는 비정상적인 상황을 인정하면서도 수입억제라는 효과를 달성하기 위해서는 폐지할 수 없으며, 다만 가급적 축소완화하는 방향으로 개선되어야 할 것을 제시했다.

다. (「국경연 33」) 보고서에서는 가칭 '정부소유주식처분심사위원회'를 구성해 매년 18억씩 5년에 걸쳐 연차적으로 매각하자는 것이다. 보유주식의 불하와 적정한 불하가격의 선정기준을 제시하고, 그것을 원활하게 하기 위해서는 증권시장의 육성이 필요한데, 이를 위해 불하대금의 1/3은 증권시장육성을 위한 회전자금으로 사용하자는 주장은 일리 있는 대안으로 볼 수 있다.

그런데 이 보고서에서는 불하가격을 액면가치의 1/2 수준으로 책정하고 있다. 불하가격의 책정에 있어서 액면가치뿐 아니라 재산가치를 비교해 정하는 것은 당연하지만, 수익을 보장한다는 조건으로 액면가치의 50% 수준에서 불하가격을 책정한 것은 특혜제공의 소지가 있다. 특혜시비를 없애기 위해 이를 국민주라는 개념으로 희석시키고 있다. 보고서 작성자들의 이념적 다양성을 보여주는 사례의 하나이다.

세법개정안에 대한 검토는 보수적 성향을 그대로 드러내고 있다. 「국경연 38」은 국회에서 이루어진 각종 세법개정안에 대한 수정의견을 정리하고 그에 대한 견해를 제시하고 있다. 그런데 그 주장이 매우 보수적인 견해를 담고 있어 다른 보고서들의 정책적 지향성과 대비되고 있다. 법인세율의 급격한 인상은 자본축적에 저해가 된다거나, 근로소득자의 면세점 인상에 대해서는 농민이나 자영업자와의 형평성 문제를 근거로 반대하고 있고, 가산세율의 인상은 세수증대가 목적이 아니라 벌칙인 만큼 주의해서 적용할 것을 건의하고 있다. 아주 노골적인 자본가 위주의 세법개정을 요구하고 있는 셈이다.[21] 수출을 장려하기 위해 각종 특혜를 부여했던 당시 상황에 편승해 수출업자에게 중고자동차 수입허가를 부여

---

21) 물품세 과세품목 추가는 일부 품목에 대해서는 오히려 "생산을 위축시키고 실업자군을 양성하는 결과를 빚어낼 뿐 아니라 세원의 위축을 초래"(「국경연 38」: 38)할 것이라는 이유로 반대하고 있는데, 이 주장은 래퍼곡선을 연상시킬 정도로 노골적인 신자유주의자들의 주장과 매우 유사하다.

하자는 취지의 보고서도 작성되었다(「국경연 41」). 발상의 참신함은 있지만 '돈' 냄새가 물씬 풍긴다.

공공요금인상으로 타격을 입은 광산업의 입장에서 제시된 보고서도 있다(「국경연 46」). 1964년 9월 전기요금이 50% 인상되었는데, 이에 따라 금광업은 큰 타격을 입었고, 1965년 철도운임의 15% 인상과 함께 광산물에 대한 할인제도의 폐지로 총 44%가 인상된 셈으로 운송비 부담이 증가했다는 분석을 제시했다. 당시 광산물이 수출에서 차지하는 비중이 무시 못할 수준이었기 때문에 이를 빌미로 광산업에 대한 공공요금의 할인을 요구한 것이다.[22] 이 보고서는 전체적인 기조가 국민경제적 차원이 아니라 아예 광산업의 입장에서 작성되고 있다.

이처럼 보고서들은 다양한 입장을 가지고 있지만 국가주도의 경제계획이나 자립경제적 지향이 강한 보고서들이 많다. 중소기업이나 농업에 관한 보고서가 전체의 1/3 정도인 것이 이를 반증한다. 대외의존적인 경제성장에 대한 반대의견을 보인 보고서들이 많은 것도 당시 일반적인 분위기를 반영하고 있다. 노동문제 보고서가 2건에 그친 것도 당시 노동자계급의 역량과 지위를 보여주는 것으로 해석할 수 있다.

3. 보고서에서 드러난 지배담론의 변화와 민족경제론의 이론화

앞 절에서 살펴본 바와 같이 보고서의 일반적 특징은 1960년대 중반

---

22) "한전경영의 합리화를 위한 시책이 수출광업의 출혈, 나아가서는 폐쇄를 초래케 하는 이율배반적인 시책"(「국경연 46」: 10)이라고 노골적으로 비난하고 있다.

이후 정부가 추진한 정책의 밑바탕을 이룬 주류적 담론과는 큰 차이를 보이는 것이었다. 하지만 적어도 1차계획 수립 당시에는 수출지향형 정책이 명시적으로 채택된 것은 아니었다(강광하, 2000: 30). '제1차 경제 개발계획 보완계획'(이하 '보완계획'이라 한다)에서도 여전히 수출은 수입 수요의 증대에 따른 국제수지의 적자폭을 감소시키는 수단으로 인정되고 있었던 것으로 보인다. 다만 '보완계획'에서 수출진흥책으로 "수출산업 을 육성키 위한 산업정책면의 고려"를 해야 할 것임을 지적한 것은 이후 정책변화와 관련해 중요한 의미를 가진다고 할 것이다. 박태균은 이를 후진국 개발전략을 수출주도형으로 전환하려는 미국 측의 입장이 어느 정도는 반영된 것으로 보고 있다(박태균 2000: 200).

당시 정부가 파악한 경제상황에 관한 인식을 정리해보자. 2차산업의 발전은 1959년 이후로 정체되었으며, 수출액도 답보상태였다. 주요 제조 공업의 원료 수입의존도는 거의 100%임에도 무역의존도는 가장 낮은 나라 중의 하나였다. 당시 한국경제에 대해 정부에서는 "공업구조의 불균 형, 대기업과 중소기업의 연관적 구성·수출입불균형을 지주로 하는 대외 적 불균형에 더해 중간재 산업의 미발달 등의 제반 불균형 요인을 배태(경 제기획원, 1963: 10)하고 있는 것으로 진단하고 있었다.

이를 시정하기 위해 국가주도의 경제개발계획은 불가피하다는 입장이 었고, 그리하여 제1차 경제개발계획의 기본 목표는 "모든 사회경제적인 악순환을 시정하고 자립경제의 달성을 위한 기반을 구축"(대한민국정부, 1962: 15)하는 것으로 설정했으며, 자유경제체제를 원칙으로 하면서도 정부가 경제에 직간접적으로 개입하는 "지도받는 자본주의체제"(대한민 국정부, 1962: 16)를 선언했다. 요컨대 정부가 앞장서서 경제개발을 주도 하며, 그 최종목표는 자립경제의 달성이라는 것인데, 이는 당시 경제학계 를 지배하고 있었던 관념과 그 맥을 같이하는 것이었다.

그런데 경제개발계획 수행에 따르는 문제점은 계획된 투자자원을 조달하기 위한 국내자본의 동원과 소요 외화의 확보였다. "수출진흥은 원조규모의 감소가 예기되고 외자도입이 용이치 않은 현실에서는 계획사업에 필요한 시설재 및 원자재의 도입재원 확보를 위해 필요 불가결한 것"(경제기획원, 1962: 340)이라는 주장은 당시 정부가 바라보는 수출관을 대변하는 것이었다.23)

그러나 1960년대 초반의 경제상황은 국제수지의 역조와 인플레이션으로 원활하지 못한 형편이었다. 수출은 수출입실적링크제의 실시, 수출장려보조금의 지급 등 지원정책으로 증가했지만, 원조의 축소, 기간산업의 기계설비를 비롯한 수입수요의 증가로 국제수지는 오히려 계속 역조를 보였다. 1963년에는 농산물생산의 불안정에 따른 곡물수입액이 1962년 4,000만 달러에서 1억 700만 달러로 급증하기도 했다(경제기획원, 1964: 8). 그럼에도 국제수지의 역조를 해결하기 위한 방책으로 물가안정, 소비절약, 국제경제협력의 다원화 등과 같은 소극적 정책만을 제시할 수밖에 없는 상황(경제기획원, 1964: 183~184)뿐만 아니라 인플레를 억제하기 위해 재정규모를 축소해야 하는 것도 딜레마였다. 1961년과 1962년의 정부재정이 이른바 '개발재정'이었다고 한다면, 1963년에는 인플레이션과 국제수지 악화를 수습하기 위해 '긴축균형재정'을 실시할 수밖에 없었다.

그런데 1964년 5월 환율의 현실화조치24)를 계기로 인플레이션도 억제

---

23) 당시 정부가 생각하고 있었던 공업화방식이 수입대체적인 것이었음은 경제기획원 스스로도 인정하고 있었다. "1차 5개년계획을 통한 공업화가 그 내용면에서는 수입대체적인 성격을 띠기는 하지만 정부가 공업화의 추진주체로 등장해 주요 사업을 계획적으로 개발하게 되었다는 점에서 계획주도형으로 공업화의 유형이 특징 지워진다고 할 수 있을 것이다"(경제기획원, 1970: 269).

24) 국제수지의 역조를 환율기능의 정상화를 통해 개선하고자 5월 3일 실시한 조치로 달러당 130원에서 255원으로 대폭 인상했고, 각종의 수출진흥책과

되고 수출이 증가하고 수입도 상당히 줄어 국제수지가 크게 개선되었다. 정부는 1960년대 중반을 "전환기에 선 한국경제"로 규정하고, 자립경제의 첫 과제를 수출의 증대에서 찾을 것을 주장하고 있다. 수출주도로 나가는 것은 개방화와 관련이 있는데, "자립과 개방은 국내균형 및 대외균형의 상충관계에서 얼핏 상호 대립되는 것 같으나 실은 상호 보완적이다. 자립이 우리의 장기적인 목적이라면 개방은 이에 이르는 하나의 단기적인 길·수단으로 이해된다"(경제기획원, 1966: 241)고 역설하고 있다.

이제 수출은 보완적인 지위에서 경제성장의 견인차로 인식되었으며,[25] "수출을 경제시책의 구심점으로 삼고 수입을 적정선에서 억제"(경제기획원, 1970: 8)한다고 천명하기에 이르렀다. 그리고 "부존자원의 제약에 따라 수출제일주의를 지향한 결과 수출이 연평균 40% 이상의 신장을 보이는 놀라운 실적을 보였다. 이와 같은 공업성장과 수출의 증대가 우리 경제에 있어서 가장 현저한 성장을 보인 부문"(경제기획원, 1970: 265)이었다고 평가하기에 이르렀다.

이러한 상황인식의 변화는 기존 자립경제를 염두에 둔 경제발전상을 그리고 있었던 논자에게는 매우 충격적이었다. 따라서 이러한 정부입장에 대한 반론은 거셌으며, 이러한 상황인식은 국민경제연구회의 보고서들에도 그대로 반영되었다. 이제 몇 가지 주요 쟁점의 대립을 살펴볼

특관세법(特關稅法) 실시와 같은 수입억제책을 실시해 국제수지를 개선하려 한 것이었다. 이는 환율제도가 고정환율제도로부터 단일변동환율제로 변했음을 의미했는데, 일부 우려와는 달리 255달러 선에서 큰 변동 없이 유지되었다. (경제기획원, 1965: 8~9)

25) "수출증대와 외자도입 등 대외경제활동이 다른 어느 해보다 활발하게 전개되었으며, 이는 나아가 수출수요와 건설투자수요를 자극하고 국내자본형성에 소요되는 외화 및 외자를 원활히 공급함으로써 연중의 고성장에 크게 공헌"(경제기획원, 1967: 60)했다고 평가하고 있다.

것인데, 그러한 쟁점에 대한 대안제시 과정에서 우리는 '민족경제론'의 주요 핵심이 이론화되고 있음을 볼 수 있다.

1) 쟁점의 형성

(1) 수입대체적 내포적 공업화와 수출증대적 외향적 공업화

사실 1차계획의 성공에 정치적 운명을 건 쿠데타 세력에게 있어서 "점고(漸高)하는 외환경색"(「국경연 72」: 5)은 큰 난제였다. 이를 해결하기 위해서는 수출증대건 수입대체건 어느 것도 상관이 없었지만, 수출증대에 있어 몇몇 품목에서 성공하자 이에 대한 자신감이 점차 강화된 것으로 보인다.[26] 그런데 이러한 입장전환은 그동안 지배적 담론이었던 자립경제적 지향과 다른 것이었기 때문에 많은 반대에 직면할 수밖에 없었다.

수출에 대한 발상의 전환과 이에 따른 두 입장의 대립이 강하게 부딪치고 있던 시점은 1965년 초반이었다. 이 당시는 같은 달에도 두 입장이 공존하는 보고서들이 제출되고 있었다. 1965년 3월에는 "한국경제의 최대 과제인 국제수지 균형달성을 위한 수출진흥정책"(「국경연 56」: 1)이 필요하다고 주장했으면서도, 다음 달에 발표된 「국경연 57」에서는 수출제일주의라는 명시적 표현을 사용하면서 "후진국에 있어 성장의욕이 크면 클수록 수입수요는 증대되며, 이 점증하는 수입수요를 충족시키려면 궁극적으로는 수출을 증대시키는 도리밖에 없다"(「국경연 57」: 1)고

---

26) 수출에 대한 강한 자신감을 내비친 보고서들이 등장한다. 「국경연 97」은 1966년 수출계획을 전망하면서 "금후의 수출신장의 가능조건은 대내적으로는 제품의 규격통일, 품질개선, 디자인, 포장술의 개발 등 고도의 전문기술의 개발과 대외적으로는 한국제품의 선전과 기호의 개발조성의 여하에 있다"(「국경연 97」, 2)고 하면서 수출목표의 상향조정에 찬성하고 그것을 뒷받침하기 위한 총력지원체제를 갖출 것을 주장했다.

주장하고 있다. 이제 수출은 국제수지 균형달성을 위한 소극적 역할이 아니라 근대화의 견인차로 이해되어야 하며, 이는 "앞으로의 공업화 노력이 종래와 같이 수입대체적인 내향적 공업화가 아니라 수출증대적인 외향적 공업화에 경주되어야 함을 의미"(「국경연 57」: 33)한다고 못 박고 있다. 말하자면 민족경제론은 수입대체적 내포적 공업화를, 수출입국론은 수출증대적 외향적 공업화를 주장한 것이었다.

수입대체적 내포적 공업화를 주장한 배경에는 2차산품에 대한 외화가득률이 낮다는 현실적인 판단이 깔려있었다. <표 3-3>은 연도별 외화가득률의 추이를 전체 수출품과 제2차산품으로 나누어 살펴본 것이다. 제2차 산품의 외화가득률은 증가추세를 보이긴 하지만 대개 절반 이하였고, 수출액에서 차지하는 제2차산품의 비중이 증가함에 따라 전체 외화가득률을 저하시키고 있었다.

이런 상황에서 수입대체에 대한 발상은 오히려 당연한 것이었다. "외화부족의 난국을 다소라도 완화시키기 위해… 양적인 면에서는 국민소비생활의 최저선을 보장하는 의미에서 이를 확보하는 반면에 질적 수준만을 약간 저하시키는 방향으로 수입외화의 사용을 절약"(「국경연 11」: 1)해야 한다는 논리가 초기 보고서에서는 주류를 이루고 있었다.

초기 민족경제론자들이 갖고 있는 수입과 수출에 대한 인식을 가장 분명하게 보여주는 자료는 「국경연 18」이다. 이 자료는 70여 쪽에 달하는 방대한 것으로 무역계획의 조정을 방법론의 개선이라는 관점에서 접근한 것이었다. 보고서에서는 무역계획을 "일정한 경제성장률을 지원하기 위해 산업활동 수준이 요청하는 수입수요와 이를 결제하기 위한 수출확대의 계획화"(「국경연 18」: 1)로 정의했다. 수입한 물품의 용도는 성장을 위한 생산이며, 수출하는 목적은 그러한 수입수요를 위한 외화확보에 있다는 이해방식이다.[27]

<표 3-3> 수출의 외화가득률

(단위: 천 달러)

		1962	1963	1964	1965	1966	1967	1968
총수출	수출액	56,702	85,337	115,147	172,257	248,360	320,233	464,912
	외화가득액	47,018	63,744	77,048	118,378	174,228	212,679	303,847
	외화가득률	82.9%	74.7	68.6	68.7	70.1	66.4	65.4
2차산품	수출액	12,043	38,089	55,303	103,102	142,534	200,192	339,944
	외화가득액	2,359	16,496	19,204	49,223	68,402	92,638	178,879
	외화가득률	19.6%	43.3	34.7	47.7	48.0	46.3	52.6

자료: 「국경연 176」(15~16).

이 보고서는 무역규모를 결정함에 있어서 미시적으로는 수입선행방식을, 거시적으로는 국내균형주의를 채택하고 있다. 수입선행방식이란 국내성장에 필요한 상품수요를 추정하고, 이에 필요한 수출액을 결정한다는 것이다. 이를 위해서 정부는 "국내의 자본지출과 외환시세를 조작할 수 있는 권한을 가져야"(「국경연 18」: 8) 하며 국내자본지출은 완전고용을 실현할 수 있는 규모로 이루어져야 하고, 이를 실현할 수 있는 균형외환시세에 근거해 무역계획을 수립할 것을 주장하고 있다. 이는 국내균형을 목표로 환율을 통제하겠다는 국내균형주의를 주장한 것이었다. 이 속에

27) 그럼에도 불구하고 현재의 무역계획은 "외화수불에 있어서 효과적인 우선도가 충분히 고려"되지 못했기 때문에 개선이 필요하다는 것이었다. 따라서 무역계획은 외화의 절약 및 중점적 사용을 기하며 수출을 최대화해 국제수지를 개선하는 방향에서 작성되어야 하며, 그 목표는 무역을 통해 산업정책과의 밀접한 관련 밑에서 자립적인 산업구조의 개선 내지 근대화를 기하는 것에 두어야 한다고 보았다(「국경연 18」: 1).

는 수입대체를 통한 자립화, 정부가 지도하는 경제, 국내균형의 우선 등 민족경제론의 주요 개념이 총망라되어 있다.

한정된 자본을 경공업에 투자하는 것이 유리한지 중공업에 투자하는 것이 유리한지를 둘러싸고도 논의가 분분했다. 이에 대해 중요 자원의 부족과 상대적 과잉인구가 풍부하다는 생산요소 부존조건을 예로 들어 생산재보다는 소비재산업에 투자해야 한다는 주장이 경제적인 설득력을 얻고 있음은 분명하다. 그러나 민족적 자립을 최대의 과제인 사람들에게 있어서는 이러한 투자방식은 또 다른 종속의 길이요 식민의 길이었으므로 도저히 받아들일 수 없는 일이었다. 이 보고서의 저자도 공작기계공업의 육성을 주장했는데, 그것은 이 산업이 생산재공업이며 산업구조면에 있어서의 자립구조를 강화하는 데 기여할 것으로 판단했기 때문이다. "생산재공업의 발전을 도모해 경제발전의 기초를 확고히 하는 경제개발정책은 어느 나라에서나 이 공작기계공업을 중시해 중점적 투자를 행한다"(「국경연 122」: 9)는 것이었다.[28]

「국경연 42」는 수출진흥책을 총망라한 일종의 종합선물세트였다. 수출목표 달성을 위해서는 수출산업에 대해 각종의 직접적인 특혜와 간접적인 행정지원을 해야 한다는 것이었다. 그런데 이 경우 수출산업에 대한 관점도 여전히 "수입수요의 증가에 반해 원조의 격감에 따른 대외지불능력의 악화를 보전하는 방도로서 수출신장을 적극 도모"(「국경연 42」: 5)한다는 인식을 가지고 있었다. 차관 등의 도입에 한계가 있는 상황에서 수출증대를 통한 외화획득은 '국제수지 적자의 유일한 보전수단'으로 인식하고 있었다.

---

28) 그리고 그가 제시한 설득논리는 우선 이 산업이 '수입대체산업'이라는 점이다. 외환사정과 고려된 당시의 분위기를 잘 드러내고 있다. 수입대체라는 용어 자체가 별다른 설명 없이 '좋은' 것으로 인식되는 시대적 분위기를 감지할 수 있다.

대외의존형 성장전략을 표명한 제2차계획에 대한 비판적 검토에서도 민족경제론적 지향은 두드러진다. 즉, 국제수지 개선을 수출증대를 통해 달성한다는 입장에 대해 오히려 관광자원 개발 등 용역수입의 증대에 최우선 순위를 두어야 한다는 것이다. 이러한 관점은 "금번의 총량계획이 대단위 프란트 도입에 의한 경제성장의 극대화를 추구함으로써 대기업 위주와 대외의존형 개발모형을 따르는 것으로 규정지을 수 있으며, 따라서 중소기업 중심의 자립형(자본, 기술, 원료의 면에서) 경제개발에는 역점을 두고 있다고는 보기 어려운바, 근자의 저개발원료 공급국의 급속한 공업화와 우리나라 수준에로의 치열한 추구를 감안할 때 한국이 택해야 할 가장 유리하고 현명한(혹은 전략적인) 개발경로에 대한 진지한 연구와 성찰이 있어야 할 때"(「국경연 102」: 24~25)라는 서술에서 보다 분명하게 드러난다. '중소기업 중심의 자립형 경제개발'과 '대기업 위주의 대외의존형 경제개발'이라는 대립각이 이제 분명한 형태로 인식되기 시작하고 있다.

해외시장을 우선하는 수출지상주의에 대한 비판도 가해지고 있는데, 비판 논조는 크게 두 가지이다. 첫째는 내부시장을 중시하자는 것으로 국내원료에 기초한 중소기업에 기반한 산업구조의 고도화라는 민족경제론적 입장을 견지한 것이다. 둘째는 수출을 촉진하기 위한 정책들이 국내여건의 미비로 오히려 국제수지를 악화시킬 방향으로 작용할 수 있다는 것이다. 즉, 이론적으로는 평가절하를 통해 수출을 증대할 수 있다고 주장할 수 있지만 현재 한국은 팔 만한 수출품이 없기 때문에 오히려 국제수지는 더 악화될 것이라고 보는 것이다.[29]

---

29) 이에 따라 경제적으로 불리한 단일환율제나 행정적으로 비능률적인 복수환율제를 버리고 매상집중제, 예치집중제 및 자유외환관리제의 3자를 절충한 자유환병용제도를 제안하고 있다. 그 골자는 단일공정환율을 견지하되, 외환은 계속 국가가 관리하고 수입업자에게는 외환증서를 발급해 낮은 공정환율에

이처럼 매우 현실적인 근거를 들고 있긴 하지만, 이론적으로 보면 개방화와 자립화를 대립적인 관점에서 파악하는 논의는 하나의 전형을 이루고 있다. 그중 보다 일반적인 것은 개방정책에 대한 정부의 입장에 대해 비판하는 것이었다. 정부가 무역자유화를 추진하지만 그것은 선진국에 유리한 제도이므로 GATT 가입 등은 신중하게 추진해야 하며, 설령 가입 이후에도 국민경제의 자립화에 불가결한 기간산업이나 성장가능성이 있는 산업을 보호하기 위해 유보조항을 최대한 활용할 것을 요구하고 있다(「국경연 117」).[30]

대외의존성의 축소를 중요한 관점으로 생각하는 것도 이와 같은 맥락이다. 한국경제 최대의 과제를 "자본, 자원, 기술의 3자를 여하히 확보 내지 개발해 경제발전의 대외의존성을 최소한도로 축소하느냐 하는 데 있을 것"(「국경연 62」: 1)이라고 주장하면서 기술계 인적 자원의 합리적인 수급방안을 제시하기도 했다.[31] 해외의존형 성장이 도시와만 연결되므로 도시와 농촌의 이중구조를 고착시킬 것이므로 공업분산정책을 실시해야 하는데, 정부의 공업분산정책은 '우선순위 결정'에 대한 합리적 기준이 없음을 비판했다(「국경연 87」).

UN 무역개발회의에 관한 대책을 다룬 「국경연 147」에서는 대외개방에 대해 "국내적 분업에 기초하지 않은 공업건설은 한국경제의 원자재

따른 차액을 보전하자는 방식이다.

30) 하지만 같은 달 보고된 「국경연 118」은 GATT 가입이라는 동일 사안에 대해 긍정적으로 평가하되, 다만 무역상대국의 차별관세제도에 대처할 수 있는 관세제도의 개선 등을 제안하고 있다.

31) 산업기술의 중요성을 인식하고 기술개발을 위한 정책적 지원방안의 하나로 발명보호방안을 제시한 보고서도 있다(「국경연 93」). 그런데 기술개발이나 발명보호에 대한 구체적인 방안은 제시하지 못했는데, 기술개발에 대한 당시의 낮은 인식수준을 반영한 것으로 해석할 수 있다.

대외의존을 더욱 심화"(「국경연 147」: 17)시킬 것이고, "GATT체제에의 지나친 의존은 후진국에게는 기형적 경제구조의 고정화"(「국경연 147」: 33)를 의미하는 것으로 이해하고 있다.

대외개방은 수단이지 목표가 될 수 없다는 관념이 그 근저에 있다. "국민경제의 대외개방은 국민경제의 균형 지워진 국내분업에 의한 상대적 자급자족체계 확립을 위해 한정"되어야 하며, "경제개발계획의 목표는 그 중점이 국내적으로 균형 지워진 산업구조의 확립에 있어야 하고 대외무역은 이를 위한 수단으로 간주"(「국경연 147」: 6)되어야 한다는 것이다.

그러나 이러한 민족경제론적 지향은 현실 경제정책이 수출입국론적 지향으로 변화하는 것을 막지 못했다. 오히려 이러한 입장변화를 담은 보고서들이 연구회 내에서도 제출되고 있었다. 이러한 인식의 전환을 상징적으로 보여주는 보고서 하나를 살펴보자. 대만과의 무역역조를 시정해야 한다는 보고서(「국경연 86」)에서는 "수출의 양적 확대만으로는 국민경제의 성장지표가 되지 못하는 것이며 오히려 국민의 출혈과 궁핍만을 강요하는 결과"(「국경연 86」: 1)를 초래하며, "자립경제의 지표로서는 무역불균형의 연차적 시정도가 수출증대보다 더 유의미한 것이며, 이때 무역불균형은 상품별 접근법보다는 지역별 혹은 국가별 무역역조의 측면에서 접근하는 것이 훨씬 용이"(「국경연 86」: 1~2)함을 지적했다. 이 점에서는 기존의 인식과 큰 차이를 보이지 않는다.

그러나 "점증하는 수입수요를 감당해내는 항구적이고도 자주적인 수단이 수출증대와 무역외수입 증대에 의한 외화획득의 증대밖에 없다는 사실을 우리나라의 위정자와 국민이 절실하게 인식하게 된 것은 혁명정부 이후 극히 최근의 일"(「국경연 86」: 4)이라는 표현 속에는 이미 수출지상주의로 발전해가는 논리적 소지가 내포되어 있음을 간취할 수 있다.

여기에 나타난 수출에 대한 관점의 변화도 매우 의미심장하다. 수출산

업을 수입대체산업 육성에 필요한 자금확보원이라는 소극적인 의미로
해석하지 않고, 수출산업의 적극적인 육성을 통해 공업화를 추진하고
이를 기반으로 자립경제를 달성하자는 인식의 전환이 나타났다.

수출에 대한 관점의 변화가 드러난 것은 수출특화 우위지표와 관련된
논의 속에서이다. 앞 절에서 설명했지만 생산성본부의 『수출능력조사
및 특화순위분석 종합보고서』는 "수출의 양적 증대와 그의 국제수지에
대한 고도의 기여를 장기적으로 가능케 하는"(「국경연 44」: 7) 수출특화산
업을 선정할 지표를 개발하는 것이었다. 수출특화산업으로 선정되는 것
은 특혜와 관련이 있기 때문에 업계로서도 큰 관심을 보일 사안이지만,
어떤 산업이 육성되느냐는 자립적 국민경제의 육성이라는 관점에서도
매우 중요한 사안이었다.

「국경연 44」와 생산성본부의 보고서는 산업의 외화가득률이 중요하다
는 점에서는 인식을 같이하면서도 생산성본부의 보고서가 수출실적증가
율을 해외시장성을 대표하는 지표로 선택한 것에 대해서는 반대하고
있다. 실적이 국제경쟁력을 보여주는 것은 아니라는 점은 논리적으로
타당한데, 이러한 비판에는 수출의 양적 증대를 최우선시하는 경향에
대한 일종의 견제가 깔려 있다. 1964년 수출실적의 효과를 분석한 보고서
(「국경연 48」)에서도 양적 실적에 치중해 실적 대비만을 강조할 경우
구조적 악화가 나타날 가능성이 있음을 주장했는데, 이것도 같은 논리의
연장선상에 있다고 하겠다.

또 「국경연 39」는 자립경제의 달성방식에 대해 다른 수순을 제시하고
있다. 여기에서는 한국의 현 단계의 지상과제가 자립경제의 기반을 구축
하는 데 있다고 하면서도 그 방법으로는 "장기개발에 의한 공업화의
촉진으로 국민경제의 구조적 불균형을 극복하고 나아가서는 수출산업의
적극적인 발전을 기도해야 할 것"(「국경연 39」: 3)이라고 주장함으로써
민족경제론적 논의와 차이를 보인다. 즉, 자립경제는 농업육성이 아닌

공업화에 의해 달성 가능하고, 그 과정에서 국민경제의 구조적 불균형이 시정되어야 한다고 보았다. 국민경제의 불균형을 농업의 미발달이 아닌 공업의 미발달에서 찾고 있다는 점에서 관심의 전환이 드러나고 있다.

「국경연 112」는 경제적 효율성이라는 관점에서 수출진흥정책의 재검토를 요구했다. 지금까지의 수출진흥정책은 그 기준이 국제수지 개선효과나 고용증대효과 등 주로 국내적 균형의 관점에서 이루어졌는데, 자원의 효율적 배분이라는 관점에서 재검토되어야 한다는 것이다. 예를 들면, 앞 기준에 따라 선정된 한국생산성본부의 주요 육성대상 업종에는 돼지털이나 사람 머리카락이 6위를 점하고 있는데, 이에 대한 지원이 "전체 경제발전을 위한 자원의 효율적 배분"(「국경연 112」: 10)을 달성할 수 있을지에 대한 의문을 제시하고 있다. 수출의 확대를 위해서 돈이 되는 것은 뭐든 수출한다는 관점으로부터 수출에 효율적인 산업을 추려서 집중 지원하자는 정책전환을 요구하고 있는 것이다. 이에 따라 기존 무역업자 위주의 지원에서 생산업자 우위의 지원으로 전환하고, 수출용 원자재에 대한 철저한 관리 및 국제경쟁력 강화를 위한 시설 및 체질개선에 치중하되, 장기적으로는 점차 우대의 폭과 범위를 축소한다는 정책방향을 제시하고 있다.[32]

수출산업으로서의 수산업을 육성하자는 논의에서도 수출입국의 발상이 두드러진다. 내수를 위한 수입대체가 아니라 통조림, 해태, 한천 등 수출수산업에 대해 "수출증대에 최고의 우선순위를 주어 중점적으로 육성"(「국경연 52」: 27)하자고 주장하고 있다. 이제 수출은 그 자체가 목적이 되고 있으며, '수출전쟁'(「국경연 52」: 1)이라는 표현까지 사용하

---

32) 「국경연 130」에서도 수출진흥정책에 대해 평가하면서 수출에 불리한 조건 속에서도 수출이 급증할 수 있었던 것은 언제든지 고이윤이 보장되는 '수입행위'와 수출을 연결시켰기 때문에 가능했다고 평가하면서 이러한 방향의 전환이 이루어져야 한다고 주장했다.

고 있다. 같은 달에 제출된 보고서 중에서는 국제수지 개선을 위한 수입억제책을 제시한 것도 있다. 기술원조계약에 포함된 특정 외래품 수입문제를 비판한 것인데, 두 입장의 분화가 본격적으로 진행되고 있음을 보여준다.

1962년 대한무역진흥공사 발족 이후 진행된 해외시장조사의 실태와 문제점을 지적한 보고서(「국경연 72」)에서도 '수출입국'의 모토에 대해서는 긍정적으로 평가하고 있다. 유망한 수출산업으로는 1차산품이나 가내수공업적 생산물도 포함되어 있는데, 수출이 최대의 목표가 되었던 당시 상황을 보여주고 있다.

"수출제일주의가 표방되게 된 것은 경제발전을 역사적으로 전망할 때 지극히 다행스러운 일"(「국경연 78」: 2)이라는 표현까지 등장했다. 이 보고서에서는 수출의 급증이 출혈수출의 결과였음을 인정하면서도 왜곡된 수출상품 가격구조가 국내경제에 미치는 영향을 최소화하면서 재정금융상의 지원을 계속해야 한다고 주장하고 있다. 또한 수출상품에 대해서는 "수출제일주의의 성공을 위해 내수산업에 비해 계속 우대정책을 채택"(「국경연 95」: 4)하자고 제안하기도 했다. 보세가공무역 제도의 육성을 주장하면서 수출자유지역 등의 발상을 제시하는 등 수출지상주의적 요구를 적극 수용하는 보고서도 있다(「국경연 142」).

일단 수출입국의 기치를 내건 이상 수출산업의 국제경쟁력을 어떻게 확보할 것인가가 주 관심사가 될 수밖에 없다. 정유공업의 확대방안을 둘러싸고 상공부는 울산정유공장의 확대를 주장하고, 경제기획원에서는 다른 장소에 최적 규모의 공장을 세울 것을 주장했다. 경제기획원의 입장은 독점을 방지하겠다는 것이지만, 그 이면에 깔린 최적 규모의 생산논리가 주목된다. 이는 아주 쉽게 최적 규모 생산을 통한 수출경쟁력 강화와 연결될 수 있기 때문이다. 그런데 이에 대해 「국경연 129」에서는 정유공장 확대논리에 대해서 "외국자본의 국내 동력산업의 시장지배에 대한 경계는 물론, 합작투자회사의 막대한 이윤착취에 대한 국민경제적 이익보호를 위해 석유류 대책에 관한 신중한 재검토가 요청"(「국경연 129」: 4)된다고 함으로써 정부 측의 논리와 동떨어진 비평을 가하고 있다. 후기 보고서의 내용이 점차 정부의 정책과 유리되고 있음을 보여주는 하나의 사례이다.

(2) 주요 육성부문에 대한 관점 대립

수출에 대한 관점 대립만큼이나 첨예한 대립을 보인 것은 기간산업에 대한 관심이었다. 민족경제론의 경우 농업이나 중소기업을 강조하는 경향도 있지만, 기간산업의 육성에도 큰 관심을 보이고 있다. 반면 수출입국론에서는 이러한 기간산업 육성의 비효율성을 주장하며 대기업 중심의 수출산업 육성에 관심을 보이고 있었다. 이제 이를 농업 및 중소기업과 관련된 논의를 중심으로 살펴보자.

기간산업에 대한 높은 관심은 비료수급이나 양곡수급 등에 대한 주제가 많은 것에서도 알 수 있는데, 기본적으로는 국내수요는 국내에서 충당하고자 하는 자립경제적 발상을 가진 것이었다. 정부가 1962년에 제시한 비료수급계획이 매우 비효율적임을 지적하고 그에 대한 대안을 제시한 보고서(「국경연 22」)가 그 예이다. 전체적인 취지는 비료수급에 있어서 수입의존을 감소하기 위한 방안을 제시한 것인데, 1950-1959년간 비료소비는 6%가 증가했음에도 곡물생산은 3.6%밖에 증가하지 않았다는 비효율성을 지적하고(「국경연 22」: 14), 그 원인으로 토양산성화와 질소질에 집중된 비료투입, 영농기술 및 생산수단 지원미비 등을 지적했다. 그리고 비료생산은 1966년에 가서도 수요를 충당할 수 없는 실정이므로, 이후의 수요증가는 녹비 등으로 대체하고 석회질을 이용한 객토를 장려하며, 심경을 통한 지력회복 등의 대안을 제시하고 있다. 수입대체를 통한 외화절감 아이디어는 여전하다.[33]

주산지 조성계획에서는 모든 특용작물을 대상품목으로 나열한 것에 대해 비판하고 "축산부문의 주산지 조성이야말로 농업발전과 국내 공업 원료 공급 및 수출품목으로서의 3면의 효과를 동시에 발휘할 수 있는 가장 유리하고 중요한"(「국경연 106」:17) 품목임을 강조하고 있다. 「국경연 138」은 이러한 입장을 더욱 체계적으로 전개하고 있다. 정부가 제시하고 있는 주산지 조성계획은 주곡농업을 탈피해 성장농업으로 발전함에 있어서 17개 특용작물에 집중 투자한다는 계획인데, 보고서에서는 특용작물을 위주로 한 농산물 수출이란 환상일 뿐이며, 농업구조개혁은 경종농업과 축산부문과 농촌공업을 삼위일체적으로 유기적으로 통합함으로써 이루어질 수 있다고 보았다.

농기구제조업이 안고 있는 문제점은 사실 당시 가장 낙후된 제조업분야가 지니고 있는 단점의 총집결체라 할 만한 것이었다.[34] 그럼에도 불구하고 그 산업을 육성해야 하며, 그 대안으로 고용흡수도가 높은 농촌공업으로 육성하자고 제안한 것은 농업에 대한 높은 사회적 관심과 자립적 발상으로밖에는 설명할 방도가 없다.

---

33) 농업증산에 대한 관심은 농업기계화(「국경연 89」), 농약수급 개선(「국경연 92」), 농업노동력 활용 극대화 방안(「국경연 99」), 농기구제조공업의 육성(「국경연 100」), 전천후농업을 위한 방안(「국경연 101」), 농촌공업의 육성(「국경연 103」), 농업기본법 시안검토(「국경연 104」), 농업주산지조성계획(「국경연 106」), 농지소유상한제(「국경연 109」), 농업협업화론(「국경연 115」), 농지담보법(「국경연 116」), 농지법제정(「국경연 131」, 「국경연 137」, 「국경연 150」), 농협의 개선방안(「국경연 132」) 등 다양하다. 특히 후반기에 들어가면서 농업에 대한 보고서가 많은 것은 정부의 정책이 반농업적인 것으로 선회하면서 농업육성에 대한 연구회 차원의 강력한 대응으로 보인다.
34) 「국경연 100」에서 지적한 문제점은 시설의 노후화, 소농기구 생산에 지나치게 편중, 영세한 기업규모와 낮은 생산설비, 서울을 비롯한 도시에 편중, 낮은 가동률, 부분품 등에 대한 높은 대외의존 등이었다.

「국경연 73」에서는 농업생산성의 증대를 통한 농업자급을 위해 유기질 자급비료를 확보할 수 있는 방안을 제시하고 있다. 유기질 비료의 사용은 단기적 효과도 있지만 "장기적으로 토양의 부식함량을 증가시켜 토양비옥도를 높임으로써 항구적인 농업증산체제를 수립"(「국경연 73」: 9)할 수 있다는 것이다. 유기질 비료를 확보하기 위해서는 녹비증산계획을 수립해야 하며, 그 외에 볏짚만으로도 단보당 필요한 300관의 비료를 확보할 수 있으므로 시멘트 기와를 제조하거나 부락공유의 연료림을 조성해 지붕과 연료로 사용되던 볏짚을 비료제조용으로 사용할 것을 제안하고 있다. 화학비료공업에 대해서도 과잉투자라는 비판이 있지만, 이것은 전략산업으로서 투자상 우선순위가 주어져야 한다고 주장하였다 (「국경연 114」).

농산물 원조에 대한 부정적 인식을 표현한 보고서도 있다. 「국경연 35」에서는 미국 농산물원조에 대해서 원조란 "증여원조→ 소비형태 개편 → 생산구조 개편 → 대미의존성 경화→ 차관형태로의 이행 → 채권누적"(「국경연 35」: 29)이라는 악영향을 미치는 것으로 전제하고 이에 대한 나름의 대책을 마련해야 한다고 주장한다. 특히 증여형태의 원조는 조만간 중지될 것이기 때문에 "미잉여농산물 원조품목들을 국내 대체가능성의 기준에서 분류 검토하고, 농업부문에 있어서 수원 태세의 재정비 방안을 모색"(「국경연 35」: 30)하는 것이 시급하다는 것이다.

「국경연 35」에서는 대체가능성이라는 기준에서 3가지 유형화를 제시했다. 첫째, 국내 경합생산부문 육성을 위해 도입을 금할 품목으로, 연초, 낙농품 및 사료가 그것이다. 둘째, 대체가능하지만 비용이 커 계속 도입이 불가피한 품목으로 원면, 우지 등이 있다.35) 셋째, 국내 대충에 장기간이

---

35) 이 부분은 국경연 보고서의 현실성을 보여주는 대목이기도 하다. 원조농산물이 미치는 파괴적 효과에 대한 무조건적인 반대가 아니라 "국내대체의 희생이

요하므로 당분간 계속 도입에 노력함과 동시에 점차로 국내 대충에 진력해야 할 품목으로, 곡물을 들고 있다. 그리고 셋째 품목의 육성을 위해 증산계획을 수립하되, 군 병력을 식량증산을 위한 사업에 투입하자는 주장도 제시했다.

이러한 기간산업 육성에 대해 수출입국론 쪽에서는 비효율적 투자라고 비판했다. 1965년 초반 당시 전력 및 시멘트 산업에서 '생산과잉'이 존재한다는 주장은 그런 맥락에서 이해할 수 있다. 부족한 자본을 기간산업육성에 투자할 것인가, 아니면 보다 효율적인 산업부문에 투자할 것인가를 둘러싼 논쟁이, 당시 내수우위의 기간산업인 전력과 시멘트 산업의 효율성 문제를 둘러싸고 표출된 것이다.

1965년 6월에는 시멘트 산업에 대한 두 가지 입장의 보고서가 동시에 제출되었다. 「국경연 64」는 수요의 변화로부터 과잉공급의 규모추정, 가격변화에 따른 수요증대 등을 고려하는 등 근대경제학적 추론방식 활용해 시멘트 산업에 대한 비관적 전망을 제시했다. 따라서 단기적으로 "국민경제에 미치는 영향을 고려해 최소범위의 보상으로서 기존 설비에서 생겨나는 초과량을 수출하도록"(45) 하고 장기적으로는 "시멘트 산업이 수출산업으로서의 적격성을 갖지 못하는 이상 시설의 신규 또는 확장은 당연히 국내수요의 범위에 한정"(45)할 것을 요구해 '생산과잉'론의 손을 들어주었다.

반면 「국경연 63」에서는 "작금 과잉생산으로 운위되는 시멘트 및

국내 경쟁부문 육성의 이점보다 크므로"(「국경연 35」: 35) 계속 도입하는 것이 낫다는 것이다. 다만 원면이 여기에 포함되어 있는데, 첫째 기준의 농산물도 장기적으로는 둘째에 포함될 것이고, 결국은 곡물 중심의 농업구조로 갈 수밖에 없는 상황에 놓이게 될 것이다. 말하자면 별도의 보완조치가 없는 한 현실적 판단의 귀결은 결국 농업위축의 경향성을 지닐 수밖에 없었던 셈이다.

전력이 결코 과잉생산일 수 없으며, 따라서 전력의 비생산적 소비 및 시멘트의 출혈수출이 온당한 해결책이 못 된다"(「국경연 63」: 18)고 하면서, 올바른 해결책으로 "농촌의 근대화과정에서 전력 및 시멘트를 사용하고, 그럼으로써 한편으로는 농업생산력 증강 따라서 농촌소득 증대를 실현하고, 다른 한편으로는 당해 산업에 유리한 유효수요를 마련해 주고 공업생산과 공업소득을 증대"(「국경연 63」: 18~19)시킬 것을 제안하고 있다.

(3) 중소기업 육성책

중소기업 논의에서의 쟁점은 중소기업의 존재의의에 대한 평가나 대기업과의 관련성 등에서 형성되어 있다. 민족경제론에서는 중소기업을 기반으로 한 자립경제의 확립을 주장했지만, 수출입국론에서는 중소기업은 효율적 생산단위인 대기업으로 발전적으로 해소되어야 한다고 주장했다. 물론 중소기업의 전문화와 대기업과의 계열화를 주장하는 중도적인 안도 있다.

중소기업육성을 공업분산정책과의 관련 속에서 "다양하고 균형 지워진 분업의 전개로서 국지적 분업 → 국지적 시장권 → 국민적 산업 → 국민경제적 통합의 실현을 위한 과정"(「국경연 113」: 7)으로 다루어야 한다는 주장은 전형적인 민족경제론적 접근이다. 그리고 더 나아가 "가능하다면 협동조합적 토대 위에 선 소공업체계"(「국경연 113」: 18)로 발전시켜야 하며, 이것은 자원의 효율적 이용뿐 아니라 경제생활의 민주적 관리를 위해서도 긴요하다고 주장하고 있다. 중소기업을 "민족경제의 자립화를 위한 주체적 담당자"(「국경연 156」: 3)로서 대기업에 대해 상대적 우위를 갖는다는 전형적인 민족경제론적 인식에 기초한 보고서도 있다.

「국경연 88」은 중소기업에 대한 정책을 국내산업 보호정책이라는 차원의 소극적 정책과 수출전환정책, 산업계열화정책 등 적극적 정책으로 구분하고, "대일협력자금의 중소기업정책도 종래와 같은 자금의 업종별 양적 분배방식에서 탈피하여 전략적 육성책에로 전환"하되 그 구체적 방안으로 "수출전환 및 수입대체산업을 위한 시설재를 도입하고 원자재를 공급하는 방식을 취해 앞으로의 중소기업 지원은 수출산업과 수출전환산업 및 수입대체업체에 치중함으로써 국제수지 개선에 이바지할 필요"(「국경연 88」: 3)가 있다고 주장했다.

중소기업정책에서 "보호육성의 우선순위의 책정의 과학화와 중립화"(「국경연 98」: 3)가 중요하며, 그 방향은 국민경제적 관점에서 설정된 정책기준에 부합하는 업종 내지 부문을 선택적으로 육성할 것을 제안했다. 구체적으로는 "생산·고용 양면에서 비중이 보다 큰 중소기업의 보호육성과 이를 통한 중소기업의 대기업화"(「국경연 98」: 2)를 제시했다.

중소기업에 대해서도 수출 중소기업에 대한 선택적 지원책을 주장하기도 했다. 중소기업 육성시책이 "모든 중소기업의 평균가동률이나 평균생산액의 증대"(「국경연 54」: 20~21)라고 생각하는 점을 비판하면서 "경제안정과 경제자립의 기본요건으로 주목되고 있는 수출증대 면에서의 중소기업의 역할"(「국경연 54」: 4)을 강조하고 있다

중소기업의 육성을 수출을 중심으로 재편해야 한다는 주장은 이후에도 계속되고 있다. "중소기업 육성의 기본방향은 우리나라 무역상 비교우위에 있는 업종에 치중해 여사한 업종의 중소기업의 대형화 곧 대기업화를 위한 것이어야 할 것이며, 중소기업융자 역시 양적 증대보다는 질적 규제가 보다 긴요"(「국경연 83」: 2)하다는 것이다. 이는 중소기업을 자립적 국민경제를 위한 디딤돌로 생각하는 민족경제론자들의 생각과 정면으로 배치되는 것이다.

반면 본격적인 중소기업 계열화 논의를 전개한 것은 「국경연 110」이다. 중소기업의 계열화를 인정하면서도 유형에 따라서 계열화를 추진할

수 있는 부분과 그럴 필요가 없는 부문으로 구분하고 있는 점이 이채롭다. 여기서는 당시 중소기업을 크게 3유형으로 나누고 그 계열화 가능성을 분석했다.

A유형은 자동차공업과 같은 조립공업부문으로 대규모 일관작업이 사실상 불가능해 계열화가 필요하고 또 장기적으로 가능한 유형이다. 이 부문은 "공업성장의 주축이고 자립경제의 토대이며 전산업에 대한 파급효과도 큰 산업"(「국경연 110」: 33)으로서 반드시 계열화가 진행되어야 한다고 보았다.

B유형은 기술공정체계가 비교적 간단해 대규모 일관작업이 효율적이면서도 그 공장건설에 막대한 자금이 소요되는 경우로서 장기적으로 계열화의 효율성이 없는 분야이다. 철강압연업 등과 같은 제1, 2차 금속공업이 그 예인데, 단기적으로는 계열화를 유도하지만, 점차적으로 계열기업의 공정을 대기업에 포함시킬 것을 주장했다.

C유형은 섬유공업의 경우와 같이 대규모의 경제성이 있음에도 대기업이 시설부족을 중소기업 이용으로 일시적으로 보완하고 있는 경우로서 현재의 계열화는 수평적 계열화이며 계열화의 불안정성이 가장 크다고 했다. 이 산업의 경우는 계열화를 추진할 필요가 없다고 보았다.

중소기업의 수출산업 전환문제를 다룬 「국경연 163」은 전통적 민족경제론의 중소기업육성론을 따르고 있으면서도 기본 인식틀에 큰 전환이 보인다. 국민경제의 자립화를 위해서는 중소기업을 육성해야 한다고 주장했는데, 그 논리구조는 현재의 수출구조가 파행적이고(양적 치중으로 가득률 저하), 이를 극복하기 위해서는 수출산업으로서의 중소기업을 육성해야 한다는 전통적인 입장의 주장이다. 그렇지만 "수출산업만이 아닌 자립적 국민경제 확립의 기초로서 중소기업을 장기적인 안목으로 육성하는 것이 소망"(「국경연 163」: 7)된다는 언급을 빠뜨리지 않고 있다.

2) 민족경제론의 이론화

앞에서 살펴본 것처럼 1960년 중반에 경제운영을 둘러싸고 다양한 분야에서 쟁점이 형성되어 있었다. 수출에 대한 정책에서는 수출을 경제 자립을 위한 수단으로 보느냐, 수출을 통해 경제자립을 이룰 수 있다고 보느냐는 큰 입장 차이를 보였다. 기간산업의 육성은 자립경제에 필수적 인 것이라고 보는 입장과 비효율적 투자라고 보는 입장이 갈리고 있었다. 후자와 같은 '수출입국론'의 입장에서는 중소기업의 육성도 자율적 재생 산구조를 갖추기 위한 목적이 아니라 수출을 중심으로 재편해야 한다는 것이었다.

수출입국론은 현실의 정책입안과정에서 이론적 근거로 활용되었지만, 이러한 논쟁과정에서 애매한 형태로 존재했던 민족경제론적 지향은 이론 적으로 구체화되고 있었다. 보고서들에 나타난 민족경제론적 지향은 대 체로 중소기업 육성이나 기간산업 육성에서 드러나는 수입대체적 인식, 농업을 중시하는 중농주의적 인식, 그리고 정부주도의 경제계획에 대한 호의적인 태도 등으로 요약할 수 있다. 이는 구체적으로는 내포적 공업화, 농공병진론 등으로 개념화되었으며, 특히 농업생산성의 증가와 관련해서 는 협업화론 등을 적극적으로 제시했다. 수입대체론의 입장은 앞에서 설명했으므로 이하에서는 중농주의와 국가에 대한 인식으로 나누어 살펴 보기로 한다.

민족경제론적 지향은 농업이나 중소상공인을 강조한다는 점에서 필연 적으로 민중적 입장을 대변하게 된다. 친농민적 입장의 보고서가 매우 많은 것도 그 때문이다. 「국경연 74」는 정부 양곡수매가격의 선정기준을 검토하면서 물가를 잡기 위해 곡가를 낮춘다는 논리를 비판하면서 농산물 가격정책의 목표를 "첫째 농산물가격을 적정수준(정상가격)에서 결정하 게 하고, 다음 계절변동의 폭을 대폭적으로 완화시켜야 한다"(국경연

74」: 12)는 것으로 설정하고 있다. 그리고 적정가격으로는 국제수출가격이나 패리티 가격은 부적당하며, 생산비에 물가상승률과 평균이윤, 그리고 연평균 보상율을 적용한 금액을 제시했다. 수매가결정을 둘러싼 1980년대 격렬했던 논쟁의 원형이 그대로 반영되어 있다.

미곡담보융자의 효과가 농업소득의 증진과 미가평준화에 기여하는 것이지만, 그 수혜자가 중대농에 집중되고, 출하시기에 대한 강제성이 없어 가격조절효과가 떨어진다는 문제점을 지적하고 반드시 수매제도와 결합해 실행할 것을 제안한 것은 매우 설득력이 있다(「국경연 84」).

그러나 중농주의적 입장의 서술은 그 입장의 관철에 몰두한 나머지 경제적 파급효과에 대한 고려가 소홀한 보고서도 있다. 「국경연 80」에서는 농산물 예시가격제도 도입을 주장하면서도 그것이 가져올 문제점에 대해서는 심각하게 고려하고 있지 않다. 예를 들면, 재정부담에 대해서 "매입양곡은 단경기에 정부가 매입가격 이상으로 판매할 수 있으므로 특별회계에 이 목적의 항목을 신설해 정부재정을 '좀 빌리면' 되는 것"이라고 주장하고 있다. 이 안에 대해 "이 정도마저도 예산부족 운운으로 실천할 것을 거절한다면"(「국경연 80」: 23) 농업은 몰락할 수밖에 없다고 하고 있다. 농업육성이 매우 중요한 사안이라 하더라도 이러한 논리전개는 설득력이 크게 떨어진다 하겠다.

「국경연 145」에서도 1964년부터 패리티 방식으로 가격산정방식이 전환했는데, 이에 대해 비판하면서 생산비 및 소득보상방식으로 전환할 것을 주장했다. 다만 이 경우 농민적 입장에서 쓰여졌지만, 그것이 전체 국민경제에 미치는 영향, 예를 들면 도시근로자의 생활에 미치는 영향 등에 대해서는 큰 고려가 없다. 당시 농업사회가 차지하는 비중의 크기 때문이라고 해석할 수 있긴 하지만, 이러한 농업만의 고려라는 방식은 최근까지 농업관련 논의에서 하나의 경향으로 자리 잡고 있다.

정부가 주장한 농공병진이라는 개념을 민족경제론적으로 해석하려는 시도도 있었다. 농어촌개발공사 설립안에 대해, 공사설립에 있어 농공병진의 목표는 "국민경제의 자립화를 위한 국내적 분업에 의한 상대적 자급자족체계의 실현"(『국경연 144』: 4)이어야 한다고 제시했다. 또 농공병진을 상대적 소득격차의 해소 문제로 환원되는 것에 반대하고, "농공병진이 자립경제체제의 확립을 위한 국민경제의 전근대적 이중구조의 해소에 의의가 있는 한 이는 상대적 소득균형이라는 양적 문제가 아니라 산업간의 내국적 분업의 실현이란 질적 구조의 문제"(『국경연 144』: 3~4)로 파악해야 한다고 주장했다. "상대적 자급자족체계"라고 하는 관념에서 우리는 세계경제와의 연결을 잉여가 빨려나가는 파이프로 파악하는 '피해의식'의 일부를 파악할 수 있다.[36]

『국경연 174』에서는 농공병진이 제시되는 논리를 식민지하 이중구조의 청산이라는 관점에서 찾고, 내적으로는 "국민경제의 2대 주축인 농공업간의 국내적 분업관련의 심화"(『국경연 174』: 4)에서 구하고 있다. 농업은 "생산력정체의 원인인 소경영양식을 농업의 자본제화를 위한 과도기적 단계인 농업의 협업화 = 조합적 소유에로의 개편 = 변형된 주식회사 제도의 농업도입에 의한 청산"(『국경연 174』: 5)이라는 방향과, 농업외적으로는 공업용 원자재 및 식량의 국내자급을 위한 노력을 해야 한다는 것이다.

문제는 중농주의의 생산력적 기초인데, 농업의 경쟁력을 증대시키기 위해 생산방식을 협업화할 것을 강력히 주장하고 있다. 여기서 말하는 협업화와 협동조합은 소생산자의 이익집단이라는 성격을 넘어서는 것으

---

36) 이러한 피해의식의 근원이 역사적인 뿌리를 가진 것이기는 하지만 지금의 관점에서 돌아보면 구태의연하다. 하지만 한 가지 간과할 수 없는 것은 이러한 피해의식이 역사적으로 사실이었고 그 때문에 아직도 많은 국가들이 그러한 상태로 남아있다는 점이다. 한국이 예외적인 역사적 경험을 했다고 해서 그 당시 민족경제론자들의 노력을 폄하할 수는 없다.

로 규정하고 있다. 예를 들면 농어촌개발공사에 대한 보고서에서 공사가 협동조합의 대체조직이 되어야 한다고 강하게 주장한다. 즉, 협동조합이 "소생산자의 자발적 이익옹호집단"(「국경연 144」: 26)이 되어서는 곤란하며 따라서 국가자본으로서의 공사는 "직접적 생산자인 농어민의 협동조합적 기구를 주축으로 하는 것이어야 하고 국가자본에 의해 설립된 농어업 산물가공업의 종국적인 협동조합적 소유를 전제로 하는 것"(「국경연 144」: 29)이어야 한다고 주장하고 있다. 사적 소유에 대한 가장 강한 부정을 표시한 보고서 중의 하나이다.

임업과 어업에 대해서도 협업을 통한 생산방식의 조직화를 주장했다. 현시점은 "기존 리동 산림계를 바탕으로 국유림의 불요존림과 사유림을 산지계 단위로 분배함으로써 산림계는 실질적인 산림의 협업경영을 기할 수 있는 산지개혁도 생각"(「국경연 141」: 39)할 수 있다고 주장함으로써 협업을 통한 구조개혁방안을 산림에도 적용하려고 시도하고 있다.

또 어민적 근대화를 위한 계기조성으로서 어촌계를 주축으로 한 협업화경영이 보다 적극적으로 시행될 것을 제안했다. "어업 근대화를 위한 어민적 방법인 어업협업화의 현실적 가능성을 지니고"(「국경연 143」: 4) 있다고 주장하는데, 말하자면 협업에 대한 주장은 자본주의화의 길에 대한 대안논리로서의 근대화 방안이었던 셈인데, 일반민주주의의 실현을 통한 근대화를 시도했다는 점에서 '자본'에 의한 근대화를 시도한 한국적 길과 다른 차별성을 보인다.

협업화에 대한 주장은 농림어업에 국한되지 않고 제조업에 대해서도 진보적 생산방식으로 제안되고 있었다. 도자기공업을 수출산업으로 육성하자는 주장도 있다(「국경연 120」). 일본과 비슷한 여건으로 잠재적 경쟁력을 높이 평가하고 있지만, 제언은 아주 피상적이다. 영세적 생산규모를 극복하는 방식으로 "수공업적 생산기업의 조직 및 협동화"(「국경연 120」: 7)를 제안한 점에서 협업화를 주장하는 민족경제론적 입장을 공유하고 있는 것으로 보인다.

중소수출산업의 육성을 위한 구체적 방안으로 "중소수출업자의 협업화, 중소수출산업의 단지조성, 중소기업의 업종별 협동조합의 조직강화"(「국경연 125」: 6) 등의 방안을 제시하고 있다. 무역자유화 경향에 대응해 개별적인 대처보다는 협업을 통한 대처를 주장하고 있는데, 당시 협업론의 한 조류를 보여주는 사례라 할 수 있다.

이제 국가의 경제개입에 관한 평가에 대해 살펴보자. 민족경제론자들이 경제개발계획에 대해 높은 평가를 하고 그것에 큰 기대를 걸고 있었던 것은 기획자로서의 국가의 역할을 호의적으로 바라보았기 때문이었다. 그러나 개발계획이 추진되면서 국가는 양적 지표에 매달리면서 이러한 기획자로서의 역할을 포기하고 수치관리자로서의 역할에 매진하기 시작했다. 그 결과는 민족경제론자 입장에서 소망스럽지 못한 파행화, 매판화의 길로 나타나게 되었는데, 이에 대해 여전히 국가에 기대를 걸고 그러한 방향의 정책을 추진해야 한다는 '국가자본주의'적 논자들과, 새로운 개발국가의 방향에 반기를 들고 그러한 국가의 개입이라면 차라리 시장에 맡기는 것이 좋지 않겠느냐는 주장의 대립으로 나타나고 있다. 이러한 갈등의 단초가 이미 1960년대 후반의 보고서에 잘 드러나 있다고 할 수 있다.

「국경연 169」에서는 직접통제에 대한 반대라고 하는 새로운 메시지가 제시되고 있다. 농산물 유통구조정책을 다룬 이 보고서에서는 농산물 유통과정에 농협이 참여하되, 국가기구의 대행으로서가 아니라 독자적인 농협 자체 활동의 일환이어야 한다고 주장했다. 이처럼 주요한 쟁점의 하나는 자유주의적 시장경제와 국가의 적극적인 개입 사이에 형성되어 있다. 외화절약이라는 사회적 대명제 아래 수입을 통제하는 분위기 속에서 수입무역에 대한 부분적인 국가관리 실시를 주장하는 보고서(「국경연 27」)도 있다. 이 보고서에서는 국가관리무역의 실시가 긴요함을 지적하

고, 이는 "종래의 공소(空疎)한 자유기업주의의 한국적 한계를 지양하는
일 도정으로서 이해되어야 하며, 이를 계기로 해 식량, 기타의 국민적
기본수요에 관련되는 부문의 적의(適宜)한 관리책도 적절히 강구"(「국경
연 27」: 13)해야 함을 주장하고 있다. 즉, 한국적 상황에서 자유기업주의의
주장은 공허한 것이며, 국가가 경제정책을 통해 적극적으로 개입해 국민
적 기본수요를 충족할 수 있도록 노력해야 한다는 것이다.

물론 이를 통해 달성하고 싶은 것은 자립경제였다. 경제정책의 목표가
'국민적 기본수요' 충족에 있으며, 구체적으로 보면 무역에 대한 국가관
리가 "농촌근대화, 중소기업 육성, 근대화 등의 기본적인 경제문제를
물적 접근에서 실효 있게 해결할 수단과 기준의 객관성을 확보"(「국경연
27」: 14)할 수 있다는 주장에서 생각의 본령을 파악할 수 있다. 이 서술에
서 자립경제론자들이 생각하는 근대화의 수순을 읽을 수 있는데, 가장
우선적으로는 농업육성이며, 공업은 중소기업을 주축으로 하는 것이었
다. 근대화는 이를 통해 달성할 수 있다는 기본 골격을 읽을 수 있다.

통제경제에 대한 관점은 여러 주제에서 나타난다. 식량수급의 원활화
를 위해 증산정책 외에도 일부 통제를 정책수단으로 해 자유거래를 보완
하는 수급대책을 건의하기도 했다(「국경연 30」). 「국경연 70」에서는 잉여
농산물에 대해서도 정부가 관리해야 한다고 주장했다. 공급자인 미국은
자유무역주의 원칙과 실수요자 원칙을 들어 잉여농산물이 실수요자에게
직접 배분되어야 한다고 주장하지만, 그것은 일부 자본가들의 특혜와
특권으로 귀속되기 때문에 문제가 있다는 것이다. 특히 잉여농산물이
일시에 풀릴 경우 통화관리상에 큰 문제가 발생하고, 판매과정에서 실질
적으로 실수요자 원칙이 관철될 수 있도록 제도를 보완하면 문제될 것이
없다는 주장이다. 부르주아에 대한 국가의 우위가 아직도 관철되고 있던
시점에서 국가주도의 경제정책 운영이라는 민족경제론의 원리가 주장되
고 있다. 3정보 소유상한에 대한 철폐 반대입장(「국경연 109」), 농업에

있어서 협업화 제기(「국경연 115」) 등의 주장은 소유상한 철폐나 기업농 위주의 농정 등과의 대립각을 세우고 있다.

그런데 민족경제론적 입장에서도 초기의 모습과 다른 이론적 지향이 섞여 들어가기도 했다. 논쟁과정에서 미묘한 인식변화가 나타나기도 했는데, 이제 그러한 변화들을 살펴보자. 자립적 균형발전론적 시각이 아니라 불균형 성장론적 시각이 보이고 있다는 점에서 입장의 선회가 나타나기도 한다. "특정산업으로서의 선도적 수출산업이 전체적인 경제성장을 매개하는 강력하고도 핵심적인 원동력이 되기 위해서는 그 자신의 확장과 기술전환이 여타 산업부문의 생산력 확대 및 새로운 생산함수와 잠재력을 이룩할 조건을 만들 때 가능"(「국경연 163」: 35)하다는 로스토의 말을 인용하고 있다. 이것은 불균형 성장론의 세례가 민족경제론자에게 상당히 보편적으로 침투해 있음을 의미하며, 당초 자립경제론과의 차별을 보인다는 점은 중요하다.

외자에 의한 석유화학공업에 대한 평가 보고서에서도 미묘한 변화가 드러나고 있다. 「국경연 166」에서는 현재 추진중인 석유화학공업 개발계획의 문제점으로 여러 가지를 지적하고 있는데, 그중에서 우리의 관심을 끄는 것은 다음 두 가지이다.[37] 우선 "석유화학공업의 외국자본 장악이 결과할 민족 석유화학공업 생성의 가능성 봉쇄와 높은 이윤율에 의한 경제잉여의 해외유출"이 일어난다는 점이고, 다음은 "석유화학공업 제공장의 경제규모 미달에 의한 대외경쟁력의 상실과 국내독점에 의한 소비자 전가"(5)가 이루어진다는 것이다.

사실 민족경제론자들의 고민은 외자의존에 따른 민족경제 고유영역의

---

37) 기타의 문제점으로는 투자회수 시까지 외국기업이 경영권을 갖는 것, 외국기업에 대해 석유화학공업의 독과점을 인정한 것, 일본자본에 대한 억제가 이루어지지 않은 점 등이다.

침해였고, 이러한 고민은 첫째 문제점 지적에 반영되어 있다. 그리고 그에 따른 경제잉여의 유출 역시 고민이었다. 하지만 두 번째 주장은 이와는 다른 이질적 기반을 가진 것이다. 적절한 조업규모는 국제경쟁력과 관련이 되는 것이며, 이는 수출산업과의 관련의 문제나 국제경쟁력이 있는 제품생산 등과 연관된 것으로 첫째의 문제제기와는 다른 차원의 것이다. 수출주도론자들과의 논쟁과정에서 서로의 관점들이 상호침투되고 있음을 알 수 있다.[38]

철강공업의 건설에 관한 논의에서도 국제규모의 실현이라는 관점이 제시되고 있다. 국제철강자본의 한국철강산업의 발전에 대한 거부현상이 지속되는 한 대규모 종합제철의 일시적 건설은 자본제약 및 기술제약 때문에 곤란함을 인정하면서도, "자력건설에의 방향제시와 노력에 의해 이를 극복하면서, 부분적인 기술 및 시설 도입으로 국제규모의 실현을 기할 수 있는 장기적 관점을 가져야"(「국경연 173」: 31) 한다고 주장했다. 자급규모를 넘어서는 생산설비라 할지라도 경제성이 우선 고려되어야 함을 인식하고 있던 셈이다.

그런데 이 보고서도 외자를 이용하는 것에 대해서는 부정적이다. 당연한 것이지만, 보고자는 두 가지 측면을 주장하고 있다. 첫째, "민족경제의 자립을 위한 중추가 될 철강공업의 건설을 전면적으로 외자의존에 의해 건설한다는 데 허다한 문제점"(22)이 있다고 주장하고 있는데 이는 당연하다 할 것이다. 둘째는 로스토 등 선진국 개발론자들에 대한 입장으로부터 선진국에서 후진국 기간산업에 대한 투자를 꺼리는 논리적 맥락을 읽어낸 것이다. "후진국 원조에 있어서 극단적인 자립경제의 추구에 대한 위구(危

---

38) "경제성장에의 요구를 단순히 양적 지표에만 구할 것이 아니라 국민경제구조의 충실 건전화에 두어야 한다"(「국경연 170」: 23)는 표현에서 주장하듯 이제 완강한 자립경제에 대한 요구로부터 구조의 '충실 건전화'라는 개념의 순치가 이루어지고 있는 것도 이러한 맥락에서 이해할 수 있다.

懼)로부터 후진국 일반에게 선진국적 입장에서 주어지는 기성 사실 및 새 국제질서에의 순응을 요구하고 있으며, 이를 밑받침하기 위해 후진국의 1차산품 및 경공업에의 특화의 경제성과 대규모 조업을 요구하는 기간공업에의 투자의 비경제성을 강조"(26)하고 있다고 해석하고 있다. 따라서 철강산업 육성을 위한 차관획득은 "경제성 검토에서가 아니라 보다 높은 정치적 차원에서 다루어져야 한다"(29)고 주장하고 있다.

기존의 논의 틀 속에서 농정에 대한 비판적 시각을 견지한다는 일관성을 유지하면서도 시장기구의 틀 내에서 가격을 결정해야 한다는 시장주의적인 관점도 제시되고 있다. 1960년대 후반 이후의 논문들에서 드러나고 있는 이러한 경향들은 기존의 민족경제론자들의 시각이 다른 입장들에 의해 조금씩 수정되고 있음을 보여주는 징후로 해석될 여지가 있다.

기계공업의 육성책을 제시한 「국경연 160」은 이후 중화학공업화와 관련해 매우 중요한 의미를 가진다. 당시 군수산업 육성론 배경은 확실히 1·21 사태나 미국 푸에블로 호 납치사건과 유관하며, "자주국방 → 군수산업의 육성 → 기계공업의 육성"(「국경연 160」: 7)이라는 논리적 계열을 가진 것이었다. 1968년 2월 박대통령이 "270만 향군의 무장화와 관련해 군수공장의 건설에 의한 기초 무기의 자급화를 주장"(「국경연 160」: 10)한 것이 그 촉발제가 되었음도 분명하다.

이에 대해 정부는 "그간 경제적 채산의 불리를 이유로 투자가 기피되어 왔던 기계공업을 개발 육성하기 위해 국가의 정책 금융상의 특혜적 지원을 주며, 단기적으로 군수산업에 중점을 두고 현안의 종합기계를 재일교포와의 합작투자로 조속한 시일 내에 건설하도록 하는"(「국경연 160」: 3) 계획을 입안했다.

이 계획은 적어도 두 가지 중요한 메시지를 전달하고 있다. 우선 기계공업의 육성이 기피된 이유는 채산성이라는 것, 그럼에도 불구하고 1968년 초 시점에서 다시 기계공업 육성이 제시된 이유는 단기적으로는 군수산업과 관련이 있다는 점이다. 전자의 경우 부족한 자본을 효율적으로 사용한다는 명분하에서 기계공업(즉, 내포적 공업화나 자립경제론에서 중요한 부분을 차지하는 기간산업 중의 하나)이 배제되었는데, 후자의 경우 '군수산업'과의 관련 속에서 이 문제가 다시 거론되고 있다는 점이다.

「국경연 160」은 이러한 분위기 속에서 다시 민족경제론적 입장에서 기계공업 육성책을 전개하고 있다. 이 보고서는 정부정책의 기본방향에 동의하면서도 일본자본에 의한 졸속한 육성책에는 반대했다. "자주국방을 위한 노력은 성급한 군수산업의 외국자본에 의한 국내이식이 아니라 현재의 경제개발계획 속에서 생산재 생산부문으로서의 기계공업에 대한 중점적 투자와 육성에서 시작되어야 하고, 그 과정에서 군수공업은 자주국방을 위해 당면한 긴급한 문제해결을 위한 노력만이 아니라 기계공업의 성장에 주어져야 할 시장문제나 기술상 장애를 극복하는 수단으로 유도되도록 노력해야"(「국경연 160」: 29)한다는 것이고, 이는 기존 민족경제론이 주장하던 그것과 연장선상에 있는 것이었다.

군수산업의 육성은 일종의 중화학공업화로의 전환을 향한 선회의 기점이 된다는 점에서 매우 중요한 보고서로 평가된다. 그리고 그러한 전환에 대해 기존 민족경제론자들은 외국자본에 대한 경계를 늦추지 않으면서도, 그 기본적 방향에 대해서는 동의하고 있다. 나아가 소비재 위주의 제2차 계획 자체도 "생산재 생산부문으로서의 금속기계공업의 육성에 중점"(「국경연 160」: 30)을 두는 방향으로 개정할 것도 요구하고 있다. 그리고 군수공업의 성장이 금속기계공업 육성을 선도하는 것이 아니라 그것의 결과여야 한다고 주장하며, 다만 전국민 무장화를 위한 군장비 수요와 경제적 부담을 외교적 노력을 통해 미국에 부담시킬 것을 주장하는 등 민족주의적 색채를 강하게 반영하고 있다

4. 맺음말

경제개발계획을 시행하면서 박정희 정권이 원했던 것은 자립경제의 확립이었다. 그것은 쿠데타로 획득한 정권의 정당성을 확보하기 위해서도 꼭 필요한 것이었다. 하지만 성장을 위한 자원을 확보하기 위해서는 외화가 필요했는데, 당시 한국의 상황에서 외화는 절대적으로 부족했다. 그런데 이 외환을 확보하는 방법을 둘러싸고 1960년대 초중반에 수입대체적 내향 공업화와 수출지향적 외향 공업화를 둘러싼 논쟁이 첨예하게 진행되었는데, 정부는 결국 후자의 길로 발전방향을 선정했다.

이 글은 이러한 방향의 전환을 국민경제연구회의 연구활동 결과인 보고서들의 내용을 검토하면서 구체적으로 살펴본 것이다. 초기 보고서들은 민족경제론적 입장에서 수입대체적인 내향 공업화를 주장한 논의가 많았지만, 1960년대 중반 이후 수출지향적 외향공업화를 주장하는 논의도 많았고, 정책대안과 현안에 대한 대응방식에 있어서도 다른 처방을 제시하기도 했다. 수출을 바라보는 관점뿐만 아니라 기간산업 육성을 둘러싼 논의나 중소기업·농업에 대한 대응 등에서도 쟁점이 형성되어 있었다.

민족경제론과 수출입국론의 쟁점을 간단하게 요약하면, 수출에 대한 정책에서는 수출을 경제자립을 위한 수단으로 보느냐, 수출을 통해 경제자립을 이룰 수 있다고 보느냐는 큰 입장 차이를 보였다. 기간산업의 육성은 자립경제에 필수적인 것이라고 보는 입장과 비효율적 투자라고 보는 입장이 갈리고 있었다. 후자와 같은 수출입국론의 입장에서는 중소기업의 육성도 자율적 재생산구조를 갖추기 위한 목적이 아니라 수출을 중심으로 재편해야 한다는 것이었다.

정부가 수출주도형 전략으로 큰 방향을 잡은 이후에도 민족경제론적 지향의 대안들이 계속 제시되었는데, 그것은 수입대체를 통한 자립화,

정부가 지도하는 경제, 국내균형의 우선 등으로 요약할 수 있었다. 그 과정에서 수입대체에 입각한 내포적 공업화론, 중농주의를 실현하기 위한 농공병진이나 협업화론 등이 점차 이론적인 체계를 갖추기도 했다. 물론 이러한 경향 속에서도 후기의 보고서들에서는 불균형 성장론을 어느 정도 수용한다거나, 적정 생산규모를 위한 대외수출의 필요성 등에 대한 논의도 수용하면서 초기의 극단적인 자립경제론적 성격을 점차 완화시키고 있었다.

■■■ 참고문헌

강광하. 2000.『경제개발5개년계획 - 목표 및 집행의 평가』. 서울대학교 출판부.

경제기획원. 각년도. 『경제백서』.

_____. 1964. 『제1차경제개발오개년계획 보완계획』.

김균·박순성. 2001. 「정치경제학자 박현채의 민족경제론」. ≪동향과전망≫, 통권 48호. 한국사회과학연구소.

김낙년. 1999. 「1960년대 한국의 공업화와 그 특징」. 한국정신문화연구원 편. 『1960년대 한국의 공업화와 경제구조』. 서울: 백산서당.

김대환. 1996. 「해방이후 한국의 공업화와 민주화」.『공업화의 제유형 Ⅱ』. 서울: 경문사.

_____. 1998. 「1950년대 후반기의 경제상황과 경제정책」. 한국정신문화연구원 현대사연구소 편.『1950년대 후반기의 한국사회와 이승만정부의 붕괴』. 서울: 오름.

_____. 2001. 「경제변화와 국가의 역할 전환: '발전국가론'의 재검토」.『동아시아 신흥공업국 경제의 변화와 국가의 역할 전환』. 민주사회정책연구원 특별 학술대회, 2001년 12월.

김양화. 1996. 「1950년대 한국의 공업화과정」.『공업화의 제유형 2』. 서울: 비봉출판사.

김재현. 1996. 「비판이론의로서 '민족경제론'」. ≪시대와철학≫, 13.

대한민국정부. 1962. 『제1차경제개발오개년계획 1962-1966』.

박명림. 1998. 「1950년대 한국의 민주주의와 권위주의」. 서중석 외. 『1950년대 남북한의 선택과 굴절』. 서울: 역사비평사.

박영호. 1995. 「역사적 맥락에서 본 민족경제론」. 『민족경제론과 한국경제』. 서울: 창작과비평사.

박태균. 2000. 「1956-1964년 한국 경제개발계획의 성립과정」. 서울대학교대학원 국사학과 박사학위논문.

박현채. 1970. 「농공병진이란 무엇인가」. 『한국농업의 구상』(1981). 서울: 한길사.

_____. 1978. 『민족경제론』. 서울: 한길사.

_____. 1983. 『한국경제와 농업』. 서울: 까치.

이대근. 2002. 『해방후·1950년대의 경제』. 서울: 삼성경제연구소.

이병천. 1999. 「박정희 정권과 발전국가 모형의 형성」. 『경제발전연구』, 제5권 제2호. 한국경제발전학회.

_____. 2000. 「발전국가체제와 발전딜레마」. 『경제사학』, 28권. 경제사학회.

이일영. 2002. 「개방화 속의 국민경제·민족경제·지역경제」. ≪창작과비평≫, 115. 서울: 창작과비평사.

장하원. 1999. 「1960년대 한국의 개발전략과 산업정책의 형성」. 한국정신문화연구원 편. 『1960년대 한국의 공업화와 경제구조』. 서울: 백산서당.

정윤형. 1982. 「경제학에서의 민족주의적 지향」. 『한국민족주의론』. 서울: 창작과비평사.

_____. 1995. 「민족경제론의 역사적 전개」. 『민족경제론과 한국경제』. 서울: 창작과비평사.

정태인. 1995. 「글로벌라이제이션과 국민경제」. 『민족경제론과 한국경제』. 서울: 창작과비평사.

조석곤. 2001. 「민족경제론 형성의 사회경제적 배경과 그 이론화과정」. ≪동향과 전망≫, 통권 48호. 한국사회과학연구소.

조석곤. 오유석. 2003. 「압축성장을 위한 전제조건의 형성」. ≪동향과전망≫, 통권 59호. 한국사회과학연구소.

홍성유. 1965. 『한국경제의 자본축적과정』. 고려대학교 아세아문제연구소.

_____. 1966. 「발전이론과 농공병진정책」. ≪정경연구≫, 1966년 9월. 정경연구소.

Amsden, A. H. 1989. *Asia's Next Giant: South Korea and Late Industrialization*. Oxford University Press. 이근달 역. 1991. 『아시아의 다음 거인』. 시사영어사.

Johnson. C. 1982. *MITI and the Japanese Miracle*. Stanford University Press.

<부표> 국민경제연구회 연구보고서 목록

호수	발행일	제목
10		1964 미곡년도 양곡수급 관계자료
12		연초제품생산에 있어서의 외화사용 절약방안
14		수입계획의 조정에 관한 조사사업계획서
15	1964. 3.	외환사정의 완화와 금수출문제의 검토
16		비누공장의 현황과 외화사용절약방안
17		생고무수급과 외화사용절약방안
18		무역계획의 조정에 관한 연구보고
19		농지세의 물납화에 관한 검토
20		1964 미곡년도 전체식량수급전망
21		비료에 대한 환율변경의 영향과 대책
22		비료수급에 있어서 수입의존감소를 위한 시안
23		합성수지수급과 외화사용절약 방안
24		농약수급에 관한 검토
25		목재 및 팔프류 수급계획과 이에 따른 외화절약 방안
26		화학섬유류의 수급과 외화사용절약방안
27		수입무역의 부분적인 국가관리실시에 관한 건의
28		민간수출무역의 진흥을 위한 보완조치
29		양비교환제도에 관한 고찰
30		식량수급의 원활화를 위한 고찰
31		풀재배장려에 관한 고찰
32		금의 한은매상 촉진을 위한 방안
33		정부소유주식의 구체적 처분방안
34		[중소기업육성종합시책]의 검토
35		PL480 원조의 한국농업에 미치는 영향과 그 극복책
36		양정의 전망과 양곡거래소 설치에 관한 검토
37	1964. 9.	장기경제성장예측모형 등에 대한 검토 보고서
38		세법개정안에 대한 수정의견의 검토
39		외자도입과 국회의 총괄동의에 관한 검토
41	1964. 12.	중고자동차수입허가를 위한 제의
42	1964. 12.	1965년도 수출계획의 문제점과 대책
43	1964. 12.	금융정책효과의 증강을 위한 방안
44		수출특화우위지표의 문제점
45	1965. 1.	국제수지개선을 위한 해운정책
46	1965. 1.	공공요금인상이 광업에 미치는 영향과 그 대책
47	1965. 1.	단일변동환율제도의 문제점과 종합건의
48	1965. 1.	1964년 수출실적의 효과 분석
49	1965. 2.	금년도 내자동원의 문제점과 종합대책
50	1965. 2.	외자도입과 내자조달문제
51	1965. 2.	외자도입과 이중과세문제
52	1965. 3.	수출수산업의 현황과 문제점

호수	발행일	제목
53	1965. 3.	기술원조계약과 특정외래품수입허용문제
54	1965. 3.	1965년도 중소기업육성책 분석
55	1965. 3.	금년도 수출목표달성과 외환수급계획의 제문제 및 그 대책
56	1965. 3.	외화가득조사의 방향과 기초조사의 요령상의 문제점
57	1965. 4.	3억불 수출계획에 대한 분석검토와 건의
58	1965. 4.	대일청구권자금 및 경제협력자금의 효율적 사용을 위한 건의
59	1965. 4.	1965년도 저축증진계획에 대한 분석과 건의
60	1965. 4.	제지공업의 문제점과 대책
61	1965. 5.	수출조장행정의 문제점
62	1965. 5.	기술계 인적자원 수급실태와 수급계획의 문제점
63	1965. 6.	[생산과잉]산업의 애로타개를 위한 건의
64	1965. 6.	시멘트공업의 현황과 그 대책에 관해
65	1965. 7.	우리나라 식량증산계획에 있어서 기술진보의 기본문제
66	1965. 7.	대월남수출 증대방안
67	1965. 7.	잠업진흥의 기본방향에 관한 일건의
68	1965. 7.	차관사업의 도입순위에 관한 네이산경제고문단의 연구보고의 문제점
69	1965. 7.	임시특별관세법의 문제점과 개선방안
70	1965. 8.	미공법 480호에 의한 도입잉여농산물의 정부관리방안
71	1965. 8.	우리나라의 경제성장력과 재정정책의 한계
72	1965. 8.	한국수출상품의 해외시장조사의 실태와 그 문제점
73	1965. 8.	농업증산을 위한 유기질 자급비료 소요량 추정과 그 공급방안
74	1965. 8.	1966년도(65년산) 정부관리양곡 매상가격의 적정수준
75	1965. 9.	1966년도 예산편성의 문제점과 앞으로의 방향
76	1965. 9.	경제협력과 매판자본화 문제
77	1995. 10.	세계경제의 [쁘럭]화 경향에서 본 한일경제협력의 방향과 문제점
78	1965. 10.	수출상품가격구조에 관한 고찰과 수출정상화를 위한 건의
79	1965. 11.	무역자유화경향과 우리나라 경제외교의 방향
80	1965. 11.	농산물예시가격의 확립을 위한 제의
81	1965. 11.	갈포벽지제조업의 동태와 수출특화산업으로서의 적정성 검토
82	1965. 11.	외자도입법규 및 절차의 개선방안
83	1965. 12.	금리현실화에 따른 중소기업의 금융대책
84	1965. 12.	미곡담보융자제도의 개선방안
85	1965. 12.	무연탄소동의 해결방안
86	1965. 12.	한중무역의 현황과 개선방향
87	1965. 12.	공업분산정책의 의의와 정책수립상의 몇 가지 제의
88	1966. 1.	한일경협과 중소기업지원방안
89	1966. 1.	한국농업 기계화의 추진방안
90	1966. 1.	산업연관표의 의의와 이용상의 유의점
91	1966. 1.	유사서민금고에 대한 조치강화와 그 필요성
92	1966. 2.	농약수급의 개선과 병충해 방제의 효율적 방안
93	1966. 2.	산업기술개발과 발명보호방안
94	1966. 2.	물가정책과 물가전망

호수	발행일	제목
95	1966. 2.	물가현실화정책에 대한 종합적 연구와 건의
96	1966. 3.	특정외래품의 합리적 판매관리를 위한 일 제언
97	1966. 3.	1966년도 수출계획과 전망
98	1966. 3.	한국중소기업정책의 문제점과 그 개선방향
99	1966. 3.	농촌잠재실업의 현재화와 경영합리화를 위한 방안
100	1966. 4.	한국농기구제조공업의 문제점과 육성방안
101	1966. 4.	전천후 농업을 위한 지하수 개발사업에 대한 검토
102	1966. 4.	제2차 경제개발 5개년계획(총량계획)의 문제점
103	1966. 4.	한국농촌공업의 육성방안
104	1966. 5.	농업기본법 시안에 대한 검토
105	1966. 5.	국영기업체 운영합리화의 방향
106	1966. 5.	농업주산지 조성계획의 문제점
107	1966. 6.	지불준비[베이스] 조절에 의한 통화정책의 의의와 문제점
108	1966. 6.	석유대체정책과 에너지정책의 방향
109	1966. 6.	농지소유상한제 폐지문제에 대한 검토
110	1966. 6.	중소기업계열화의 기본방안
111	1966. 7.	외자도입의 현황과 문제점
112	1966. 7.	수출진흥정책에 대한 평가와 개선방향
113	1966. 7.	중소기업분산정책 내지 공업분산정책에 대한 문제의식의 정립
114	1966. 7.	한국화학비료공업의 문제점과 그 육성방향
115	1966. 8.	농업협업화의 의의와 문제점
116	1966. 8.	농지담보법의 문제점에 대한 검토
117	1999. 9.	무역자유화와 한국산업의 국제경쟁력에 관한 검토
118	1966. 9.	GATT 가입의 문제점과 대비책
119	1966. 10.	농수산물의 수출과 그 문제점
120	1966. 10.	한국도자기공업의 수출산업으로서의 육성문제
121	1966. 10.	외자도입법의 개정과 외자도입의 제문제
122	1966. 10.	한국공작기계공업의 수입대체산업으로서의 육성문제
123	1966. 11.	외자도입법의 문제점
124	1966. 11.	변동환율제도의 실시와 그에 따른 몇 가지 문제점
125	1966. 12.	수출산업의 구조개선과 중소수출산업의 육성문제
126	1966. 11.	수출진흥과 수출산업육성정책
127	1966. 12.	면방직공업의 수출산업육성상의 문제점
128	1966. 12.	수산물가공업의 현황과 .문제점
129	1966. 12.	정유공업의 현황과 전망
130	1966. 12.	우리나라수출의 구조 및 특징과 수출진흥책에 대한 평가
131	1967. 1.	농지법제정구상에 대한 문제제기
132	1967. 1.	농업협동조합의 경제사업 및 경영조직의 개선방책에 관한 건의
133	1967. 2.	1967년도 예산의 세입구조분석
134	1967. 2.	원자력발전소의 건설과 담당기구문제
135	1967. 2.	우리나라 무역자유화의 현황과 문제점
136	1967. 2.	특관세제의 몇 가지 문제점
137	1967. 3.	농지법제정구상에 대한 문제제기(II)

호수	발행일	제목
138	1967. 3.	한국축산업의 육성방안에 관한 제의 .
139	1967. 4.	외자도입과 국제수지전망
140	1967. 4.	우리나라 공예품공업의 수출산업으로서의 육성문제
141	1967. 5.	산림정책의 방향전환과 산림개발계획을 위한 몇 가지의 제언
142	1967. 5.	보세가공무역제도상의 몇 가지 문제점에 대한 검토
143	1967. 5.	어업근대화와 잔해양식업
144	1967. 6.	농어촌개발공사구상에 대한 검토
145	1967. 7.	곡가정책과 가격산정방식상의 문제점
146	1967. 7.	수산자원개발에 관한 약간의 문제제기
147	1967. 7.	한국경제의 자립화와 UN무역개발회의 대책
148	1967. 9.	대한일본의 직접투자에 관한 검토
149	1967. 9.	국제유동성의 증대를 위한 신준비자산의 창출과 한국경제
150	1967. 10.	농지법제정 구상에 대한 문제제기(III)
151	1967. 10.	1968년도 예산안의 총괄적 검토
152	1967. 11.	수산업협동조합의 개편에 관한 약간의 검토
153	1967. 11.	외자도입정책의 방향전환대책
154	1967. 12.	영국 파운드화의 평가절하와 그 파문(기1)
155	1967. 12.	영국 파운드화의 평가절하와 그 파문(기2)
156	1968. 1.	중소기업의 성장추세와 생산성 실태
157	1968. 1.	양곡장기비축제, 양곡시장 및 양곡증권 발행구상에 대한 검토
158	1968. 2.	영국 파운드화의 평가절하와 그 파문(기3)
159	1968. 2.	영국 파운드화의 평가절하와 그 파문(기4)
160	1968. 3.	기계공업의 육성과 이를 위한 약간의 문제검토
161	1968. 3.	원화수입금융제의 몇 가지 문제점
162	1968. 5.	농협법개정안에 대한 검토
163	1968. 6.	한국수출구조와 중소기업의 수출산업으로의 전환문제
164	1968. 7.	대월경제활동의 전망과 대책
165	1968. 10.	새해예산안에 대한 개관과 약간의 문제제기
166	1968. 11.	석유화학공업개발에 대한 검토
167	1968. 12.	농산물가격정책에 대한 약간의 방향제시(1)
168	1969. 1.	농산물가격정책에 대한 약간의 방향제시(2)
169	1969. 2.	농산물가격정책에 대한 약간의 방향제시(3)
170	1969. 4.	경제성장과 무역격차의 확대에 대응하는 정책방향
171	1969. 5.	중소기업구조개선에 대한 문제의식의 정립
172	1969. 6.	수출산업의 기반확충에 대한 약간의 방향제시
173	1969. 7.	철강공업의 건설방향에 대한 검토
174	1969. 11.	농공병진에 대한 약간의 방향제시
175	1969. 12.	1970년도 정부제예산안에 대한 약간의 검토
176	1970. 1.	수출상품의 외화가득률저하요인에 대한 약간의 검토
177	1970. 2.	생산성임금제에 대한 약간의 검토
178	1970. 8.	WON SHIFT(원화수요증대) 현상의 분석 및 대응

제2부

외부의존형 성장모델의 현실화 과정

2

제4장

1950-1960년대 한국의 자본축적과 국가기구의 전면화 과정

김정주(한신대 연구교수, 경제학)

1. 서론

　1960년대 박정희 정권에 의해 추진된 경제개발 5개년 계획은 한국에 있어서 근대적 자본주의 산업화를 결과했으며, 이후 국가-자본, 국가-노동간 관계에 있어서 한국적 패턴을 형성하게 된 원형이었다. 일반적으로 박정희 정권의 개발전략은 외자조달을 통한 고율의 투자, 전략적 산업정책을 통한 투자재원의 효율적 배분, 수출주도형 공업화와 전략적 시장개방을 통한 고도성장의 실현 등으로 특징지을 수 있다. 그러나 무엇보다도 이 모든 과정이 강력한 국가개입에 의해 주도되었다는 사실이야말로 박정희 발전모델의 성격을 규정짓는 가장 큰 특징이라 할 수 있을 것이다. 즉, 1961년 박정희 정권의 성립부터 1979년 정권의 비극적 종말에 이르는 18년 기간은 한국경제에 있어 전무후무한 양적 성장의 시대였으며, 동시에 전무후무한 국가주도의 시대였다고 할 수 있다. 경제과정에 대한 이와 같은 강력한 국가개입이 어떻게 경제구조의 변화를 이끌었으며 양적 성장을 가능케 했는지에 대한 논의를 잠시 유보하더라도, 한국경제에 있어 양적 성장을 가능케 해준 경제의 구조적 변화와 제도형성 과정이 시장내부의 자생적 질서보다는 시장외부로부터의 국가개입에 의해 가능했다는 사실만은 부정할 수 없다.

일반적으로 자본주의적 시장경제를 전제할 경우, 경제과정에 대한 국가개입이 발생하게 되는 경우는 다음의 두 가지로 요약할 수 있다. 첫째, 외부효과와 같은 시장실패의 문제가 존재함으로써 부문간 생산자원의 최적 배분이 시장기구 내에서 달성될 수 없거나, 둘째, 후진국의 경험에서처럼 발전초기 시장 자체가 형성되어 있지 않음으로 인해 경제가 이륙(take off)할 수 있는 초기 성장동력을 시장기구 내에서 확보하지 못하게 되는 경우이다. 전자의 경우는 자본축적과 자원배분의 메커니즘으로서 시장가격기구의 존재를 전제하지만, 후자의 경우는 시장기구를 통한 정상적인 자본축적이 불가능해짐으로써 자본의 형성과 조달 자체가 국가기구와 같은 시장외적 기구에 의존하게 되는 경우이다. 1950년대와 1960년대에 걸쳐 저소득과 자본부족으로 인한 '빈곤의 악순환'을 경험하고 있던 한국경제에 있어서 국가개입의 성격은 후자의 경우에 속한다 할 수 있으며, 따라서 그것은 시장기구가 갖는 불완전성을 보완하기보다는 성장동력의 확보와 자원배분 차원에서 국가기구가 시장대체적 성격을 가지며 시장 그 자체를 형성해간 과정이었다고 할 수 있다.[1]

결국 한국에 있어서 1960년대 경제개발 5개년 계획의 실시를 통해 나타난 국가기구의 전면화 과정은 시장기구를 통한 자본의 내적 축적 메커니즘이 부재했던 상황과 표리관계에 있으며, 이로 인한 성장동력의 외부화는 국가기구가 시장기구를 대체하며 전면화될 수밖에 없었던 가장 중요한 경제적 계기였다. 이러한 관점에서 보자면, 경제개발의 목적과 방향을 둘러싼 1960년대 국가기획의 본질은 자본축적의 내적 메커니즘

---

1) 시장의 개념에는 상품이 교환되는 시공간으로서 시장과 가격형성을 통해 자원이 배분되는 하나의 메커니즘으로서 시장 개념이 있을 수 있다. 본문에서 시장의 개념은 단순히 상품이 교환되는 시공간의 의미가 아닌 자원배분이 이루어지는 하나의 메커니즘으로서 시장을 의미한다.

부재라는 1950년대 한국 자본주의가 갖는 구조적 파행성을 국가기구의 전면화를 통해 해소하려는 하나의 시도였다고 할 수 있다. 따라서 1960년 대의 경제개발을 통해 나타난 국가기획의 목표와 고도성장기 한국 자본주 의가 갖는 성격은 1950년대 한국 자본주의의 구조적 모순과 그로부터 파생된 자본주의적 발전요구를 전제해서만 완전히 이해될 수 있다.

이 글은 제1차 경제개발 5개년 계획이 입안, 집행된 1961-1967년의 기간을 대상으로 국가기구가 전면화 되는 과정을 통해 다음의 문제를 다루고자 한다.

첫째, 1950년대 원조경제하에서 한국 자본주의가 갖는 구조적 파행성 을 자본의 내적 축적 메커니즘의 부재라는 차원에서 검토함으로써 1960 년대 국가기구 전면화 및 경제적 동원의 일차적 계기가 자본확보에 있었 음을 해명하고자 한다.

대부분의 기존연구에서는 1960년대 이후 한국 자본주의의 전개과정을 1950년대 원조경제로부터 귀결된 한국경제의 구조적 파행성과 단절적으 로 인식하고자 하는 경향이 있었다. 이는 연구의 대상이 되는 박정희 발전모델의 중요한 역사적 전제들을 연구에서 누락시키는 오류를 낳았으 며, 따라서 박정희 발전모델이 갖는 불균형적 성장방식 및 과도한 대외의 존적 성장방식에 대한 문제제기 수준을 뛰어넘어 그러한 성장방식을 통해 일관되게 추구한 국가목표가 과연 무엇이었는지에 대한 보다 근원적 인 질문에는 대답하지 못하는 한계를 안고 있었다. 이 글은 이러한 문제의 식에 기초해서 경제개발 초기 외부의존적 성장의 추구와 국가기구의 전면화 과정을 1950년대 한국 자본주의가 갖는 구조적 파행성으로부터 제기된 발전적 요구와의 관련성하에서 검토하고자 한다.

둘째, 제1차 경제개발 5개년 계획의 실행과정에서 나타난 재정, 금융, 산업정책 등의 변화를 통해 국가기구의 전면화가 관철되어가는 과정을 살펴보고, 이러한 정책적 변화를 통한 국가기구의 전면화가 1960년대 한국 자본주의의 축적구조에 어떤 변화를 가져오게 되었는지를 검토한다.

셋째, 제1차 경제개발 5개년 계획에 대한 1964년 '수정보완계획'으로부터 본격적으로 제기된 수출주도형 공업화 전략을 박정희 발전모델이 갖는 일관된 국가목표의 추구라는 관점에서 재검토하고자 한다.

대부분의 기존연구들은 통화개혁을 통한 내자동원의 실패 등 군사정부 초기의 경제정책 실패에 초점을 맞추어 선진국과의 요소부존량 차이에 근거한 노동집약적 수출산업의 육성이라는 대외시장적 조건에 순응하는 성장전략의 전환이라는 관점에서 '수정보완계획'에 주목하고 있다. 따라서 국가기획에 있어서 수출주도형 공업화 전략이 1950년대 수입대체 공업화 전략을 '대체'하게 된 결정적 계기로서 '수정보완계획'을 강조하고 있다. 그러나 불과 10년 후인 1973년 수입대체적 성격을 갖는 '중화학 공업 육성정책'이 국가에 의해 공식화되었다는 사실을 상기한다면, 단순히 선진국과의 요소부존량 차이에 따른 성장전략의 전환이라는 차원에서 수출주도형 공업화 전략을 이해하는 것에는 한계가 있을 수밖에 없다.

이 글에서는 1964년 '수정보완계획'을 전후한 산업정책의 변화를 통해 수출주도형 공업화 전략과 수입대체 공업화 전략이 상호보완적 정책수단으로서 자본확보라는 일관된 국가목표의 틀 속에서 이해될 수 있음을 검토하고자 한다. 이러한 관점에 따르면, 국가기획 차원에서 수출주도형 공업화 전략은 성장의 동력을 확보하기 위한 하나의 정책적 수단에 불과했을 뿐 그 자체가 1960년대 이후 국가동원체제가 갖는 목표가 될 수는 없으며, 마찬가지로 자본의 동원 및 확보라는 차원에서 보자면 수입대체 공업화 또한 수출주도형 공업화 전략을 전제해서만 가능한 것이었다.

2. 1950년대 원조경제의 성격과 축적구조

1945년 해방기 한국경제는 귀속재산부문, 반봉건적 농업 및 토착 중소기업 등으로 구성된 토착경제부문, 그리고 미국의 경제원조부문 등으로 이루어져 있었다. 이 가운데 귀속재산부문은 당시 한국의 근대적 산업시설의 약 80%를 차지할 만큼 한국경제에 있어서 압도적 비중을 차지하고 있었다. 따라서 해방 이후 한국경제의 일차적 과제는 일제가 남기고 간 귀속재산부문과 토착경제부문을 효율적으로 관리, 운영함으로써 자립적 경제구조의 기반을 형성하는 데 있었다고 할 수 있다.

그러나 해방 이후 식민지 모국경제와의 갑작스런 단절과 분단으로 인한 남농북공(南農北工) 형태의 기형적 산업구조 형성으로 인해 한국경제는 국가형성기부터 자립적 경제기반이 크게 위축되면서 미국의 경제원조에 의존하지 않을 수 없게 되었다. 또한 한국전쟁으로 인한 귀속재산부문의 심각한 파괴와 농지개혁 실패로 인한 지주계급의 몰락 및 토지자본의 산업자본으로의 전환실패는 한국사회에서 자발적으로 산업화를 주도할 자본가계급이 형성되지 못하고 경제과정을 국가가 주도하게 되는 요인이 되었다. 결국 해방 직후 한국경제는 산업간 내적 연관성을 상실한 가운데 미국의 경제원조에 의존할 수밖에 없는 국가주도적 경제구조를 갖게 되었다고 할 수 있다.

해방 직후 긴급구호성격의 '점령지역행정구호원조(GARIOA)'와 '점령지역경제부흥원조(EROA)'로부터 시작된 미국의 대한원조는 1948년 12월 10일 '한미경제원조협정'의 체결을 통해 '경제협력기구(ECA)원조'가 도입됨으로써 본격화하기 시작하며, 1945년부터 1961년까지 미국으로부터 도입된 원조총액은 31억 달러에 달하게 된다. 이는 비슷한 시기 아프리카에 도입된 원조총액과 맞먹는 액수이며, 라틴아메리카에 제공된 원조액의 절반에 해당하는 어마어마한 액수였다. 또한 1953년 휴전 후

<표 4-1>1950년대 후반 도입 원조의 유형별 비중

(단위 : %)

	1955	1956	1957	1958	1959	1960
유형투자성자재	40.6	47.8	36.5	35.4	37.8	39.8
무형투자성자재	2.6	2.5	2.6	4.5	6.2	4.0
소비성자재	56.8	40.8	60.9	60.1	56.1	56.4

주: 유형성투자재=계획원조(용역제외)+비계획원조 중 운료물자+기술협조 중 비품 이상의
　　내구품의 물자
　　무형투자성자재=기술협조(물자도입 부분 제외)+계획원조 중 용역계약 및 유솜 직원 채용
　　소비성자재=비계획원조 중 농산물+원료 및 반제품 중 비료, 농약, 의약품+기술 협조
　　물자도입품목 중 소모품
자료: 서남원(1963: 155)에서 재인용.

1962년 제1차 경제개발 5개년 계획이 실시될 때까지 국민총생산에 대한 고정자본형성률은 평균 12.5%였는데, 그 가운데 국내저축률은 평균 1.4%에 불과했으며, 나머지 대부분은 해외저축, 특히 미국원조를 통한 해외저축이 8.1%에 달함으로써 같은 기간 동안 연평균 경제성장률 4.9%의 대부분이 미국원조에 의한 것이었다 해도 과언이 아니다(전철환, 2002: 26). 따라서 1950년대 미국의 원조는 한국경제의 재생산과 이승만 정권의 국내통치에 있어서 가장 중요한 물적 토대를 이루고 있었다고 할 수 있다.

그러나 미국의 대한원조는 그 용도에 따라 '계획사업원조'와 '비계획사업원조'로 구분할 수 있는데, 도입된 원조액의 70% 이상이 '비계획사업원조'여서 미국원조의 성격은 장기적, 계획적인 것이 아니라 응급형 원조였다고 할 수 있다. 또한 1950년대 후반에 도입된 원조를 유형별로 살펴보면, 앞의 <표 4-1>에서 알 수 있듯이, 도입된 원조물자의 절반 이상이 소비성자재였음을 알 수 있다.

이와 같이 미국원조가 생산기반 확충에 필요한 시설재 및 생산재보다

는 소비재 중심으로 도입되게 된 이유는 당시 미국원조가 한국의 경제재건보다는 과도한 군사비 부담으로 인한 재정인플레이션을 억제하고자 하는 군사원조적 성격을 가지고 있었기 때문이다. 정부수립 이후 한국정부의 재정지출에 있어서 가장 많은 비중을 차지했던 것이 군사비인데, 한국전쟁 동안 정부세출에 있어서 군사비 비중은 1950년 67%, 1951년 64.5%, 1952년 51.7%, 1953년 71.1% 등 압도적인 비중을 차지하고 있었다(한국산업은행, 1955: 400).[2] 이와 같은 군사비의 조달은 주로 발행된 국·공채의 정부기관 및 금융기관 인수를 통한 순수 재정적자 요인으로서의 차입금, 임시토지수득세에 의한 현물곡의 징수, 각종 구호물자 판매대전으로 구성되는 대충자금특별회계 등을 통해 이루어졌는데, 주로 재정적자와 임시토지수득세 등을 통해 조달됨으로써 농민들의 조세부담을 가중시키고 전시 재정인플레이션을 촉발시키는 요인이 되었다. 또한 한국측의 전비부담은 정부의 직접적 재정지출뿐만이 아니라 1950년 7월 26일 체결된 '유엔군 경비지출에 관한 한·미협정(대구협정)'에 근거해 '유엔군대여금'의 형태로도 이루어졌는데, 이는 아무런 지불준비조치도 없이 오직 한국은행의 발권력에 의존한 통화증발을 통해 조달됨으로써 전시 재정인플레이션을 가속화시키는 요인이 되었다.

따라서 1953년 12월 한·미간에 맺어진 '경제재건 및 재정안정계획에 관한 합동경제위원회 협약(백-우드 협정)'을 통해 미국 측이 시설재 도입을 통한 한국의 경제재건보다 소비재의 우선적 도입을 통한 재정안정 및 인플레이션 억제를 강조한 것은 미국원조의 실질적 목적이 군사비 조달에 있음을 분명히 한 것이라 해석할 수 있다. 다음의 <표 4-2>를 통해 원조물자의 판매대전으로 이루어지는 대충자금의 상당부분이 실제 국방비로 충당되었음을 알 수 있다.

---

2) 군사비 항목은 국방비, 사법경찰비, 군사원호비 등으로 구성되어 있다.

<표 4-2> 국방비 재원의 구성과 대충자금의 국방비 비중

(단위: %)

연도	국내재원	원조재원	국방비에 전입된 대충자금 비율
1953	95	5	20.8
1954	65	35	46.3
1955	52	48	34.0
1957	57	43	21.7
1958	62	38	19.9
1959	62	38	28.0
1960	64	36	31.9
1961	4	96	66.3
1962	27	73	52.2
1963	27	73	57.0
누계	42	58	42.7

자료: 김명윤(1966: 135~136).

비록 미국으로부터의 원조가 궁극적으로는 전후 한국의 경제재건을 목적으로 한 것은 아니었으며 주로 소비재 중심의 군사원조적 성격을 갖고 있었다 하더라도, 당시 한국경제의 규모를 고려해본다면 매년 평균 2억 달러에 가까운 원조물자의 도입은 한국경제의 재생산에 지대한 영향을 미쳤다.

우선 원조에 의존하지 않고서는 국가재정의 유지가 불가능할 정도로 정부세입에서 원조가 차지하는 비중이 절대적이었음을 지적할 수 있다. <표 4-3>에 나타나듯이, 한국전쟁 이후 1954-60년 기간 동안에 정부재정수입의 평균 42.5%를 원조물자의 판매대금으로 형성된 대충자금에 의존하고 있었음을 알 수 있다. 이는 1950년대 국가재정의 대외종속성을 보여줌과 동시에, 다른 한편으로는 당시 한국경제의 재생산에 있어서 미국원조의 역할이 절대적으로 중요했음을 역설적으로 보여주고 있다.

한편 경제성장은 투자를 통해 가능하고, 또한 국민경제에 있어 투자여

<표 4-3> 정부재정수입의 구성비

(단위: %)

	1957	1958	1959	1960	1949-53평균	1954-60평균
조 세	27.3	30.1	47.4	51.5	33.3	37.7
전매수입	3.8	4.4	5.0	4.7	11.0	4.2
기타수입	3.2	3.7	3.1	5.0	14.8	4.4
대충자금	52.9	51.5	41.5	34.6	6.3	42.5
국 채	3.6	3.8	1.1	2.1	4.9	2.9
산업부흥 채권	7.0	1.8	0.5	0.4	1.5	4.1
차입금	1.2	4.7	1.4	1.7	28.2	4.2

자료: 경제기획원, 「예산개요」(1964).

력의 확대는 저축을 통한 자본축적을 통해 가능해진다. 다음의 <표 4-4>는 1950년대 경제성장률, 투자율, 저축률을 통해 1950년대 한국경제의 자본축적 패턴을 보여주고 있다.

<표 4-4>로부터 1953년 이후 한국경제는 전쟁복구기임에도 불구하고 비교적 안정적인 투자와 자본축적을 통해 견실한 경제성장을 보이고 있음을 알 수 있다. 그러나 문제는 해당기간 동안 국내저축은 대부분 실질적으로 부(-)의 저축을 나타내고 있다는 점이다. 즉, 국내저축은 투자를 통한 자본형성에 전혀 기여하지 못하고 있으며, 따라서 1950년대 투자를 위한 자본의 원천은 대부분은 해외부문으로부터 주어지고 있음을 알 수 있다. 일반적으로 해외저축은 원조를 중심으로 한 순 이전과 차관을 중심으로 한 순 차입으로 구성되는데, 1950년대 해외로부터의 차관도입 실적이 거의 전무했음을 고려해본다면 이 당시 해외저축의 대부분은 미국의 원조로 이루어졌음을 알 수 있다[3].

---

3) 변형윤(1969)은 1950년대에 걸쳐 순저축률(=국내저축률 - 자본소모충당금률)을 계산하고 있다. 그에 따르면, 1953-57년에 걸친 순저축률은 -3.7, 1958-61년

<표 4-4> 1950년대 경제성장률, 투자율, 저축률(1965년 불변가격)

(단위 : %)

	GNP성장률	국내총투자율	고정투자율	국내저축률	해외저축률
1953		16.5	8.4	0.0	16.5
1954	6.0	12.9	9.3	1.7	11.2
1955	6.1	12.9	10.3	-2.0	14.9
1956	1.2	12.0	11.0	-6.3	18.3
1957	8.8	16.8	11.7	-2.9	19.7
1958	5.5	14.1	10.5	-0.9	15.0
1959	4.4	10.0	10.3	-0.4	10.4

주: 국내총투자율 = 국내저축률 + 해외저축률
자료: 한국은행, 『국민소득연보』(1968).

한편 다음의 <표 4-5>는 고정자본 형성에 있어서 재정투융자의 기여
도와 재정투융자 재원 가운데 대충자금의 비율을 보여주고 있다. <표
4-5>에 따르면, 1950년대 자본형성에 있어서 정부 재정투융자의 기여도
는 매우 높은 것으로 나타나고 있는데, 이는 곧 자본을 형성하는 과정에서
민간기업보다는 정부의 역할이 매우 컸음을 의미한다. 즉, 1950년대
자본형성 과정의 주체는 민간자본이 아니라 국가자본임을 보여주고 있다.
그러나 <표 4-5>는 또한 정부 재정투융자 재원 가운데 대충자금의
비중이,
특히 1950년대 후반 들어, 매우 높게 나타나고 있음을 보여주고 있다.
이는 국가자본의 원천이 또한 미국원조에 있음을 의미한다. 결국 1950년
대 미국으로부터의 원조가 전후 한국의 경제재건을 목적으로 한 것은

에 걸친 순저축률은 -12.6으로 나타나고 있다. 이를 통해 1950년대 전기간에
걸쳐 한국의 소비지출이 매우 컸음을 알 수 있으며, 국내저축을 통해서는 새로운
투자는커녕 자본소모의 충당도 불가능했음을 알 수 있다. 결국 미국으로부터의
원조가 없이는 당시 한국경제의 자본축적은 불가능한 일이었다.

<표 4-5> 고정자본형성에 대한 재정투융자 기여도 및
재정투융자 재원 중 대충자금의 비중

(단위: %)

	재정투융자 기여도	대충자금의 비중
1953	38.2	34.6
1954	63.8	43.5
1955	35.5	65.2
1957	73.9	70.3
1958	65.7	83.4
1959	46.3	74.5

주: 재정투융자 기여도＝재정투융자/총고정자본형성
　　대충자금의 비중＝대충자금/재정투융자 재원의 합계
자료: 한국산업은행, 『조사월보』(1964년 8월호).

아니었으며 주로 소비재 중심의 군사원조적 성격을 갖고 있었다 하더라
도, 1950년대 한국 자본주의의 축적에 있어서 절대적 역할을 했음을
다시 한 번 알 수 있다.

지금까지의 분석은 1950년대 원조경제하 한국 자본주의의 축적구조를
잘 보여주고 있다. 즉, 1950년대 한국 자본주의는 부(-)의 순저축이 보여
주듯이, 시장기구를 통한 자본의 내적 축적 메커니즘을 갖지 못한 체제였
다고 할 수 있다. 또한 이러한 내적 축적 메커니즘의 부재로 인한 축적상의
공백을 미국으로부터의 원조를 통해 메울 수밖에 없었던 체제였다. 따라
서 1950년대 한국 자본주의의 축적구조 속에는 시장기구 외부로부터
국가기구가 자본축적의 주체로 전면화될 수 있는 계기가 이미 내재되어
있었다고 할 수 있다. 그러나 1950년대 국가자본의 원천 또한 원조로부터
주어졌다는 외적 제약으로 인해 국가기구 전면화의 이러한 계기는 여전히
하나의 가능성으로만 남게 되었다.

3. 1950년대 원조경제의 위기와 국가의 대응

원조경제하의 한국자본주의는 1957년을 기점으로 해 경제성장률이 급격히 둔화되는 등 경제적 위기를 경험하게 된다. 1950년대 말 나타나게 되는 이러한 경제위기의 원인으로는 일반적으로 미국의 원조정책 변화와 그에 따른 원조액의 감소를 들 수 있다. 실제 1957년 3.8억 달러의 원조를 최고로 1958년부터는 미국의 원조공여액이 감소하게 되며, 1959년 원조액은 2.2억 달러로 1957년 원조액의 절반 수준으로 급격히 감소하게 된다. 이러한 원조액의 감소는 원료 및 생산수단의 공급을 원조물자에 의존해온 이른바 '삼백산업' 등 국내 소비재 산업의 급격한 위축을 가져왔다.

그러나 1950년대 말의 경제위기를 이와 같이 원조의 감소라는 단일한 요인만으로 설명하는 것은 문제를 지나치게 단순화할 위험이 있으며, 원조경제하에서 한국 자본주의가 직면하게 되는 내적 모순과 그로부터 제기되는 발전적 요구를 간과할 위험이 있다. 이러한 관점에서 보자면, 1950년대 말 경제위기와 관련해 보다 중요한 문제는 원조의 감소와 같은 외적 위기요인에 대해 왜 국가가 능동적으로 대처할 수 없었는가를 설명하는 데 있다고 할 수 있다.

1950년대 미국의 원조는 이승만 정권의 국내통치를 유지시켜주는 가장 중요한 물적 토대를 이루고 있었다. 시장기구를 통한 자본의 내적 축적 메커니즘이 부재하고 사적 자본부문이 취약한 상태에서 원조배분권을 독점함으로써 이승만 정권은 재정투융자 등을 통한 경제적 재량권을 확보할 수 있었다. 또한 이러한 경제적 재량권의 확대를 통해 이승만 정권은 정치적 권력을 유지하고 확대할 수 있었다. 따라서 미국으로부터 더 많은 원조를 확보하고 이를 통해 경제적 재량권을 유지하는 일은 이승만 정권의 정치적 이해관계와 일치하는 것이었다.[4] 이와 같이 원조의 확대를 통해 경제적 재량권을 확보하고자 하는 이승만 정권의 노력은 소비재 중심의 수입대체 공업화 전략과 저환율정책으로 나타났다.

이승만 정권은 제1공화국 전 기간을 통해 자국화폐의 평가절상을 고수했으며, 따라서 저환율정책은 이승만 정권이 원조경제체제를 유지하기 위한 가장 핵심적 정책수단이었다. 이승만 정권이 평가절하에 반대한 표면적인 이유는 수입중간재와 자본재의 원가를 낮게 유지하기 위해서는 평가절하가 불리하다는 것이었지만, 저환율정책을 고수하고자 한 실제적 이유는 다음과 같다.[5]

첫째, 정부의 공정환율과 시장환율의 차이로 인해 저환율정책 자체가 수입업자 내지 수입대체 자본가에게 엄청난 초과이윤을 가져다주었으며, 따라서 정부의 수입허가권은 큰 이권이었다. 정부는 저환율정책을 통해 수입허가와 외환배분과정에서 영향력을 행사할 수 있었기 때문에 평가절하에 의해 이와 같은 정책망이 무력화되는 것을 원치 않았다.

둘째, 미국 측의 주장대로 평가절하를 실시하면 원조물자 판매대금으로 적립되는 대충자금의 규모가 증가하게 되는데, 한국정부는 대충자금 규모가 커짐으로써 대충자금 지출에 대한 미국 측의 감독권이 강화되고,

---

4) 실제 이승만 정권하에서 환율, 일본과의 교역, 그리고 원조자금의 사용내역을 결정하는 일은 부흥부 장관과 같은 관료들의 의사결정영역이 아니었다. 그것은 항상 이승만 대통령의 고유권한에 속하는 문제였으며, 경제적 문제로서 고려되기보다는 고도의 정치적 문제로 간주되었다. 이와 관련해서는 송인상(1994: 149~150) 참고.

5) 한국의 저환율정책은 시설재와 소비재를 둘러싼 원조물자의 구성을 결정하는 문제, 그리고 원조물자의 발주권 및 구매권에 관한 문제와 더불어 한·미간에 가장 첨예한 대립을 불러일으켰던 문제들 가운데 하나이다. 미국 측은 평가절하를 통해 수입수요를 억제하고, 수입허가제와 관련된 부당이득의 취득과 부패를 줄이는 동시에 수출을 증진시키고, 또한 일정한 원조물자의 판매로부터 더 많은 대충자금을 적립할 것을 한국 측에 요청했다.

반대로 한국 측의 경제적 재량권이 위축되는 것을 원하지 않았다.[6]

셋째, 유엔군 대여금의 상환과 관련해 이승만 정권은 저환율정책을 고수하고자 했다. 앞에서 이미 언급했듯이, 한국전쟁 중인 1950년 7월 한·미간에는 유엔군이 필요로 하는 한화비용을 한국은행이 대여해주기로 협정을 맺었는데, 차후에 이를 달러로 상환하기로 했다. 그러나 이 협정에는 달러의 상환방법에 대한 명확한 규정이 없었다. 당시 엄청난 고율의 인플레이션을 고려한다면 달러 상환시 적용할 환율의 결정에 따라 대여금 상환액에 엄청난 차이가 있을 수밖에 없었다. 따라서 이승만 정부는 가능한 한 평가절상을 통해 더 많은 달러를 상환 받고자 했다.[7]

이처럼 이승만 정권은 저환율정책을 통해 미국원조로부터 최대의 이익을 확보하고 당시로서는 획득하기 어려운 달러를 가능한 한 많이 배당받는 한편, 국내적으로 경제자원 배분에 있어서 최대한의 재량권을 유지하고자 했다. 한마디로 말해, 이승만 정권에 의해 고수되었던 저환율정책은 원조경제의 구조 속에서 원조의 극대화를 꾀하고자 한 현상유지적 성격을 갖는 정책이었다고 할 수 있다. 그러나 원조경제의 틀을 유지하며 저환율

---

6) 대충자금은 원조물자의 판매대전을 현지통화로 적립한 것으로서, 원조가 증여인 한 그 자금은 본래 한국정부의 소유라고 할 수 있다. 그러나 1953년 12월 한·미간에 체결된 '경제재건 및 재정안정계획에 관한 합동경제위원회 협약(백-우드 협약)'에 의해 그 운영은 미국 원조기관의 지도와 허가를 받도록 되어 있었다. 이를 위해 한·미간에 설치된 것이 '합동경제위원회(Combined Economic Board: CEB)'이며, 한·미 양측의 대표로 '경제조정관'을 임명하도록 되어 있었다. 일반적으로 한국 측에서는 부흥부 장관이 '경제조정관'을 겸임했다. 당시 '합동경제위원회'는 원조물자의 사용만을 결정했던 것이 아니라 재정안정계획, 투자계획, 외환수급, 그리고 대외수출에 이르기까지 한국경제 전반에 걸친 모든 문제에 있어서 최고 의사결정기관의 역할을 수행했다.

7) 유엔군 대여금에 대한 상환 달러는 당시 총 외환수입의 60-70%에 이를 정도로 한국정부의 입장에서는 가장 중요한 외화수입원이었다.

을 통해 원조이익을 극대화하고자 한 이러한 정책은 그 자체로서 다음과 같은 경제적 수급상의 모순을 낳게 되었다.

첫째, 저환율정책의 고수는 무역수지의 균형상 수출보다는 원조물자에 의해 뒷받침되는 소비재 중심의 수입대체 공업화 전략을 취하게 했다. 그 과정에서 원조물자의 실수요자 배정원칙을 둘러싸고 원조물자를 배정받기 위한 시설확장 경쟁이 벌어졌으며, 이는 소비재 공업부문에서의 시설과잉의 문제를 야기하게 되었다. 한편 국내수요를 훨씬 초과하는 미국 잉여농산물의 도입과 원료의 공급을 원조에 의존하는 수입대체 공업화는 국내 식량농업 및 원료농업과 도시 제조업부문 간 산업연관성의 단절을 통해 당시 대부분의 노동력을 흡수하고 있던 농촌사회의 구매력을 제약하는 효과를 가져왔다.[8] 결국 원조경제의 틀을 고수하려는 이승만 정부의 현상유지적 경제정책은 수입대체적 소비재 공업의 시설과잉과 농촌사회의 구매력 제약을 통해 경제적 수급의 불일치를 가져왔으며, 이는 소비재산업의 가동률 저하로 이어져 1950년대 말 경제불황의 중요한 요인을 구성하게 되었다.[9]

둘째, 이승만 정부의 저환율정책이 유지되기 위해서는 인플레이션의 억제를 위한 저곡가, 저금리 정책이 필수적으로 수반되어야 했다. 더구나

---

8) 1957년 이후 농가 호당 평균 수입은 그 절대크기에 있어서 지속적으로 감소하고 경영수지 또한 지속적으로 큰 폭의 적자를 나타내고 있다(이대근, 2002: 430).

9) 이와 관련해 당시 한국의 주요 산업이었던 이른바 '삼백산업'을 중심으로 한 제조업의 가동률 저하원인으로는 원조의 감축, 원조물자 배정을 둘러싼 과당경쟁으로 인한 시설과잉, 그리고 농촌의 구매력 저하로 인한 수요의 감소 등을 꼽을 수 있다. 이들 가운데 주로 원조물자의 감소와 시설과잉이 1950년대 제조업 가동률 저하의 주된 요인으로 꼽혀왔다. 그러나 농촌의 구매력 저하로 인한 수요의 감소도 간과되어서는 안 된다. 즉, 소비재 및 잉여농산물 중심의 미국원조는 생산기반의 확충에 부정적이었을 뿐만 아니라 생산물에 대한 소비기반을 확충하는 데도 부정적 영향을 미쳤다고 할 수 있다.

1955년 11월에 서명된 '대한민국과 미합중국정부 간에 합의된 의사록 부록A 제1항의 개정의 건'과 그 부대각서에 의하면, 1955년 9월 중 물가를 100으로 해 서울 도매물가지수가 6개월간 125%를 넘거나 떨어지면 그 변화된 비율만큼 환율을 개정하도록 한·미간에 협정을 맺었다. 이와 같이 물가지수와 환율을 연동시키게 됨으로써 이후 한국정부의 경제정책은 '500대 1 환율유지정책'이라고 해야 할 만큼 인플레이션 억제에 모든 정책적 수단을 동원하게 되었다(송인상, 1994: 270~281). 그 주요 내용을 살펴보면 다음과 같다.

① 세입을 증대를 통해 재정적자를 해소하기 위한 조치로는 원조물자 판매대금(대충자금)의 증수, 세율조정과 세목의 확대, 내국세와 관세의 적극적인 징수, 국유 및 귀속재산의 불하 등.
② 통화증발의 억제 및 금융자금의 통제를 위한 조치로는 일반회계 및 특별회계의 수입 내 지출방침, 금융활동의 억제 등.[10]

결국 이상과 같은 조치들은 조세의 증징과 금융자금의 방출을 억제함으로써 재정수지를 안정화시키고 통화팽창을 억제하려는 것이었다. 그러나 이러한 조치의 실시가 통화팽창의 억제를 통한 물가안정과 환율의 유지에는 효과가 있었다고 할 수 있지만, 그것이 재정안정화를 위한 조세의 증징 및 재정투융자의 억제와 더불어 국내수요를 억제하게 됨으로

---

10) 이 시기 통화량조절이 계획대로 이루어지지는 않았지만 환율유지는 성공했다. 환율을 유지하는 데 성공한 것, 즉 물가상승률을 25% 수준 이하로 유지할 수 있었던 것은 곡가의 폭락에 의해서였다. 이 시기 다른 물가는 대부분 상승했지만 곡가는 1958년 풍년과 잉여농산물 도입 등으로 폭락했다. 앞에서 언급했듯이, 이것이 1950년대 말 불황을 심화시킨 가장 중요한 이유의 하나였다고 할 수 있다.

써 산업자본의 생산활동을 동시에 위축시키는 결과를 가지고 왔다.

결국 원조경제의 틀을 고수하며 저환율정책을 통해 원조이익을 극대화하려는 이승만 정부의 현상유지적 경제정책은 원조의 혜택을 받는 산업(수입대체 소비재 공업)과 원조경제의 구조 속에서 소외될 수밖에 없는 산업(농업)간 불균형을 낳음으로써 그 자체가 원조경제의 축적구조를 더 이상 유지할 수 없는 장애물로 작용하게 되었다. 이러한 모순된 현상은 국내산업간 균형적 연관성이 고려되지 않은 채 일방적인 외부원조에 의존해 자본축적이 수행되는 한 극복될 수 없었으며, 원조자원의 배분을 통한 경제적 재량권의 유지 및 확대가 곧 자신의 정치적 기반이 되었던 이승만 정부로서는 이러한 축적구조상의 모순을 인식하거나 극복할 능력이 없었다.11) 이와 같이 원조경제가 갖는 축적구조상의 내적 한계와

---

11) 이승만 정권하에서도 경제적 위기의 심화에 따른 당시의 발전적 요구를 수용할 국가적 시도가 전혀 없었던 것은 아니다. 예를 들어, 1956년 '부흥 5개년 계획'과 이승만 정권 말기인 1959년 3월에 부흥부 산하 산업개발위원회 주도로 입안된 '경제개발 7개년 계획' 및 그 전반부 3개년 계획 등이 있었다. 그러나 1956년 '부흥 5개년 계획'은 당시 덜레스(John F. Dulles) 미 국무장관의 방한을 앞두고 3일 만에 졸속으로 입안된 것이었으며(박태균, 2000: 149), 1960년 4월 15일 공식 발표된 '경제개발 3개년 계획'은 장기간에 걸쳐 훨씬 체계적 과정을 통해 입안되기는 했으나 계속적인 미국원조를 전제한 것이었기 때문에 재정안정계획을 제외하고는 그 실현가능성이 매우 불투명한 것이었다. 더욱이 이 계획은 이승만 대통령에게 단 두 차례만 보고되었으며, 당시 집권자의 무관심 속에 부흥부 장관이었던 송인상 개인의 열의에 의해 작성된 것이라 할 수 있다(김진현, 1966: 104~105). 한편 재일교포 북송사건 등으로 인해 1960년 4월 이승만의 독단에 의해 결정된 '대일경제단교조치'는 당시 대일 미곡수출과 원료 및 물자의 도입에서 일본이 차지하는 비중을 고려해본다면, 매우 충격적인 조치였다. 그러나 이처럼 중요한 의사결정과정에서 경제부처의 최고관료인 부흥부 장관은 철저히 소외되었으며, 사전에 어떤 영향력도 행사할 수 없었다. 이를 통해 경제관료 개인의 능력과는 별개로 이승만 정권이 당시의 경제적 모순에 대해 얼마나 무지하고 무능력했는지를 알 수 있다.

모순이 미국의 원조정책 변화와 그에 따른 원조액의 감소라는 외적 요인과 결합하게 됨으로써 1950년대 말 한국 자본주의의 위기는 심화되었다.

4. 1960년대 축적구조의 전환과 국가기구의 전면화

원조경제하에서 1950년대 말 한국경제가 맞이한 위기는 단순한 경기순환적 위기가 아닌 시장기구를 통한 자본의 내적 축적 메커니즘이 부재한 상태에서 자본축적이 미국 원조에 전적으로 의존하게 됨으로써 발생하게 된 원조경제의 구조적 위기였다. 더구나 미국 원조정책의 변화로 향후 원조액이 감소하게 될 것이 분명한 상황에서 1950년대 말 한국 자본주의는 기존의 원조의존적 구조에서 탈피해 다음과 같은 새로운 축적구조로의 전환을 요구받게 된다.

첫째, 낮은 생산력과 원조경제하의 불균형적 성장으로 인해 농촌사회에 광범위하게 존재하는 잠재실업상태의 노동력을 산업노동력화할 필요가 있었다. 이러한 농촌노동력의 산업노동력으로의 전환을 통해 농촌과잉인구의 해소 및 원조경제하에서 제약받고 있던 농촌사회의 낮은 구매력을 해방시킬 필요가 있었다. 앞에서 살펴보았듯이, 농촌사회의 이와 같은 낮은 구매력은 원조경제의 필연적 결과물이었으며, 이러한 구매력 제약을 극복하지 않고서는 외부로부터 아무리 많은 원조가 제공된다 하더라도 경제 내부의 자본축적은 불가능한 일이었다.

둘째, 미국의 원조정책 변화로 인한 원조의 감소는, 예를 들어 수출의 촉진과 차관의 도입 등 새로운 외화확보 방안과 성장동력을 찾도록 요구했다. 그러나 새로운 외부성장동력에 대한 필요성은 외부로부터 주어지는 성장동력을 대체하는 문제에만 국한되었던 것이 아니라 원조경제하에서의 기존의 성장방식과 경제구조에 대한 심각한 반성을 제기했다.

즉, 성장동력의 형태를 전환하는 문제는 결국 산업구조 및 성장방식 전반에 대한 전환을 요구하게 되었다.

셋째, 원조경제하에서 한국 자본주의가 갖는 구조적 모순으로 인해 제기된 발전적 문제들을 수용하고 해결하기 위해서는 국가권력의 재편 및 경제개발에 대한 새로운 국가계획의 필요성이 제기되었다. 즉, 성장 및 축적 방식의 전환을 위해 경제과정에 대한 보다 전면화된 국가개입을 요구하게 되었다.

당시 사적 자본의 취약성으로 인해 시장기구의 내적 축적 메커니즘이 부재한 상태에서 국가자본에 의한 재정투융자가 축적의 중요한 역할을 담당했다는 점을 고려한다면, 1950년대 국가권력이 통제할 수 있는 물적 자원의 양과 국가자율성, 그리고 국가능력이 발휘될 수 있는 여지는 다른 어떤 시기의 국가권력에 비해 상대적으로 큰 것이었다고 할 수 있다. 그럼에도 불구하고 당시 국가자본의 원천 또한 외국원조에 있었기 때문에 이승만 정권하에서 물적 자원의 우위에 근거한 국가자율성 및 국가능력의 행사는 극히 제한적일 수밖에 없었다.[12) 또한 원조의존적 축적구조 그 자체가 이승만 정권의 정치적 생존을 보장해주는 물적 토대 였다. 따라서 이승만 정권은 국가기구의 전면적 개입을 통해 원조경제의 구조적 모순으로부터 제기되는 당시의 발전적 요구들을 수용할 수 없었으 며, 그 결과 국가권력의 재편은 불가피한 일이었다.[13)

---

12) 1950년대 '합동경제위원회(CEB)'를 통한 미국의 경제개입과 한국의 경제정책 결정과정에 있어서 당시 미국 측 경제조정관의 역할을 고려한다면 이러한 주장은 충분히 이해될 수 있다.

13) 이와 관련해, 본문에서 충분히 다룰 수는 없지만, 외부경제에 의존하는 형태의 변화가 국가자율성 및 국가능력을 어떻게 변화시키게 되는지를 충분히 해명할 필요가 있다. 즉, 이승만 정권이나 박정희 정권 모두 외부의존적 성장을 추구했 다는 점에서는 본질적으로 동일하다 할 수 있으나, 원조도입방식으로부터

국가기구 전면화에 대한 요구는 당시 한국 자본주의의 미성숙, 자본의 내적 축적 메커니즘이 부재한 상태를 반영한 것이었다. 즉, 시장가격기구와 자본주의 부문의 미성숙은 시장으로부터 제기되는 발전적 요구를 시장의 내적 메커니즘 속에 반영함으로써 해결할 수 있도록 하는 길을 봉쇄하고 있었다. 또한 광범위한 농촌노동력을 산업노동력으로 전환하거나 성장 및 축적방식을 전환하기 위해서는 불가피하게 대규모의 자본 = 성장동력의 확보가 요구되었다. 결국 시장기구를 통한 자본의 내적 축적 메커니즘이 부재한 상태에서 이러한 역할은 시장외부에 존재하는 국가기구에 맡겨질 수밖에 없었으며, 경제의 구조적 전환을 가능케 해줄 대규모 자본 = 새로운 성장동력의 확보는 국가기구가 해결해야 할 일차적 과제가 되었다.

이러한 배경하에 5·16 군사정권은 장면의 민주당 정부와 마찬가지로 4·19 정신의 계승을 자임하며 등장하게 된다. 정치적 민주화에 대한 요구로 촉발된 4·19는 원조경제하의 구조적 모순을 극복하고 '자립적' 자본주의 발전을 지향하고자 하는 민족주의적 요구로 수렴되었다. 4·19 운동세력과 마찬가지로 5·16 군사정부가 '민족주의'를 혁명의 이념으로 내세운 것이 단순히 쿠데타를 정당화하기 위한, 또는 이후 박정희 정권의 실제적인 정책적 내용과는 무관하게 단순히 국가동원체제를 유지하기 위한 일종의 국민동원 이데올로기에 불과했는지에 대해서는 논란의 여지가 있다. 그러나 제1차 경제개발 5개년 계획의 수립과정 등을 고려해본다면, 5·16 이후 박정희 정권은 4·19 운동세력의 민족주의적 요구를 일정 정도 수용하고 있다고 할 수 있다.[14]

차관도입방식으로 외부경제에 의존하는 형태가 변화함으로써 이승만 정권과 박정희 정권의 국가자율성 및 국가능력은 큰 차이를 보이고 있다.

14) 5·16 군사정부가 갖는 민족주의적 성향을 검토하는 것은 본문의 주제를 벗어난 문제이다. 그러나 5·16 혁명 이후 박정희 정권이 자주와 자립이라는 4·19

박정희 정권에 의한 제1차 경제개발 5개년 계획의 실시를 통해 한국에 있어서 국가주도형 자본주의 발전방식 및 경제과정에 대한 국가의 개입방식이 구체적으로 형성된다. '계획'에서는 1950년대의 경제상황을 다음과 같이 평가하고 있다(대한민국정부, 1962: 13~14).

첫째, 농업의 위기로 인해 국내시장이 위축되고 따라서 자본형성을 위한 자금의 국내조달이 곤란하다.

둘째, 종합적인 계획의 결여, 비정상적인 금리체계나 저환율의 적용 등으로 부정과 부패가 횡행하고, 국영기업체 역시 방만한 경영과 정치자금의 통로로 운영되어옴으로써 그 폐해가 심각하다.

셋째, 전력, 교통 등 사회간접자본이 부족해 경제성장의 기초적인 애로요인을 이루고 있다.

이는 결국 1950년대 원조경제하에서 가격형성을 통한 자원배분과 자본축적 메커니즘으로서 시장기구의 부재상태로 요약될 수 있으며, 따라서 경제의 자립적 성장과 근대적(자본주의) 공업화의 기반을 조성하기 위해 경제과정에 대한 국가기구의 전면적 개입을 요구하게 된다.[15] 1960년대 국가주도의 경제개발계획이 실행되는 과정을 통해 이러한 국가기구의 전면화는 부정축재자 처리를 통한 대자본의 재편성, 국가의 금융권 장악, 국가재정권의 강화, 외자도입 및 배분권의 강화 등으로 나타난다. 이는 결국 시장기구를 대체해 국가가 실질적인 자본의 형성, 동원 및 배분권을 장악하게 되는 결과를 가져왔다.[16]

혁명의 민족주의적 요구를 저버리고 미국이 주도하는 세계체제 속에 급속히 편입되면서 일방적으로 종속심화의 길로 나아갔다는 주장은 오히려 박정희 정권의 본질을 인식하는 데 장애가 될 수 있음을 지적하고자 한다.

15) 제1차 경제개발 5개년 계획의 기본방침으로 제시된 이른바 '지도받는 자본주의 체제'란 바로 이러한 요구를 집약한 것이라 할 수 있을 것이다.

16) 그러나 국가기구에 의한 자본의 형성, 동원, 배분권의 장악이 국가자본의 축적

우선 제1차 경제개발 5개년 계획의 실시를 전후해 한국경제 내의 자본동원방식의 변화가 어떻게 나타나고 있는지를 위의 <표 4-6>을 통해 살펴보자.

<표 4-6>에서 1960년대 들어 국내총투자율은 급격히 증가하기 시작한다. 특히 제1차 경제개발 5개년 계획이 실시된 1962년 이후에는 국내총투자율은 매우 빠른 속도록 증가하고 있음을 알 수 있으며, 이는 저축의 확대를 통한 대량의 자본투자를 통해 가능한 것이었다. 고정투자율 또한 빠른 속도로 증가하고 있어 1950년대와는 달리 자본축적이 비교적 빠른 속도로 진행되고 있음을 알 수 있다.

한편 <표 4-6>에서 총투자에 대한 자금조달구조를 보면 국내저축, 즉 내자를 통한 투자비율이 증가하고 있음을 알 수 있다. 반대로 총투자

이 아닌 민간자본의 축적으로 이어졌다는 점이 일반적인 국가자본주의체제와 구별되는 한국형 발전모델의 가장 큰 특징이다. 자본의 동원 및 배분과정에 대한 국가기구의 전면화 과정이 이와 같이 민간자본의 축적으로 이어졌다는 점은 박정희 개발방식에 대한 이른바 '시장친화론적' 해석(World Bank, 1987)의 주요한 근거가 되고 있다. 그러나 개발의 결과가 민간자본의 축적으로 나타났다고 해서 개발방식 자체가 '시장친화적'이었다고 해석하는 것은 논리적 근거가 없을 뿐만 아니라 적어도 역사적 사실에도 부합하지 않는다고 할 수 있다. 반면 암스덴(Amsden, 1989)은 정부에 의한 체계적인 가격왜곡 및 재량적 시장개입이 오히려 한국을 비롯한 후발공업국의 고도성장을 가능케 한 결정적 요인이었음을 강조하고 있다. 또한 그녀는 시장에 대한 이러한 정부의 개입이 어떻게 높은 경제적 성과로 나타날 수 있게 되었는지를 개별기업을 대상으로 한 미시적 분석을 통해 보여주고 있다. 그러나 그녀는 국가의 역할을 자원의 '효과적' 배분에만 한정해 분석하고 있다는 한계를 갖는다. 즉, 경제개발에 필요한 자본이 어떤 경로를 통해 조달되느냐 하는 문제가 갖는 중요성은 상대적으로 소홀히 다루어지고 있다. 모든 후발공업국에 일반적으로 적용될 수 있는지에 대해서는 좀더 많은 검토가 필요하지만, 적어도 한국에 있어서는 자원의 배분뿐만 아니라 자본의 동원 및 확보에 있어서도 국가가 주도적 역할을 수행했음을 인식하는 것이 매우 중요하다.

<표 4-6> 국내총투자와 자금의 원천

(단위 : %)

| | 국내총투자율 | 고정투자율 | 국내저축/
총투자 | 해외저축/총투자 | | |
				순 차입	순 이전	합계
1960	10.6	10.5	14.5	-4.0	82.3	78.3
1961	11.9	10.6	29.2	-4.3	69.5	65.2
1962	12.2	13.2	11.3	10.0	73.0	83.0
1963	19.8	15.3	37.5	20.7	37.8	58.5
1964	15.2	12.4	48.3	5.1	43.5	48.6
1965	14.7	14.6	51.3	-1.1	45.5	44.4
1966	22.3	20.9	54.4	12.6	26.2	39.3
1967	24.3	23.3	51.2	19.1	22.4	41.5

자료: 한국은행, 『국민소득연보』(1968).

가운데 해외저축이 차지하는 비율은 뚜렷한 감소의 경향을 보이고 있다. 특히 1964년 이후로 총투자 가운데 국내저축이 차지하는 비중이 해외저축의 비중을 앞지르기 시작함으로써 오직 외국원조에 의존해서만 가능했던 1950년대의 축적형태와 비교해 내자동원을 통한 축적이 가능해졌음을 알 수 있다. 이것은 1950년대와 대비되는 1960년대 자본축적구조의 가장 큰 특징이라 할 수 있다.

해외저축의 경우, <표 4-6>에 나타나듯이, 원조(순이전)의 비중은 점차 감소하고 있으며, 반대로 차관(순차입)의 비중은 점차 증가하고 있다. 이는 외국으로부터의 자본조달방식이 1950년대 원조도입방식으로부터 1960년대에는 차관도입방식으로 급격히 변화하고 있음을 보여준다.

한편 다음의 <표 4-7>은 국내자본형성에 있어 민간부문과 정부부문의 기여도를 보여주고 있다.

<표 4-7>에서 알 수 있듯이, 국내 총고정자본 형성에 있어서 1962년까지는 국가부문이 72.5%의 압도적 기여를 하고 있었다. 그러나 민간부

<표 4-7> 부문별 국내 총고정자본 형성

(단위: %)

	민간투자			정부투자	재정투융자
	자체자금	재정자금	합계		
1962	27.5	30.3	57.8	40.2	72.5
1963	68.0	12.4	80.4	19.6	32.0
1964	68.4	7.8	76.2	23.8	31.6
1965	65.1	8.5	73.6	26.4	34.9
1966	67.1	10.8	77.9	22.1	32.9
1967	65.8	15.5	77.3	22.7	34.3

주: 재정투융자=정부투자+민간투자 가운데 재정자금
자료: 한국은행, 『국민소득연보』(1968).

문에 대한 외국으로부터의 상업차관이 본격적으로 도입되기 시작한 1963
년부터는 국내 총고정자본 형성에 있어서 민간부문이 국가부문을 압도하
게 된다. 그러나 이러한 지표의 변화가 1950년대 국가중심의 자본축적구
조가 민간(시장)중심의 자본축적구조로 전환되었음을 의미한다고 할 수
있을까? 민간자본인 법인기업들의 자금조달 추이를 살펴보면 이에 대한
답을 얻을 수 있다.

다음의 <표 4-8>을 통해 1960년대 한국기업들의 자금조달구조가
압도적으로 외부자금에 의존하고 있음을 알 수 있다. 특히 1960년대
중반 이후부터는 외부자금의 대부분이 금융기관차입금과 외자차입금(상
업차관)을 통해 조달되고 있음을 알 수 있다. 중요한 것은 1960년대 경제
개발 착수 이후 국가기구는 금융기관의 대출권과 외자배분권을 장악함으
로써 기업으로 유입되는 자금의 흐름을 통제할 수 있었다는 점이다.
따라서 정부의 통제로부터 벗어나 기업이 자유롭게 조달할 수 있는 자금
은 증권발행을 통한 자본시장으로부터의 자금조달이라 할 수 있는데,
<표 4-8>에서 나타나듯이, 1960년대 증권발행과 같은 직접금융방식의
자금조달비율은 매우 낮은 실정이었다.[17] 결국 1960년대에 접어들어

<표 4-8> 법인기업들의 자금조달 추이

(단위 : %)

	1961-2	1963	1964	1965	1966	1967	1968
내부자금	10.6	40.8	54.5	47.7	33.0	26.5	24.1
외부자금	89.4	59.2	45.5	52.3	67.0	73.5	75.9
금융기관차입	32.2	24.7	19.0	32.4	18.7	29.9	36.5
증권발행	-	17.0	14.6	11.6	8.9	7.2	6.7
사채차입	-	3.6	6.6	2.7	6.5	9.6	3.5
외자차입	-	13.9	5.4	5.6	32.9	26.8	29.2

주: 외부자금=금융기관차입+증권발행+사채차입+외자차입
자료: 한국은행, 『한국의 자금순환』(1971).

고정자본 형성과 같은 자본축적에 있어서 국가자본보다는 민간자본의 역할이 명목상 더 강조되었지만, 국가는 기업으로 유입되는 자금의 흐름을 실질적으로 통제함으로써 자본배분에 대한 실제적 권한을 행사할 수 있었다. 또한 이러한 자본배분권의 장악에 기초해 국가는 1950년대보다 훨씬 강력하고 직접적인 경제적 재량권을 행사할 수 있었다.

국가기구가 금융권을 장악하는 데 있어서 가장 중요한 조치는 부정축재자처리와 '금융기관에 대한 임시조치법'(1961.6.20.)을 통한 은행국유화였다. 국가는 이러한 법을 통해 은행 대주주의 의결권을 제한했고, 또한 부정축재자처리를 통해 사적 대자본이 소유하고 있던 은행주식을 환수했다. 이러한 조치를 통해 5·16 정권은 1950년대 후반 사적 대자본이 소유, 지배하고 있던 은행을 국유화했다. 이러한 은행국유화를 통해 국가

---

17) 한국기업의 자금조달구조에 있어서 이와 같이 직접금융의 비중이 낮은 것은 일반적으로 다음과 같이 설명된다. 첫째, 한국에 있어서 자본시장의 미발달, 둘째, 주식발행을 통해 기업의 지배권이 감소하게 되는 것을 꺼려하는 전근대적인 경영마인드, 셋째, 은행으로부터의 차입을 유리하게 만드는 한국경제의 만성적인 인플레이션 구조.

는 자본축적에 필요한 화폐자본을 주도적으로 동원, 배분할 수 있었다. 따라서 은행국유화를 통한 국가의 제도적 금융시장의 장악은 1960년대 사적 대자본이 국가의 정책적 의도에 순응할 수밖에 없었던 결정적 계기가 되었다.

국가가 금융권을 장악하게 된 또 하나의 계기는 1962년 5월의 '한국은행법'의 개정을 통해서였다. 이는 금융통화위원회의 권한축소와 금융권에 대한 행정권의 강화로 나타났다. 즉, '한국은행법' 개정을 통해 금융통화위원회가 가졌던 금융통제기능은 거의 유명무실하게 되었는데, 금융통화위원회의 의결사항에 대해 재무부장관이 재의를 요청할 수 있었으며, 그 최종결정권은 결국 대통령에게 귀속되었다.

또한 '은행법'의 개정(1962.5.24.)을 통해서도 금융기관에 대한 국가의 감독기능은 강화되었다. 은행법의 개정을 통해 국가는 시중은행의 임원인사나 예산 및 결산의 승인권을 장악했으며, 이미 '한국은행법' 개정을 통해 장악한 금융통화위원회를 통해 시중은행을 감독했다. 이로써 일반 시중은행은 통화정책당국인 중앙은행의 통화정책상의 통제, 그리고 재정안정계획상의 양적 통제 외에도 정부의 직접적인 경영통제를 받게 되었다. 이러한 일련의 금융권 장악과정을 통해 국가는 자본축적에 필요한 화폐자본을 동원, 배분할 수 있는 권한을 확보함으로써 사적 자본의 축적에 결정적인 영향을 미칠 수 있게 되었다. 결국 국가는 자본의 형성 및 축적에 대한 국유화된 은행의 역할을 강화함으로써 국가가 의도하는 산업부분에 대한 선택적 지원 또는 제재수단을 획득하게 된다.[18]

---

18) 이와 같이 화폐자본의 배분권이 국가에 귀속되어 있는 한 사적 대자본의 '합리적 선택'이란 결국 국가가 설정해놓은 이러한 제도적 규칙에 순응하는 것이었다. 따라서 박정희 발전모델이 갖는 국가주도성의 핵심은 자본축적의 주체가 기업이냐, 국가냐에 있는 것이 아니라 자본의 동원 및 배분을 결정하는 제도적 결정권이 누구에게 있었느냐에 있다고 할 수 있다. 은행법 개정 등을 통한

지금까지의 분석에 따르면, 1960년대 국가기구의 전면화 과정은 재정권의 강화, 금융권 및 외자배분권의 장악 등을 통해 전면화 되었다. 또한 1950년대의 국가역할과 비교해보았을 때, 이 시기에 나타난 국가기구의 전면화 과정은 자본의 형성 및 배분과정에 국가가 보다 직접적으로 개입하게 되는, 한국 자본주의 구조전환상의 특징을 보여주고 있다. 이처럼 국가기구가 전면화 됨에 따라 시장기구는 오히려 왜소해질 수밖에 없었는데, 따라서 제1차 경제개발 5개년 계획의 실시를 전후해 국가기구가 전면화 되는 이 시기를 한국 자본주의의 발전과정에 있어서 '자본결핍증에 걸린 국가의 시대'라 부를 수 있을 것이다.[19]

5. 자본확보를 위한 복선형 공업화 전략

1960년대 한국 자본주의의 성장방식은 일반적으로 수출주도형 공업화

국가의 금융권 장악과 관련해 또 한 가지 주목해야 할 것은 1965년 9월 국가에 의해 단행된 금리현실화 조치이다. 일반적으로 금리현실화 조치는 1950년대 저환율, 저금리 정책에 따른 가격구조의 왜곡을 시정하고 개발정책의 시장순응성을 높이기 위한 조치로 평가받아왔다. 그러나 앞에서 언급한 국가의 금융권 장악을 통한 화폐자본의 동원이라는 맥락에서 금리현실화 조치를 평가한다면, 그것은 개발정책의 시장순응성을 높이기 위한 조치가 아니라 오히려 경제개발 계획에 필요한 내자를 동원하고 그러한 자금을 국가에 집중시키기 위한 조치였다고 평가해야 할 것이다. 즉, 금융제도의 국유화 과정은 간과한 채 금리 및 환율의 현실화 과정만을 부각시킨다면, 실제 국가의 역할을 과소평가할 위험이 있다. 또한 1965년 9월의 금리현실화 조치는 여신금리를 30%로, 대출금리를 24-26%로 설정하는 등의 역금리체계로서 이 자체가 또 다른 시장가격의 왜곡을 보여주고 있다.

19) 이러한 관점에서 1960년대 '한일협정'의 타결(1965) 및 베트남 전 참전(1966) 등은 '자본결핍증에 걸린 국가'의 정치적 선택이었다고 볼 수 있다.

전략으로 규정된다. 한국에 있어서 수출주도형 공업화 전략이 강조되기 시작한 것은 1960년대 초 외환파동을 직접적 계기로 한다고 할 수 있으며, 섬유공업을 중심으로 한 1950년대 수입대체적 소비재 공업의 과잉설비와 잠재적 실업상태에 있는 과잉노동력의 존재가 간접적 계기를 이루고 있다고 할 수 있다.

그러나 제1차 경제개발 5개년 계획 초기부터 수출이 하나의 성장전략으로서 강조되었던 것은 아니다. 오히려 박정희 정권은 제1차 경제개발 5개년 계획을 기간산업 및 중화학공업 중심으로 입안했다(내각기획조정실, 1967). 즉, 제1차 경제개발 5개년 계획은 '자립경제 달성을 위한 기반구축'을 그 기본목표로 삼고 있는데, 따라서 박정희 정권은 기간산업 및 중화학공업의 육성 없이는 자립경제의 달성이 어렵다는 것을 경제개발 초기부터 인식하고 있었다고 할 수 있다. 또한 수출주도형 공업화 전략이 본격적으로 추진된 것으로 간주되는 제2차 경제개발 5개년 계획에 있어서도 정부는 계획의 기본목표로서 화학, 철강 및 기계공업을 건설해 공업고도화의 기틀을 잡고 수입대체를 촉진해 계획적인 국제수지 개선의 기반을 굳힐 것을 명확히 제시하고 있다. 따라서 한국 자본주의의 양적 성장과정에서 대외시장을 이용한 수출산업의 성장이 매우 중요한 역할을 수행했다는 사실을 인정한다 하더라도, 박정희 정권의 경제개발방식을 수출주도형 공업화 전략으로 한정해 이해하는 것은 매우 일면적인 이해방식이라 하지 않을 수 없다.

박정희 정권의 경제개발전략을 수출주도형 공업화 전략으로 한정해 이해함으로써 박정희 발전모델에 대한 기존 논의들은 다음과 같은 문제점들을 갖고 있다.

첫째, 박정희 발전모델에 대해 비판적인 논의들 대부분은 수출주도형 공업화 전략이 상품가치의 실현을 해외시장에 의존케 함으로써 경제적 재생산구조의 종속성을 심화시켰다고 평가하고 있다. 그러나 한국의 경우 생산재 산업의 취약성으로 인해 최종재의 수출증가가 오히려 생산재 및 중간재의 수입을 유발시켜 무역수지를 지속적으로 악화시키는 요인이 되었으며, 이러한 무역수지의 악화가 외채의 누적적 증가를 유발시킨 가장 중요한 요인이었음을 인정한다 하더라도, 수출주도형 공업화 전략을 통해 박정희 발전모델이 갖는 대외종속성만을 강조하는 것은 지나치게 일면적이고, 본질에 접근하지 못한 피상적 이해방식이라 할 수 있다.

중요한 것은 박정희 정권 또한 수출산업이 갖는 무역수지 불균형상의 문제점을 충분히 인식하고 있었다는 점이다(대한민국정부, 1966). 그러한 인식의 결과 박정희 정권은 경제개발 초기부터 수입대체공업 육성의 필요성을 강조했으며, 나아가 1973년 '중화학공업화 선언'을 통해 중화학공업의 전면적 육성을 표방하게 된다. 따라서 수출주도형 공업화 전략이 갖는 무역수지 불균형상의 문제에도 불구하고 박정희 정권이 수출산업의 육성을 적극적으로 강조하게 된 계기를 밝히고, 이와 같은 수출의 강조가 수입대체산업의 육성과 어떤 연관성을 갖게 되는지를 밝히는 것이 보다 중요하다고 할 수 있다.

둘째, 주류경제학적 관점에서 박정희 정권에 의해 추진된 수출주도형 공업화 전략은 개방체제로의 적극적 이행을 통해 대내외적 시장조건을 잘 활용함으로써 경제개발에 성공한 대표적인 경우로 자주 거론되고 있다. 따라서 이들의 관점에 따르면 박정희 발전모델은 수출주도형 공업화 전략을 통해 '시장친화적' 내지 '시장순응적' 개발전략을 취했기 때문에 성공한 것으로 평가되고 있다. 그러나 앞에서 이미 밝혔듯이, 박정희 정권의 경제개발방식은 결코 '시장친화적'이거나 '시장순응적'인 것이 아니었으며, 그것은 오히려 자본의 형성 및 동원과정을 시장외부의 국가기구가 장악하고 주도함으로써 국가기구의 전략적 선택 및 기획에 의해 성공한 모델이라 할 수 있다. 또한 주류경제학적 관점은 한국 등 동아시아의 성공과 라틴 아메리카의 실패를 통해 수출주도형 공업화 = 시장친화적 개발전략, 수입대체 공업화 = 국가주도형 공업화 전략이라는 이분법적 사고를 유포시키고 있으며, 국가주도의 수입대체 공업화 전략이 시장 친화적인 수출주도형 공업화 전략보다 열등한 개발방식이라는 근거 없는 주장을 펴고 있다. 그러나 이러한 이분법적 사고는 박정희 발전모델의 본질을 이해하는 데 오히려 장애가 된다고 할 수 있다.

박정희 발전모델에 있어서 수출과 수입대체 사이의 관계를 이해하기 위해서는 우선 당시 정권 내부에서 이 두 개념 사이의 관계를 어떻게 설정하고 있었는지를 알아야 한다. 이를 위해 1967년 정부 기획조정실에서 발간한 '제1차 경제개발 5개년 계획 평가보고서'를 검토할 필요가 있다.

이 보고서에는 익히 잘 알려져 있는 제1차 경제개발 계획의 기본목표가 소개되어 있다. 보고서에 따르면 '계획'의 기본목표는 산업의 근대화를 통한 자립경제의 기반구축에 있으며, 이러한 기본목표를 달성하기 위한 기본방침으로서 '지도받는 자본주의체제'와 '자본공급의 확보'를 제시하고 있다. 또한 자본의 확보를 위해 최대한의 국내자원 동원, 외자의 도입, 그리고 국내 노동력을 최대한 자본화할 것을 제안하고 있다. 즉, '계획'의 입안과정에서부터 경제과정에 대한 국가의 적극적 개입과 자본의 확보가 '계획'의 목표를 실현하는 데 가장 중요한 수단임을 강조하고 있는 것이다.

그러나 1963년 발표된 제1차 경제개발 5개년 계획의 '수정보완계획'에서는 "미국의 대한원조를 비롯한 각종 외자도입이 계획을 하회한 데 반해 계획사업의 진행에 따라 수입수요는 증가되었고, 더욱이 기후조건의 부조화로 인한 이례적인 흉작으로 수입을 더욱 증가시킴으로써 외환보유고가 격감되어 외환위기와 함께 환'인플레이션'을 초래하게 되었다"라고 밝히고 있으며, 그 결과 "동계획에 책정했던 금속 및 기계공업 및 석유화학공업 등 국민생산력의 진정한 발전을 뜻하는 기초공업은 계획의 수정으로 거의 무시되어 제2차 5개년 계획으로 이월되었으며… 뿐만 아니라 민간자본동원 시장이 육성되지 못한 탓으로 자본동원은 해외부문과 정부부문에 의존하는 경향이 현저했으며… 제조업부문의 주요 계획사업은 일방적으로 정부의 재정금융정책에 의존하는 결과를 가져옴으로써 투자재원의 그릇된 배분과 개발 인플레이션을 자극했던 것이다"라고 밝히고 있다(경제기획원, 1964: 7~8). 결국 외환보유고 격감으로 인한 외환위기와 자본확보상의 애로가 '계획'을 추진하는 과정에서 가장 큰 장애요인으로 작용하고 있음을 알 수 있다.

이러한 자본확보상의 애로를 타개하기 위해서는 외환보유고를 확충하고 내자를 적극적으로 동원할 수밖에 없는데, 외환보유고의 확충을 위해서는 무역수지의 개선이 선행되어야 하며 이를 위해서는 수출의 급진적 증가와 수입대체산업의 적극적 육성을 동시에 제안하고 있다. 또한 내자의 동원을 위해서는 민간소비수준을 합리적 수준에서 억제해 저축을 증대시킬 필요가 있는데, 이처럼 민간소비의 상대적 억제를 전제할 경우 외화확보라는 측면에 있어서 뿐만 아니라 성장이라는 측면에서도 수출수요의 증대는 매우 중요하며, 따라서 수출증대의 문제는 제2차 경제개발계획의 성패를 좌우하는 문제라고 '보고서'는 언급하고 있다(내각기획조정실, 1967: 32~38).

지금까지 '평가보고서'의 내용을 통해 경제개발을 추진한 정권의 내부에서 수출산업의 육성과 수입대체산업의 육성이 결코 정책적 대체관계에 있지 않음을 알 수 있다. 오히려 박정희 정권은 경제개발 초기부터 수입대체산업의 육성에 적극적인 의욕을 보였으며, '계획'의 실행과정에서 자본과 외환 부족에 직면해 수출산업의 육성을 전제하지 않고서는 수입대체산업의 육성을 통한 '자립경제의 실현'이 불가능하다는 사실을 깨닫게 되었다고 해야 할 것이다. 이런 측면에서 보자면, 박정희 발전모델에 있어서 수출주도형 공업화 전략은 궁극적으로 수입대체산업화를 실현할 자본확보의 수단으로서 활용되었다고 할 수 있으며, 또한 자본이 부족한 상황에서 수출주도형 공업화 전략과 수입대체 공업화 전략은 '자립경제 달성을 위한 기반구축'에 있어 표리적 관계를 이루며 복선적으로 추구되었다고 할 수 있을 것이다.[20]

6. 결론

앞에서 이미 살펴보았듯이, 미국의 원조에 의존할 수밖에 없었던 1950년대 한국 자본주의는 파행적 구조를 내재하고 있었다. 물론 파행적이라는 말의 의미가 성장이 없는 정체된 상태, 혹은 양적 퇴보를 의미하는 것은 아니다. 비록 원조에 의존하는 방식이기는 했지만, 1950년대 한국경제는 나름대로 견실한 성장추세를 보여주고 있다. 그것이 시설재가 되었든, 혹은 소비재가 되었든, 외부로부터의 막대한 투입(input)이 존재하는 한 전쟁 직후의 한국 자본주의는 성장할 수 있었다. 그러나 적절한 구조전환이 필요한 시점에서, 정작 필요한 조치들이 취해지지 않았다는 점이 문제일 것이다. 그와 같이 필요한 조치들은 한국에서 군사정부가 들어서고 나서야 가능하게 되었다.

1960년대 이후 한국 자본주의가 압축적 고도성장을 실현하게 된 전제조건으로 교육제도를 통해 형성된 양질의 노동력, 일본의 귀속재산과 미국원조를 통해 축적된 자본, 농지개혁 등을 통한 전근대적 제도의 해체 등을 꼽을 수 있다(조석곤·오유석, 2003: 276~293). 그러나 이러한 조건들은 장기간에 걸쳐 형성된 반면, 한국 자본주의의 구조적 전환은

---

20) 한국에 있어 이러한 복선형 산업화의 추진에 대해서는 이병천(1998: 54~57)을 참고.

어느 특정한 시점에서, 시장외적인 힘에 의해, 급격하게 진행되었다. 이것은 분명 한국 자본주의 연구에 있어서 흥미 있는 주제가 될 수 있는데, 압축적 고도성장의 동일한 조건들이 구조전환이 개시된 1960년대뿐만 아니라 1950년대에도 이미 주어져 있었기 때문이다. 그렇다면 그러한 구조전환이 왜 1950년대에는 가능하지 않았던 것일까?

이러한 질문은 마치 물의 비등점을 찾아내는 문제와 같다. 그러나 본 연구가 그러한 비등점을 찾아내는 데 적절한 답을 제공하고 있지는 않다. 다만 이 글이 시사하고 있는 바는 적어도 1960년대 한국에서의 구조전환 과정이 시장을 통해 점진적인 방식으로 달성되지는 않았을 것이라는 사실이다. 이러한 구조전환의 방식을 이해하는 것이 구조전환의 비등점을 찾아내는 것보다 훨씬 더 중요할 수 있는데, 구조전환 과정이 시장메커니즘에 의해 내생적으로 결정되지 않는 한, 그러한 구조전환은 예측할 수 없는 시점에 항상 외생적인 것으로 주어질 가능성이 크기 때문이다. 한국 자본주의의 구조전환 과정이 예상할 수 없었던 시점에 시장외부의 국가기구에 의해 급격하게 진행되었다는 사실은, 그러한 전환을 예상하게 해주는 시장메커니즘의 부재를 반증하고 있다. 이러한 사실이야말로 이 글이 전달하고자 하는 핵심 가운데 하나이다.

1950년대 교육제도를 통해 훈련받은 양질의 노동력은 농촌의 광범위한 유휴노동력으로만 존재하고 있었다. 미국원조가 1950년대 한국의 자본축적에 결정적 기여를 했음은 분명하나, 국내자본의 대부분은 생산에 효과적으로 동원되지 못하고 있었다. 또한 지주계급이 몰락한 가운데 근대적 제도의 창출이 가능해졌지만, 1950년대에는 여전히 이윤동기가 압도적인 제도적 힘으로 작용하지는 않았다. 이러한 상황에서 시장외적인 힘의 작용, 특히 경제과정에 대한 국가기구의 전면적 개입은 시장에 대해 외생적으로 주어지는 하나의 가능성으로 항상 존재하고 있었다고 할 수 있다.

만일 1960년대 국가기구의 전면화를 하나의 사실로 받아들인다 하더라도, 그로부터 우리는 조금 더 복잡한 문제에 직면할 수 있다. 그것은 국가의 전면화 과정과 더불어 이윤동기가 더 이상 자본의 동원 및 축적을 위한 보편적 동기로 작용하지 못하게 될 때, 과연 그러한 동원과 축적과정을 이끌어낼 수 있었던 국가의 목표는 무엇인가 하는 문제이다. 이 경우 국가의 목표로 이윤극대화를 설정하는 것 자체가 불합리한 일이 될 뿐더러, 더욱이 국가 스스로 시장을 초월한 위치에서 시장을 포괄하고, 또한 그와 같이 초월적 위치에서 시장에 개입하려고 하는 한, 국가 스스로 제시하는 목표 또한 시장의 이윤동기를 초월한 그 무엇이 될 수밖에 없다. 이런 관점에서, 1960년대 국가 이데올로기와 그 수용과정에 대한 분석은 국가기구의 전면화로 특징지을 수 있는 이 시기를 이해하는 데 있어서 결정적으로 중요하다고 할 수 있다.

■■■ 참고문헌

경제개발계획 평가 교수단. 1967. 『제1차 경제개발 5개년 계획 평가보고서』. 내각 기획조정실.
_____. 1972. 『제2차 경제개발 5개년 계획 평가보고서』. 내각기획조정실.
경제기획원. 1962, 1964. 『경제백서』.
_____. 1964. 『제1차 경제개발 5개년 계획 보완계획』.
_____. 1964. 『예산개요』.
대한민국정부. 1962. 『제1차 경제개발 5개년 계획』.
_____. 1966. 『제2차 경제개발 5개년 계획』.
한국산업은행. 각년도 『조사월보』.
_____. 1964. 『한국산업은행 10년사』.
한국은행. 1968. 『국민소득연보』.
_____. 1971. 『한국의 자금순환』.

김명윤. 1967. 『한국재정의 구조』. 고대아세아문제연구소.

김용환. 2002. 『임자, 자네가 사령관 아닌가』. 매일경제신문사.

김창남. 1997. 「동아시아 제국의 경제개발전략과 경제발전 유형」. 『경제사학』, 제23권. 경제사학회.

박광작. 1999. 「해방이후 1960년대 초까지 한국재정의 운용과 그 특징」. 『한국 제1, 2공화국의 경제정책』. 한국정신문화연구원.

박동철. 1991. 「5.16정권과 1960년대 자본축적과정」. 『한국자본주의의 분석』. 서울: 일빛.

_____. 1993. 「한국에서 '국가주도적' 자본주의 발전방식의 형성 과정」. 서울대학 교 경제학 박사학위 논문.

박범수. 1995. 「박정희 정권의 초기 산업화 전략과 국가의 역할」. 고려대학교 석사학위 논문.

박종철. 1987. 「한국의 산업화정책과 국가의 역할, 1948 - 1972 : 1공화국과 3공화 국의 비교연구」. 고려대학교 정치학 박사학위 논문.

박찬일. 1981. 「미국의 경제원조의 성격과 그 경제적 귀결」. 『한국경제의 전개과정』. 서울: 돌베개.

박태균. 2000. 「1956-1964년 한국 경제개발계획의 성립과정」. 서울대학교 국사학 박사학위 논문.

_____. 2002. 「1950-60년대 경제개발 신화의 형성과 확산」. 『동향과 전망』, 제55 호. 한국사회과학연구소.

변형윤. 1969. 「한국경제의 제 문제」. 『한국경제의 이론과 현실I』. 내각기획조정실.

서남원. 1963. 『외국원조의 이론과 실제』. 한국연구원.

성낙선. 1998. 「한국의 경제발전과 시장친화론」. 『위기, 그리고 대전환』. 서울: 당대

송인상. 1994. 『淮南 송인상 회고록』. 서울: 21세기북스.

심상진. 1986. 「한국에 있어서 국가자본주의의 발전과 경제구조의 변화에 관한 연구」. 건국대학교 경제학 박사학위 논문.

양우진. 1991. 「우리시대의 이론적 전통에 관해」. 한국사회경제학회. 『사회경제평 론』, 제3호. 서울: 한울.

안철현. 1993. 「한국자본주의 발전에 있어서 1950년대 국가의 역할」. 서울대학교 정치학 박사학위 논문.

유광호. 1999. 「1950년대 '경제개발3개년계획'의 주요 내용과 그 특질」. 『한국 제1, 2공화국의 경제정책』. 한국정신문화연구원.

이대근. 2002. 『해방후-1950년대의 경제』. 삼성경제연구소.

이만희. 1992. 「한국의 산업정책에서의 경제기획원의 역할」. 연세대학교 정치학 박사학위 논문.

이병천. 1997. 「한국의 경제발전론과 발전국가론」. 『산업과 경제』, 제7집 제2호.

_____. 1998. 「발전국가 자본주의와 발전 딜레마」. 『위기, 그리고 대전환』. 서울: 당대.

이창렬. 1969. 「한국경제의 발전요인과 접근방법」. 『한국경제의 이론과 현실I』. 내각기획조정실.

이철순. 2000. 「이승만정권기 미국의 대한정책 연구(1948-1960)」. 서울대학교 정치학 박사학위 논문.

장하원. 1999. 「1960년대 한국의 개발전략과 산업정책의 형성」. 한국정신문화연구원 편. 『1960년대 한국의 공업화와 경제구조』. 서울: 백산서당.

전철환. 1981. 「수출-외자주도개발의 발전론적 평가」. 『한국경제의 전개과정』. 서울: 돌베개.

_____. 2002. 『한국경제 성장과 위기의 순환』. 서울: 지식산업사.

정건화. 2002. 「민족경제론'의 재검토: 민족경제론의 형성. 발전과 한국민족주의」. 『동향과 전망』. 한국사회과학연구소.

정용석. 1993. 「한국 제3공화국의 대외지향적 성장정책에 관한 연구」. 동아대학교 경제학 박사학위 논문.

조석곤. 2002. 「민족경제론과 '국민형성'의 과제」. 『동향과 전망』, 제55호. 한국사회과학연구소.

조석곤·오유석. 2003. 「압축성장을 위한 전제조건의 형성: 1950년대 한국자본주의 축적체제의 정비를 중심으로」. 『동향과 전망』, 통권 59호. 한국사회과학연구소.

조영철. 1998. 「국가후퇴와 한국 경제발전모델의 전환」. 『위기, 그리고 대전환』. 서울: 당대.

Amsden. A. H.. 1989. *Asia's Next Giant: South Korea and Late Industrialization.* Oxford University Press. 이근달 역. 1991. 『아시아의 다음 거인』. 시사영어사.

_____. 2001. *The Rise of "The Rest": Challenge to the West from Late-Industrializing Economies.* Oxford University Press.

World Bank. 1987. *World Development Report 1987.* Oxford University Press.

_____. 1993. *The East Asian Miracle: Economic Growth and Public Policy.* Oxford University Press.

제5장

1950−1960년대 중반 무역·외환정책의 형성과 전환:

수출정책을 중심으로

최상오(서울대 경제연구소 책임연구원, 경제학)

1. 머리말

이 글은 1950년대와 1960년대 중반에 걸쳐 시행된 수출정책을 각 시기별로 살펴보고, 이를 통해 각 시기별 수출정책의 특징, 한국정부의 수출에 대한 인식변화와 각 시기마다 수출성과에 차이를 발생시킨 원인이 무엇인가를 검토하는 것을 목적으로 하고 있다. 아울러 수출정책에 전환이 있었다면, 그 시기는 언제로 볼 수 있는가를 검토하기로 한다.

일반적으로 수출은 세 가지 점에서 한국경제의 고도성장에 기여했다고 평가되어 왔다. 첫째, 총수요의 증가를 의미하는 수출은 수출산업의 성장을 자극하고, 그 결과 생산재 생산부문의 국내수요를 창출해 전체적으로 높은 투자를 보장해 주었다는 점이다. 둘째, 외환공급능력의 확대를 의미하는 수출이 빠르게 성장한 결과 외채상환 능력이 제고되고, 그 결과 국제금융시장에서 한국경제의 신용도가 높아져 외자를 안정적으로 도입할 수 있는 조건이 형성되었다는 점이다. 셋째, 국내기업과 해외기업 간의 경쟁을 의미하는 수출은, 정부의 지원과 보호 속에서 국내기업을 육성하는 수입대체 공업화 전략과 달리, 시장경제의 상벌장치(incentive system)가 원활히 작동하도록 보장해 국내기업들이 생산성 향상을 위해 부단히 노력하도록 강제했다는 점이다.

물론 이런 입장에서 1950년대와 1960년대의 한국경제를 연구하는 것이 이제까지 주류적인 견해였다. 이 견해는 두 시기에서 보이는 공업화 전략의 차이와 이에 규정되어 나타난 경제정책의 차이를 특히 강조한다. 예를 들어 수입대체 공업화를 지향한 1950년대에는 수입대체 활동을 촉진하기 위해 저환율정책과 복수환율제를 채택하고 있다면, 수출지향 공업화를 추진한 1960년대에는 수출활동을 촉진하기 위해 환율현실화 조치와 단일환율제를 그 특징으로 하고 있다는 것이다. 그리고 이러한 공업화 전략과 경제정책의 차이에 규정되어 1950년대와 1960년대의 수출성과 및 경제성과는 각각 저성장·정체와 고성장이라는 커다란 차이가 발생했다는 것이다. 보다 구체적으로 말하면, 가격기구의 원활한 작동이 경제성과의 차이를 규정한다고 보고 있는 신고전학파 견해는, 가격을 현실화한 1960년대의 경제성과가 가격기구를 왜곡한 1950년대의 경제성과보다 훨씬 높았다고 평가한다(김광석·웨스트팔, 1976; 크루거, 1984). 또한 정부의 규율(discipline)능력을 강조하는 제도주의 견해는 수출실적에 근거해 경제적 지대를 배분한 1960년대가 수입대체 활동에 근거해 경제적 지대를 배분한 1950년대보다 경제성과가 좋을 수밖에 없었다고 주장했다(암스덴, 1990; 조윤제, 1997; 김낙년, 1999, 2002). 당연히 이들 주장은 1950년대와 1960년대 사이의 경제정책상의 연속을 주장하기보다는 단절＝극적인 전환을 강조하며, 특히 박정희 정부의 출현이 전환의 시점(始點)을 이루고 있다고 평가했다. 예를 들어 차동세·김광석(1995: 39~40)은 박정희 정부가 출현한 1961년부터 환율현실화 조치가 취해진 1964년 사이의 기간을 전환기로 보고, 환율현실화 조치와 단일환율제도를 채택하는 1964-1965년 이후부터 수출주도형 공업화를 위한 정책체계가 확립되었다고 평가했다.

그러나 최근 연구는 1950년대와 1960년대 사이에 단절의 측면보다 연속의 측면을 강조하는 경향이 강하다고 할 수 있다. 우정은(1991)은 이승만 정부의 수입대체 공업화의 물적 기초를 이룬 미국의 대한(對韓) 원조가 감소하기 시작하는 1950년대 후반을 중요한 전환기로 보고, 이때부터 새로운 정책들이 모색되기 시작했다고 주장했다. 제1차 경제개발 5개년 계획의 성립과정을 분석한 박태균(2000)은 1950년대 후반부터 한국 내에 경제개발론이 확산된 것을 배경으로 산업개발위원회를 중심으로 경제개발 3개년 계획이 작성되는 등 이미 박정희 정부 출현 이전부터 경제개발계획 작성에 필요한 조건이 형성되었음을 보이고 있다. 마찬가지로 경제개발계획의 작성을 주도한 경제기획원의 역할을 분석한 이만희(1993)는 경제기획원이 설립되기 이전인 1950년대 후반부터 경제개발계획의 수립을 위해 보다 강력한 기획기구(planning agency)가 설립되어야 하며, 이를 바탕으로 정부기구 개편 논의가 활발히 전개되었다고 주장했다.

물론 단절성보다 연속성이 더욱 강하게 나타나는 이런 특징은 경제정책에서도 예외는 아니라고 생각한다. 가령 수출정책은 수입대체 공업화를 추진한 1950년대에도 여전히 강조되었고, 특히 1950년대 후반에 도입된 몇몇 정책은 1960년대에도 계속 유지되었다. 따라서 경제정책에 대한 분석은 1950년대와 1960년대의 차별성을 강조하기보다는 오히려 연속의 관점에서 1950년대에 형성된 경제정책이 정책목표와 경제환경의 변화에 조응해 어떻게 변화해 가는지를 검토하는 것이 더욱 타당성이 있다고 생각한다.

수출정책은 환율정책과 수출지원정책으로 구분할 수 있다. 2절에서는 환율정책을 살펴볼 것이며, 3절에서는 수출지원정책을 검토할 것이다. 4절에서는 한국경제에서 수출이 갖는 의의와 수출정책에 대한 평가를 시도하고자 한다.

2. 환율정책

1) 1950년대의 환율정책

1950년대는 한국전쟁의 파괴로부터 경제사회를 다시 정상상태로 회복시키는 것이 가장 시급한 과제였다. 이러한 배경하에서 이승만 정부는 전후 재건 = 수입대체 공업화를 가장 중요한 정책목표로 상정했던 것이다. 환율이 대외무역을 조정하는 가장 기본적인 경제변수라는 점을 고려할 때, 이러한 상황에서 이승만 정부가 어떤 환율정책을 채택했는가를 살펴보는 것은 1950년대 수출정책의 일 특징을 파악할 수 있는 좋은 자료가 될 것이다.

먼저 1950년대에 통용된 환율에 대해 살펴보기로 한다. <표 5-1>은 1950년대의 환율구조를 정리한 것인데, 두 개의 중요한 특징을 발견할 수 있다. 첫째, 단일의 기준환율이 존재하지 않고 공정환율, 대충자금환율, 수출불환율 등과 같이 다수의 환율이 실제 통용되었다는 점이다. 물론 암시장에서 유통되고 결정된 미본토불 환율을 예외로 한다면, 이 모든 환율은 정부 승인하에 결정되고 통용되었다. 이러한 1950년대의 환율제도를 복수환율제(multiple exchange rate system)라고 부르며, 이것은 당시의 외환시장이 분단되었음을 반영하는 것이라고 할 수 있다.[1]

둘째, 환율결정방식과 환율 수준 등을 고려할 때 당시의 환율을 협정환율과 시장환율로 구분할 수 있다는 점이다. 협정환율은 환율이 한·미정부간 협의에 의해 결정된다는 공통점을 갖고 있으나 결정배경에는 중요한 차이가 있다. 먼저 유엔군환율은 한국전쟁을 계기로 한국에 주둔한 유엔군(미군)의 한국 내 활동경비를 한국통화로 대여해주고 달러로 상환 받을

---

1) 1950년대 외환시장에 대해 자세한 것은 최상오(2002b)를 참조할 것.

때 적용되는 환율이었다. 대충자금환율은 미국에서 무상으로 제공된 원조물자를 국내에서 유상으로 판매할 때 적용되는 환율이었다. 공정환율 (official rate)은 한국정부가 공식적으로 정한 환율이며, 이것은 미국정부와 유엔군환율과 대충자금환율을 협의할 때 한국정부가 기준환율로 제시하는 환율이었다. 물론 이 세 환율은 서로 밀접하게 연결되어 있었다. 가령 공정환율을 낮게 유지하려고 했던 한국정부의 방침을 변경하기 위해 미국정부는 종종 유엔군 대여금의 상환을 지연하거나 원조물자의 도입을 지연하는 방법을 통해 먼저 유엔군환율을 인상시킴으로써 한국정부의 공정환율을 끌어올리는 전략을 구사했다. <표 5-1>에 정리되어 있듯이, 1950년대 전반기에 공정환율 인상에 앞서 유엔군환율이 인상된 것은 이 세 환율이 밀접히 연결되어 있음을 보여주는 것이다(최상오, 2001).

1955년 8월은 한국의 환율정책사에서 중요한 전기였다. 첫째, 한·미정부는 공정환율을 500환으로 인상한 이후 유엔군환율과 대충자금환율을 따로 정하지 않고 공정환율을 그대로 적용하기로 합의했다.[2] 그러나 이 조치가 시장환율까지 통합하지 못해 여전히 복수환율제가 유지되었지만, 최소한 협정환율은 단일화 되었다. 둘째, 공정환율의 결정방식이 근본적으로 변경되었다. 1955년 8월 이전까지만 하더라도 공정환율은 한·미정부가 상호협의를 통해 결정했는데, 이것은 경제적 이해를 달리하고 있는 한·미정부 사이에서 갈등의 원인이 되었다. 그러나 1955년 8월을 계기로 한·미정부는 1955년 9월의 서울시 도매물가지수와 비교해 물가상승률이 25% 이상 상승할 경우 그 상승률에 근거해 공정환율을 변경할 것에 합의했다(한국은행, 1960: 97~98). <표 5-1>에서 볼 수 있듯이, 1955년 8월 이후 공정환율이 거의 5년 동안 고정되었던 것은 이승만 정부의 물가안정 노력이 주효했기 때문이었다.

---

2) '한미 양국 정부간에 합의된 환율문제에 관한 공동성명서', 1955.8.15.

<표 5-1> 1950년대 환율구조

(단위: 1달러당 환)

	협정환율			시장환율			
	공정 환율	유엔군 환율	대충자 금환율	수출불 환율		미본토불 환율	종교불 환율
				일본지역	기타지역		
1950.12.1	25	40	40			61	
1951.3.11	25	60	40			73	
11.10	60	60	60			182	
1952.6	60	60	60			163	
12	60	60	60			238	
1953.6.1	60	180	60			332	
12.15	180	180	180			387	
1954.6	180	180	180	675	501	557	438
12.13	180	426	180	809	780	711	654
1955.8.15	500	500	500	950	820	802	750
1956	500	500	500	1,070	1,008	966	847
1957	500	500	500	1,123	1,057	1,033	845
1958	500	500	500	1,225	1,015	1,181	893
1959	500	500	500	1,399	1,247	1,255	1,135
1960.1.20	500	500	650	1,641	1,320	1,320	1,190
2.23	600	650	650	1,718	1,387	1,449	1,293

주: 1) 환율은 일, 월, 연평균 환율임.
   2) 1951년 3월 11일과 1953년 6월 1일의 미본토불 환율은 각각 3월과 6월의 월평균
      환율임.
자료: 한국은행, 『조사월보』, 15-1(1961.1), 통계-031면; 한국무역협회, 『무역연감』(각년도).

이상과 같이, 협정환율의 결정방식은 1950년대 전반기와 후반기에
차이가 있었다. 특히 1950년대 전반기에는 환율을 현실화하려는 미국정
부와 한번 결정된 환율을 일정기간 동안 계속 유지하려고 한 한국정부의
갈등 속에서 협정환율이 주기적으로 큰 폭으로 인상되는 특징을 보였다.
<표 5-1>에 정리되어 있듯이, 1951년 11월에 60환이었던 공정환율은
1953년 12월에 180환으로 3배 인상되었고, 1955년 8월에는 거의 3배
인상되어 500환이 되었다. 그러나 1950년대 후반기에는 환율은 물가에
연동되어 자동 결정되었다.

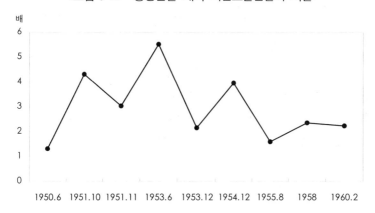

<그림 5-1> 공정환율 대비 미본토불환율의 비율

자료: <표 5-1> 참조.

미본토불 환율을 제외한 다른 시장환율은 정부 승인 하에 그 환율이
결정되었다. 외환예치집중제를 채택하고 있었던 1950년대에는 민간인이
획득한 외환은 전부 한국은행의 당해인 계정에 예치해야 했다. 한국
정부는 이러한 민간인 소유 외환의 자유거래를 허용했으며, 그 결과
시장환율이 결정되었다. 그런데 이 민간인 소유 외환은 어떠한 경로를
통해 획득한 외환인가에 따라 그 용도에 차이가 있었기 때문에 시장환율
의 종류는 외환조달경로만큼 다양하다고 할 수 있을 것이다. <표 5-1>에
서는 그 가운데 가장 대표적인 환율인 '수출불'(수출을 통해 획득한 외환)환
율, '미본토불'(암시장에서 거래되는 외환)환율, 그리고 종교불환율을 정리
했다. 이 환율간에 차이가 존재하는 것은 각각의 외환을 사용해서 얻을
수 있는 기대수익에 차이가 있기 때문이다. 또한 이 환율은 민간인간의
자유로운 거래에 의해 결정되었기 때문에 국내 인플레이션을 반영해
지속적으로 상승했다. 즉, 1950년 12월에 1달러당 61환이던 미본토불
환율은 1951년 11월에 182환, 1953년 12월에 387환, 1955년 8월에

802환, 1960년 2월에 1,449환으로 상승했다.

공정환율과 시장환율(미본토불환율)은 환율결정방식의 차이에 기인해 커다란 격차가 존재했다. <그림 5-1>은 두 환율의 수준을 비교한 것이다. 이 두 환율은 일정 기간 고정되었던 공정환율이 인상되기 직전에 가장 큰 격차를 보였다가 인상과 동시에 그 격차가 급격히 축소되는 양상을 보였다. 예를 들어 1951년 10월에 4.3배에서 11월에 3배로, 1953년 6월에 5.5배에서 12월에 2배로, 1954년 12월에 4배에서 1955년 8월에 1.6배로 두 환율의 격차가 줄어들었다. 그러나 공정환율의 주기적인 인상에도 불구하고 인플레이션이 지속된 1950년대에 두 환율의 격차는 결코 해소되지 않았으며, 특히 물가가 안정된 1950년대 후반에도 그 격차는 계속 2배를 상회하고 있었다. 이런 점에서 이승만 정부의 공정환율정책을 저환율정책이라고 부를 수 있을 것이다.

이승만 정부가 협정환율에서 저환율정책을 채택한 이유는 무엇일까? 이것을 이해하기 위해서는 당시 외환공급구조를 살펴볼 필요가 있다. <표 5-2>는 1950년대의 수입액(輸入額)과 외환공급 원천별 금액과 비중을 정리한 것이다. 1950년대에 걸쳐 수입액은 연평균 3억 3,700만 달러를 보였지만 그에 비해 수출은 매년 2,500만 달러에 불과해 막대한 무역수지 적자를 보이고 있었다. 이러한 적자를 보충한 것은 '무역외 수입(收入)'과 원조였다. 무역외 수입은 유엔군 관계 외환수입이 대부분을 차지했는데, 이것은 총 외환공급액에서 18%를 차지해 수출을 훨씬 능가하고 있었다.[3] 그러나 이 시기에 무엇보다도 중요한 외환공급원은 원조였다. 원조는 시기마다 약간의 편차를 보이지만 연평균 2억 4,900만 달러가 공급되었고 총 외환공급액에서 75%를 차지했다. 앞에서 지적한 바와 같이, 원조는 미국정부로부터 무상으로 이전되지만 한국정부는 그

---

3) 무역외 수입에 대해 자세한 것은 최상오(2002)를 참조할 것.

<표 5-2> 1950년대 수입액과 외환공급구조

(단위: 1,000달러)

	수입액	외환 공급액				공급원천별 비중(%)		
		총액	수출	무역외	원조	수출	무역외	원조
1952	215,585	254,179	26,591	66,261	161,327	10.5	26.1	63.5
1953	347,800	353,471	39,585	119,716	194,170	11.2	33.9	54.9
1954	247,851	223,392	24,246	45,221	153,925	10.9	20.2	68.9
1955	345,335	311,001	17,966	56,328	236,707	5.8	18.1	76.1
1956	392,871	373,593	24,595	22,293	326,705	6.6	6.0	87.4
1957	451,041	448,577	22,202	43,483	382,892	4.9	9.7	85.4
1958	388,462	404,950	16,451	67,227	321,272	4.1	16.6	79.3
1959	303,170	301,526	19,162	60,160	222,204	6.4	20.0	73.7
1960	342,562	339,357	31,832	62,131	245,394	9.4	18.3	72.3
합계	3,034,677	3,010,046	222,630	542,820	2,244,596	7.4	18.0	74.6

주: 1) '무역외'는 수입(收入)에서 지출을 뺀 순액이다.
자료: 한국산업은행(1955: 1042-43); 한국은행(1962: 197-99); 한국은행, 『조사월보』,
    11-3(1957.3), 통계-41.

것을 유상으로 판매해야 했다. 따라서 전후재건을 가장 시급한 과제로
생각하고 있었던 한국정부는 원조물자 판매가격을 가급적 낮게 책정해
민간기업의 재건활동을 지원하려고 했다.[4]

그러면 협정환율에서의 저환율정책이 수출에는 어떤 영향을 미쳤을까?
뒤에서 자세히 설명하겠지만, 우선 지적할 수 있는 사실은 이승만 정부의
저환율정책이 수출에는 직접 영향을 미치지 않았다는 점이다. 앞에서
지적한 바와 같이 협정환율과 시장환율은 상호 분단된 외환시장에서
통용되었고, 수출은 협정환율보다 훨씬 높은 시장환율의 영향을 받았다

---

4) 당시 부흥부 장관을 역임한 송인상 장관과의 인터뷰에서도 이런 사실을 확인할
   수 있었다. 즉, 이승만 대통령이 저환율정책을 계속 유지하려고 했던 중요한
   이유 가운데 하나는 원조물자 판매가격을 낮게 유지하려고 했기 때문이라고
   한다.

는 점이다. 다시 말하면, 이승만 정부가 복수환율제하에서 시장환율을 공식적으로 인정한 것은 민간부문의 수출활동을 억제하지 않기 위한 일종의 수출지원정책이었다. 이러한 사실은 수출에 대한 실질환율(real exchange rate)을 계산해보면 분명히 확인할 수 있다. 실질환율을 계산하는 가장 간단한 방법은 기준년도를 선정해 명목수출불환율을 물가지수로 디플레이트하는 것이다. 환율현실화조치에 의해 구매력평가환율 수준에 가장 근접했다고 인정되는 1965년을 기준년도로 해 수출에 대한 실질환율을 계산해보면, 수출이 급속히 성장한 1960년대보다 수출이 정체한 1950년대에 실질환율이 오히려 더 높았다(김·웨스트팔, 1976: 37~38). 이것은 1950년대 수출이 환율변수 이외의 요인에 의해 더 크게 영향받았음을 의미한다.

요컨대, 이승만 정부의 복수환율제는 원조에 의해 지원된 전후재건이라는 무대 위에서 수출불을 포함한 외환수입을 극대화하기 위해 채택된 정책수단이었던 것이다.

2) 1960년대 초반의 환율정책

<표 5-3>은 1960년대의 환율구조를 정리한 것인데, 크게 두 가지 특징을 확인할 수 있다. 첫째, 1960년 1월에 대충자금환율이 공정환율보다 먼저 인상된 것이다. 이때 대충자금환율이 먼저 인상된 것은 1955년 8월에 체결한 협정에도 불구하고 한국정부가 환율조정에 미온적인 반응을 보였기 때문이었다. 즉, 1959년 하반기 서울시 도매물가지수가 1955년 9월에 비해 30.2% 상승하자 미국정부는 1960년 1월 8일에 한국정부에게 공정환율 변경에 관해 협의할 것을 요청했다. 그러나 한국정부가 협의 시일을 계속 지연시키자 주한 원조당국이 1960년 1월 20일에 일방적으로 대충자금환율을 인상했던 것이다. 그에 뒤이어 1960년 2월에

<표 5-3> 1960년대 환율구조

(단위: 1달러당 환)

	협정환율		시장환율			
	공정환율	대충자금 환율	수출불 환율		미본토불 환율	종교불 환율
			일본지역	기타지역		
1960.1.20	500	650	1,641	1,320	1,320	1,190
2.23	650	650	1,718	1,387	1,449	1,293
1961.1.1	1,000	1,000	1,563	1,416	1,398	1,320
2.1	1,300	1,300	1,479	1,454	1,483	-
1962	1,300	1,300	n.a.		1,340	-
1963	1,300	1,300	1,698		1,745	-
1964.5.3	2,565	2,565	3,140		2,856	-
1965.3.22	2,640	2,640	2,790		3,160	-
1966	2,713	2,713	-		3,027	-
1967	2,707	2,707	-		3,018	-
1968	2,767	2,767	-		3,041	-
1969	2,882	2,882	-		3,236	-
1970	3,107	3,107	-		3,428	-

주: 1) 날짜가 명시된 경우의 시장환율은 해당 월 평균임.
자료: 한국무역협회, 『무역연감』(각년도).

공정환율이 650환으로 인상된 것은 한국정부가 환율인상을 사후적으로 동의한 조치였다. 이것은 1950년대에 걸쳐 계속되었던 미국정부의 환율 현실화 주장과 한국정부의 저환율정책(즉 복수환율제)이 여전히 대립하고 있었음을 보여주는 것이다.

둘째, 1961년에 취해진 환율인상 조치는 환율제도 개혁을 지향했다는 점에서 그 이전의 환율인상과는 커다란 차이가 있었다. 4·19 의거를 계기로 일시 중단되었던 미국의 원조활동이 재개되면서 미국정부는 재차 환율현실화를 요구했고, 이에 민주당 정부는 환율제도 개혁을 위한 본격적인 작업에 착수했다. 이를 위해 한국정부는 IMF 전문위원을 초청해 자문을 구하는 등 적극적으로 대처했고, 잠정적으로 1961년 1월 1일부터 1달러당 1,000환으로 환율을 인상할 것을 결정했다. 그러나 환율현실화를 요구하는 미국정부는 시장환율과 일치하는 수준까지 환율을 인상할 것을 요구해 1961년 2월 1일에 공정환율은 다시 1,300환으로 인상되었다. <표 5-3>에서 볼 수 있듯이, 1,300환으로의 환율인상은 시장환율에 근접한 수준이었고 이것을 계기로 정부는 이전의 복수환율제를 폐지하고 단일환율제를 도입하려고 했다.

정부에서 발표한 '현실적 단일환율 실시 개요'(《조선일보》, 1961. 2.2.)를 보면 1,300환의 공정환율은 1,250환의 기본율과 50환의 증서율로 구분되어 기본율은 고정된 반면 증서율은 금융통화위원회에서 현실 경제사정에 따라 신축적으로 변경할 수 있도록 했다. 이러한 환율인상조치와 함께 정부는 외환관리규정을 새로 제정했다.[5] 이에 따르면, 이제까지 외환 예치집중제(預置集中制)에 근거해 통제되었던 민간외환이 매상집중제(買上集中制)의 적용을 받게 되었다. 다시 말하면, 민간이 획득한 외환은 전부 공정환율로 한국은행에 매도해야 했으며 이에 대해 한국은행은 외환매도자에게 외환증서를 교부했다. 이렇게 교부된 외환증서는 원칙적으로 매매가 금지되었다.

사실 한국정부가 외환증서를 교부하고 기본율과 구분해 증서율을 별도로 책정한 것은 두 가지 이유가 있었다. 하나는 환율을 큰 폭으로 조정할 경우 IMF의 승인(한국은 1955년에 IMF 정식회원이 되었음)을 얻어야 하는 IMF의 규정을 적용받지 않으면서 환율을 조정할 수 있게 하기 위한 것이었다. 다른 하나는 공정환율이 실세를 반영해 신속히 조정될 수 있도록 하기 위한 것이었다. 그러나 증서율은 한 번도 변경되지 않아 공정환율이 시장환율과 점차 괴리되면서 사실상 외환증서는 시장에서

---

5) 금통위 의안 제24호, '외환계정에 관한 규정 제정에 관한 건', 1961.2.1.

거래되기 시작했다. <표 5-3>에서 수출불환율은 이러한 외환증서의 거래에 의해 결정된 환율이었다. 따라서 이때의 단일환율제를 도입하기 위한 시도는 완성되지 못했다.

이러한 점에서 외환증서제도를 공식적으로 도입한 1964-1965년의 환율제도 개혁은 1961년에 시행된 환율개혁의 연속선상에 있다고 할 수 있다. 1964년 5월에 취해진 처음의 조치는 ① 실세를 반영해 공정환율을 1,300환에서 2,565환으로 거의 두 배 정도 인상시킴과 동시에, ② 이것을 하한으로 해 외환증서시장에서 자유로이 형성되는 시장환율을 외환매상에 적용하는 단일변동환율제를 채택하기 위한 것이었다. 그러나 이때는 외환시장이 형성될 조건이 충분히 구비되지 않아 단순히 환율인상에만 머물렀지만, 공정환율을 시장환율에 일치시키는 중요한 계기가 되었다. 게다가 1965년 3월에 단일변동환율제로의 이행을 공포함으로써 사실상 한국의 환율제도는 종전의 복수환율제에서 단일환율제로 전환되었다고 할 수 있다.

물론 단일환율제의 채택은 외환시장의 분단구조를 해소하여 가격기구의 왜곡을 완화하는 데 기여했지만, 이것 때문에 수출이 빠르게 증가했다고 평가하기에는 많은 문제가 있다. 뒤에서 설명하겠지만, 수출에 대한 실질실효환율은 수출이 정체한 1950년대에 오히려 더 높은 수준을 보였다. 더욱이 1960년대 초기에는 실질실효환율이 인하(환화의 고평가)되어 가격경쟁력이 악화되고 있었지만 이때부터 수출이 빠르게 증가하고 있었다. 이런 점을 고려할 때 환율정책 및 환율제도의 차이로 수출성과의 차이를 설명하는 것은 문제가 있으며, 아울러 신고전학파의 주장처럼 1964-1965년의 환율제도 개혁을 수출정책의 전환이라고 평가하기에도 무리가 있다.

3. 수출지원정책

1) 무역제도

수출지원정책을 정확히 이해하기 위해서는 정부수립 이후 도입된 무역제도를 먼저 살펴볼 필요가 있다.

제헌헌법(1948.7.17 공포)에는 '대외무역은 국가의 통제하에 둔다(제87조)'고 규정하였고, 1954년 11월에 이루어진 제2차 헌법 개정 때에도 약간의 자구수정만 있었을 뿐 국가에 의한 무역통제조항이 그대로 유지되었다. 즉, 헌법 제87조에 따르면 '대외무역은 법률의 정하는 바에 의해 국가의 통제하에 둔다'고 규정되었다. 이런 무역통제방침은 1950년대에 걸쳐 변경되지 않았고, 대외무역의 육성을 강조한 1962년 12월의 제5차 개정에서도 여전히 대외무역을 국가가 규제·조정할 수 있다고 했다(제116조).

정부가 시행한 무역통제수단 가운데 가장 중요한 것은 수출입계획이라고 할 수 있다. 이승만 정부가 1949년 1월에 수입할당제를 도입했지만, 처음부터 수입할당제가 엄밀히 시행된 것은 아니었다. 가령 1949년 12월에 공포된 상공부 고시 제36호('수출입허가품목 지정', 1949.12.25)에는 단순히 수출허가품목과 수입허가품목만이 나열되어 있을 뿐이며, 본격적으로 수입할당이 책정된 때는 1950년 1/4분기(50.4.1-6.30)부터였다고 할 수 있다.[6] 물론 한국전쟁 등의 이유로 정상적인 정부활동을 수행할 수 없었던 짧은 기간을 예외로 한다면 대체적으로 수출입계획은 매 4분기마다 한 번씩 공포되었다. 그러나 4분기마다 발표되던 수출입계획은 1953년 11월에 발표된 상공부 고시에 의해 2분기제로 변경되었으며,

---

6) 상공부 공고 제6호, '1950년도 제1/4반기 수입계획', 1950.4.28.

이러한 2분기제는 1950-1960년대 내내 계속 유지되었다.[7]

수출입계획에서 특히 중요한 것은 그 계획이 실제 어떻게 운용되었는가 하는 점일 것이다. 이것은 수출과 수입을 구분해 살펴보는 것이 유용하다고 생각한다. 먼저 수출부터 살펴보기로 한다. 사실 수출입계획은 수입계획 중심으로 운용되었기 때문에 수출계획은 정기적으로 발표된 것은 아니었다. 확인할 수 있는 수출계획에 나타난 중요한 특징은 두 가지이다. 하나는 수출계획에는 수출허가품목(수출제한품목 포함)만이 기록되어 있다는 점에서 포지티브(positive) 방식으로 운용되었다는 점이다. 물론 당시 한국정부가 수출의 성장을 원하고 있었기 때문에 수출계획에 기록되어 있지 않은 품목의 수출을 금지했는지는 아직 분명하지는 않다. 다른 하나는 수출허가품목에 대해 할당액이 책정되었다는 점이다. 물론 이 할당액은, 계획과 실적의 현저한 차이를 고려할 때, 규제적 성격을 가졌다기보다는 정부의 수출장려의지를 반영한 것이라고 할 수 있다.[8] 그러나 이러한 특징은 1954년이 되면서 점차 변경되기 시작했다. 우선 수출허가품목을 쿼터책정품목과 비쿼터책정품목으로 구분해 수출계획의 운용을 더욱 현실화했을 뿐 아니라 1954년도 하반기(1955.1.1-6.30) 수출계획부터는 수출금지품목을 제외한 모든 상품의 수출이 원칙적으로 허용되어 사실상 네거티브(nagative) 방식으로 변경되었다고 할 수 있다.[9] 그 이후에

---

7) 상공부 고시 제148호, '1953년도 하반기 수출 및 수입계획', 1953.11.20. 그러나 1954년 4월에 무연년도가 변경되어 상반기는 당해년도의 7-12월로 되고, 하반기는 다음해 1-6월로 되었다(상공부 고시 제167호, '1954년 4-6월 3개월간의 수출입계획', 1954.4.10).

8) 1954년 상반기(54.7.1-12.31) 수출계획에 제시된 수출계획액은 4,140만 달러였으나 이것은 같은 기간의 실제 수출액 744만 달러를 무려 5.6배 초과하는 것이었다(상공부, 1971: 875).

9) 상공부 고시 제167호, '1954년 4-6월의 수출입계획 임시조치', 1954.4.10; 상공부 고시 제196호, '1954년도 하반기 민간무역허가방침 및 수출입계획',

도 수출계획은 수출금지품목(제한품목)만이 나열되어 계속 네거티브 방식으로 운용되었다.

수입할당제로 대표되는 수입계획의 중요한 특징은 두 가지이다. 하나는, 수출과 마찬가지로, 수입허가품목(제한품목 포함)만이 기록되어 있다는 점에서 포지티브 방식으로 운용되었다는 점이다. 그러나 이때의 수입계획은 국제수지의 개선과 산업시설의 재건 등의 목적을 달성하기 위한 수단으로 활용되고 있다는 점에서 규제적 성격이 강했다고 할 수 있다. 다른 하나는 상품별·지역별 수입할당액이 세부적으로 책정되었다는 점이다. 특히 지역별 수입할당은 1951년부터 도입되었으며, 지역할당은 크게 일본과 기타 지역으로 구분해 책정했다. 후술하겠지만, 1954년 4월에 일본으로부터의 수입은 일본으로 수출해 획득한 외환에 한정해서 허용한다는 청산지역(일본)과의 수지균형원칙이 천명되기 이전부터 지역할당이 책정되었다는 점은 흥미 있는 사실이다. 물론 수지균형원칙이 천명된 이후 지역별 수입할당은 자연히 폐지되었다. 상품별 수입할당은 관(款), 항(項), 목(目)으로 나누어 세부적으로 책정되던 종전의 방식이 1954년 2월이 되면서 점차 완화되어 동일 관내(款內)의 항목(項目) 책정액 사이의 전용을 인정하기 시작했다.[10] 이것이 더욱 완화된 것은 수입품이 쿼터책정품목과 비쿼터책정품목으로 나누어진 1954년 4월이었으며, 결국 1954년도 하반기(1955.1.1-6.30) 수입계획부터는 수입쿼터 총액만이 책정되어 사실상 수입할당제는 폐지되었다고 할 수 있다.[11] 물론 수입할당제가 완전히 폐지된 것은 1955년도 상반기 수입계획이었다.

1954.12.28.

10) 상공부 고시 제160호, '1953년도 하반기 민간무역 수입계획', 1954.2.12.
11) 상공부 고시 제196호, '1954년도 하반기 민간무역허가방침 및 수출입계획', 1954.12.28.

그러나 이때에도 수입계획은, 수출계획과 달리, 수입허가품목과 수입제한품목만 기록해 포지티브 방식으로 운용되었으며, 이 방식은 1967년 네거티브 방식으로 변경될 때까지 계속 유지되었다.

수출입계획과 아울러 무역통제수단으로 활용되었던 수출입허가제는 1955년 8월의 공정환율의 인상조치와 함께 크게 자유화되었다. 이 시기 이전까지는 무역업자가 수출입무역을 하기 위해서는 세 개의 절차를 밟아야 했다. 수출은 먼저 사전에 상공부장관의 수출허가를 받아야 했으며, 다음에 한국은행에서 수출대금 회수가 확실하다고 판정받은 이후에 통관수속을 밟아 수출품을 선적할 수 있었다. 수입은 수출과 마찬가지로 사전에 상공부장관의 허가를 받은 다음 한국은행을 통해 수입신용장을 개설하고, 수입품이 도착하면 통관수속을 밟아 수입품을 인수했다.[12] 그러나 이러한 절차를 밟는 수출입허가제는 1955년 9월에 공포된 상공부 고시 제224호('수출입절차 개정의 건', 1955.9.3)에 의해 크게 수정되었다. 그 내용을 보면, 종전의 개별적인 수출입허가제를 폐지하고 상공부에서 공표한 수출입계획에 부합하는 때에는 이를 포괄적 허가로 간주해 수출은 세관에서, 수입은 한국은행에서 직접 취급하기로 했다. 이런 기조는 무역법(1957.12.13)에서도 그대로 유지되었으며, 다만 수출입사무를 한국은행으로 일원화해 그 절차가 더욱 단순하게 변경되었다.

요컨대 한국의 무역제도는 1950년대 중반을 계기로 더욱 단순화되고 자유화되었다고 할 수 있다.

---

12) 한국무역협회, 『무역연감』, 1950/1951, 1952-1955년. 수입의 경우 상공부에 수입허가신청서를 제출할 때 수입에 필요한 외환을 소지하고 있다는 외환소지 증명서를 한국은행으로부터 발급받아 첨부해야 했다.

2) 1950년대의 수출지원정책

1950년대의 수출지원정책은 대부분 수출입계획, 특히 수입계획을 바탕으로 시행되었다고 할 수 있다. <표 5-4>에 정리되어 있듯이, 그것은 크게 세 가지로 나눌 수 있다.

첫째, 특혜외환제도, 수출불 우대책, 구상무역제도 등으로 구성된 수출입링크제는 이 시기의 가장 대표적인 수출지원정책이었다. 이들은 적용시기·운용방식에서 약간의 차이가 있으나 수출과 채산성 높은 수입물자의 도입을 직접 연결해 수출에서 발생한 손실을 상쇄시켜준다는 공통점을 갖고 있으며, 이러한 의미에서 일종의 수출입링크제라고 할 수 있다. 먼저 1950년대 전반기의 대표적인 수출지원정책이라고 할 수 있는 특혜외환제도의 운용을 보면, 이 제도의 대상품목을 수출한 무역업자는 수출액의 일정 비율을 특혜외환으로 할당받고 그것으로만 수입할 수 있는 물자를 도입할 수 있었다. 이 제도는 특혜대상 수출품목이 초기의 57개에서 76개 품목으로 확대되고, 평균 상여율(품목별 상여율이 다름)이 초기의 5%에서 40%로 인상되는 등 점차 강화되었다(한국무역협회, 1954: II-5; 한국무역협회, 1955: II-6). 1950년대 후반기의 대표적인 수출지원정책인 수출불 우대책은 1955년 8월 공정환율 인상을 계기로 무역자유화가 진전되고 수출입절차가 간소화되는 과정에서 이전의 특혜외환제도를 단순한 구조로 변경한 것이라고 할 수 있다. 다시 말하면, 정부에 의해 수입이 허용된 품목을 정상수입품목과 특수수입품목으로 구분하고, 전자는 한국은행 외환계정에 예치되어 있는 모든 외환으로 수입할 수 있게 한 반면에 이익이 큰 후자는 수출을 통해 획득한 외환으로만 수입할 수 있게 했다.13)

---

13) 수출불 우대책은 사실상 1964년 5월에 환율현실화조치가 취해지기 전까지

<표 5-4> 1950년대에 시행된 수출지원정책(제도)

구분	정책	내용	존폐기간
수출입링크제	특혜외환제도	수출에서 차지하는 비중과 채산을 고려해 품목별 수출 상여율(특혜외환)을 다르게 결정하고, 특혜외환으로 도입할 수 있는 대상수입품목에 채산성 높은 물자를 포함시킴으로써 수출을 간접적으로 지원하는 수출정책.	1951.5.31 ~1955.8.29
	구상무역제도	청산지역(일본) 이외의 지역에 대한 수출증대와 수출부진품의 수출장려를 위해 수출과 수입을 직접 연결시킨 수출지원정책.	1952.5.15 ~1954.6
	수출불우대책	수출을 통해 획득한 외환으로만 수입할 수 있는 물자를 지정함으로써 수출을 촉진하기 위한 지원정책.	1955.8.29 ~1961.6
재정·금융지원	무역금융	수출물자의 모집에 필요한 자금(수출금융)과 그 자금의 변제 혹은 또 다른 수출물자의 모집에 사용할 자금(수입금융)을 무역업자에게 대부해줌으로써 수출을 진흥시키고자 하는 것.	1950.7.1 ~1961.2.2
	수출장려보상금교부	수출 채산이 맞지 않아 수출할 수 없는 상품 중 국민경제의 관점에서 수출하는 것이 유리한 물자에 대해 수출 결손액을 보상해줌으로써 수출을 장려하고자 하는 것.	1955, 1960
수출실적반영	무역업등록	무역업 등록 조건으로 첫 수출과 등록 이후 기간별 수출입 실적 이행을 명시.	1950.2.1~
	다실적우선제	채산성 높은 수입상품에 대해 경합이 발생할 경우 수출실적을 반영.	1953.1~
	정부외환배정	정부외환 배정시 수출실적을 반영.	정부불 공매

자료: 한국무역협회, 『무역연감』(각년도).

계속 유지되었다고 할 수 있는데, <표 5-4>에서 1961년 6월로 그 시기를 한정한 것은 이때부터 수출불로 수입할 수 있는 상품이 사전에 공고되는 것이 아니라 수입금지품목 중에서 상공부장관의 허가를 얻어 수입할 수 있도록 변경되었기 때문이다(경제기획원, 1962: 265).

둘째, 이윤획득 가능성이 높은 경제활동과 수출실적을 연결하는 수출 지원정책은, 위에서 설명한 수출입링크제와 유사한 제도적 장치를 통해 수출을 장려하려는 것이다. 가령 상공부는 대외무역을 영위하기 위해서는 상공부에 무역업 등록을 요구했는데, 이때 무역업 신규등록 및 자격유지 조건으로 첫 수출 및 기간별 수출실적의 이행을 구체적으로 명시함으로써 수출을 촉진하고자 했다. 구체적으로 말하면, 1953년 1월의 규정을 보면 신규등록조건으로 7,000달러 이상의 첫 수출 실적이 있어야 하며, 자격유지 조건으로 6개월 동안에 4만 달러, 1년 동안에 10만 달러의 기간별 수출입 실적(이 가운데 수출은 1만 달러 이상이어야 함)을 달성해야 했다(상공부 고시 제113호). 그 이후 이 조건은 '강화 → 완화 → 강화' 등과 같이 여러 차례 개정되었지만 1950년대 동안 계속 유지되었다. 예를 들어 1959년의 규정을 보면 무역업 신규등록 조건으로 5,000달러 이상의 첫 수출실적과 2만 달러 이상의 신규 수입실적이 있어야 했으며, 자격유지 조건으로 2만 달러 이상의 연간 수출실적과 10만 달러 이상의 연간 수입실적이 있어야 했다(대통령령 제1486호, 1959.4.23). 또한 상공부는 무역계획에 의해 수량과 금액이 통제된 수입품 가운데 경합된 상품(대부분 채산성이 높은 상품)에 대해서는 1953년 1월 이래 종전의 선착순제를 지양하고 수출실적이 많은 무역상사 순서로 배정하기로 결정했다(상공부, 1959: 341). 사실 이러한 다실적 우선제는 1950년대는 물론 1960년대에도 중요한 수출지원제도로서 계속 유지된 것이었다.

셋째, 재정·금융 면에서 무역업자의 수출활동을 직접 지원해주는 것이다. 먼저 재정을 통한 수출지원정책으로 수출업자에게 수출보조금을 직접 교부해주는 수출장려 보조금제도가 있다. 이것은 1953년부터 논의되기 시작해 1955년 1월에 '수출장려보상금교부절차(상공부 고시 제201호)'가 제정·공포되고 1954년 수출실적에 근거해 교부된 것이 최초의 성과였다. 그 이후 수출장려보조금은 만성적인 재정적자에 시달렸던 정부가 예산을 책정하지 않아 실적이 전무하다가 원조감소와 함께 수출증대 필요성이 강조되면서 1960년에 그 지원규모와 지원대상품목이 확대되어 실시되었다. 그러나 직접지원제도에서 더욱 중요한 비중을 차지했던 것은 저리(低利)의 무역금융을 수출업자에게 대출해주어 수출을 촉진하고자 한 무역금융정책이었다. 무역금융은 수출금융과 수입금융으로 구분되지만,[14] 실제 이것은 전부 수출활동에 대한 지원이었다. 즉, 수출금융은 수출물자 모집자금으로 대출해주었고, 수입금융은 모집한 수출물자를 선적한 이후에 다음의 수출물자를 수집하는 데 필요한 자금을 대부해주었던 것이다.

그러면 이상의 직접 지원을 통해 수출업자가 얻은 이익은 얼마일까? 수출장려보조금은 가격보조의 형태로 수출업자에게 직접 교부되기 때문에 전부 수출업자의 이익으로 귀속될 것이다. <표 5-5>의 재정지원은 1955년과 1960년에 각각 교부된 수출장려보조금이다. 그러나 무역금융은 수출업자의 이익이 금리보조의 형태로 나타나기 때문에 [(일반자금의 대출금리-무역금융의 대출금리)×무역금융액]과 같은 식으로 수출업자의 이익을 계산해야 한다. 그런데 여기서 문제는 무역금융액을 잔액기준(①)으로 할 것인지 혹은 대출액 기준(②)으로 할 것인지를 결정해야 하는 것이다. <표 5-5>를 보면 알 수 있듯이, 잔액과 대출액 사이에는 평균 3배 정도의 차이가 있었기 때문에 어떤 기준을 선택하느냐에 따라 금리보조의 규모는 커다란 차이를 보일 것이다. 그러나 현실적으로 우리가 이용할 수 있는 금리는 연리(年利)이기 때문에 잔액기준에 근거해 금리보

---

14) 1948년 1월에 최초로 제정된 무역금융규정은 한국은행 설립과 동시에 대폭 수정되었다. 이때 제정된 규정(금통위 의안 제34호)에 따르면 무역금융은 집하금융과 선적금융으로 구분되어 운영되었으나, 1955년 7월의 개정(금통위 의안 제8호)에 의해 수출금융(이전의 집하금융)과 수입금융(이전의 선적금융)으로 명칭이 변경되었다.

<표 5-5> 수출에 대한 직접 지원액 추계

(단위: 100만 환)

	무역금융				재정지원(b)	합계(c=a+b)	수출총액(d)(100만 불)	c/d(환/불)
	잔액(①)	대출액(②)	②/①	금리보조(a)				
1950	58.0	93.0	1.6	2.8		2.8	29.4	0.1
1951	280.0	1,120.0	4.0	12.3		12.3	15.6	0.8
1952	599.0	2,273.0	3.8	10.9		10.9	26.6	0.4
1953	864.0	5,020.0	5.8	15.8		15.8	39.6	0.4
1954	2,471.0	7,026.0	2.8	45.1		45.1	24.2	1.9
1955	4,054.0	8,022.0	2.0	117.1	10.4	127.5	18.0	7.1
1956	3,121.1	4,641.0	1.5	136.7		136.7	24.6	5.6
1957	3,430.2	10,125.0	3.0	150.2		150.2	22.2	6.8
1958	5,519.3	10,881.0	2.0	241.7		241.7	16.5	14.6
1959	7,400.9	23,927.0	3.2	297.1		297.1	19.2	15.5
1960	12,591.4	41,507.0	3.3	459.6	99.0	558.6	31.8	17.6

주: 1)무역금융의 잔액은 연말 기준임. 2)1958년 무역금융 대출액 통계는 1월-10월 합계임.
자료: 한국무역협회, 『무역연감』(1955, 1958-1961); 한국은행, 『연차보고서』(1954-1956).

조를 추계하는 것이 타당하다고 할 수 있다. <표 5-5>의 금리보조는
잔액기준의 무역금융을 이용해 구한 것이다. 표의 합계(c)는 1950년대에
재정과 금융을 통해 수출업자에게 지원된 수출보조금인데 그 대부분이
금리보조 형태로 지원되고 있었다. 한국통화로 표시한 1달러당 수출보조
금은 앞에서 구한 합계를 당시의 수출액으로 나누어 구할 수 있다. <표
5-5>에 정리되어 있듯이, 재정·금융상의 지원정책에 의해 수출업자에게
주어진 수출보조금은 전체적으로 그 규모가 매우 작았고, 시계열적으로
는 1950년대 전반기에 비해 후반기에 그 규모가 커지고 있었다.

3) 1960년대 초반의 수출지원정책

<표 5-6>은 1960년대 전반기에 시행된 수출지원정책을 정리한 것이다.

<표 5-6> 1960년대 전반기에 시행된 수출지원정책

구분	정책	내용
수출입 링크제	수출불 우대책	수출을 통해 획득한 외환으로만 수입할 수 있는 물자를 지정함으로써 수출을 촉진하기 위한 지원정책.
	수출입 링크제	모든 수입을 수출과 직접 연결시킴으로써 수출을 촉진하기 위한 정책.
	수출 독점권	새로운 시장을 개척했거나 새 상품을 수출한 수출업자에게 독점수출권을 부여함으로써 신 시장 및 상품의 수출을 지원하기 위한 것.
재정· 금융 지원	수출장려 보조금 교부	국내가격이 국제가격보다 고가인 물자를 수출한 자, 상공부장관이 지정하는 수출장려대상품을 수출한 자, 해외시장을 개척 또는 확장한 자, 보세가공 무역업자, 국제박람회에 수출장려 대상품을 출품한 자를 대상으로 교부.
	수출 진흥기금	수출물자의 생산 또는 가공과정에 저리의 비교적 장기 운영자금을 공급함으로써 수출물자의 생산원가를 떨어뜨려 수출을 촉진하고자 하는 것.
	수출금융	해외로부터 내도한 수출신용장 또는 외국업자와의 수출계약서를 수령한 등록 무역업자에 대해 수출물자 대금 및 부대비용에 필요한 환화자금을 융자하는 것.
	조세감면	수출용 원자재 수입에 대한 관세 면제, 간접세 면제, 수출 소득에 대한 세금의 30% 감면 등을 통해 수출을 지원하는 것.
수출 실적 반영	무역업 등록	무역업 등록 조건으로 첫 수출과 등록 이후 기간별 수출입 실적 이행을 명시.
	정부외환 배정	정부외환 배정시 수출실적을 반영.

자료: 한국무역협회, 『무역연감』(각년도).

먼저 수출입링크제에 대해 살펴보기로 한다. 1950년대와 마찬가지로 수출불 우대책이 계속 시행되었다. 그러나 이때에는 1961년의 환율제도 개혁이라는 경제환경의 변화에 조응해 수입대상품목이 사전에 지정되지는 않았다. 당시 정부는 단일환율을 적용할 경우 수입상품마다 국내가격과 국제가격 사이의 갭이 다를 것이라고 판단해 단일환율에 따른 특별이익을 관세로 흡수하기 위해 임시관세특별법을 제정해 시행했다. 따라서 이때의 수출불 우대책은 수출불로 수입하는 대상품목에 대해 임시관세특별법의 적용을 면제시켜준 것이었다. 수출입링크제는 수출불 우대책을 대신해 1963년 1월부터 실시된 수출지원정책이다. 이것은 모든 수입을 수출과 직접 연결시킴으로써 수출을 장려한 정책으로 이 시기의 수출증가에 크게 기여했다고 평가되고 있다. 그러나 수출입링크제는 단일환율을 지향한 1964년 5월의 환율제도 개혁 이후 폐지되었다. 마지막으로 새로운 시장을 개척했거나 새로운 상품을 수출한 업자에게 일정 기간 독점수출권을 부여한 수출지원정책을 들 수 있다.

재정·금융상의 지원방식에는 이전에 비해 훨씬 강화되었다고 할 수 있다. 우선 수출장려보조금 교부제도가 크게 확대되었다. 1950년대에 시행된 교부제도에서는 '국민경제의 관점에서 수출하는 것이 유리한 물자', 즉 형석, 고령토, 납석, 건어(乾魚)가 교부대상물품으로 지정된 반면, 1960년대 전반기에 시행된 동 제도의 교부대상물자는 그 범위가 크게 확대되었다. 게다가 정부에서 책정한 보조금 규모도 매년 크게 증가하고 있었다.

재정·금융상의 지원에는 수출을 통해 발생한 결손을 금전적으로 직접 지원해준 수출장려보조금 교부제도 이외에도 수출상품의 비용을 떨어뜨려 가격경쟁력을 강화시키는 정책도 있었다. 이에 해당하는 대표적인 정책은 수출진흥기금, 수출금융, 조세감면 등이다. 특히 이 정책 가운데 주목되는 것은 수출산업에 1년 단위의 운영자금을 지원해준 수출진흥기금을 적립한 것이었다. 1950년대에 시행된 수출지원정책의 대부분은 수출에 종사하는 무역업자를 대상으로 한 것이었으나 이를 계기로 수출물자를 생산하는 수출산업에 대한 관심이 고조되었다고 할 수 있다. 그러나 이 제도는 1964-1965년의 환율제도 개혁 이후 폐지되었다.

1950년대 이후 재정·금융지원정책에서 중요한 비중을 차지한 것은 수출금융이었다. 수출금융은 1961년의 환율제도 개혁과 동시에, 종전의 무역금융규정을 대체해 제정된 '수출금융규정'(1961.2.1.)에 근거해 시행되었다. 수출금융은 일반대출금리보다 낮은 금리를 적용함으로써 수출업자의 수출활동을 지원하는 것이다. 당시에 적용된 수출금융금리는 1960년 13.9%에서 1963년에 8%로 인하되었고, 이것은 일반대출금리 15.7%의 절반 수준에 해당했다. 수출에 대한 조세감면조치는 1950년대 후반에 그 맹아적인 형태가 보이기 시작했지만, 본격적으로 시행된 것은 1960년대 전반기라고 할 수 있다. 이 두 지원정책은 1964-1965년의 환율제도 개혁 이후에도 가장 중요한 수출지원정책으로 기능했다.

1960년대 전반기에 취해진 수출지원정책을 1950년대와 비교해볼 때 정책수단 측면에서 크게 달라진 점이 없다. 그러나 정책의 내용 면에서는 1960년대의 수출지원정책이 크게 강화되었고 그 범위도 확대되었다.

그러면 1950년대에 취한 환율정책 및 수출지원정책과 1960년대에 취한 동 정책이 수출업자에게 어느 정도의 이익을 보장해주었는가를 검토해보기로 한다. 수출실효환율은 수출업자가 1달러 수출했을 때 실질적으로 받는 가격을 의미하며, 여기에는 정부의 수출지원정책을 통해 얻을 수 있는 이익까지 포함된다. 즉, 수출실효환율은 공정환율에 달러당 수출프리미엄(수출불환율-공정환율)과 수출보조금을 더해 구해진다. 여기서 수출보조금은 재정·금융지원정책을 통해 얻어지는 소득보조금(1950년대의 경우 <표 5-5> 참조)으로 구할 수 있고, 수출프리미엄은 수출입링크제를 통해 얻는 이익으로 구할 수 있다.

수출 성과에서 커다란 차이를 보인 1950년대와 1960년대를 비교해보기 위해 구매력패리티지수(1965=100)로 조정한 수출실효환율을 계산한 것이 <표 5-7>이다. 표에서는 수출불환율에 대한 통계를 입수할 수 있는 1954년부터 1970년까지를 계산했는데, 수출에 대한 실질실효환

<표 5-7> 수출에 대한 명목 및 구매력 패리티 조정 실효환율(1954-1970)

(단위: 1달러당 원)

	명목환율		구매력 패리티지수 (1965=100)	구매력 패리티 조정환율				
	공정환율	수출실효환율		공정환율	수출실효환율	수출실효환율의 구성(%)		
						프리미엄	보조금	공정환율
1954	18.0	70.6	651.9	117.3	460.2	74.2	0.3	25.5
1955	34.0	79.2	360.1	122.4	285.2	56.2	0.9	42.9
1956	50.0	107.2	284.5	142.3	304.4	52.7	0.6	46.7
1957	50.0	111.7	256.1	128.1	282.7	54.1	0.6	45.3
1958	50.0	115.7	263.2	131.6	300.8	54.9	1.3	43.7
1959	50.0	135.7	259.9	130.0	343.8	61.0	1.2	37.8
1960	62.5	150.0	236.4	118.2	346.8	56.2	1.2	42.6
1961	127.5	150.6	192.0	244.8	289.1	9.7	5.6	84.7
1962	130.0	151.5	174.3	226.6	264.0	0.0	14.1	85.9
1963	130.0	189.4	145.6	189.3	275.8	21.3	10.3	68.7
1964	214.3	281.4	108.4	232.3	305.0	14.1	9.7	76.2
1965	265.4	304.6	100.0	265.4	304.6	0.0	12.8	87.2
1970	310.7	398.8	77.3	240.2	308.3	0.0	21.8	78.2

주: 1) 구매력 패리티지수는 주요 교역상대국(미국과 일본)의 도매물가지수를 한국의 도매
　　물가지수로 나누어 계산.
　　2) 여기서 원은 1962년 화폐개혁 이후의 화폐단위이다.
자료: 1) 1950년대: 한국무역협회, 『무역연감』(각년도); 상공부(1971: 880~885).
　　　2) 1960년대: 김광석·웨스트팔 1976: 111-13.

율은 수출이 빠르게 증가한 1960년대와 수출이 정체한 1950년대 사이에
큰 차이를 보이지 않았다. 심지어 1954년과 1950년대 후반에는 기준년도
인 1965년의 실질환율을 크게 상회해 가격경쟁력이 훨씬 높은 경우도
있었다. 반면에 1960년대 전반기 수출에 대한 실질실효환율은 기준년도
의 실질환율을 크게 하회해 수출경쟁력이 악화되었음을 보여주고 있다.
　이러한 사실은 두 가지 점을 확인시켜 주는 것이다. 하나는 이승만

정부의 환율정책과 수출지원정책이 수출을 결코 억제하지 않았다는 것이다. 다른 하나는 이 시기의 수출이 가격으로 환산될 수 있는 것 이외의 다른 요인에 의해 강하게 영향을 받았음을 시사하는 것이다. 다만 여기서 문제는 수출에 대한 실질실효환율을 구성하고 있는 항목들 사이의 비중이 1950년대와 1960년대에 크게 변하고 있다는 점이다. 즉, 1950년대에는 수출프리미엄이 절반 이상을 차지했지만, 1960년대에는 공정환율과 수출보조금이 대부분을 차지했다. 물론 이런 차이는 1960년대 초기에 여러 차례에 걸쳐 환율을 인상해 단일환율을 지향한 환율제도 개혁을 실시한 결과라고 할 수 있다.

4. 수출에 대한 인식과 평가

환율정책과 수출지원정책을 통해 볼 때 1960년대는 물론 1950년대에도 수출은 강조되고 있었다. 그러나 경제여건 및 경제환경의 변화와 함께 수출에 대한 인식은 1950년대 전반기와 후반기, 특히 본격적인 경제개발이 시작되는 1960년대 초반에 커다란 차이가 있었다.

1950년대 전반기를 규정한 가장 중요한 경제여건은 한국전쟁의 충격이었다. 이 한국전쟁은 경제의 생산능력을 전전(戰前)에 비해 거의 1/3 수준으로 떨어뜨려 국민들은 심각한 물자부족상태에 직면해 있었다. 따라서 정부는 가급적 신속히 이러한 만성적인 물자부족 상태로부터 벗어나기 위해 한국전쟁으로 파괴된 경제를 재건하고 국내 생산을 증가시키고자 했다. 물론 이러한 경제재건을 위한 자원이 주로 해외로부터 무상 이전된 원조였지만, 파괴된 산업시설을 복구해 생산을 증대시키는 것이 이승만 정부의 가장 중요한 목표였다는 것만은 분명했다.

"이왕에도 말한 바와 같이 부흥자금 7,000만 달러(UNKRA 자금: 필자 주)를 오는 6월까지 쓰게 한다 했는데… 이것도 단시일 내에 다 부흥에 쓸 것이고 또 따라서 이번에 UN군 (대여금) 상환금이 8,700만 달러로 며칠 내로 들어온다고 공포가 되고 있는 중이며 이것을 다 가지고서 특별히 이 자금은 생산기구에 쓰려고 하는 것이니 필수품 생산기관에서 이 기회를 이용해서 하루바삐 순서를 정해 가지고 우선 파상(破傷)된 것을 복구시키며 없는 것은 새로 만들어내어서 오래되어 쓸 수 없는 것은 갈아내어서라도 이 일을 긴급히 수행해야 되니 이것은 정부 당국에서 협동 진행시키려니와 민간에서도 맹성해서 큰 기관이나 작은 기관을 막론하고 부흥시켜야 될 것이니 지체하지 말고 필수품을 속히 내어서 자기들의 이익은 물론이려니와 경제책을 완수하기 바라는 바이다."[15]

그렇다고 이 시기에 수출이 완전히 도외시되지는 않았다. 실제 이승만 정부는 수출증대의 필요성을 인식하고 있었지만, 한국전쟁이 경제에 미친 파괴적인 영향에 의해 규정되지 않을 수 없었다. 한국전쟁이 수출에 미친 영향은 두 가지였다. 첫째, 한국전쟁으로 생산시설이 파괴됨으로써 그나마 부족한 수출자원을 감소시키는 결과가 초래되었다. 둘째, 국내에 존재하는 생산자원이 우선적으로 경제재건과정에 투입됨으로써 수출산업 및 수출무역의 발전을 위해 자원이 제대로 배분될 수 없었다. 따라서 이때의 수출은 경제재건과정에 직접 소용되지 않는 물자나 아직 국내시장이 형성되지 않아 국민경제의 입장에서 볼 때 수출이 유리한 물자가 주로 수출되었다.

중석, 생사, 해태 등은 이 시기의 대표적인 수출품이었다. 1952-1955년 동안에 이 세 품목이 전체 수출액에서 차지한 비중은 62.4%였는데, 이 가운데 중석이 압도적인 비중을 차지했다(상공부, 1971: 886~919).

---

15) '경제부흥에 거국적 노력 강조'(공보처, 1953.3.2.).

중석이 본격적으로 수출되기 시작한 것은 1952년 3월에 한·미중석협정이 체결되면서부터였다(상공부, 1959: 350). 중석은 군수품을 제조하는데 사용되는 금속이었기 때문에 국내 수요가 전혀 없었다. 또한 이들산업이 건설되고 발달되었던 식민지 시기부터 국내소비보다 해외시장을대상으로 생산되었던 생사와 해태는 한국전쟁 이후에도 이들 상품의사치재적 성격 때문에 대부분 미국과 일본으로 수출되었다.

이와 같이 전후 재건과정에 직접 소용되지 않는 상품이 주로 수출되었다는 사실은 1950년대 전반기의 대표적인 수출지원정책(<표 5-4> 참조)이었던 특혜외환제도를 통해서도 확인할 수 있다. 이 제도의 1953년도운용실태를 보면 특혜외환 대상품목으로 총 64개 품목이 지정되었는데이 가운데 공산품으로 분류될 수 있는 것은 생사(당시에는 농산물로 분류되었음), 통조림, 공예품 정도에 불과했고, 나머지 61개 품목은 수산물,과실류, 광산물이었다(상공부 고시 제125호, 1953.4.30.). 사실 이때의 주요한 수출품은 광산물, 수산물 등 제1차산품이 대부분을 차지했다.

이승만 대통령은 신생독립국으로서 완전한 정치적 독립은 경제적 독립없이 달성될 수 없다는 인식하에 경제재건 = 공업화가 경제적 독립의지름길이라고 생각했다. 특히 구 제국주의국 일본으로부터 공업제품을수입해야 했던 여건에서 이승만 대통령은 경제재건을 가장 중요한 목표로인식했다. 이러한 상황에서 이승만 대통령의 수출에 대한 인식은 제한될수밖에 없었다. 즉, 공산품의 경우에는 '잉여의 수출'을 강조했고, 국내에서 소비되지 않는 1차산품의 경우에는 최대한 개발을 통해 수출할 것을독려했다.

"지금 일본은 막대한 계획으로 경제발전을 착수해서 저의 소출 생산을동양에 다 펴놓기로 계획을 하나 실상은 서양과도 경쟁할 목적이므로 이중에서 우리가 정신을 차리지 못하고 잠시 값싸고 쉬운 물건만 사다 먹고 입고 쓰려 하면 몇 해 안에 우리는 막강한 독립국이 되고도 경제력으로는 남의 노예가 될 것이니 우리 남녀노소는 크게 경성해서 아무리 어렵더라도 우선 참고 우리 손으로 우리 물건을 만들어 내서 먹고 입고 쓸 것을 만들어 놓아야 살 것이고… 아무리 적은 물건이라도 쓰기에 좋고 편리하게 만들어 많은 사람이 이용하게 만들면 국민 전체에 복리를 주는 것이니 우리의 있는 물건을 개량해서 더 낫게 만들며 남의 물건을 모범해서 우리에게 좋고 맞게 만들며 또 우리에게 없는 것을 새로 제작해서 발명하는 것이 나라에 유공한 사람이며 없는 물건을 발명한 이나 또 있는 물건을 개량하는 이나 다 특상권(特商權)을 주어서 개인의 이익과 명예를 찬양시키므로 사람마다 시간과 기회를 이용해서 이런 방면으로 봉사해서 이용해야 할 것이다. 우리가 의식주에 대한 모든 물건을 필요할 만치 만들고는 그 나머지는 외국에 수출시킬 것은 물론이고 이 수출품을 만들어서 남의 나라 돈을 얻어 들이기에 힘써야 이것이 재정가가 되는 근본이다. …또 과실과 화초(花草) 등을 배양해서 해외에 출품해 외국돈을 얻어오도록 경영해야 할 것이다. 뽕나무를 심어서 양잠법을 발전해 견사나 견직을 만들어 외국에 수출품을 만들면 이것이 많은 돈을 가져올 것이며 이 봄에 가장 힘쓸 것은 피마주를 심어서 피마주 기름 짜는 사업이 가장 유익한 사업이 될 것이다."16)

이런 점에서 볼 때 1950년대 전반기의 수출은 적극적으로 육성되지도 않았지만 완전히 방치되지도 않았다고 할 수 있다. 전후 한국 정부의 최대목표는 경제재건이었지만, 이러한 재건에 필요한 자원을 미국에서 무상이전된 원조를 통해 대부분 조달했다는 점이 정부의 수출정책을 규정했다고 할 수 있다. 이런 이유로 전후재건이 진전됨에도 불구하고 한국경제는 상환부담을 전혀 느끼지 않았고, 이에 수출을 적극적으로 육성할 내적 유인이 존재하지 않았다. 그러나 경제 전체적으로 외환공급

---

16) '상공업발전을 위해'(공보처, 1952.3.10.).

이 부족한 상황에서 외환수요는 꾸준히 증가해 외환공급을 증대시킬 필요성 역시 상존(常存)했다고 할 수 있다.

그러나 1950년대 후반이 되면서 정부의 수출에 대한 인식은 서서히 바뀌기 시작했다. 여기에는 두 가지 중요한 경제환경의 변화가 작용했다.

첫째, 미국의 대외원조정책의 변화이다. 공산주의와의 경쟁에서 경제개발이 보다 우월한 전략이라는 인식이 미국 내에 확산되면서 미국의 대외원조정책은 1950년대 중반부터 서서히 변화할 조짐을 보이고 있었다(박태균, 2000: 102~116). 이러한 변화는 이제까지 상당한 성과를 거두었다고 평가되는 집단안전보장계획을 위한 지출을 계속할 것이라는 전제 위에서 경제개발에 대한 관심 고조와 미국의 재정지출 감소라는 요구를 어떻게 조화시킬 것인가가 핵심적인 내용이었다(공보실, 1957: 58~62). 이를 위해 미국정부에서 고려한 대외원조정책의 변화방향은 크게 네 가지였다. 첫 번째는 무역의 제한과 장벽이 없는 지역 내 대시장(大市場)17)을 형성해 대외무역을 확대하는 것이었다. 이는 마셜 플랜을 배경으로 유럽이 경제성장에 성공한 교훈을 적극 흡수해 각 지역에서도 지역통합전략을 추구하고자 했던 것이다. 이를 통해 미국은 지역방위부담을 점차 줄여나가고자 했다. 두 번째는 민간자본의 해외투자를 적극 활용하는 것이었다. 이것은 미국의 이상을 구현하면서 납세자의 부담을 경감시킬 수 있는 방법으로 높게 평가된 것이었다. 세 번째는 생산적 개발을 원조하기 위해 정부 차관을 적극 활용하는 것이었다. 네 번째는 원조 수혜국에게 상환능력이 없거나 국가적 이익이 분명한 경우를 제외하고는 증여형태의 원조를 제공하지 않기로 한 것이다(공보실, 1957: 62~66).

---

17) 대시장이란 대부분의 필요한 자원을 가질 만큼 광대하고 또한 자본과 노동의 생산적 이용이 가능하며 그것을 조장하기에 알맞은 융통성을 지닌 지역이라고 정의했다.

이러한 미국의 원조정책의 변화는 증여형태의 원조에 크게 의존했던 한국경제에 커다란 충격을 주었다. 우선 1957년을 계기로 원조액이 급격히 감소했다. 즉 1957년에 3억 8,300만 달러이던 원조액이 1959년에는 2억 2,200만 달러로 거의 42%의 감소를 보인 이후 미국의 대한원조는 계속 감소해 1970년에는 무상원조가 완전히 사라졌다. 다음에 무상원조의 감소를 보충해 간 것은 1957년 상호안전보장법의 개정으로 신설된 개발차관기금이었는데, 이것은 유상차관이었다. 개발차관기금 도입액은 1959년에 1,658만 달러, 1961년에 313만 달러, 1962년에 1,914만 달러, 1963년에 138만 달러로 그 규모가 그렇게 크지 않았으나 한국의 외자도입형태가 점차 무상원조에서 유상차관으로 전환되어가고 있음을 보여주는 것이었다(한국산업은행, 1970: 30). 물론 유상차관은 장래 상환을 전제로 도입되는 것인 만큼 차관을 계속 도입하기 위해서는 한국경제의 차관상환능력, 즉 수출능력에 달려 있는 것이었다.

둘째, 민간기업의 성장이다. 전쟁으로 파괴된 산업시설은 한국전쟁이 38선을 중심으로 교착상태에 빠진 1951년 중반기부터 복구되기 시작했고, 원조가 구호원조에서 부흥원조로 전환된 1953년부터 전후재건은 본격적으로 추진되었다. 이 결과 몇몇 소비재산업을 중심으로 빠르게 재건되어 1950년대 중·후반이 되면 이들 산업은 국내수요를 초과하는 생산능력을 보유하게 되었다. 이에 이들 민간기업은 국내시장 제약과 유휴설비 문제를 해결하는 방안으로 수출을 적극적으로 모색하기 시작했다.

당시 대표적인 산업이라 할 수 있는 면방직공업의 성장과정은 이러한 상황을 이해할 수 있는 좋은 사례이다. 원조물자와 정부보유불을 불하받아 시설을 빠르게 복구·확대해나간 면방직공업은, 가령 면방적업의 경우 1954년에 1949년의 시설수준을 능가했고 면방직업의 경우 1956년에 1949년의 시설수준을 초과했다(花房征夫, 1971: 118). 이와 같이 신속한 생산시설의 복구와 함께 생산이 빠르게 증가하면서 이미 1955년 초반부터 면방직업 관련 단체는 면제품의 수입제한을 요구하기 시작했고(≪조선일보≫, 1955.2.25; 1955.6.11), 시설과잉 문제가 불거진 1956년에 들어서면서부터 면방직업은 수출을 적극적으로 모색하기 시작했다. 물론 1955년 8월에 단행된, 거의 3배에 가까운 공정환율의 인상도 수출을 자극한 주요 요인으로 작용했다. 그러나 면방적 기업이 수출을 적극적으로 확대하려고 했던 이유는 국내수요를 훨씬 뛰어넘는 생산시설의 확대, 다시 말하면 국내수요의 부족이 무엇보다도 중요했다고 할 수 있다. 이때의 수출성과는 85만 5,000달러의 면사수출에 성공한 1957년부터 가시화되기 시작했다(김양화, 1990: 69~78). 이와 같이 민간기업이 성장한 결과 국내시장의 제약을 돌파하기 위한 수단으로 수출이 점차 중요하게 인식되기 시작했던 것이다.

미국의 원조정책의 변화와 민간기업의 성장을 배경으로 수출에 대한 인식이 변하면서 정부도 무역통제를 크게 완화해 이제까지 수출허가제에 의해 통제되었던 수출무역을 1955년 후반기부터 '포괄적 허가제'로 그 절차를 변경했다. 여기에서 수출품은 크게 '수출금지품목', '상공부 허가 및 승인품목'으로 구분되었고 이것 이외에는 자동승인품목이 되어 상공부의 허가 없이도 수출할 수 있도록 했다(상공부 고시 제224호, 1955. 9.3). 이때 귀금속, 인삼, 홍삼, 해태 등 몇몇 품목을 제외하고 대부분 자동승인품목에 포함됨으로써 수출무역을 크게 자유화시켰다(≪조선일보≫, 1955.9.2). 더욱이 정부는 1957년에 무역법을 제정(법률 제460호)해 그동안 임시방편적으로 운영되어 왔던 대외무역을 제도화했다.

그러나 1950년대 후반에 수출에 대한 인식이 변하고 있음에도 불구하고 정부의 수출정책에는 큰 변화가 없었다. 앞에서 살펴본 바와 같이, 1950년대 전 기간에 걸쳐 정부의 수출정책은 복수환율제 하에서 수출에서 입은 손실을 수입을 통해 보상하도록 하는 수출입링크제가 핵심이었다. 물론 이것은 경제재건 = 수입대체 공업화가 전후 한국정부의 최대목표였다는 점과 미국에서 무상으로 제공된 원조를 물적 토대로 해 이것을 전개했다는 점, 즉 이승만 정부의 원조의존적 성장방식에 규정된 것이었다.

원조는 전후재건에 상당한 기여를 했지만 세 가지 점에서 수출에 부정적인 영향을 미쳤다. 첫째, 증여형태로 제공된 원조는 상환부담이 없다는 점이다. 따라서 정부는 저환율정책을 채택해 원조자금을 국내생산의 증가에 적극 활용하고자 했으며, 수출에 대해서는 최소한 수출을 저해하지 않는 방식으로 개입했다.

둘째, 원조제공의 전제조건으로 미국정부가 경제안정을 요구했다는 점이다. 이 요구는 1950년의 '경제안정15원칙', 1952년의 '대한민국과 통일사령부 간의 경제조정에 관한 협정(일명 마이어 협정)', 1953년의 '경제재건과 재정안정계획에 관한 합동경제위원회 협약(일명 백-우드협약)' 등에서 계속 강조되었던 것이며, 1957년 미국의 원조정책이 변화하는 시점에서 더욱 강조되었다. 따라서 정부는 부족한 자원을 주로 경제재건사업에 배분하고 수출을 장려하고 수출산업을 육성하는 데는 거의 배분할 수 없었다.

셋째, 원조물자를 이용해 만든 상품의 수출을 금지한 것이다.[18] 특히 이것은 1950년대 후반기에 한미간에 중요 문제로 대두되었다. 앞에서 지적한 바와 같이, 면방직업자들이 수출을 적극 모색하기 시작한 것은 1956년부터였다. 이때 수출을 제약한 요인에는 면제품이 처녀 수출인 만큼 해외시장 개척의 어려움도 있었으나 원조협정의 수출금지조항이 무엇보다도 중요했다. 따라서 이 문제를 해결하기 위해 정부는 주한(駐韓) 원조책임자와 협의를 할 수밖에 없었으며, 1957년에 거둔 최초의 수출은

---

18) '대한민국 및 미합중국간의 원조협정'(1948.12.10) 제5조 3항.

원조당국의 동의가 있어 가능했던 것이다.[19] 사실 이 문제는, 1959년에 면제품 수출을 통해 획득한 외환의 일정 비율을 원조 원면을 대체하기 위해 원면을 수입하는 데 사용할 것에 한미간에 합의가 이루어질 때까지 면제품 수출을 계속 제약했다.

　그럼에도 불구하고 1950년대 후반기에 경제환경이 변화함에 따라 수출에 대한 인식이 크게 변화되고 있다는 점을 무시해서는 안 된다. 사실 한국에서 수출진흥에 관한 논의가 활발하게 전개되기 시작한 것은 다름 아닌 미국의 원조정책이 변하고 민간기업이 성장해 시장제약에 직면한 1950년대 후반이었다. 이때를 계기로 해, 이전에 원조를 보완하는 외환공급수단으로 인식되었던 수출은 점차 본격적으로 추진된 경제개발에 필요한 수입재원의 공급과 국내산업의 성장수단이라는 측면이 강조되면서 재인식되기 시작했다고 할 수 있다. 그러나 앞에서 지적한 바와 같이 수출프리미엄과 수출보조금을 더한 수출에 대한 실질실효환율은 1950년대와 1960년대에 거의 차이가 없었기 때문에 1950년대와 1960년대의 수출성과의 차이는 정부의 수출의지와 그러한 정부의지에 민간기업이 순응하도록 하는 정부의 능력, 다시 말하면 정부의 자원동원과 배분과정에서 수행하는 정부의 역할에 크게 규정되었다고 할 수 있다.

　물론 이때부터 이전과 내용을 달리하는 수많은 수출지원정책이 논의되었다. 그러나 이승만 정부의 원조의존적 성장전략에 제약되어 그 대부분은 당시에는 실현되지 않았지만 고성장과 국제수지의 균형을 경제계획의 주요 목표로 상정했던 군사정부에 의해 그대로 실현되었다. 군사정부는 혁명 직후부터 수출산업의 육성을 주요 목표로 고려하고 있었다. 군사정부의 초대 상공부장관으로 부임한 정래혁 육군소장은 자신의 임무를

---

19) 면직물의 대외수출 가능, 합경위서 '원' 조정관 언명'(≪조선일보≫, 1956.12.4).

'산업발전과 수출산업 진흥'이라고 기자간담회에서 발표했다(≪조선일보≫, 1961.5.21.). 더욱이 박정희 최고회의 의장은 1962년 8월에 경제기획원으로부터 업무보고를 받는 자리에서 '수출제일주의의 대국민운동을 전개해야 할 것'을 강조하기도 했다(≪조선일보≫, 1962.8.9.). 이를 계기로 수출조합법(1961.9.9.), 수출진흥법(1962.3.17.), 대한무역진흥공사법(1962.4.22.), 수출검사법(1962.10.4.) 등이 제정·공포되어 수출산업을 육성하고 수출을 증가시키기 위한 제도적 장치를 만들어갔다.

5. 맺음말

1950년대와 1960년대 초기에 시행된 수출정책을 분석한 결과를 요약하면 다음과 같다.

첫째, 1950년대의 환율정책은 복수환율제와 저환율정책으로 특징지을 수 있다. 이러한 환율정책이 채택된 배경에는 당시의 외환공급구조가 갖는 특질에 규정되는 바가 컸다. 즉, 당시 공급된 총 외환수입액에서 원조는 75%를 차지했으며, 이러한 원조를 토대로 해 전후재건이 진행된 결과라고 평가할 수 있었다. 사실 이승만 정부는 저환율정책이 수출에 미칠 부정적인 영향을 차단하기 위해 복수환율제를 도입해 수출불의 자유로운 거래를 허용했던 것이다. 이 결과 환율이 수출을 저해하지는 않았다. 1960년대의 환율정책은 환율현실화와 그에 따른 단일환율제를 근간으로 하고 있었다. 이때 이러한 정책이 언제부터 시행되었는가 하는 시기의 문제가 중요한 논점으로 제기될 수 있다. 1964-1965년의 환율제도개혁이 전환점이었다는 일반적인 주장과 달리 1961년의 환율제도개혁이 오히려 중요한 의미를 가졌다. 첫째 이유는 이때의 환율인상에 따라 공정환율과 시장환율이 상당히 근접하게 되었다는 점이다. 이것이 미완에 그쳤다고 하지만, 이승만 정부의 복수환율제와 저환율정책이 사실상 폐기되는 것을 의미한다는 점에서 중요한 전기였다고 할 수 있다. 더욱이 이때의 환율제도 개혁은, 미국의 요구가 작용하기도 했지만, 한국정부가 적극적으로 추진했다는 점이다. 이것 또한 이전 정부의 환율정책을 지양하겠다는 의지를 표현한 것이라고 할 수 있다. 이런 점에서 볼 때 1964-1965년의 환율제도 개혁은 1961년에 취해진 개혁을 마무리하는 의의가 있었다.

또한 환율정책이 수출에 미친 영향은 미미했다고 평가할 수 있다. 한국경제에서 수출이 지속적으로 증가하기 시작하는 해는 1960년이라고 할 수 있다. 이때부터 수출은 매년 30%를 넘는 성장률을 보였지만, 환율동향은 이러한 수출성과와 밀접한 상관관계를 보이지 않았다.

둘째, 정책수단 면에서 1950년대와 1960년대의 수출지원정책은 큰 차이가 없었다. 즉, 금전적 지원을 수반하지 않은 수출지원정책으로는 수출불 우대책과 수출입링크제가 주로 활용되었고, 금전적 지원을 수반한 수출지원정책으로는 무역금융(수출금융)과 수출장려보조금제도가 시행되었다. 그러나 그 내용 면에서는 시기마다 유의미한 차이가 있었다. 1950년대는 수출자원의 부족과 재정적자에 제약되어 특히 비금전적 수출지원방식에 크게 의존했고 금전적 지원방식의 지원규모는 작았다. 그러나 1950년대 후반이 되면서 여전히 전자에 크게 의존하면서도 후자에서의 지원규모가 점점 커지고 있었다. 이러한 연장선상에서 1960년대 초기가 되면 금전적 지원방식에 의한 지원규모가 강화되면서 비금전적 지원방식과 금전적 지원방식이 수출지원정책에서 차지하는 비중이 대등해졌다. 더욱이 이때부터 수출지원정책 수단도 점차 다양해져 갔으며, 1964-1965년의 환율제도 개혁을 계기로 수출입링크제와 같은 대부분의 비금전적 수출지원정책은 폐지되고 금전적 지원방식에서도 수출장려금을 직접 지원해 주기보다는 금리보조와 조세지원과 같은 간접적인 정책수단을 활용하는 방식으로 전환되어 갔다.

그러나 정부의 환율정책과 수출지원정책을 고려한 수출에 대한 실질실
효환율을 추계한 결과에 따르면, 이것이 수출에 미친 영향은 미미했다고
할 수 있을 것 같다. 이러한 점을 고려할 때 1960년대의 급속한 수출
증가는 가격으로 환산될 수 있는 요인 이외의 다른 요인, 예를 들어
자원배분권을 장악하고 있는 정부의 수출의지와 같은 것이 더욱 크게
영향을 미쳤다고 생각할 수 있다.

셋째, 수출은 1950년대와 1960년대 두 시기에 있어 모두 중요하게
인식되었다. 다만 정부의 경제정책 목표, 외환공급구조, 민간기업의 발달
수준 등에 따라 시기마다 조금씩 다르게 인식되고 있었다. 원조가 안정적
으로 제공되고 전후재건이 당면과제였던 1950년대 전반기에는 국내 잉
여물자의 수출이 강조되었고 수입대체 공업화에 근거한 외환절약으로
국제수지 균형을 달성하려고 했다. 더욱이 이때 민간기업은 아직 재건과
정에 있었기 때문에 국내시장 제약에 도달하지 않았다. 원조가 감소하지
만 여전히 수입대체 공업화를 주요 목표로 지향했던 1950년대 후반기에
는 수출의 중요성이 강조되면서도 수출정책으로 이것을 뒷받침하지 못하
는 일종의 정책의 이행기에 해당되었다. 사실 이러한 혼란이 해소되는
것은 이승만 정부의 붕괴에 의해 가능했고, 수출에 대한 중요성과 수출정
책이 일관성 있게 추진된 것은 성장지향성을 강하게 띠었던 군사정부의
출현으로 실현되었다.

전체적으로 볼 때 원조가 감소하는 1950년대 후반부터 수출정책의
변화가 요구되는 환경이 조성되기 시작했지만, 원조의존적 성장을 지향
했던 이승만 정부는 그것을 실행에 옮길 수 없었다. 이런 점에서 새로운
경제환경에 조응한 수출정책을 강력하게 추진할 수 있는 강한 정부(strong
state)의 출현이 이루어졌던 1961년을 전후한 시기가 수출정책에서 중요
한 전기였다고 평가할 수 있을 것 같다.

■■■ 참고문헌

경제기획원. 1962. 『경제백서』.

_____. 1982. 『개발연대의 경제정책: 경제기획원 20연사』.

공보실. 1957. 「미국의 신 대외원조 방침: 페어레스위원회 보고」. 『정보』.

_____. 1953. 『대통령 이승만박사 담화집』, 제1집.

_____. 1956. 『대통령 이승만박사 담화집』, 제2집.

_____. 1959. 『대통령 이승만박사 담화집』, 제3집.

국가재건최고회의(종합경제재건기획위원회). 1961. 『종합경제재건계획(안) 해설』.

김광석. 웨스트팔. 1976. 『한국의 무역·외환정책』. 한국개발연구원.

김낙년. 1999. 「1960년대 한국의 경제성장과 정부의 역할」. ≪경제사학≫, 27호. 경제사학회.

_____. 2002. 「1950년대 외환배정과 경제적 지대」. ≪경제사학≫, 33호. 경제사학회.

김동욱. 1994. 「1940-1950년대 한국의 인플레이션과 안정화정책」. 연세대 박사학위논문.

김양화. 1990. 「1950년대 제조업 대자본에 관한 연구」. 서울대 박사학위논문.

내무부 통계국. 1953. 『대한민국 통계연감』.

대한민국 정부. 각년도. 『관보』.

박태균. 2000. 「1956-1964년 한국 경제개발계획의 성립과정」. 서울대 박사학위논문.

부흥부. 1960. 『외자도입촉진법의 해설』.

사공일·존스, L. 1981. 『경제개발과 정부 및 기업가의 역할』. 한국개발연구원.

상공부. 1956a. 『수출5개년계획과 수출진흥요령(안)』. 정부기록문서.

_____. 1956b. 『수출5개년계획과 수출진흥요령(안): 통계1』. 정부기록문서.

_____. 1956c. 『수출5개년계획과 수출진흥요령(안): 통계2』. 정부기록문서.

_____. 1959. 『상공행정개관』.

_____. 1971. 『통상백서』.

상공부 고시 제113호(1953.1.5). '대외무역에 관한 절차'.

암스덴, A. 1990. 『아시아의 다음 거인: 한국의 후발공업화』. 이근달 역. 서울: 시사영어사.

이대근. 2002. 『해방후·1950년대의 경제: 공업화의 사적 배경 연구』. 삼성경제연구소

이만희. 1993. 『EPB는 기적을 낳았는가: 한국 산업정책의 이상과 현실』. 해돋이.

이병천. 2000. 「발전국가체제와 발전딜레마: 국가주의적 발전동원체제의 재조명」.
≪경제사학≫, 28호. 경제사학회.

재무부. 1952. 「제3차 재정금융에 관한 공한」. ≪조사월보≫, 46호. 한국은행.

_____. 1960. 『환율관계서류철』. 정부기록보존소.

_____. 1964. 『환율관계(2)』. 정부기록보존소.

_____. 1964. 『환율관계(3)』. 정부기록보존소.

_____. 1964. 『환율관계(4)』. 정부기록보존소.

_____. 1964. 『환율개정에 따른 조사철』. 정부기록보존소.

_____. 1965. 『환율관계철』. 정부기록보존소.

_____. 1965. 『단일변동환율』. 정부기록보존소.

_____. 1965. 『단일변동환율(2)』. 정부기록보존소.

_____. 1967. 『우리나라의 재정안정계획 개관』.

조선경제통신사. 1949. 『조선경제통계요람』..

차동세·김광석. 1995. 『한국경제 반세기: 역사적 평가와 21세기 비전』. 한국개발연
구원.

차철욱. 2002. 「이승만정권기 무역정책과 대일 민간무역구조」. 부산대 박사학위
논문.

최상오. 2001. 「1950년대 외환제도와 환율정책에 관한 연구」. 성균관대 박사학위
논문.

_____. 2002a. 「1950년대 한국의 환율제도와 환율정책」. 『한국경제연구』, 9-2.
한국경제연구학회.

_____. 2002b. "1950년대 한국의 외환시장에 관한 연구". 『한국경제』, 제29권
2호. 성균관대 산업연구소.

_____. 2003. 「한국의 전후 재건과 미국」. 『민주사회와 정책연구』, 제3권 1호.
민주사회정책연구원.

크루거. A.. 1981. 『貿易·外援과 경제개발』. 전영학 역. 한국개발연구원.

한국무역협회. 『무역연감』. 1951/52, 1953, 1954, 1955, 1956/57, 1958, 1959,
1960, 1961, 1962, 1963, 1964, 1965, 1966, 1967, 1968, 1969, 1970.

한국산업은행. 1955. 『한국산업경제10연사』.

_____. 1964. 『한국산업은행10연사』.

_____. 1970. 「미국 대외원조정책의 전환과 대한 경제원조」. ≪조사월보≫, 177.

한국은행. ≪조사월보≫. 1957.3, 1961.1.

_____. 1958. 「개발차관기금의 전모」. ≪조사월보≫, 12-3.

_____. 1949, 1955, 1959. 『경제연감』.

_____. 1954, 1955, 1956. 『연차보고서』.

_____. 1960. 『한국은행10연사』.

_____. 1962, 1971, 1981. 『경제통계연보』.

_____. 1968. 『국민소득연보, 1953-1967』.

_____. 1970. 『한국의 외환관리』.

李鍾元. 1996. 『東アジア冷戰と韓美日關係』. 東京大學出版會.

趙潤濟. 1997. 「韓國の政府介入、レント配分と經濟發展」. 靑木昌彦 外. 『東ア
ジアの經濟發展と政府の役割』. 日本經濟新聞社.

花房征夫. 1971. 「韓國綿工業の展開過程: 1950年代を中心にして」. 山田三郎 編.
『韓國工業化の課題』. アジア經濟硏究所.

Cole, David C. Princeton N. Lyman. 1971. *Korean Development: The Interplay of
Politics and Economics.* Harvard University Press.

Woo, Jung-En. 1991. *Race to the Swift: State and Finance in Korean Industrialization.*
Columbia University Press.

제6장

1965년 금리현실화: 재평가와 이론적 쟁점

유철규(성공회대 교수, 경제학)

1. 서론

1965년 9월 30일 단행된 금리현실화 조치는 서구의 시장주의적 관점에서 일반적으로 평가하듯이 단순히 금리현실화를 핵심내용으로 하는 금융자유화 과정으로만 이해할 수는 없다. 왜냐하면 1960년대는 정부주도 성장금융체제로의 전환이 이루어진 시기이며, 산업을 재편하고 성장률을 높이기 위해 입안된 경제개발계획의 주된 정책수단으로서 통화, 신용, 외환정책 등의 운용 틀이 잡힌 시기이기 때문이다(전국경제인엽합회, 1986; 최진배, 1995).

이대근(1984)은 1963년 경제개발계획 수정(보완계획)이 가지고 있는 의미를 "외향적 개발방식"으로의 전환이라고 기록하고 있는데, 1965년 조치도 이러한 경제개발계획의 수정에 부합하는 맥락에서 해석할 필요가 있다. 또한 구 경제기획원 직원모임인 경우회가 펴낸 기록(김흥기 편, 1999)에는 금리현실화조치를 수입대체전략의 실패 이후 수출주도형 공업화전략으로 전환하는 과정으로 적고 있다.

"보완계획(경제개발 5개년 계획의 2차년도인 1963년 8월: 인용자)에서의 주요 변경내용은 1. 우선 성장목표치를 줄이고, 2. 정부투자부문을 축소, 민간사업부문을 확대하되, 적어도 광공업 부문은 민간기업에다 맡기며, 3. 투자재원의 외자의존도를 높일 뿐더러 외자의 활동을 보다 자유롭게 하는 것 등으로 요약된다. 이 보완계획의 실시와 더불어 개발계획의 기조는 완전히 외향적 개발방식으로 편향되고, 대부분의 계획사업도 순조롭게 진척되어 당초 계획상의 목표치 7.1%보다도 더 높은 8.3%의 GNP 성장률 (1962-1966년 평균)을 올릴 수 있었다"(이대근, 1984).

한편 김홍기(1999)는 1960년대 자유화 조치의 하나인 환율현실화(인상) 와 외환제도 변경을 종합적인 수출지원제도의 일환으로 해석한다.

  "1964년 5월 3일 환율을 실세화해… 또한 자유당 정부로부터 물려받은 저환율정책을 포기하고, …수출입링크 제도를 폐지하고 새로운 환율제도와 일관성을 유지할 수 있는 종합적인 수출지원제도를 1965년에 실시하게 되었다. 그 내용은 수출우대 금융제도의 실시, 수출생산용 원자재 수입에 대한 관세면제, 수출소득에 대한 직접세의 감면, 주요 수출산업의 고정자산에 대한 가속 감가상각제도의 도입 등을 말한다. 특히, 1964년(1965년의 오기: 인용자) 9월 30일 일반대출금리를 16%에서 26%로 인상하는 등 대폭적인 금리현실화 조치를 단행함에 따라 수출우대금융과 일반은행 대출금리 간의 금리차가 크게 확대되었다. 수출우대 금융제도는 수출기업에 대해 특혜를 부여하는 요인이 되었다"(김홍기, 1999).

이 연구의 목적은 오늘날의 주류적 관점과 달리 국가주도형 외향적 개발방식 혹은 수출주도형 공업화 전략의 맥락에서 1965년 금리현실화 조치를 이해하고, 그것이 시장이냐 정부냐 라는 현시점의 신자유주의 논쟁에 대해 제기하는 이론적 쟁점과 과제를 제시하고자 하는 것이다. 즉, 금융부문이 정부의 경제개발계획을 제대로 뒷받침하기 어려웠던

1960년대 초반 이전의 상태를 극복하고 경제과정에 정부가 적극적으로 개입할 수 있는 경로와 수단을 형성했다는 역사적 흐름 속에서 그 일환으로 금리현실화를 위치지우고자 한다.

2절은 1965년 금리현실화 조치에 관한 현실화의 배경 및 특징과 아울러 기존의 평가들을 살펴본다. 3절은 개발도상국의 금융제도 및 금융자유화에 관한 기존 이론들을 정리하고 그것이 한국의 1965년 금리현실화를 이해하는 데 어떤 한계가 있을 수 있는지 살핀다. 4절은 현재의 시점에서 제기되는 이론적 쟁점과 과제를 제시한다.

2. 1965년 금리현실화 조치의 특징과 배경

1) 1965년 조치의 내용과 특징

1965년 9월 30일 정부는 예금과 대출 이자율의 대폭 인상을 의미하는 금리현실화 조치를 단행했다. 이때 현실적인 수준의 이자율이란 사채시장의 이자율을 고려한 것이다. 당시 한국은행 『조사월보』(1965년 10월호: 6~7)에 따르면, "여신금리에 있어서는 일반자금 연 26%를 상한으로 해 자금종별로 차등을 두었고 예금금리에 있어서는 정기예금 최고 이율 월 2.5%를 상한으로 해 예금종별과 기한에 따라 조정 책정했으며 연체대출금에 대한 금리는 일률적으로 연 36.5%로 되었다."

1964년부터 1967년 사이에는 환율현실화(1964.5), 금리현실화(1965. 9), GATT(관세 및 무역에 관한 일반협정) 가입(1967.4), 무역자유화(1967.7) 등 광범위하게 자유화 조치가 취해졌다. 금리현실화도 이들 자유화 조치들의 중요한 일부이다. 동 조치의 특징은 다음과 같다.

첫째, 물가상승률을 상회하는 예대금리체계 확립(양(+)의 실질이자율

<표 6-1> 금리현실화 당시 대출금리, 예금금리, 물가상승률 추이

(단위: %)

연도	대출금리	예금금리	물가상승률 (GNP deflator 상승률)	실질예금금리
1961	17.5	15.0	15.51	-0.51
1962	15.7	15.0	13.43	1.57
1963	15.9	15.0	28.23	-13.23
1964	16.0	15.0	31.96	-16.96
1965註)	26.0	30.0	7.64	22.36

주) 대출금리는 기타어음대출금리, 당좌어음대출금리, 적금대출금리, 적금담보대출금리
　등이고, 예금금리는 1년 6개월 만기정기예금, 3개월 거치예금, 국민저축조합예금 등임.
자료: 한국은행(1971).

성립)을 가져온 측면이 있기 때문에, 스티글리츠(Stiglitz, 1994)의 "온건한 억압(mild depression)"론이 일정한 유보하에 적용될 여지를 가지고 있다.

둘째, 선별적 금리상승이 이루어졌다. 금리상승의 선별성에 관해서는 두 가지 내용이 주목된다. ① 예금이 장기화되고 은행의 신용창조 능력이 확대되었다. 저축성예금 위주의 수신금리 인상이 이루어졌는데, 연 30% 최고금리 적용은 1년 6개월 이상 만기정기예금에 적용되었다. 흥미로운 것은 동 조치 이후 한국은행의 자금순환표상 개인과 법인기업의 금융자산 구성에서 있어서 주식으로부터 은행저축성예금으로의 이동이 뚜렷하다는 점이다. 이는 고리대자본에 대한 은행제도의 실질적인 우월적 지위가 확보되는 계기로 동 조치를 이해하는 근거가 될 수 있다. 정기적금(최고금리 30% 적용, 이전에는 10%)의 경우에는 구좌수 증가율이 금액증가율보다 높았다. ② 특혜금융자금과 일반대출자금 간 금리격차가 확대되었다. 즉, 금리현실화 조치에도 불구하고 수출어음, 외화표시군납 어음, 미곡담보 및 미곡담보선대어음에 대한 대출금리는 종전 수준으로 유지되었다(일

<표 6-2> 일반 은행의 예금구성 변화(요구불예금 : 저축성 예금, 말일 기준)

시점	1965.9	1966.12	1968.12
구성비	70.6 : 29.4	61.0 : 39.0	31.5 : 68.5

자료: 한국은행, 『경제통계연보』.

<표 6-3> 시중은행 정기적금의 100만 원 이하 예금 구좌수와 금액 추이

	1965 상반기	1965 하반기	1966 상반기
A 구좌수(개)	73496	153535	332128
B 금액(백만원)	3648	6180	12028
B/A (백만원)	0.049635	0.040251	0.036215

자료: 행감독원, 『일반은행업적분석』.

반은행).[1]

다음 세 번째로 여수신 금리격차(예대 역마진)의 확대를 조치의 특징으로 꼽을 수 있다. 따라서 은행의 수익성을 악화를 완화시켜주는 지불준비금 부리제가 필요했다. 이 특징은 1965년 조치의 가장 중요한 내용일 수 있는데, 금유자유화의 결과로 금융자본(특히 은행자본)의 수익성이 오히려 억압되고 금융제도는 산업자본을 위한 지원제도의 성격을 갖게 되었다는 점이다. 동 조치와 관련된 보완조치로는 지불준비금 부리제 외에도 임시특별융자조치(50억 원)와 우량업자에 대한 한도거래제, 동업자 상호보증제 등이 있었다.

넷째, 은행의 산업별 대출금 구성의 변화와 국내자금의 대출용도 변화가 발견된다.

끝으로 해리스(Harris, 1988)가 지적하듯이 은행예금의 실질이자율이 다시 하락하기 시작한 1967년 이후부터 투자(자본심화)가 본격적으로

---

1) 1965년 조치 시 일반은행의 수출어음, 외화표시 공급자금, 수출용원자재 수입자금 등 수출지원금융에 대한 금리를 연 6.5%로 결정한 바 있다(금통운위).

<표 6-4> 금융기관 대출금의 산업별 구성

	1964	1965	1966	1967	1968
제조업	34.6	40.0	43.2	45.5	49.0
농림어업	41.4	30.4	24.8	18.1	14.2

자료: 한국은행, 『통화금융통계』(1974).

<표 6-5> 금융기관 용도별 대출 비중 추이

(단위: %)

	1962	1963	1964	1965	1966	1967
시설자금	22.9	21.4	20.2	13.0	11.5	9.6
운전	77.1	78.6	79.8	87.0	88.5	90.4

자료: 한국은행, 『통화금융통계』(1974).

나타난다. 금리현실화 자체는 투자와 성장에 직접 기여한 것이 아니라는 해석이 가능한 부분이다. 금리인하의 원인은 ① 외화유입 급증을 들 수 있다. 그런데 이는 금리인상에 시장이 반응한 결과라기보다는 한일국교정상화에 따른 차관도입, 베트남으로부터의 외화유입 급증 등의 요인이 핵심이다. ② 금리현실화로 인한 국내외 금리격차를 환율절하로 흡수할 수 없었기 때문에 이후 금리인하가 불가피했다. 이 또한 금융자유화의 일반적인 이론적 사고와는 다르다(한국은행, 『경제연보』, 1967).

2) 1965년 조치의 배경

가격기구의 왜곡을 시정해 자원배분의 효율성을 높인다는 이론적 논리에 근거해 있는 동 조치의 가장 중요한 현실적 목적은 외자의 조달(전철환, 1987)과 국내자본의 동원이라고 할 수 있다.

외자동원을 위한 관련 조치로는 한일국교정상화를 통한 상업차관 도입(1965.2.20), 한일협정, 한일무역협정(1966.3.24), 그리고 외자도입촉진법

(1960.1.1), 차관에 대한 지불보증에 관한 법률(1962.7), 장기결제방식에 의한 자본재 도입에 관한 특별조치법 등을 통합한 외자도입법(1966.8.3), 베트남의 "주월 남한 국군지원요청서" 수락(1964.7.15, 1965.1.2) 등이 있으며, 이들 제반 조치의 연관 속에서 1965년 조치의 의미를 이해해야 한다. 한편 1965년 9월 30일 금리현실화 조치 자체에 제시된 조치의 목적은 그것이 국내자본 동원을 위한 조치라고 밝히고 있다.2) 이 중 현실화의 비교수준이 사금융시장이었던 데서 알 수 있듯이 국내자본의 동원에서 주목받은 것은 방대한 사금융영역이었다.3)

기존 연구들에서도 일반적으로 지적되고 있듯이, 1962년 화폐개혁의 후유증, 미국원조의 감소, 1963년의 흉작 등을 원인으로 하는 1962-1963년 사이의 고인플레이션과 생산감소가 일반적인 경제적 배경이다. 이는 또한 수입대체전략의 실패를 인정하고 대외지향적 외자의존형 발전전략으로 경제개발 5개년 계획을 수정하는 배경이 되기도 한다.4)

1963년에 들어 뚜렷해진 정부 개발계획의 한계가 인식되었으며, 1960년대 중반의 각종 자유화는 정부가 주도하는 대외지향적 산업화 전략의 시작을 알리는 조치들이었다. 1961년 이후 폐지된 재정안정(fiscal stabilization)계획은 1963년도에 부활되었는데, 미국은 원조의 감소와 동시에 안정화 계획을 요구했다. 이러한 안정화 계획 속에 앞에서 언급한

---

2) "…금리를 현실화해 저축을 늘림으로써 한편으로 인플레이션을 억압하고 다른 한편 투자자원을 마련한다…"(조치)

3) 1965년의 사채규모를 중소기업은행(1970)은 30억 8,800만 원, 콜·박영철(1984)은 45억 7,300만 원, 심병구 외(1972)는 264억 원으로 추계하고 있다. 한편 1965년 연중 통화량 증가액은 161억 원이었다(한국은행, 『경제통계연보』).

4) 1964년 1월 연두기자회견문은 "수출진흥을 위해 전력질주할 것"을 제시했다. 또한 당시 "매주 토요일에는 죽을 먹자!" 혹은 "누구나 머리를 짧게 깎자"와 같은 방식의 소비절약운동의 한계와 자본부족 및 국내시장의 협소성 등이 인식되었다.

각종 자유화, 현실화 조치가 담겨 있었다(SIOCIR, 1978). 이에 순응해 1964년 5월 3일 환율현실화 조치가 시행되자 미국은 1,000만 달러와 잉여농산물 25만 톤을 제공했고, 2,000만 달러의 은행 단기대출을 제공하였다. 이어서 재정금융구조를 개혁하기 위한 미국의 정책권고는 네이산(Nathan) 경제고문단의 보고서와 권고를 통해 구체화되었고, 금리체계의 합리화를 위한 보다 체계적인 정책권고는 걸리(J. G. Gurley), 패트릭(H. I. Patrick), 쇼(E. S. Shaw)의 1965년 보고서가 제시한 것으로 알려져 있다. 동 보고서『한국의 금융구조(The financial structure of Korea)』[5]는 금리현실화 조치의 이론적 기반을 제공했다. 이들은 미국 AID 계획의 위촉에 따라 한국의 금융제도를 연구한 후 통화관리방법의 개선과 더불어 이자율을 사채와 경쟁이 되는 수준까지 인상할 것을 제안했고, 한국 국회는 그 대부분의 내용을 이행하게 된다.

걸리, 패트릭, 쇼의 1965년 보고서가 이론적 기반을 제공했다면 IMF와 1965년에 맺은 대기성 차관협정은 현실적인 강제력의 하나였다.[6] 대기성 차관의 규모는 크지 않았지만,[7] 1965년 3월 협정이 체결됨에 따라 동 협정 조건의 하나로 IMF와 합의각서의 형식으로 국내유동성에 대한 사전협의가 이루어졌다. 9월의 금리현실화는 IMF와의 대기성 차관협정을 직접적인 계기로 해서 실행되었다고 판단할 수 있다.

1965년 재정안정계획(1963년 부활)의 단서조항에는 "한국정부와 미국 정부 간에 금융개혁을 1965년 3/4분기 말까지 이행할 것을 합의", "통화 관리방법을 개선할 것", "통화당국이 본원통화 및 통화량에 대해 직접

---

5) The Fianancial Structure of Korea, A report of the US Operations Mission to Korea, by Gurley, Patrick, and Shaw, June, 1965.
6) 앞서 시행된 대만의 고이자율정책은 국제적 선례의 역할을 했다.
7) 1965년 3월 현재 9,300만 SDR, 1972년 1월 현재 3,000만 SDR.

통제할 것", "유동자산으로서 저축을 증가시키는 조치를 취할 것", "이자율에 대한 법적 상한을 철폐하고 사채금리와 경쟁이 될 수 있는 수준으로 인상토록 할 것" 등을 명시하고 있다(Cole, D. C. and Y. C. Park, 1983). 결국 한국의 금융개혁은 미국 원조(지원)의 조건이었다.

3) 평가

한국의 산업화 과정에 대한 평가가 엇갈리는 것과 마찬가지로, 1965년 금리 현실화 조치의 평가 또한 엇갈린다. 우선 매키넌(Mckinnon) 자신의 평가를 보자.

> "화폐보유의 실질 수익률은 1965년 이후 크게 높아졌는데, 한편으로는 명목이자율의 상승 때문이었고, 다른 한편으로는 물가가 하락했기 때문이었다. 결과적으로 은행예금은 엄청나게 증가했다. M2/GNP의 비율이 1964년에 약 9%이던 것이 1969년에 거의 33%로 증가했는데, 이렇게 빠른 속도의 증가는 투자와 생산의 증가에 의해 가속화된 것이다. …(중략)… 대출이자율도 상당히 증가해 투자는 양적으로뿐만 아니라 질적으로도 개선되었다. 결국 명목이자율의 인상은 총공급에 대한 금융제약을 완화시켜 그로 인해 일어나는 총수요의 감소분을 메우고 남을 만큼 생산을 증대시켰다"(Mckinnon, 1973: 108~111).

매키넌은 한국의 경험을 자신의 이론적 주장을 입증하는 가장 이상적인 경우로 평가했다. 이런 입장에서 저축의 증가와 은행 금융 중개기능과 투자효율성의 개선을 긍정적으로 평가한 논의는 재무부(1966), 사공일·김관수(1977), 한국은행(1977), 브라운(Brown, 1973), 渡邊利夫(1982), 박재윤(1985), 사공일(1987) 등을 들 수 있다.

한편 이에 대립해 특히 은행중개기능의 효율성 개선을 부정적으로 평가하는 기존 연구로는 조순(1981), 콜과 박(Cole, D. C. and Y. C. Park, 1983), 해리스(Harris, 1988), 한국경제인협회(1967), 존스(Jones, 1985) 등이 있으며, 이들 또한 저축의 증가 자체는 인정하지만 은행이 갖는 금융중개기능의 효율성 개선이나 투자효율성의 개선에 대해서는 의문을 제기하고 있다.

어느 쪽 입장에서건 저축의 증가 자체는 사실로서 인정하고 있으므로 그 이유를 생각해 볼 필요가 있다. 전자는 실질금리의 상승에 의한 저축 동기의 증가와 사금융의 흡수를 논거로 들고 있는 것이며, 후자는 차관경제로의 전화에 따라 유입되는 외자로 인해 발생한 원화의 유휴화 결과(해외부문에서 발생한 과잉유동성의 흡수)로 보는 것이라고 평가할 수 있다. 실제로 동 조치 이후 사금융의 급격한 감소는 관찰되지 않고 여전히 증가하고 있었다. 앞의 각주 3)에서도 지적했듯이, 1965년의 사채규모를 중소기업은행(1970)은 30억 8,800만 원, 콜·박영철(1984)은 45억 7,300만 원, 심병구 외(1972)는 264억 원으로 추계하고 있다. 한편 콜·박영철(1984)은 1967년과 1968년의 사채축소에 이어 1969년부터 사채규모의 확대를 보고하고 있으며, 심병구 외(1972)는 금리현실화 조치 이후에도 별다른 변동 없이 지속적인 사채규모의 증가를 보고하고 있다.

또한 우리는 1960년대 초반, 그러니까 동 조치가 취해지기 이전에 정부에 의한 금융통제권이 거의 확립되었다는 점을 염두에 둘 필요가 있다. 1961년의 금융기관에 대한 임시조치법 제정, 1962년 기존의 금융통화위원회를 금융통화운영위원회로 바꾸고 동 위원회의 권한을 대폭 정부로 이관한 한국은행법 개정, 1962년 은행법 개정, 1961년 중소기업은행 설립과 농업협동조합 통합, 1962년 수산업협동조합 설립 등이 관련 조치들이다. 이들 모두는 정부의 금융기관에 대한 통제력을 강화했다. 결국 금리현실화를 통해 은행의 유휴화폐 흡수능력은 높아졌지만, 이들은행에 대한 정부의 규제력도 강화되었다.

이와 같이 금리현실화 조치를 앞뒤의 역사적인 흐름과 분리시키지 않고 파악한다면, 매키넌 식의 평가는 단편적이고 오류일 수 있다. 이런 점에서 금리현실화가 금융과정에 대한 정부통제력을 높이기 위한 수단이 었지 시장의 역할을 높이는 금융자유화의 사례는 아니라고 주장하는 해리스(1985, 1988)의 평가는 지금도 유효하다고 평가된다.

"예금이자율 인상이 핵심이라고 해도 총수요 억제와 국제수지 균형 달성을 목적으로 - 이 경우 총수요 억제와 국제수지 균형은 디플레이션에 의해 유도되는 수입감소와 외자유인에 의해 달성된다 - 고이자율을 고안한 케인지안 안정화 정책으로 해석해서는 안 된다"(Harris, 1988).

해리스에 따르면 1965년 조치는 금융시스템 자체의 성장과 구조조정 (restructuring)을 자극함으로써 생산, 자본형성 등 실물변수의 증대를 목적으로 한 것으로 보아야 하며, 쇼(Shaw)의 주장, 즉 심화된(deepened) 시장중심적인 금융부분이 성장을 자극하게 된다는 주장의 실증적 근거는 될 수 없다고 본다. 국내저축에 의한 외자대체, 신용배분 메커니즘의 실행, 실질이자율과 투자 간의 정(+)의 관계 등 매키넌-쇼 모형의 기대는 사실과 부합하지 않는다는 점을 지적하는 것이다. 그는 오히려 1965년 금리현실화 조치는 국가가 통제하는 저축규모의 확대와 선별적 금리보조금의 증가를 의미하므로 금융에 대한 국가개입의 강화수단으로 보자고 제안한다.

이와 같은 기존의 연구를 참조해 오늘날의 한국 금융문제와 관련시켜 재평가를 시도하면 다음과 같다.

첫째, 은행중심 금융제도의 확립계기로서 금리현실화 조치가 갖는 의미가 크다. 즉, 산업자본과의 관계에서 은행부문과 주식자본 및 전근대적

<표 6-6> 상업차관 도입액

(단위: 백만 달러)

연도	1962	1963	1964	1965	1966	1967	1968
상업차관 도입액	1.9	55.3	63.3	78.1	105.2	155.4	483.9

자료: 산업은행, 『경제협력의 실적과 과제』(1970).

고리대 자본 간에 은행자본의 우위가 성립하는 계기가 되었다. 실제로 조치 이후 외부자금의 도입비중이 급격히 증가했다(내부자금 조달률은 1964년 54.5%, 1965년 47.7%, 1966년 33.0%, 1967년 26.5%). 외부자금 중 사채(私債) 비중은 불안정하지만 감소 추세를 보인다(법인기업의 총 자금조달 가운데 차지하는 비중은 1963년 3.6%, 1964년 6.6%, 1965년 2.7%, 1966년 6.5%, 1967년 9.6%, 1968년 3.5%).

둘째, 외자에 의한 시설자금 충당이 본격화된 계기로서 동 조치의 의미를 발견할 수 있다. 상업차관 이자율과의 격차가 확대되었고, 법인기업의 자금조달에서 외자차입의 비중이 급증했다(1963년 13.9%, 1964년 5.4%, 1965년 5.6%, 1966년 32.9%, 1967년 26.8%; 한국은행, 『자금순환』, 1978).

셋째, 제조업 주도의 산업별 대출금 구조가 본격적으로 형성될 수 있게 되었다. 또한 제조업 가운데 중소기업과 달리 대기업은 급격한 금융비용 증가에 대해 상업차관의 급격한 증가와 수출지원금융에 의한 보조금 수취방식으로 대응할 수 있는 길이 열렸다.

시장논리에 의한 것이라기보다는 국가주도에 의한 외자의존적 산업화 과정의 주요 특징들이 시작되는 시점으로 1965년의 조치를 꼽는 것이 타당하다. 산업자본의 순환에 있어 국가가 직접 통제하는 은행을 통한 간접금융(부채방식)방식을 중심에 두는 계기가 되었으며, 외자에 의한 시설자금의 충당방식이 형성되었고, 대기업에 유리한(또한 대기업을 육성하는) 금융제도의 운영가능성이 확립되었기 때문이다. 앞에서 지적했듯이, 금리현실화 조치는 재정금융 안정화 계획 속에 제시된 정책권고의

한 요소이며, 저개발국에 대한 IMF의 정책권고에 따르는 과정이다. 그러
나 금리현실화에 따른 고금리는 지속될 수 없었다. 저축의 증가는 가져왔
지만 예대역금리, 국제금리와의 격차, 기업의 금융비용 급증 등의 문제점
으로 인해 1968년 4월과 10월, 1969년 6월, 1972년 1월과 8월 등 6차에
걸친 단계적 금리인하 조치가 이어졌다.

3. 후발 산업화와 금융제도의 형성 및 성격에 관한 이론적 검토: 한국의 경험

쇼(1973)에 따르면, "금융자유화와 금융심화의 본질은 실질이자율이
저축의 희소성을 드러내고 저축을 자극하며 투자로부터 얻을 수 있는
수익률을 높이며 투자를 보다 효율적으로 차별화하는 것이다. 결과는
이자율의 상승이며 자본재의 생산비 또는 수입가격이 일정하면 자본재를
사용하는 비용도 상승한다. … (중략) … 이러한 상승은 어느 정도 자본집
약적 생산과정과 생산을 노동집약적 혹은 토지집약적인 것으로 대체하도
록 한다."

이 주장은 '시장 대(versus) 정부' 틀이 주류를 이루는 오늘날에도 금융
자유화와 금융개방화 등의 핵심적인 논거로서 역할하고 있다. 특히 동아
시아 NIES의 경우에서처럼 개발도상국의 후발산업화 과정과 관련된
금융자유화의 이론적 쟁점들을 검토해 보면 다음과 같다.

1) 개발도상국의 금융자유화: 금융억압(financial repression)론과 금융제한(financial restraints)론

매키넌(1973)과 쇼(1973) 이후 금융시스템의 두 가지 서로 대립되는

이념형으로 시장자유형(free-market) 금융시스템과 억압형(depressed) 금융시스템이 각각 설정되어 왔다. 현실적으로 시장자유형 금융시스템은 자본시장을 중심으로 하는 금융체제를 지칭하게 되고, 억압형 금융시스템은 은행을 중심으로 하는 관계적 금융(relation banking) 속에서 많이 나타난다.

한편 매키넌과 쇼는 개발도상국의 금융체제가 갖는 특징으로 제도화된 금융중개의 수준이 낮다는 점과 제도적 구조가 취약하다는 점을 꼽고 있다. 이로 인해 저축동원과 동원된 자원의 효율적 배분이 억제되므로 금융심화(financial deepening) 과정은 지체된다. 특히 그들은 이자율이 균형수준보다 낮은 수준에서 행정력에 의해 고정되는 경우 금융중개가 억압된다고 불렀다. 이들은 정부가 지대를 취득하기 위해 금융부문에 개입하는 것이 그 주된 원인이라고 제시하고 있기 때문에, 이들 이후 개발도상국의 금융발전에 대한 대부분의 논의는 정부개입이 없는 경쟁적 금융시장을 가장 바람직한 금융체제로 전제하는 경향이 나타났다. 그리고 바람직한 금융체제의 개혁 초점은 '금리자유화'이다.

반면 금리자유화에 관한 현실적 경험은 이론적 기대와 달리 명확하지 않고 매우 혼란스럽다. 전후 일본이나 1960년대 이후 아시아의 신흥 산업화 지역에서 예외적으로 높은 성장세가 상당히 장기간에 걸쳐 나타났는데, 스티글리츠(1993)가 지적했듯이 이들 지역의 금융제도나 금융시장의 작동은 매키넌-쇼류의 자유화된 금융시장과는 커다란 괴리가 있었다. 1970년대에 남미국가들(특히 아르헨티나, 칠레, 우루과이)이 '금융억압(financial repression)'(McKinnon, 1973: 1980)의 해소를 통한 저축과 투자의 증대를 목적으로 과감한 금융자유화와 국제화를 추진했던 경험이 흥미롭다. 즉, 그 결과는 이론적 기대와 달리 국내저축의 저하, 광범한 금융부문의 도산, 그리고 사적 금융기관의 국유화까지 포함하는 대규모의 정부 재개입으로 나타났을 뿐이다(Carlos F. Diaz-Alejandro, 1988).

또한 국가권력의 붕괴 이후 서구 시장근본주의 주창자들의 열광적인 지원과 조언하에 충격적인 시장요법을 취했던 구소련 및 동구국가들이 기대와 달리 장기간의 침체에서 벗어나지 못한 것도 금융시장에서 자유방임(laissez-faire)을 주장해온 입장과 상충했다.

이러한 결과들은 단순한 금융억압이라는 진단과 자유로운 금융시장이라는 처방에 의문을 제기하기에 충분했고, 매키넌-쇼의 금융억압론이 시사하는 바람직한 금융시장이 현실에서는 바람직하지 못할 수 있다는 점을 보여주는 경험적 연구들을 촉발시켰다(Fry, 1988).

그 가운데 헬만, 머독, 스티글리츠(1996)는 금융시장이 자유롭지 않은 상태에서 급속한 산업화를 이룬 동아시아의 경험을 이론적으로 설명하려고 시도했다. 정부가 사적 금융시장에 개입하는 것이 자유방임의 상태보다 어떻게 더 효율적일 수 있는가라는 질문에 이론적으로 대답하기 위해 이들은 매키넌-쇼의 금융억압에 대비되는 금융제한(financial restraint)이라는 개념을 제시했다. 금융제한은 예금(및 대출)이자율 규제와 금융부문에서의 경쟁제한이 효율적으로 산업화에 기여할 수 있는 경우를 가리킨다. 이들의 연구가 담고 있는 핵심 주장은 금융억압과 달리 정부가 금융부문으로부터 지대를 취득하는 것이 아니라, 오히려 지대취득의 기회를 창출하고 이 기회를 사적 자본에게 제공하는 측면을 강조한 것이다. 이 개념은 남미와 동아시아 모두 표면적으로는 이자율제한과 경쟁제한이라는 유사한 정책개입을 갖추고 있었지만 결과가 달라진 이유를 해명하는 데도 유용하다.

금융시장(특히 자본시장)이 미발달하고 불완전한 경우, 적절한 이자율 규제와 독점허용을 통해 초과이윤을 획득할 기회가 제공되면 사적 은행들은 자유시장의 경우보다 저축동원과 투자기회의 발굴에 대해 더 큰 유인을 가질 수 있다. 그들의 연구는 이를 통해 동아시아의 예외적으로 급속한 산업화를 설명해보려는 시도였다. 이들의 이론적 입장은 근본적으로 자유시장론과 배치되는 것은 아니며, 다만 불완전한 정보라는 금융시장이 갖고 있는 본질적 한계를 인정한 것으로 평가할 수 있다. 따라서 어떤 특수한 조건 속에서만 정부개입의 효과가 인정된다. 그러나 이러한 새로운 접근은 동아시아에서 정부개입의 존재와 효과를 보다 구체적으로 살피게 하는 데 중요한 계기를 제공했다(World Bank, 1993; Haggard, Lee and Maxfield, 1993).

2) 경제개발기 금융제도와 금융자유화론

금융억압론보다는 동아시아 현상에 대한 설명력을 더 갖고 있는 금융제한론 역시 산업화에 있어서 정부개입의 효과는 일시적이거나 특수한 조건에서만 가능한 것으로 한정짓고 있다. 따라서 정부보다는 시장의 효율성을 강조하는 근본적 전제에서 벗어나 있지 않으며 그 때문에 한국의 경험과는 여전히 일정한 거리가 있다. 실제로 산업화시기에 한국에서는 시기나 추산방법에 따라 차이가 있지만, 최소 절반 이상의 은행신용 용처가 정부에 의해 직접 지시되었으며, 정부는 대부분의 주요 은행을 소유했고 이자율을 통제했다. 정책개입은 시장의 불완정성이나 시장실패를 보완하는 데 그치지 않고 오히려 주된 역할을 차지했던 것이다(Cho and Kim, 1997; 유철규·이경미, 2001).

1980년대 후반까지 지속된 한국경제체제(혹은 발전 모델)는 억압적 금융체제를 특징짓는 요소들로 구성되어 있다. 그러나 이 '억압'은 단순히 쇼가 언급한 시장개입을 통한 금리억압만을 의미하는 것으로는 이해되지 않으며, 이면에서 금융지주계급(financial rentier)의 이해가 억압되었다는 점에 주목할 필요가 있다. 이러한 "금융억압"의 체제는 이념적으로 금융지주계급은 필요악이라거나 기업발전을 저해하는 집단으로 간주하는 관점에 의해 뒷받침되었다.[8] 금융제도의 형성과정에서 금융적 이해의 억압과 실물자본의 주주권 제약은 비용과 편익처럼 서로 상쇄되어 함께 결합되었던 것이다. 실물자본의 주주권에 대한 제약은 억압적 금융시스템을 지탱해주었던 근본 축으로서 국가신용의 제공과 투자위험의 사회화를 대가로 해서 정당화되었으며, 장기간 유지될 수 있었다(유철규·이경미, 2001). 1990년대 초반 이전 한국의 금융시스템을 이해하는 데 있어서 이러한 관점을 염두에 두는 것은 유용하다. 금융억압정책은 정부개입을 정당화하고 국민들에게 경제개발계획에 참여하도록 하는 이데올로기적 기능을 담고 있었기 때문이다. 1960년대 이래 정부는 금융체제(system)의 거의 모든 기능을 직접 통제하거나 관리했으며, 이자율 규제하에서 신용할당은 수출성과라는 명확한 기준에 의해 행해졌다. 따라서 금융체제는 정부가 일반기업을 통제하는 그리고 더 나아가 경제 전반에 개입하는 중요한 수단이었다.

시장의 효율성을 신념화하고 있는 신고전학파의 이론 틀 및 금융억압론에서 보면, 정부개입은 일반적으로 효율적인 자원배분을 왜곡시켜 이론적으로 저축의 감소와 비효율적인 투자, 그리고 물가상승압력과 저성장 현상을 이론적으로 기대할 수 있게 해준다. 이 때문에 금융억압의 해소— 즉 제도금융시장 이자율의 자유화 혹은 상승— 를 중심으로 하는 금융자유화는 경제성장에 필수적인 것으로 해석된다.

---

8) 이러한 관점은 1962년 '제1차 경제개발계획의 요약'에 나타난 1961년 이전 금융시스템에 대한 다음의 언급에서 잘 드러난다. "은행에서 대출을 받을 수 있었던 몇몇 특권그룹만이 생산활동에서 이윤을 누릴 수 있었다. …다수의 기업가는 생산기술과 경영개선을 위한 창조적이고 정직한 노력을 기울이는 대신, 정치가 및 관료와 결합해 쉽게 부를 축적했다. …산업은 고리 사채에 의존할 수밖에 없었으며, 그 결과 고리대금업이 성행했다…. 은행제도의 타락은 경제개발을 저해할 뿐 아니라 국가제도의 기반을 왜곡하거나 부패시켰으며, 사회정의를 왜곡했다."

그러나 금융억압론을 필두로 하는 신고전파의 금융자유화 개혁관은 정책적 측면에서 가장 큰 애로인 '제도의 문제'를 다루는 데 취약하다. 이들에게 중요한 것은 금융제도가 얼마나 복잡하거나 정교한가가 아니라 금융중개기능이 효율적으로 수행되고 있는가라는 점이기 때문이다. 효율성은 시장기능의 정상적 작동이 보장하는 것이므로, 금융자유화의 문제는 시장이 정상화되기까지의 단기적인 비용이 얼마나 되는가에 두어진다. 이 단기적인 경제적 손실은 기존에 선별 금융의 혜택을 누리던 기업 및 산업에서 주로 발생하는 것으로서, 자유화정책의 중요한 과제는 통화정책이나 외환정책을 통해 이들 부문의 충격을 완화하는 일이 된다. 이들 부문은 수출부문이며 국민경제적 비중이 매우 높은 경우가 일반적이므로, 이자율 상승으로 인한 거시경제지표의 악화[9]가 수반되기 쉽고 이 경우 금융자유화를 지연시키거나 역전시키기 위한 경제적·정치적 저항이 커질 수 있다. 이 저항은 경제위기와 같은 비정상적인 상황에서 외부로부터 강제되지 않는다면 극복하기 어려운 것이라고 본다. 그러나 특히 동아시아의 국가들과 같이 일정한 산업화에 성공한 경우, 어떻게 기존의 정책을 유지함으로써 기득권을 유지하고자 하는 산업부문, 정치인, 관료, 지대추구자의 저항을 극복하는가, 그리고 누가 — 어떤 사회세력이 — 금융개혁을 추진하는가라는 문제에 대해 신고전파의 금융자유화 개혁관으로는 답하기 어려워 보인다.

범위를 확대해서 동아시아 신흥공업국(NIES)의 경제개발 과정을 묶어서 보더라도 역사의 전개는 매키넌-쇼류의 전통적 금융억압론과 명백히 모순된 것으로 보인다. 일본, 한국, 대만 등의 금융체제는 모두 억압형이었으며 정부가 신용배분에 깊이 관여했지만, 경제적 성과는 매우 높았다.

---

9) 이자율 상승은 수출부문의 경쟁력 약화에 따른 경상수지 악화와 성장률의 둔화, 그리고 비용상승요인에 의한 물가상승 압력 등을 초래할 수 있다.

반면 라틴아메리카(아르헨티나, 칠레, 우루과이 등)의 급격한 금융자유화는 파괴적 결과를 가져왔다(Diaz-Alejandro, 1988). 이러한 현상적 차이에 주목하면서 동아시아와 관련해서 수행된 정책지향적 연구들은 금융억압과 정부개입이 어떤 특정한 조건 속에서는 효율성과 고성장을 가져 올 수 있는가에 모아져 있다. 해거드 등(Haggard, Lee and Maxfield, 1993; Haggard and Lee, 1995; Dalla and Khatkhate, 1995)은 광범한 사례연구에 기초해 이자율에 대한 규제철폐와 금융부문의 진입자유화 등의 개혁이 경쟁의 격화를 초래해 그 경제가 감당할 수 없는 수준으로 이자율을 상승시키거나, 때로는 금융부문의 독점화, 소유결합, 그리고 특정부문과 기업에 대한 대출집중을 야기 시킬 수 있다는 사실을 받아들였다.

금융체제가 효율적으로 움직이려면 적절한 제도적 하부구조10)가 있어야 하며, 발전된 국가의 경우에도 시장 불완전성과 거래비용11) 때문에

---

10) 법률 및 규제 체계, 불확실성과 금융 중개비용을 최소화하는 정보체계, 금융시스템의 안정성을 확보하고 예금자를 보호하기 위한 규제, 그리고 도덕적 해이 (moral hazard)를 최소화할 수 있는 감시·감독체계 등이 그것이다.

11) 금융시장의 내재적 불완전성에 관한 최근의 연구에 따르면, 자유로운 시장인 경우라 하더라도 금융시장의 내재적 속성이 어떤 형태로든 신용할당을 필연화한다(Stiglitz and Weiss, 1981). 모든 시장에는 정보의 비대칭성과 불완전성이 존재하며 계약의 이행 비용이 존재한다. 특히 금융거래는 미래에 있을 상환에 대한 약속이 거래대상이므로, 현물(맞돈)거래(spot transaction)와 달리 매우 강한 정보 문제가 있게 된다. 일단 문제가 생기면 계약이행을 강제하거나 담보물의 정리에 비용(시간)이 들며, 신속하게 처리했다 하더라도 전액을 회수하기 어려운 것이 일반적이다. 따라서 구매자의 신용이 갖는 의미는 현물시장과 다르다. 차입자의 진정한 의도나 향후의 상환능력에 대해 완전히 알 수 있는 방법은 없기 때문에, 대부자는 한 고객이 빌릴 수 있는 한도를 설정한다. 다시 말해 시장 청산 이자율보다 낮은 수준에서 신용을 할당하며, 결코 은행이 제시한 이자율로 차입하려는 모든 차입자에게 대부하는 법은 없으며, 어떤 방식으로든 선별한다(예를 들어, 투자 프로젝트에 대한 금융기관의 2차적 심

내부자본시장과 같은 내부조직이 이러한 제도적 하부구조의 필요기능을 보다 효율적으로 수행할 수 있다는 주장이다. 더구나 개발도상국가에서는 제도금융시장이 구조적으로 그리고 또 정책에 의해 왜곡되어 있기가 쉬울 뿐 아니라, 사적 내부 금융시장은 제한된 규모 때문에 효율적이지 않다. 그러한 경우에 정부가 신용배분의 효율성을 개선할 목적으로 자신의 내부 금융시장을 창설하는 것은 효율적일 수가 있는 것이다. 따라서 개발도상국가에 있어서 불완전한 시장을 덜 불완전하게 만드는 것이 반드시 최상의 정책이 아닐 수 있게 된다(Lee and Haggard, 1995: 9).

한국의 1965년 금리현실화 조치를 둘러싼 논쟁은 개발도상국의 경제성장과 금융(금리)자유화 간의 관계에 관한 일반적 논쟁으로 이어지면서 현재도 진행중에 있다. 그리고 1997년의 아시아 외환위기는 이와 관련된 논쟁을 더욱 확대시켰다.

4. 결론: 이론적 쟁점과 과제

지금까지의 논쟁에서 보면 금리현실화, 혹은 자유화 조치가 저축이나 투자와 같은 특정 부문에 대해 어떤 효과를 미쳤는지 고립시켜 분석하는 방법을 취하는 경우 명확한 결론을 얻기는 어려워 보인다. 이 때문에 역사적 접근이 유용할 수 있다. 이 글의 범위를 넘어서는 일이지만, 1965년 금리현실화 조치 이후 1968년부터 1972년까지의 기간에 걸쳐 지속적인 금리인하가 왜 불가피할 수밖에 없었는지, 1972년 8·3 긴급경제조치

사). 결국 이러한 이론적 발전이 시사하는 것은 모든 조건을 갖춘 자유방임적(laissez-faire) 금융체제에서도 시장을 청산하는 균형이자율은 성립하지 않으며, 따라서 자원의 오배분(misallocation)이 발생할 수 있다.

와 이를 초래한 경제위기와는 어떤 관련성을 가지고 있는지에 이르기까지 하나의 분석대상으로 연구될 필요가 있다.

금리현실화 조치의 성격과 의미에 관해 이 연구에서 향후 연구를 위해 제시하는 가설은 다음과 같다. 이들은 향후 지속적인 연구과제이기도 하다.

첫째, 1965년 금리현실화는 근대 서구 자본주의의 성립과정에서 관찰되는 일반성, 즉 전근대적 고리대자본과 토지자본의 약탈성이 제거되고 양자가 산업적 생산자본의 순환 및 재생산을 위해 기능적으로 결합되는 과정의 일환이었다. 둘째, 1965년 금리현실화 조치는 1961년 은행국유화, 1972년 8·3 조치, 1990년대 금융실명제와 함께 고리대자본을 산업자본의 순환에 복속시키는 일련의 과정에서 하나의 계기를 구성한다. 실제로 동 조치 이후 지하금융을 이루고 있던 고리 사채자금이 은행부문으로 흡수되어 은행자본에 결합된 것이 관찰된다. 뒤 이어 산업자본의 이윤율은 회복, 상승, 안정화되는 반면, 은행의 수익구조는 악화된다. 셋째, 매키넌과 쇼가 말한 금융억압(financial depression)을 그들이 주장했듯이 금융시장의 가격체계 왜곡으로만 보기보다는 금리 수취계층에 대한 억압구조로 재해석할 수 있으며, 이렇게 볼 경우 1965년 금리현실화 조치는 그 의도나 이론적 배경과 달리 오히려 금융억압의 심화과정이다. 또한 직접 금융시장에 대한 은행의 우위를 확립함으로써, 한국산업화 시기를 특징짓는 국가주도적 은행중심 금융제도의 내용적 기초가 1965년 현실화 조치를 통해 마련되었다. 넷째, 1965년 금리현실화 조치를 계기로 설비금융에 있어서 외자의존, 대기업 우위의 산업구조, 부채에 의한 투자, 특혜금융에 의한 수출촉진 등 이후 한국 산업화의 주요 특징을 이루는 현상들이 분명하게 나타나게 되었다. 따라서 1965년 조치를 매키넌과 쇼 식의 금융자유화 과정으로 이해하는 데는 한계가 있다. 다섯째, 1965년 조치 이후 산업자본의 재생산 과정에서 원화순환과 외화(외자)순환의 결합방식에서 외자순환의 우위가 본격적으로 확립된다. 이는 곧 원조시기의 외화순환 우위가 순환과정의 외부에 위치하고 있었다면, 1965년 이후 이러한 외화순환의 우위가 내재화 과정에 들어가게 됨을 의미한다. 즉, 원화순환상에서 나타나는 원화조달의 과부족을 외자조달에 의해 보완하는 방식이 아니라, 외화조달의 독립성에 따른 부작용을 원화부문이 감당하는 구조가 형성된다. 이 주장에 대한 근거로는 1965년 조치 이후 급증한 외화조달로 인해 경제 내에 과잉유동성이 공급되고, 이 과잉유동성을 흡수하는 과정에서 국내은행의 원화대출은 오히려 억제된 점을 들 수 있다. 이로 인해 국내자금의 산업자본화는 제약된다. 이 메커니즘은 1980년대 후반 3저 호황기에도 동일하게 관찰된다(유철규, 1992). 여섯째, 1965년 금리현실화 조치를 국내자본의 동원을 통해 산업화를 촉진하는 조치로 해석하기보다는 외자의존적 수출주도 공업화 전략으로의 전환을 위해 단행된 가장 핵심적 조치들 가운데 하나로 이해할 수 있다.

■■■ 참고문헌

김홍기 편. 1999. 『비사 경제기획원-33년 영욕의 한국경제』. 매일경제신문사.
박영철, 김병주, 박재윤. 1986. 『한국의 금융산업 발전에 관한 연구』.
박영철. 1988. 『金融發展의 課題와 政策』. 고려대학교.
사공일·김관수. 1977. 『한국의 금융구조, 1963-1975』. KDI.
사공일, 존스. L. 1981. 『경제개발과 정부 및 기업가』. 한국개발연구원.
산업은행. 1970. 『경제협력의 실적과 과제』.
심병구 외. 1972. 『우대금리에 관한 연구(1963-1971)』.
이대근. 1984. 「차관경제의 전개」. 이대근, 정운영 공저. 『한국자본주의론』. 서울: 까치.
＿＿＿. 2002. 『해방 후 1950년대의 경제』. 삼성경제연구소

유철규, 이경미. 2001. 「축적체제의 제도적 창출과 발전(1965-79)」.『한국자본주의 발전모델의 형성과 해체』. 성공회 대학교 사회문화연구소. 나눔의 집.

유철규. 1992. 「80년대 후반이후 내수확장의 성격」.『동향과 전망』, 통권 18호. 한국사회과학연구소.

재무부. 1966.『우리나라의 금융제도와 정책개관』.

전국경제인엽합회. 1986.『韓國經濟政策40年史』.

전철환. 1986.『한국경제론』. 서울: 창작사.

조윤제. 1995. 「광복 이후 우리나라의 金融政策에 대한 評價 및 앞으로의 政策課題」.『한국조세연구원 개원 3주년 기념심포지움 자료집』. 한국 조세연구원.

조순. 1981.『금융산업의 장기적 전망』.

중소기업은행. 1970.『중소기업논집』, 제1집.

최진배. 1995.『해방이후 한국의 금융정책』. 경성대학교 출판부.

콜. D.C., 박영철. 1983.『한국의 금융발전 1946-1980』. 1984. 한국개발연구원.

한국경제인협회. 1967.『금융제도의 분석과 개선방향』.

한국은행. 1971.『금융계량모형결과보고』.

_____. 1977. 1978.『자금순환』.

渡邊利夫. 1985.『현대한국의 경제분석』. 김창남 역. .

Cho, Y. J. and J. K. Kim. 1997. "Credit Policies and the Industrialization of Korea." Korea Development Institute.

Diaz-Alejandro, Carlos F. 1988(first published in 1984). "Good-bye Repression, Hello Financial Crash." *Trade, Development and the World Economy.* by Andres-Velasco (ed.). Basil Blackwell.

Dalla, I. and D. Khatkhate. 1995. "Regulated Deregulation of the Financial System in Korea." World Bank Discussion Papers, 292.

Epstein, G. 1996. "International capital mobility and the scope for national economic management." in R. Boyer and D. Drache(eds.). *States against Markets.* London and New York: Routledge.

Fry, M. J. 1988. "Financial Development: Theories and Recent Experiences." *Oxford Review of Economic Policy*, Vol.6.

_____. 1978. "Money and Capital or Fianancial Deepening in Economic Development?" *Journal of Money, Credit, and Banking*, Vol.10 no.4 (Nov.1978).

Gelb, A and P. Honohan. 1989. "Financial Sector Reforms in Adjustment Programs." World Bank Policy, Planning and Research Working Paper no.169.

Gurley, Patrick and Shaw. 1965. "The financial structure of Korea." Official Report.

Haggard S. and Chung H. Lee. 1993. "The Political Dimension of Finance in Economic Development." in S. Haggard, C. H. Lee and S. Maxfield(eds.). *The Politics of Finance in Developing Countries*. Ithaca and London: Cornell University Press.

Haggard, S. and S. Maxfield. 1993. "Political Explanation of Fianancial Policy in Developing Countries." in S. Haggard, C. H. Lee and S. Maxfield(eds.). *The Politics of Finance in Developing Countries*. Ithaca and London: Cornell University Press.

Haggard, S., C. H. Lee and S. Maxfield(eds.). 1993. *The Politics of Finance in Developing Countries*. in S. Haggard, C. H. Lee and S. Maxfield(eds.). Ithaca and London: Cornell University Press.

Haggard, S and C. H. Lee(eds.). 1995. *Financial Systems and Economic Policy*. Cornell University Press.

Harris, L. 1988. "Financial Reform and Economic Growth: A New Interpretation of South Korea's Experience." in *New Perspectves on the Financial System*. by L. Harris, et al.(eds.). London: Croom Helm.

Hastings, Laura A. 1993. "Regulatory Revenge: The Politics of Free-Market Financial Reforms in Chile." in *The Politics of Finance in Developing Countries*. by S. Haggard, Chung H. Lee and S.(ed.). Maxfield: Cornell University Press.

Hellman, T., K. Murdock and J. Stiglitz. 1996. "Financial Restraint: Toward a New Paradigm." in M. Aoki and M. Okuno-Fujiwara and H. Kim(eds.). *The Role of Government in East Asian Economic Development: Comparative Institutional Analysis*. Oxford University Press.

Lee, C. H. and S. Haggard. 1995. "Issues and Findings." in *Financial Systems and Economic Policy*. by Haggard, S and C. H. Lee(ed.). Cornell University Press.

Mckinnon, R. I. 1973. "Money and Capital in Economic Development." Brookings Institution. Washington D. C.

_____. 1980. "Financial Policies, in Policies for Industrial Progress in Developing Countries." John Cody, et al.(ed.). New York: Oxford University Press.

Philippa S. Dee. 1986. "Financial Markets and Econpomic Development." The Economics and Politics of Korean Financial Reform. Tübingen, Mohr.

SIOCIR. 1978. Investigation on Korea-American Relations. US Government Printing Office. Washington D. C.

Shaw, Edward S. 1973. *Financial Deepening in Economic Development*. New York: Oxford University Press.

Shaw, E. S. 1967. "Financial patterns and policies in Korea."

Stiglitz, J. E. and A. Weiss. 1981. "Credit Rationing in Markets with Imperfect Information." *American Economic Review*, 71/3, no.3.

Stiglitz, J. E. 1993. "Some Lessons from the Asian Miracle." mimeo, Stanford University; www.worldbank.org.

World Bank. 1990. "Financial Systems and Development." Washington D. C.

제7장

농업구조조정의 좌절과 소득정책으로의 전환:

1960년대 후반 농지법 제정 논의를 중심으로

조석곤(상지대 교수, 경제학) · 황수철(농정연구센터 부소장, 경제학)

1. 머리말

1960·1970년대 박정희 정권은 발전을 향한 국가동원체제로서의 성격을 지닌다. 이러한 박정희 체제의 성격을 학계에서는 '발전국가론 (developmental state theory)'을 이용해 설명하고 있다. 발전국가론에서 말하는 개발독재국가 혹은 '발전국가'란 상대적인 국가의 자율성을 기초로 성장을 위한 경제적 자원의 전략적 배치를 주도적으로 수행한 국가이다.

선행연구에서 공통으로 지적하고 있는 박정희 체제의 특징은 전체기획자로서의 국가의 역할에 대한 강조이다. 이것은 정치사회적으로는 반공주의로 무장한 독재, 평등이데올로기로 미화된 조직적 통제체제 등으로 표현할 수 있으며, 경제적으로는 개발독재라 요약할 수 있다. 개발독재는 국가기획에 따른 기간산업 및 선도산업 중심의 불균형 성장모델이며, 그 구체적 행위자는 재벌, 유능한 노동력, 효율적 관료이고, 실현수단으로 중요한 것은 개발계획과 금융통제 등이었다.

박정희 시대의 최고목표는 그가 정권 초기에 언명했던 대로 '자립경제와 산업혁명'이었다. 국가기획의 핵심키워드는 자립경제였으며, 민중의 동원을 위해서는 '민족중흥'이 슬로건으로 채택되었다. 미국의 영향력 하에서 수입대체적 내향 공업화 전략은 수출지향적 외향 공업화 전략으로 바뀌지만 적어도 박정희 시대에 자립경제는 항상 중요한 키워드였다.[1]

그런데 이러한 박정희 체제의 특징이 1960년대 초기에 모두 존재했던 것은 아니었다. 이들 중에는 1960년대에는 발견할 수 없거나 적어도 단초만 보이는 것들이 있고, 또 반대로 이미 1950년대부터 그 특징이 나타난 것도 있다. 예를 들면 1960년대 초반만 하더라도 군정 초기 낭만적 민족주의적 정책의 실시와 좌절, 경제개발계획을 둘러싼 대립과 갈등, 4·19 혁명이 부여한 초기조건으로서의 정치적 민주주의와 그것의 왜곡 등 여러 요인이 공존하고 있었다. 이러한 이질적 요인의 혼재는 정책결정 과정에서 정책방향설정을 둘러싼 대립으로 나타났다.

조국 근대화를 위한 경제구조의 개편방향을 둘러싼 논의는 이 시기에 매우 활발하게 진행되었다. 물론 모든 논의에서 목표는 자립경제의 실현 이었다. 최호진(1965)은 자립경제의 실현이 지상목표인데, 그것은 단적으로 "외부의존경제로부터의 탈피"(최호진, 1965: 59)[2]라고 정의하고, 그를 위해서는 "먼저 농촌의 전근대적 구조를 해체하고 생산성을 향상시킴으로써 매년마다 주기적인 식량부족상태를 진압하고 공업원료 산지 및

---

1) "적자무역에서 흑자무역으로! 이것은 자립경제 건설과 국내의 자급자족을 기하는 의미에서라도 기어코 성취되어야 할 과업 중의 과업"(박정희, 1963: 55)이라는 것인데, 초기 박정희가 상정한 자립경제는 상당 부분 자급자족적인 것이었음을 알 수 있다. 조석곤(2001a)은 이후 이러한 자립경제관은 시기에 따라 점차 변화하고 있음을 보이고 있다.

2) 자립경제를 민족경제와 동의어로 사용하는 주장도 있지만, 여기서는 보다 광의의 자립경제 개념을 사용한다. 이와 유사한 정의로는 조순(1969)이 있는데, 그는 자립경제의 성취란 'viable economy'를 달성하는 것, 즉 국제경쟁력을 구축해 외채에 시달림을 경감해가면서 장기적인 견지에서 조화된 경제발전을 이룩하는 것을 의미한다고 했다(조순, 1969: 38).

상품시장으로 전환되어야 하며, 아울러 과소고용의 특질과 노동집약의 이점을 이용해 경공업 내지 중소기업을 육성하고 이에 의한 자본축적이 기간산업에 투입되어야 한다"고 보았다. 즉, 근대화의 방향은 공업화이지만, 그 전제로서 농업구조의 근대화가 선행되어야 함을 주장하고 있다.

이 글에서도 잘 드러났지만, 이 시기는 자립경제 확립을 위한 경제운용 방향을 어떻게 형성해야 할지를 결정하는 중요한 시기였다. 농업근대화에 국한해서 보더라도 어떤 농민을 통해 어떤 방식으로 농업을 근대화할 것인가가 아직 확정되지 않은 상황이었다.

하지만 인구의 절반 이상이 농민인 상황에서 어느 정권도 농민을 위한 농정을 도외시할 수 없었을 것이며, 이것은 박정희 군사정권도 마찬가지였다.[3] 이들은 공개적으로 '중농정책'을 천명했으며, 1차 5개년 계획에서는 농업계획의 기본지침을 '농업생산력의 증대에 의한 농업소득의 상승과 국민경제의 구조적 불균형의 시정'에 두었는데, 이는 그 이전의 자작농주의에 입각한 농업정책을 답습한 것이었다. 군사정권이 집권초기에 실시한 농어촌고리채정리법, 농산물가격유지법, 개간촉진법, 농촌진흥법, 일백만호 자립안정농가창제계획 등은 모두 이러한 연장선에 있는 것이었다.

농업생산력의 주된 담당자로서 1960년대 초반에는 여전히 소농일 수밖에 없는 자립안정농가가 상정되고 있었다.[4] 그런데 1960년대 중반에

---

3) 당시 농업에 대한 기본적인 인식은 전근대적 농업구조가 생산력발전의 장애가 된다는 것이었고, 이 때문에 농업근대화를 위해서는 농업구조 개선이 필수적이라고 생각하고 있었다. 박정희 스스로도 영세농업의 탈피와 농촌 부흥의 길로 고리채 정리, 복합영농의 추진, 농협의 정상화, 농산물가격 유지 등을 제시한 바 있다(박정희, 1962: 289~295).

4) 당시 경제관료들이 바라본 농업에 대한 기본적인 인식을 보여주는 표현을 인용한다. "1정보 미만의 경지를 가진 영세농가가 전농가의 70% 이상에 달하고 있다.

들어서면서 한국농업을 이끌어갈 농민층의 성격을 어떻게 할 것인가를 둘러싼 논의가 활발히 전개되었으며, 영세소농층의 극복과 대농경영을 실현할 수 있는 제도적 방법으로 협업농과 기업농이 본격적으로 검토되고 있었다(경제기획원, 1966: 282~283). 또 주산지조성을 통한 상업적 농업의 육성이 적극 검토된 것도 농업의 체질을 변화시키려는 구조조정계획의 일환이었다.5)

공업화과정에서 농업의 역할에 관해서는 논란의 여지가 많지만 수입대체적 내향 공업화 전략에서 농업이 차지하고 있는 지위는 매우 높은 것이었다. 협업농과 기업농을 둘러싼 논의는 농업구조 개선의 방향을 결정하는 중요한 논쟁이었다.6) 하지만 그 논쟁의 결과가 어떤 형태로든

따라서 농가소득을 도저히 크게 높일 수 없다. 이들 영세농가를 근본적으로 감축하고 영농단위를 경제적 단위로 개편하는 것은 2,3차 산업부문의 발전에 따른 영세농가인구의 흡수에 기대할 수밖에 없다고 하겠으나 우선 0.5-1정보의 경지를 가진 소농을 대상으로 해 자립안정농가를 조성할 것이 절실히 요청되고 있다"(경제기획원, 1965: 15). 여기에서는 기업농이나 협업농과 같은 대농화를 통한 생산력 증가에 대한 고민이 드러나 있지 않다.

5) 정부는 2차 계획기간의 농업의 목표로 식량의 자급, 농가소득 제고, 주산지 조성에 의한 성장농산물 개발, 농업생산기반 정비에 의한 지속적 성장력 확립 등을 들고 있다(농림부, 1967a: 4). 주산지 조성에 대한 기대가 매우 큼을 알 수 있다. 이러한 계획의 결과 1980년대가 되면 "기업적 농업의 발달과 성장농산물의 선택적 확대로 농업구조는 단작경영체제를 벗어나 고도화 및 다양화된 모습을 나타내어 식량생산을 위주로 하는 주곡농업에서 공업원료생산 및 수출농업으로 역점이 옮아가게" 되며, "자립안정농가가 농촌의 중견계층을 형성하고 농가소득은 약 2배로 증대해 도시부문 종사자와 동등한 또는 그 이상의 생활수준을 향유할 수 있게 된다"(농림부, 1967a: 10)고 청사진을 제시했다.

6) 당시의 여론은 이 논쟁에 대해 명확한 입장을 표명하지 않았으며, 현 상태를 바꾸려는 노력에 대해 회의적이었다. 예를 들면 "올바른 역사의식의 결여"("기업농업육성이라는 환상", ≪조선일보≫, 1967.11. 21.)라든가, "소작제를 제도면에서 인정한다는 것은 역사의 후퇴"("농지제도의 후퇴는 불가하다", ≪동아일

정책에 반영되지 못함으로써 농업구조 개선정책은 표류하게 되었던 것이다. 이 글에서는 이러한 귀결이 결국 농업구조 개선을 통한 농촌근대화의 포기를 의미하는 것이고, 이는 어느 정도는 자급자족적 자립경제를 지향했던 초기 민족경제론자들의 생각과 정부정책이 결정적으로 괴리되는 또 한 번의 계기가 되었음을 보이고자 한다.

논의의 순서는 다음과 같다. 2절에서는 당시 농업구조 개선 논의가 진행되는 과정을 간단히 살펴본 후, 3절에서는 당시 논쟁의 쟁점을 특히 협업농-기업농 논쟁을 중심으로 정리한다. 4절에서는 농지법 제정 논의의 경과를 살펴보면서 이러한 쟁점들에 대한 사회적 반응과 그것이 입법화되지 못함으로써 결국 농업구조 개선정책이 포기되는 과정을 살펴본다.

2. 농업구조 개선 논의의 전개과정

농업구조 개선을 향한 본격적인 움직임은 농업구조개선심의회의 건의에서부터 본격화되었다. 1962년 7월에 구성된 농업구조개선심의회에서는 그 해 12월 농업구조 개선책을 발표했는데, 농업의 자본주의적 진화의 필연성이라는 역사적 인식에 기초해 농업혁명의 한 방법으로 자립안정농가와 더불어 기업농과 협업농에서 농업구조 개선의 가능성을 제시했다.[7]

낙후된 농업생산성의 제고와 영세소농체제의 극복이 시대적 과제인 상황에서 농업근대화, 즉 농업자본주의화를 위해서는 대경영체제 도입을 통한 농업생산력 상승이 최선이라고 생각했지만, 소농체제를 일거에 극

보≫, 1967.11.14.)라고까지 표현했다.

7) 보다 구체적으로는 농업구조 개선방향을 기경지에서의 기업농 육성과 개간간척지에서의 영세농에 의한 협업농 조성에서 찾았다.

복하는 것은 불가능했기 때문에 자립안정농가를 육성해야 한다고 제안한 것이다.

실제로 1965년부터 자립안정 농가조성사업이 개시되었는데, 그 대상은 0.5-1.0정보의 경지를 가진 소농(당시 전체 농가의 31.5%)이었다. 1965년에는 농협의 자립리동조합 277개소가 포괄하는 지역 내에서 사업지구를 선정했으며, 1966년도에는 지방행정당국의 개간계획 및 주산지조성계획을 중심으로 274개소의 대상지역을 선정해, 대상농가 1호당 최대 10만 원까지 영농자금을 융자했다. 융자의 기본목표는 개간을 통한 경영규모의 확대였는데, 호당 평균지원자금의 53.7%인 5만 2,638원이 개간용 토지구입 및 개간에 사용됨으로써 호당경지규모는 1964년의 0.77ha에서 1.18ha로 증가했다(최정섭 외, 1984: 25~26).[8]

그러나 이러한 소농위주의 농업정책에 대해서는 비판의 목소리가 많았다. 과소농적 상태의 농민적 토지소유하에서는 농업생산성의 상대적 정체를 면할 수 없다는 것은 당시 학계의 지배적인 의견이었으며, 유인호(1967)는 이러한 농업의 정체가 공업화를 가로막는 것이고, 그것이 결국 "민족경제의 확립"을 가로막고 있다고 주장했다.[9] 또한 자립적 안정농가의 창설이란 개인의 독립성을 강조하고 있는데, 이러한 토지제도로는 농업의 발전은커녕 국민의 식량자급조차 해결하지 못하는 현상유지 이상의 것을 기대할 수 없을 것이라 진단하기도 했다(김문식, 1980: 141).

이러한 소농경영의 한계를 극복하기 위한 대안으로 협업경영의 도입을

---

8) 1967년에 제정된 농업기본법 17조에는 "정부는 경영능률의 향상과 가족경영의 정상적인 노동보수 및 타 산업 종사자와의 소득균형이 실현될 수 있도록 자립가족농을 육성함에 필요한 시책을 강구해야 한다"고 규정함으로써 자립안정농가가 당분간 농업의 주축이 될 수밖에 없는 상황을 수용했다.

9) "오늘날 우리나라 농업경영의 내용이 되고 있는 가족경영의 대세가 자립경영체로서 육성될 수 있다고는 누구도 생각하지 않을 것이다"(유인호, 1967: 40).

주장하는 그룹과 기업농 육성을 주장하는 그룹 사이에 팽팽한 논전이 벌어졌다. 양자는 대농경영의 우월성을 인정하면서도 그러한 대농을 어떤 방식으로 육성할 것인가에 대해서는 생각을 달리하고 있었다. 두 논쟁의 내용은 다음 절에서 상세히 다룰 것이므로, 여기서는 논의 전개를 위해 간단히 소개한다. 당시 많은 학자들은 가족경영(우리나라의 지배적인 농업경영)의 제 모순(생산력의 발전을 제약하는 제 요인)을 극복할 수 있는 '농업의 협업화'(협업적 작업과 협업경영을 내용으로 하는)가 우리나라 농업 근대화의 방향(유인호, 1967: 52)이라는 인식을 가지고 있었으며, 실제로 우리나라에서도 정부지원하에 1963년에 개설된 4개의 전면협업농장을 비롯해 각종의 협업농이 발족했다.10)

김병태(1965)는 한국농업의 협업화작업은 어디까지나 자작농의 불합리를 불식하고, 합리적 농업의 창조라는 지표 밑에서 관민이 묶어져야 하는 것(김병태, 1965: 132)이라고 정의하고, 정부가 설치한 1963년의 4개 지구의 협업개척농장에서는 구조개선작업의 일환으로서 산악농업의 개척과 경지확장 협업화의 가능성을 찾아보는 시험사업이라고 평가했다.11) 또 1963년 3월에는 개간촉진법을 사적 토지소유에 대해 보다 제약적인 것으로 개정해 민간협업운동의 발전을 조장하도록 했다.

한편에서는 기업농 육성을 위한 논의도 끊임없이 제기되고 있었다. 기업농 육성을 위한 본격적인 논의는 1965년 경제과학심의회의의 농업

---

10) 그러나 이들은 대체로 부분협업형태로서 양돈, 양계, 과수, 잠업 또는 특용작물의 생산에서만 협동적으로 경영할 수 있었다(김문식, 1980: 148).

11) 김병태는 구조개선의 이론을 무장하고 신념이 투철한 설득력을 가진 지도자·민간연구단체에서 수련을 거친 자가 2-3개의 부락을 담당해 농민 속에 파고들어 부락단위로 협업화작업의 핵심을 만들고 그 핵심으로 하여금 협업화 작업에 착수하게 하는 것(김병태, 1965: 134)이 협업농을 도입하는 방식이라고 설명하고 있다.

주산지 조성계획에 대한 대정부 건의에서 나타나고 있다. 이 건의에서는 상업적인 생산지 조성에 있어서 농지소유의 상한제약이 전업적 농업의 전개를 장애하고 있다고 결론하고 건의의 일항에서 상한제약의 철폐를 주장했다.[12]

1966년 공화당 정책연구실의 농업기본법 연구시안에서는 기업농 육성을 농업구조 개선의 기본방향으로 분명하게 설정했다. 여기에서는 한국 농업발전의 목표를 과소농경영을 청산해 농업을 자본제적 경영을 통한 확대재생산의 경제단위로 발전하는 데 두고 있으며, 이를 위해 사회적으로 타당한 이윤이 실현되는 형태의 농업경영에로 농업을 자본주의화 시키는 것으로 개념 지워지는 '중농정책'[13]을 시행할 것을 규정하고, 기업농까지의 과도기적인 조치로 "개별농업을 단순재생산의 경영단위로 안정화시키는" 자립경영이나 "또는 개별영세농의 협업적 경영"을 보조 축으로 제시하고 있다.

이러한 주장변화의 이면에는 1965년 총선에서 나타난 호남푸대접론에 대한 대응론으로 농공병진책이 검토되기 시작한 것과 관련이 있다. 2차 계획의 과제로서 "국민소득을 획기적으로 배가케 하며 특히 영농을 다각화해 농가소득의 향상에 주력"[14]한 것도 이와 무관하지 않다. 여기서

---

12) 이를 받아 1966년 4월 30일 박 대통령은 농업기계화와 기업화를 위한 농지개혁 법상의 농지소유상한제 폐지 연구를 지시해 제3차 농지법 개정논의를 본격화 한다. 이에 대한 자세한 논의는 다음 절을 참조.

13) 법의 4조에서는 나름대로의 새 중농정책의 개념을 제시했는데, "중농정책이라 함은 사회적으로 타당한 이윤이 실현되는 형태의 농업경영에로 농업을 자본주 의화 하는 정책을 말한다"고 해 중농정책이 기업농육성책을 매개로 하는 것임을 분명히 했다.

14) 1차 계획에 대한 문제로서는 "공업화를 개발계획의 핵심목표로 설정한 결과 식량부족, 식량수입의 현상이 나타났으며 이러한 경향은 심화되었다. 그리해 산업간 불균형성장이 공업추진 자체를 위협할 수도 있다는 문제가 대두되었으

영농다각화의 구체적 내용은 기업농의 육성인데, 그것은 농어촌개발공사 산하에 자체의 소유농지 혹은 주산단지에 연결되어 원료를 조달하는 농기업을 중심으로 농업주산단지를 구성하는 것이었다.

말하자면 슬로건으로서의 농공병진이란 구체적으로는 입지조건을 이용한 농산물 특히 공업원료용 특용작물과 목축사업, 그리고 임산물에 중점을 두는 중농정책으로서 증산을 장려해 그 가공에 이 또한 중점을 두어 농촌의 유휴노동력의 고용증대와 농업경영의 근대화를 꾀하는 것인데,[15] 그 실행기관으로서 농어촌개발공사를 설립해 중농정책에 의한 농산물증강과 그 가공사업에 주력하도록 했다.[16] 이러한 입장선회는 농림부가 제3차 농지법안을 홍보하기 위해 12월 말에 발간해 전국에 배포한 '농지제도개황'에 잘 요약되어 있다.[17]

며 나아가 농공간의 불균형성장은 농촌 도시간의 소득격차를 심화시킴으로써 사회적 문제를 야기하는 것으로 우려"된다고 지적했다(경제기획원, 1966).

15) 이에 대해 조용범(1967)은 농공병진의 당위성이 자립경제체제의 확립을 위한 국민경제의 이중구조의 해소에 있는 한 그것은 단순한 소득균형의 문제가 아니라 산업간의 내국적 분업의 실현문제로 되어야 하며, 구체적으로는 공업의 농어촌 입지와 분업에 의한 국민경제의 통합에서 구해져야 한다(조용범, 1967: 217)고 비판하고 있다.

16) 농어촌개발공사는 적지적작농업의 집중개발과 부업을 장려하는 주산지 조성사업으로 가공수출 등 경제가치가 높은 농산물을 장려해 한국의 농업으로 하여금 근대화 과정의 기계화 영농방식에 전환시켜 농업기계화에의 촉진 육성을 꾀해 현재 농가소득 13만 원(1966년)을 71년의 장래에는 26만 원으로 올리는 동시에 고용증대에 의해 1966년 현재의 유휴노동력 54.8%인 것을 최대한 흡수해 1971년에는 19.5% 정도로 압축한다는 것이 그 목표로 설정했다(강진국, 1967: 88). 농어촌개발공사는 10억 원의 자본금으로 발족할 것을 계획했다. 이후 192억을 투입해 500여 개의 공장을 증설하되, 기업형태는 민간기업, 민간과 합작, 농·수협과 합작, 직영 등 4개 형태로 운영하기로 했다.

17) "경영면에서는 과거의 주곡농업으로부터 성장농업으로 그리고 농업의 기업화

이를 구체화하기 위해 주산지 조성계획이 발표되었고 영농규모 확대를 위한 농지개혁법 개정이 시도되었다. 주산지 조성사업은 적지적산(適地適産)의 원칙에 입각해 경제적으로 비교적 유리한 농산물, 즉 자연적 사회적 경제적 입지조건에 알맞으며 수요도와 수익성이 높은 농산물을 집중적으로 생산케 하는 것으로서 집중 대량생산에 의해 초래되는 생산의 전문화 및 외부경제로부터의 내포적인 이익을 생산자로 하여금 누리게 할 것을 목적으로 하는 것이었다(농림부, 1967a: 103~104).

주산지는 우수한 상품을 대량생산하는 방안으로서 지역농업의 입지조건에 알맞은 특정농산물의 주산지를 조성해 전통적인 영농구조를 상업적인 영농구조로 전환케 하는 전략거점으로 설정되었다.[18] 농림부는 주산지 조성계획을 '농업혁명'이라고까지 표현하면서 주곡농업을 탈피해 성장농업으로 발전시키는 것을 지향했다. 1966년 24개 품목의 대상으로 전국 317개 지구를 선정하고,[19] 생산지원 39억 5,500만 원(50.4%), 가공

가 크게 요청되고 있으며, 이와 같은 일반 추세는 과거의 소농주의적인 현 상황에 하나의 큰 전환을 의미한 것이다. …농업경영을 기업화하기 위해는 성장농업의 육성이 당연한 순서일 것이며 이와 결합한 기업화 촉진은 도시자본의 유치가 필수불가결한 요소인 것이다. 뿐만 아니라 농가소득을 높이려면 가능한 한 농외수입의 증대와 농촌잠재실업인구를 농업부문에 유치할 수밖에 없으므로 이와 같은 면에서 농촌과 도시의 산업적 매개 다시 말해서 농촌가공공업의 육성이 필요불가결의 요소가 된다. 여기에 이른바 농공병진정책의 당위적인 목표설정이 있는 것"이다.

18) 박기혁(1989)은 "대부분의 주산단지에서 산출되는 농산물들은 국제시장과의 경쟁을 극복해내어야 하고, 가공처리를 요구하는 품목들이므로 생산·가공·무역에 이르는 수직과정의 경제활동이 합리적으로 조직되고 효율적으로 운영되어야 하기 때문에 수직적 통합을 필요로 하므로 그 전면화는 어렵고, 한국의 경제발전은 소농경영을 상업적 영농으로 전환케 하는 동시에 겸업농으로 개편하는 효과가 보다 뚜렷하게 나타날 것으로 전망된다"(박기혁, 1969: 220~221)고 보았다.

시설 지원 39억 원 등 총 78억 5,500만 원을 지원했다(농림부, 1967a: 106). 주산지 조성계획은 1967년부터는 제2차 경제개발계획에 흡수되었으며, 대상품목도 17개로 단순화되었다.[20]

주산지 조성계획의 목적은 각 지방의 농업상의 입지조건에 적합한 특수품목의 집단산지를 조성해 농업발전과 농업소득 향상을 도모한다는 것이었지만 이에 대한 비판도 많았다. 「국경연 106」에서는 특히 계획대상 및 품목선정에서 무차별적인 나열주의를 채택한 점, 축산부문과 사료작물 주산지 조성을 무시한 점, 가공공장 또는 농촌공업 건설계획이 없다는 점을 문제점으로 지적했다.[21] 그리고 주산지 조성은 "경종농업과 축산과 농촌공업의 3자를 유기적으로 결합시키는 구조의 확립을 목표로 추진"(「국경연 106」: 5~6)할 것을 제안하고 전체 계획을 축산부문 주산지 조성을 중심으로 개편하고 생산물의 가공처리시설의 건설계획을 포함시킬 것을 주문했다.

축산을 강조한 것은 "축산부문의 주산지 조성이야말로 농업발전과 국내 공업원료 공급 및 수출품목으로서의 3면의 효과를 동시에 발휘할 수 있는 가장 유리하고 중요한"(「국경연 106」: 17) 분야라는 것이 핵심으로 농업당국이 중점을 두고 있는 특용작물로부터 그 중점을 축산부문으로

---

19) 구체적으로는 식량작물(고구마 옥수수) 64지구, 경제작물(유채, 아마, 양송이, 아스파라가스, 사과, 배, 감, 귤, 양잠 등) 11품목 163지구, 임산물 6품목 21지구, 축산물 4품목 54지구, 기타(연초) 1품목 15지구가 선정되었다(농림부, 1967a: 105).

20) 그 내역은 경제작물 10개, 축산물 4개, 임산물 2개 및 잠견 등이었다.

21) "단기적으로 수출품목과 수입대체품목에 투자우선순위를 두면서 사실상 모든 특용작물을 주산지 조성의 대상품목으로 나열"(「국경연 106」: 17)하고 있다는 비판이 그것이다. 당시 정부의 비공식적인 정책자문기구 역할을 하던 국민경제연구회에서는 농업현안에 대한 의견을 보고서 형태로 제안했는데, 이 글에서는 그 보고서의 호수가 00호인 경우 「국경연 00」으로 줄여 사용하고자 한다.

이동할 것을 주장한 것이었다. 축산분야가 갖는 장점은 식량공급, 유휴노동력 흡수, 토양의 지력증진, 관련 농촌공업 발전 등이지만, 그 외에도 낙농이 전략부문으로서 가장 효율적이기 때문이라는 이유[22]도 제시했다(「국경연 138」).[23]

그런데 주산지 조성을 위해서는 충분한 수익을 낼 수 있는 경영단위를 어떻게 형성할 수 있는지가 문제였다. 이에 따라 경지규모 확대에 장애가 되는 소유상한제의 폐지와 소작제도의 공인을 위해 농지개혁법의 개정이 시도되었다. 농림부의 '농지법제정요강', 내각 계획조정관실의 '농가소득증대 및 농산물유통구조개선기본계획' 등 두 가지 안은 모두가 우리나라의 농업구조를 근본적으로 개선하고 농가소득을 향상시킬 것을 목적으로 하고 있는데, 농지정책에 관한 것으로는 상한제의 철폐와 하한제의 신설, 그리고 일자상속제가 그 중요 골자였다.[24]

농지소유상한 철폐 논의는 1966년 4월 박정희 대통령이 농지기계화와 기업화를 위해 농지개혁법상 농지소유상한제에 대한 철폐를 연구하도록

---

22) 그 이유로는 곡물소비와 비경합적이고, 초식동물 중 종합적으로 생산성이 가장 큰 것이 젖소이며, 또한 젖소는 경종농업과 보완적이고, 낙농은 그 자체가 이미 수입대체산업이라는 점을 들고 있다.

23) 주산지 조성 아이디어는 1980년대 복합영농과 일맥상통한다. 특용작물보다는 축산부문을 강조하는 주장은 우연인지 모르겠으나 1980년대에도 농민이 가장 선호했던 분야가 축산이었던 것과 일치한다. 특용작물생산을 수출산업으로 육성하겠다는 주장에 대해 "주곡농업으로부터 성장농업에로의 전환은 수출가능품목을 중점적으로 지원함으로써 달성될 수 있다는 것은 속단인 것 같으며 이는 처음부터 농산물 수출을 과대평가하고 있는 데서 나온 결론"(「국경연 138」: 11)이라고 비판한 것은 타당하지만, 1980년대 복합영농의 실패에서 보는 것처럼 축산의 성장 가능성은 역시 과대평가되었다고 할 수 있다.

24) 이는 제3차 농지법 개정안에 반영되었다. 박현채(1970)는 이러한 방향의 선회를 지주적 진화의 길을 따르는 것으로 해석하고 있다.

하라는 지시로 전면화 되었지만, 이미 1963년의 농업구조개선심의회의 구조개선을 위한 건의나, 1966년 경제과학심의회의 주산지 조성계획을 위한 건의, 농지기본법에 대한 공화당 정책연구실 시안 등에서도 내용적으로는 관철되고 있었다.

상한제 폐지론의 근거는 전근대적 생산양식인 과소농 청산이 시급한 과제인데, 이를 극복하기 위해서는 자본제적 농업경영인 기업농을 창출해야 한다는 것이다. 그런데 과소농적 경영으로서의 농민적 토지소유의 창출과 온존을 목적으로 제정된 농지개혁법상의 3정보 제한은 이와 상충되기 때문에 폐지해야 한다는 것이었다. 찬성논자들의 또 다른 논거를 살펴보면 기계화가 제약되어 농업생산력 정체의 원인이 되며, 주산지 조성과 전업화된 상업적 농업을 전개하기 위해 필요하다는 것이다.[25]

박기혁(1966)은 현실적으로 주한미군에 납품하기 위한 소채 생산업자, 공업용 원료공급을 위한 고구마 생산업자, 정부의 보증하에 신품종 감자를 재배하는 생산업자, 계단식 농업에 의한 고추 및 무 생산업자, 정부와의 계약 하에 연초를 재배하는 생산업자 등 현실적으로 대규모 상품생산을 하는 농민들이 있으며, 이들에게는 소유상한제가 경지확장을 제약하고 있는 것은 사실이고 이러한 유형의 경영주들은 소유상한제의 완화 또는 재검토를 요구하고 있다고 했다(박기혁, 1966: 108~110). 그리고 "3정보 소유상한제도의 융통성 있는 적용은 한국농업의 근대화를 촉진하는 데 필요한 농업의 기업화와 농업의 전문화를 이룩하고 나아가서는 전근대적

---

[25] 당시 일부 신문이기는 하지만 기업농에 우호적인 사설을 싣기도 했다. 그 내용을 간단히 소개하면, 현장에서는 이미 3정보 상한이 유명무실화되어 있고 (≪경향신문≫, 1966.5.5.; ≪한국일보≫, 1966.5.3.), 소작제를 공인함으로써 소작제 근대화를 위한 기반을 조성(≪대한매일≫, 1966.5.3.)할 수 있는 장점이 있다는 것이다. 또 상한제 폐지 반대론자들이 주장하는 협업농은 사회주의적 발상(≪대한매일≫, 1966.5.8.)이라는 주장도 빠뜨리지 않고 있다.

인 물물교환경제로부터 화폐경제에로의 전환과정의 촉진제가 될 것"(박기혁, 1966: 213)이라고 제안하고 있다.[26]

반면 폐지 반대론자들은 소작제의 인정은 그 자체가 헌법 위반이며, 근대화란 이름 아래 반봉건적 소작제도를 합법화할 우려가 있다고 본다. 또 기업농 육성은 토지단위당 생산성을 저하시킬 수 있으며, 기업농 아닌 상업적 농업을 통해서도 충분한 효과를 거둘 수 있으므로 상한제를 폐지하지 않고서도 농업생산성을 증대시킬 수 있다고 주장했다.

「국경연 109」에서는 경자유전의 원칙을 지속적으로 유지하면서도 자본제화를 위한 농민적 방식이 가능하다고 제안했다. 보고서는 현실성 없는 과소농경영의 청산에 의한 기업농이라는 비약적 정책방향을 수정하고 기업농까지의 몇 단계를 설정해 점차적으로 진행시켜야 한다고 보았다.[27]

---

26) 물론 상업적 경영을 하는 농가를 제외하고는 농지소유상한이 경지확장의 주 제약요인은 아니었으며, 오히려 "차용지의 부족(29.1%), 농지매입자금의 부족(29.1%), 지가가 너무 비싸다(19.2%)"(박기혁, 1966: 103)는 것이 주요인이었다. 하지만 이 보고서는 본문에서 서술했듯이 소유상한 철폐가 상업적 영농이나 기업농 육성을 위해 긴요함을 체계적으로 주장했다는 점에서 당시 일반 학계의 분위기와 궤를 달리하고 있었다. 이 보고서는 1965년 6월 경제기획원, 농림부, 주한미경제협력처가 한국토지경제연구소에 용역을 의뢰한 것이며, 박기혁(당시 연세대 교수) 외에도 공동연구원으로 한웅빈(한국은행), 이기홍(건국대), 박진환(서울대), 한기춘(연세대) 등이 참여했다. 특히 박진환은 4절에서 설명하듯 농지법의 방향을 전환하는 계기가 된 문서를 만든 장본인이라는 점에서 이 보고서의 성격을 짐작할 수 있게 한다.

27) 보고서는 크게 3단계를 구분하고 있다. ① 자립농 협업농을 기축으로 한 구조정책(개간지에서의 영세농의 협업화 지원, 기경지에서는 영세농중심의 협업농가 자립안정농가 조성), ② 자립안정농가를 협업농으로 묶어 과도기적으로 대규모 경영의 이익을 추구하면서 점차 협업농을 조합적 소유로부터 자본주의적인 집단적 소유(기업적 생산법인)로서 주식회사제도의 농업도입에 의해 이를 이윤

3. 협업농-기업농 논쟁

이처럼 당시 농업구조 개선 논의의 쟁점은 구조개선 이후의 농업경영의 주체를 어떻게 설정할 것인가라는 문제를 중심으로 형성되었다. 협업농-기업농 논쟁은 바로 이러한 농업구조의 근대화의 방향을 둘러싼 논쟁의 중심에 서 있다. 돌이켜볼 때 과연 농업부문의 희생 없이 공업화가 가능했을까, 혹은 협업화가 농민을 빈곤에서 구제해줄 수 있는 방안이었을까 등을 둘러싼 논의가 지금 시점에서 결과론적으로 유효할 수 있을지는 확언할 수 없다. 왜냐하면 그것은 미완의 역사이기 때문이다. 그러나 협업농과 기업농 논쟁을 둘러싼 논의를 정리하는 것은 당시 농업발전방향을 둘러싼 두 가지 큰 학설의 대립과정을 살펴본다는 차원을 넘어서서 전체 공업화의 향방을 결정하는 과정, 즉 민족경제/자립경제의 포기 혹은 굴절을 보여주는 것으로 중요한 의미를 가진다.

협업농과 기업농에 대한 정의는 여러 논자에 의해 다양하게 시도되었지만 여기에서는 가장 평이하고 간결한 김문식(1967)의 개념정의를 인용한다. 기업화란 가계와 경영을 분리해 영리를 목적으로 하는 기업적인 농업경영이다. 그러나 이윤이 보장되어 있지 않은 현실에서는 기업화란 벅찬 과제이며, 잠재적 실업자로 과잉상태에 있는 노동력이 농업 이외에 배출될 수 있는 길도 없이 대농에 의해서 배제될 때 새로운 커다란 문제가 야기될 것으로 보았다. 한편 협업화28)란 소농의 결합에 의한 공동작업,

---

범주의 기업농으로 전화, ③ 과소농경영의 한계극복을 위해 잠정적으로 주산지 형성, 다각적 영농, 협동조합을 통한 부분적 협업 등에 의해 기계화의 이점을 추구하고 상업적 농업의 전개를 촉진함으로써 자본제적 기업농 전개의 소지를 조성(「국경연 109」).

28) 김문식(1967)은 협업농을 communal farms(재산을 공동소유하고 노동을 공동 이용해 분배 및 소비재, 용역을 공동이용), collective farms(재산을 공유하며

나아가서는 공동경영에 의한 영세성 탈피와 농업생산력 증진을 위한 것인데, 과거의 전통적인 가족경영에서 공동작업, 공동경영으로의 변혁은 보수적인 농민들의 적극적인 호응을 기대하기 어렵고 어떤 주체적인 의식이 결여된 채 그들의 단결된 힘은 생각하기 어렵다고 보았다.

말하자면 기업농은 이윤을 목적으로 하기 때문에 수익을 목적으로 하지 않는 협업농에 비해 노동생산성은 높으나 토지생산성은 낮으며, 때문에 기업농은 수출작물이나 공업원료를 위한 농작물, 즉 특용작물에 유리하며 일반경종작물에는 협업농이 유리할 것이다. 또한 기업농은 기계화를 전제로 하며 농산물가격의 충분한 보상이 절대요건이나 협업농은 다수의 농민을 기초로 경지의 확대를 통해 기계화의 기반을 조성할 수 있다. 따라서 기업농은 농촌의 노동력을 배제하는 반면 협업농은 농촌의 노동력을 결합, 흡수시킬 수 있는 것이다. 그러나 협업농에는 다수의 결합을 위한 인격적인 내부의 조화가 절실히 요구된다. 그래서 그는 공업화가 완전히 이루어지지 못하고 식량자급이 어려워 절대 식량의 증산이 요구되는 현실에서는 토지제도의 방향을 협업화로 하며 수출작물이나 공업원료를 위한 특용작물에 기업농을 육성시키는 것이 타당하다고 결론내리고 있다(김문식, 1967: 26).[29]

노동에 대한 보수를 노동의 질과 양에 따라 지급), grouped farms(재산의 일부 또는 전부가 공동이용되나 개인의 소유권이 인정되며 분배는 투입재산과 노동의 질과 양에 따라 지급되는 형태) 등 3 유형으로 나누었는데, 이 중 세 번째가 한국의 농업구조 개선을 위해서 지향되며 가장 실현성이 있는 형태로 보았다 (김문식, 1967: 26).

29) 이와 약간 뉘앙스를 달리 하지만 박진환(1969)은 농업근대화의 방향을 전통적 영농이 상업적 영농으로 전환하는 길에서 찾고 있다. 우리나라 농촌생활에 있어서 전통적으로 관행되어온 공동작업의 이념은 소농들의 상업적 영농활동이 많아지고 농촌 노임이 많아짐에 따라 기술의 공동관리를 하는 협업농 활동으로 될 것이다. 한편 규모경제의 원리가 뚜렷하게 작용되는 생산부문에 있어서

김문식(1967)의 주장은 상당히 중립적으로 서술하고 있는 것처럼 보이지만, 결국 농업구조 개선의 기본방향을 협업화에서 찾고 있는 것이다. 당시의 전반적 학계 분위기는 협업농을 지지했지만 기업농에 대한 지지도 만만치 않았다. 이제 당시 논의를 중심으로 협업농과 기업농 주장의 내용을 살펴본다.

먼저 기업농 옹호론자의 주장을 살펴보자. 원용석(1966)은 농업구조 개선이 왜 문제가 되고 있으며, 농업기본법에 깔린 정신이 무엇인지를 평이하게 보여주고 있다. 즉, 한국농촌의 빈궁의 원인은 농업구조가 근대화되지 못했기 때문이며, 근대화를 위해서는 기계화(기업화), 가격지지가 필요하다는 것이다.[30] 이때 파생되는 두 가지 근본적인 문제는 기계도입으로 밀려나게 되는 노동력과 토지소유형태의 분해문제인데, 이는 농촌공업이나 농촌가공업의 건설, 토지소유상한을 완화, 하한 설정 등으로 해결가능하다고 보았다.

최봉규(1966)는 농촌부흥책은 단기적으로 농업의 기업화를 통해서 가능하며, 그 수단으로는 "농지개혁법의 소유한계범위 확장정책으로 농가 생산성과 기업심을 자극하고 임금인상을 통한 단기적 효과를 증진할 것이며, 농지세의 세율변동과 기본공제금액의 개정을 통한 농촌소비구조의 변동으로 효율적 시책을 강구함으로써 농촌부흥은 자발적인 성장을 할 수 있으며, 농협을 농촌에 이전함으로써 자금순환의 원활화와 부분투자의 효과를 증진하고 부업문제의 기술적 발전을 조장할 수 있는 것"(최봉

는 대단히 빠른 속도로 대규모의 상업적 영농이 발달하게 될 것이라고 주장했다(박진환, 1969: 340).

30) 농업의 근대화를 위해서는 ① 우리의 모든 생활주변을 과학화하는 일대 정신적인 혁신운동, ② 농업의 구조를 기계화하고 기업화하는 일, ③ 곡가정책을 중심으로 한 농산물 가격유지정책 등이 필요하다고 보았다(원용석, 1966: 360).

규, 1966: 153)이라고 주장했다. 특히 소유상한 조정이 농업노동력의 수요를 증대시킬 것이라는 주장은 농지법 제정논의와 관련해 많은 논쟁을 야기하는 주제의 하나였다.

최응상(1966)은 농업생산의 선택적 확대, 농업생산성의 향상, 농업총생산의 증대라는 큰 테두리 안에서 우선 자가식량의 확보를 개별농가의 일반적인 목표로 하고 그 여력을 기업적 영농으로 돌린다는 이러한 태세가 필요할 것이라고 유보적 태도를 보이면서도 자본주의적 농업생산을 위해 소농경영을 배제할 것이냐 사회정책적인 면에서 소농을 보호해야 할 것이냐의 뚜렷한 방향이 요구(최응상, 1966: 162)된다고 주장함으로써 기업농방식의 채택을 적극적으로 주장했다.

김상곤(1967)은 농지상한선 철폐와 자영농에 의한 경지확장과 기계화는 생산증대와 산업화로 이끌 것으로 보았다.[31] '농업의 사회화'나 '협동경영'은 일반적으로 화학비료나 농기구가 발달됨에 따라 자취를 감추게 될 것이며, 서구라파와 같은 농업근대화의 길은 오직 급속한 공업화에 의한 공업건설로 농업부문의 과잉된 노동력을 공업부문으로 흡수해 가야 할 것이라는 전거도 대고 있다(김상곤, 1967: 201).

기업농 옹호론자들의 협업농 비판의 논거는 어떠한가? 최응상(1967)은 자본주의적 협업은 불가능성하다고 주장하고 있다. 그 가장 큰 이유는 농민의 소농의식, 즉 '봉사적 영농활동'을 일반 농가에게 요구할 수 없으며, 둘째 자본주의적 부문과 수익성을 경쟁할 만한 영농부문이 없다는 점을 들고 있다. 따라서 공동경영은 자립경영에 이르는 과도적 단계에 불과할 수밖에 없다고 본다. 특히 한국에서는 낮은 농산물가격과 과잉농

---

31) 그는 농지상한선 철폐에 의해 농업인구의 이동을 촉진시키고 농공병진정책에 의해 과잉노동력을 공업노동으로 흡수해간다면 농민은 지금보다 더 큰 경영규모에서 근대적 농업경영을 하게 될 것이므로 소득수준은 더욱 높아질 것이라고 보았다(김상곤, 1967: 200).

가의 존재 때문에 협업이 불가능하다는 것이다(최응상, 1967: 207). 협업을 영세농가의 구제수단으로 인정하는 것은 한국농업구조가 안고 있는 허다한 모순에 대해 올바로 인식하고 있지 못한 것으로 보았다.[32] 협업 반대론의 또 다른 특징의 하나는 그것이 사회주의적인 것이라는 점에서 반대하고 있다.[33]

다음 협업농 옹호론자의 주장을 살펴보자. 협업농을 옹호하는 사람들은 당시의 농업구조를 과소농적 노작경영으로 규정하는 것이 보통이었다. 그것은 또한 생산농민이 자기노동에 대한 자기수탈하는 경영체제였다. (지석영, 1967: 213) 이를 벗어나기 위해서는 농업노임 부분이 올라야 하는데, 이는 근대산업이 충분히 발달해 농촌의 잠재적 실업을 모두 흡수하거나, 농산물가격이 충분히 지지되어 농업소득이 상승해야 가능한 것이었다. 그러나 당시의 저농산물가격정책하에서 후자는 기대하기 힘든 상황이었고, 도시부분의 공업화 역시 아직 초보상태였기 때문에 과소농적 노작경영을 벗어나기 위해서는 별도의 작업이 필요했다. 이런 상황에서 농업협업화의 기본적 과제는 농민의 조직화를 통해 농업의 생산과 분배를 조직화하고 그리하여 농업의 생산력을 증대시킴으로써 농민의 지위향상을 꾀하는 것이었다(유인호, 1967: 59).

물론 협업화를 주장하면서도 논자에 따라 차이가 있다. 김문식(1967)은

---

32) 그는 협업이 성공하기 위해서는 대농경영기술의 확립, 대농방식에 적응하는 시설투자를 위한 자본력, 과잉노동력의 경영 밖으로의 배출방안, 조직 내에 경영관리기술자의 확보, 수익성 즉 농산물가격의 보장, 경영계층농가와 분배방식의 연구, 실험협동농장의 경영, 협업화의 대중교육, 규모확대에 의한 수익효과가 생산과정보다도 유통과정에서 발휘된다는 관점에서 협업화와 농협의 관계 등이 해결되어야 하는데, 현 단계에서 그것은 불가능하다고 보았다(최응상, 1967: 206).

33) 유용대(1968)에 따르면 이승만 씨가 협동조합의 '협동'이 좌익 냄새가 난다 해서 사사건건 트집을 잡았다는 소문이 있다고 한다(유용대, 1968: 146).

협업화를 통한 생산조직화를 인정하면서도 허다한 사회경제적인 마찰과 농민의 끈덕진 반발이 예상된다며 어려움을 토로했다.34) 김원경(1966)은 지금으로서는 오히려 일부 잡업, 낙농, 과수 등 부분적 협동화에서 그 가능성이 엿보일 뿐이며, 그의 전면적 확대는 더 큰 시행착오를 가져올 우려가 있다고 보았다. 김성훈(1967)은 개인적 경영을 주축으로 해 부분적으로 '유통의 협동화'와 '생산의 협동화'를 동시에 시도해 나가면서 생산과 소비를 연관시킬 수 있는 협동적 개인경영, 바꾸어 말하면 '경영의 협동(cooperative farming)'방식이 보다 유리하다고 주장했다. 지석영(1967)은 부분적 협동으로부터 점차 경영의 협동화 방향으로 나아갈 것을 주장했다.35)

구체적으로 협업이 무엇을 지칭하는 것인지는 더욱 복잡하다. 최응상(1967)은 협업을 "생산의 공동화/협동화로 정의"(200)했으며, 근대적 공동화 성립의 조건으로, 첫째, 생산력 수준의 증가, 둘째, 분배질서 즉 참가하는 전원에게 고르게 이익이 돌아가야 한다는 원리의 관철, 셋째, 기업적 의식에 바탕을 둔 자발성 등을 들고 있다. 또 협업화가 추진된 국제적 사례로 사회주의적 협동화운동(콜호즈, 인민공사), 선민의식과 공농병일체의식에 기초한 이스라엘형 키브츠, 그리고 마지막으로 농업의 자본주의적 진화의 필연적 과정이라기보다는 고도경제성장에 의한 노동

---

34) 그는 협업화를 저해하는 요인으로 농민의 토지사유욕을 들고 있다(김문식, 1980: 115).

35) 그는 그 절차로서 다음의 다섯 단계를 거치는 것이 좋다고 주장했다. ① 정비단계: 우수품종의 육성과 재배방법의 개선, 토지기반의 정비, ② 안정단계: 합리적인 작부체계의 확립, 부업의 개척, 경영합리화, ③ 적응단계: 영농자금의 합리적인 회전시장 육성, 도시자본 유치, 주산지 조성, ④ 협동화단계: 농촌가능공업의 육성, 노동과잉인구의 자본화, 겸업 확대 등, ⑤산업화단계: 공업원료의 공급, 해외수출의 증강, 총체적 생산 및 소비의 적정화(지석영, 1967: 220).

력 해결책으로 제시된 일본형 협업화를 제시하고 있다.

유인호(1967)는 협업화의 유형과 필요성에 대한 가장 체계적인 연구를 제시했는데, 그는 농업에 있어서 협업화를 작업의 협업화=협업적 작업과 경영의 협업화=협업경영으로 대별하고, 전자는 다시 초급형태(노동력 중심)와 고급형태(기계이용 중심), 후자는 부분협업경영과 완전협업경영으로 나눌 수 있다고 보았다. 그리고 협업화가 생산관계적 규정이라면, 기계화는 협업화를 뒷받침하는 생산력적 기반이라고 생각했다.[36]

협업의 수준이나 단계에 대해서는 다양한 의견이 제시되었지만, 협업화를 통해 농업근대화를 달성할 수 있다는 생각은 상당히 보편적이었다. 「국경연 115」는 협업농의 장점을 자본가적 대규모 경영에서 얻는 유리성을 획득, 경영의 합리화와 민주화를 도모, 분업과 다각화의 효과를 실현, 협업경영은 이윤의 실현과 관계없이 성립, 경지의 교환분합, 구획정리를 통해 작부면적의 확대와 단보당 수확량의 증대, 농산물 생산비 저감, 공급량의 확대, 품질향상이라는 측면뿐 아니라, 공업상품시장의 확대 심화의 측면과 잠재실업의 현재화에 의한 값싼 노동력 공급이라는 측면에서 볼 때 자본에 대해도 요구되고 유리한 방향, 소농경영의 과잉노동과 과소소비 제거 등에서 찾고 있다.[37]

---

36) 협업의 유형화에 대한 보다 본격적인 논의로는 近藤康男(1962)가 있다. 그는 생산공동화의 유형을 그 수준에 따라 10개의 유형으로 나누어 특정생산부문의 경영관리만을 공동으로 하는 '관리협정형'으로부터 경영관리는 물론이고 생산수단의 소유부터 생산물의 귀속까지 공동으로 하는 '전면공동영영형'으로 나누고 있다(近藤康男, 1962: 193~194).

37) 반면 협업화를 실시하기 위해서 극복해야 할 문제점도 많다고 지적하고 있다. 그 문제점으로는 농민의 소소유자적 성격, 민주적 운영, 민주적 지도이념의 문제, 상당한 공업생산력 수준이 전제, 토지소유제도상의 문제, 막대한 투자소요 자금 조달문제, 협업경영 내부의 과잉노동력 처리 문제, 노동과 자본의 평가문제, 기계대여, 부분품 공급 수리 등을 맡을 기구 문제 등을 들고 있다(「국경연 115」).

보고서에서는 농업의 협업화를 "개별경영이 그 영세규모에서 오는 제반 영세경영의 모순을 극복하기 위해 경영의 조직이나 경영의 특정부문 또는 전부를 협업화함으로써 고도의 시설, 장비를 이용하거나 대규모 경영의 이익을 실현하는 것"(「국경연 115」: 15)이라 정의하고, 기업농은 이윤범주가 성립되지 않으면 존속할 수 없음에 반해서, 협업농은 이윤이 나지 않더라도 대규모 경영의 이익을 흡수할 수 있는 장점이 있다고 주장했다.

설봉식(1967)은 협업을 "농민을 조직화하고 그들의 생산과정을 공동화함으로써 농업생산성의 증대를 통해 농민의 경제적 지위를 향상하는 데 그 목적이 있는 것"(설봉식, 1967: 184)으로 정의하고, 협업이 갖는 우월성을 대농경영의 우월성,[38] 노동의 질 향상, 유휴농지 개간을 통한 잠재실업 흡수, 사회적 생산력 발전 등을 꼽았다.

유인호(1968)는 농업의 협업화를 우리나라 농업의 전근대적 제 모순, 국민경제의 발전을 밑바닥에서 가로막는 제 모순, 농민의 빈곤을 심화시키는 제 모순을 궁극적으로 극복할 수 있는 제도로 보고, 그 기본적 과제를 농민의 조직화를 통해 농업의 생산과 분배를 조직화하고 그리하여 농업의 생산력을 증대시킴으로써 농민의 지위향상을 초래케 하는 것으로 보았다 그리고 협업제하에서는 생산수단에 대한 소유와 경영에 대한 책임이 '공동성'을 기반으로 할 뿐만 아니라 공동책임하에서 이루어지며, 경영성과에 대해서도 '공동성'에 입각한 조직적인 분배가 이루어지게 될 것이라고 전망했다(유인호, 1968: 155~156).

협업농 옹호론자들의 기업농 비판의 논거는 무엇인가? 은철수(1967)는 자본제 농기업의 전면적 실시가 불가능한 이유로 농업에서는 사회적

---

38) 대농경영이 갖는 우월성의 연원은 생산비의 절약, 진보된 기계 도입으로 생산성 증대, 유통 면에서 우위 등의 요인을 들고 있다(설봉식, 1967: 184).

평균이윤율이 보장되지 않는다는 것, 자본제한(capital rationing)이 작용한다는 점,[39] 잉여노동력의 사회적 처리 문제가 존재한다는 것, 협상가격차를 피할 수 없다는 점을 들고 있다(은철수, 1967: 168).[40]

김문식(1980)은 소농사회로서 역사적으로 굳어진 농촌에 있어서는 기업농은 그 진보성이 극소수의 농산물로 한정될 뿐 아니라 보다 큰 부작용을 수반함으로써만 발전할 수 있는 구조임을 지적했다. 또 설령 기업농과 협업농이 꼭 같은 잠재적 성장력을 갖고 있다 하더라도 협업농이 가족노동에 의한 생산이며 이윤보다는 구성원 전체의 복지증진을 도모할 것을 목적하는 생산형태라는 점에서 보다 이상적인 형태라고 보았다(김문식, 1980: 146~147).

박근창(1967)은 한국의 농업기본법은 일본의 농업기본법을 모방한 것으로 단정하고 있다. 일본의 농업기본법은 ① 농업취업구조의 변화＝농업인구의 경향적 감소, ② 농산물 수요구조의 변화, ③무역자유화 등 일본농업의 구조변화에 대응하기 위한 것인데(박근창, 1967: 47), 한국의 농업은 아직 이러한 구조변화에 이르지 못했기 때문에 기업농육성을 내용으로 하는 농업기본법은 시기상조라는 것이었다.

이종화(1967)는 도시자본의 농촌유입을 바라는 것은 환상이라고 단언했다. "농산물가격이 농업부문에 대해 자본이란 사회적 자본의 배정기능을 상실할 만큼 저수준에서 배회하고 있음을 함축하는 것이고 또 농업소

---

39) 자본제한이란 농업부문의 타 산업부문에 비해 갖는 불리함 때문에 자본유입이 원활하지 않다는 특징을 말하는데, 자연조건에 대한 의존도가 크다는 점, 농업부분의 이윤율이 낮다는 점, 농업부문의 자본계수가 높다는 점 등을 들 수 있다.

40) 유인호(1968)도 기업활동이 농업에서 보장될 수 없는 이유로 이윤율이 보장되지 않고, 농산물의 시장가격이 비시장요인에 의해 지배되며, 잉여노동력의 배출구가 없다는 점을 들고 있다(유인호, 1968: 154~155).

득이 스스로의 자본축적을 가능케 하거나 타 농업부문의 자본을 유치하리만큼 매력적이 아니라는 것은 가리키는 것"(이종화, 1967: 36)이다.

농지개혁의 주체였던 강진국(1967)은 기업농 주장을 "꿈은 아름답다"고 비아냥대고 있다. 그 역시 "우리나라 농촌사정과 농산물 현실이 도시에 편중해 있는 자금이 영농자금에로 기업투자가 정상적으로 이루어질 것인가, 아니 토지소유권적 투자가 아니고 순수한 농업경영을 위한 투자가 이루어질 수 있을 것인가 하는 것이 먼저 걱정"(강진국, 1967: 87)이며, 정상기업의 공업생산자나 무역자금은 그 자체 사업 확대에 거의 여념이 없는 것이고 항상 돈이 모자라 쩔쩔매고 있는 판국에 농촌으로의 자본유입은 기대할 수 없다는 것이었다.

박현채(1968)의 비판은 매우 이론적이다. 그는 기업농을 농업의 자본주의 발전의 한 유형으로 규정하고 있다. 기업농이란 "농업생산의 3대 요소인 토지·자본·노동력이 인적으로 각기 분리된 조건하에서 ① 토지소유자에게 일정한 지대(차지료)를 지불해 농지를 임차하고, ② 노동시장에서 임금노동자를 고용해, ③ 스스로의 계산으로 사회적 평균이윤을 얻을 것을 목적으로, ④ 농산물을 자가소비나 특정인을 위한 생산이 아니라 시장을 상대로 상품으로서 대량생산하는 농업경영"이다(박현채, 1968: 147).

다만 그는 기업농은 농업혁명의 원인이 아니며 결과일 뿐이라는 점을 강조한다. 농업혁명의 과정은 시장적 농업의 전개과정이며, 시장적 농업의 전개에 의해 농업혁명은 준비되고 소경영의 극복으로서 이루어진다. 시장적 농업은 각기 생산물을 상품으로 전화시켜 농업과 공업 간에 그리고 농업 내부에서 상호시장연관을 가짐으로써 ① 분업에 의한 시장의 확대 및 심화와, ② 전업화에 의해 다양한 경종경영에 비해 상대적인 경영규모의 확대로서 소경영의 모순을 완화하며, ③ 국민경제의 단일화와 이중구조의 해소에 공헌한다. 그러므로 시장적 농업은 농업혁명의 결과가 아니라 그 과도기적 단계이다.[41] 그러나 불행히도(!) 한국에는 국민경제의 자체구조에 내재하는 기업농에의 논리가 없는데, 그것은 이농을 결과할 기업농에 의한 농업혁명을 수행한다는 것은 불가능하다는 것이다.[42]

이상 장황하지만 당시 협업농과 기업농 육성방안을 둘러싼 주요 논자들의 주장을 살펴보았다. 논자들에 따라 강조점에 차이가 있지만 이를 간단히 요약하면 기업농 육성론자는 농업근대화를 위해 기계화를 통한 생산력 증대와 적정한 가격지지가 필요한데, 이러한 자본주의적 농업생산을 위해서는 소농경영이 희생될 수밖에 없으며, 이로부터 발생하는 과잉노동력은 공업화를 통해 흡수될 수 있다고 보았다.

반면 협업농 육성론자는 당시와 같은 저농산물가격하에서는 기업농을 유인할 수 있는 이윤범주가 형성될 수 없기 때문에 도시자본의 유치는 불가능하며, 그러면서도 농업근대화를 위한 대농경영을 창출하기 위해서는 협업을 통한 생산과정의 공동화가 유일한 방법이라고 보았다. 특히 소농체제의 과잉인구를 흡수할 만한 공업화가 진행되지 않은 상태에서는 더욱 그러하다는 것이다.

낮은 공업화수준과 저농산물가격정책을 주어진 여건으로 보고 농업근대화를 추진할 경우 협업화가 훨씬 논리적인 대안으로 보인다. 반면 협업화가 과잉노동력을 흡수할 수 없다면 궁극적으로는 노동력을 흡수할

---

41) "농업혁명은… 전근대적인 과소농경영이 갖는 자급자족적 영역의 보다 철저한 분해에서 시작되어야 하고 이를 위해 시장적 농업의 전개에 의한 기업농 성립의 소지를 마련하는 것이 선행되어야 한다"(박현채, 1968: 149).

42) 농업생산의 지배적 생산양식으로서 기업농의 성립을 추구하는 것은 비현실적인 문제해결방식이며, 현실성이 없는 곳에서 특혜에 의한 기업농을 추구하는 것은 대중수탈에의 소득이전이라는 의혹을 받을 수밖에 없다고 보았다(박현채, 1968: 150).

수 있는 공업화의 방향을 취해야 하며, 그렇다면 기업농을 통한 농업근대
화 역시 큰 논리적 모순을 가진 것은 아니었다.

그러나 이러한 양자의 대립적인 논쟁 속에서도 공통된 점은 농업근대
화가 대농경영을 통해 관철될 수 있다고 본 점이며, 이를 위해서 농업부문
에 자본을 투여해 줄 것을 요구하고 있었던 점이다.[43] 하지만 이와 같은
농업에 대한 우선적인 자원배분 요구는 당시 공업화에 필요한 설비투자에
우선순위를 두고 있었던 공업화론자들에게 받아들여지기 힘든 것이었다.

4. 농지법 제정 논의와 좌절

농지법은 1950년대 후반부터 제정 논의가 시작되었지만 1994년에야
비로소 국회를 통과할 수 있었다.[44] 여기에서는 이 글의 논의와 직접
연관이 있는 제3차의 농지법 제정 논의를 중심으로 논의하되, 이에 앞선
2차의 논의에 대해 간단히 살펴볼 필요가 있다. 제1차 농지법 제정 논의는
1958년에 본격화되었다. 1958년 초안이 작성된 제1차 농지법안의 목적
은 "농지를 농민이 소유경작하게 해 농민생활의 안정과 향상을 보호

---

43) 대체적으로 농업협업화를 주장하는 논자들은 농업부문에 대한 우선적인 투자
와 그 성장과실의 비농업부문에 대한 분배라는 논리 틀을 가지고 있다. "농업의
구조개선을 위해 농업의 협업화와 이미 설정된 선에 따라 과감한 생산코스트
인하책을 강구하며 생산증대를 위해 개별경영이 자력으로 할 수 없는 제종
사업에 정부의 과감한 보조정책을 취하되"(「국경연 19」: 10), "이와 같은
시책을 위한 비농업부문의 부담증가는 사후적으로 농업성장에 따라 보상"(「국
경연 19」: 11)할 수 있다는 것이다. 기업농 육성론자의 경우도 도시자본의
농업유치라는 점에서 큰 틀에서는 농촌에 대한 투자를 요구한 셈이다.
44) 농지법 제정과정에 대한 구체적 논의는 농경연(1989), 농경연(1995), 조석곤
(2001b)을 참고.

조장하며, 농업생산력을 증진하기 위해 농지에 관한 소유의 방법과 한도 및 소유권의 내용과 한계를 제정"한다는 것이었다. 농가에 대한 정의에서 알 수 있듯이 가족제도에 입각한 자영농주의가 농지법이 그리고 있는 원형이다. 즉, 이 법의 최대의 목적은 가족으로서의 농가를 어떤 방식으로 관리할 것인가와 관련된 것인데, 3정보의 상한선과 3단보의 하한선을 설정함으로써 표준적인 중농으로 농가를 관리하겠다고 하는 매우 평균주의적, 평등주의적 사고방식이 들어있다. 이는 헌법의 사회주의적 조항과도 관련되어 있는 것으로서 1950년대 이데올로기의 한 흐름을 볼 수 있는 증거이기도 하다.[45]

이에 대해 전직 고위농정관계자인 강진국, 주석균 등은 농업생산력 증대를 위해 소유면적 제한완화를 요청했으며, 국회에서는 경매대금 귀속의 불법성, 영세농대책 미비 등을 거론했다. 언론에서는 혹세무민의 법률이라고 혹평했으며, 소작지 경매제도에 대해 강력히 반발했다. 학계에서도 공동경작제도 도입이 필요하다는 점을 강조했는데, 이는 후에 협업농에 대한 논의와 연결되고 있다.[46]

제1차 농지법은 대통령선거를 앞둔 시점에서 정부에 의해 상정이 보류되었지만, 2차 농지법 제정시도를 좌절시킨 결정적 힘은 농림부 내부가 아니라 군정하 내각 비서실에서 나왔다. 1962년 2월 20일 작성된 '농지법

---

45) 제2차의 논의는 제1차의 연장선상에 있으므로 생략한다. 제1차 농지법안에 특이한 규정으로는 불법 소작지의 경매처분 등의 소유권 제약의 요소가 포함되어 있었으며, 행정기관과 별도의 농지위원회에 결정권 부여한 점 등을 들수 있다.

46) 학계에서는 농협을 통한 농지의 담보, 위탁 및 공동경작 등의 제도확립이 필요하다고 주장했다. 1960년대 초 농업관련 저술을 보면 농협에 대한 학문적 연구성과가 엄청나게 쏟아지고 있는데, 이러한 사회적 분위기를 반영한 것으로 보인다.

(안)에 대한 의견서'는 당시의 농림부 주류적 의견에 비추어볼 때 매우 파격적이었다.[47]

이 의견서의 핵심은 세 가지로 요약될 수 있다. 첫째, 아직 우리 사회에서는 농지개혁 곧 사회주의 사회건설이라는 견해가 지배적이다. 둘째, 경제개발과 원활한 민정복귀란 중대과제를 목전에 두고 평지풍파를 일으킬 농지법 제정 실시란 일대개혁을 감행함은 대내 대외적으로 적지 않은 혼란과 의혹을 야기할 뿐 하등의 이익이 없는 것으로 사료된다. 셋째, 농지소유 최고한도를 3정보로 한정하고 있는데, 이것은 농업자본 자체 내 축적을 저해하고 나아가서 당 농업기술 향상을 억제함으로써 농지법의 지상목표인 농업생산력 증진, 농업경제 발달과는 상치되는 처사가 될 것임. 단순한 자작으로서 농업생산력 증대를 기대함은 부조리한 것이며, 이와 같은 소자작농제로서는 거대한 도시산업자본에 의한 수탈을 모면할 길이 없을 것이다. 이는 대농의 미국의 현 실정을 참작할 때 추측되고는 남음이 있다. 정치적 내지 사회적 견지에서 최고한계를 정할 필요가 있을 때에는 보다 과학적인 영농적정규모를 산출해야 할 것이다.

이 의견서는 정책의 선회와 관련해 매우 중요하다. 1차 농지법안을 보류할 당시에는 농지법의 정신 자체에는 문제가 없었으며, 다만 정치적인 고려만이 작용하고 있었는데, 2차의 경우 이 의견서는 농지법안의 담고 있는 세부적인 내용들을 모두 부정하고 있다. 거의 전면적인 부정이라고 할 수 있는 내용인바, 그것은 입법취지에서의 사회주의성에 대한 부정이고, 구체적 내용에 있어서도 평등주의보다는 산업발전에 대한 지향이 매우 강하게 드러나 있다.

---

47) 이 의견서를 누가 작성했는지는 현재 확인할 수 없지만, 첨부된 공문이 내각수반 비서실 명의인 것으로 보아 그쪽에서 작성된 것으로 보인다. 농경연(1989)에서도 이 문서에 대해 언급하고 있는데, 작성자 불명이지만, 누구인지 유추는 가능하다고 한다. 박진환 교수일 가능성이 높다.

농지법 추진과정과 관련해 이러한 변화는 매우 급작스러운 것으로 보이지만, 이러한 입장은 앞 절에서 설명되었듯이 1965년을 전후해 크게 탄력을 받는다. 농림부는 제3차 농지법 제정의 기본구상을 영농규모의 확대로 농업근대화를 촉진, 도시잉여저축을 농업투자로 유치, 농지의 재산가치 증진 등으로 표현하고 있다. 여기서 새롭게 나타난 농업근대화라는 용어의 함축에 유의할 필요가 있다. 이것은 "과거와 같은 보수봉쇄적인 소농주의로부터 전진 개방적인 대농경영의 형태"로 이행하는 것을 근대화의 목표로 삼고 있는 것이다.

그런데 이 주장은 그 이전의 농림부 입장이나 협업농 육성을 주장하는 학계의 담론과 거리를 둔 것이었다. 심지어 농림부 실무자인 농지국 지정과장은 '농지소유상한제 폐지에 따른 문제점 고찰'(1967년 2월 5일)에서 기업농 육성방침에 반대의사를 표명했다.[48] 그는 반대론은 모두 8가지로 정리하고 있으나 그것은 크게 세 종류로 요약할 수 있다. 첫째, 농민분해를 격화시켜 영세농을 늘리고 농촌실업자를 양산하므로 영세농에 대한 보호조치가 마련되지 않으면 도입해선 안 된다. 둘째, "농지개혁으로 경자유전의 발판을 완성했고 나아가서는 근대적인 농지소유제도의 기초를 이룩"했는데 상한제 폐지는 이러한 노력을 일조일석에 무너뜨리는 것이다. 즉, 농지소유의 집중화로 대지주가 재출현함으로써 자립안정농가(중농)의 육성이라는 농지개혁의 목표는 소멸된다는 것이다.

셋째 주장은 보다 공격적인 것이다. 즉, "상한제를 폐지해도 거시적으로 보아 총체적인 생산성이 증대한다고 기대할 수 없다"는 것이다. 현재의 농업구조에서 기계화가 진행될지 의문이며, "서구식 대농장을 연상해 대농의 육성만이 농업발전이라고 하면 이는 현실을 무시한 소론"인 것이

---

48) 이하 농지법 제정과정에 관한 논의는 한국농촌경제연구원(1983) 제III권의 자료를 기초로 작성했다. 특별한 경우를 제외하고는 출전을 생략한다.

다. 농업의 기업화를 위해 대규모 투자가 가능한 투자자는 농민이 아니라 농기업가이거나 위장한 부재지주일 것인데, 농업은 공업에 비해 저이윤이므로 "공업투자의 증대가 요청되는 현재에 투자재원이 있다면 그것은 기경지 매수에 투입할 것이 아니라 공업에의 전용으로 되어야"할 것이다.

그는 이에 대한 대안으로 협업농육성안을 제시했다. 첫째, 3정보 상한의 폐지 논의에 앞서 경지정리의 강력한 추진을 비롯해 농업협동조합운동의 본격화와 아울러 농업협업화를 추진함이 긴요하며, 둘째, 농지소유의 영세성 극복은 3정보 상한의 폐지보다 자립안정농가의 육성으로서 경제단위에 미달되는 세농의 자연도태를 기함이 가장 효과적이고, 셋째, 농지소유상한의 조정은 농업구조 개선과 더불어 장기적인 분석과 검토를 토대로 재검토되어야 한다는 것이다.

이제 농지법안이 성안되어 국회에 상정될 때까지의 구체적인 과정을 살펴보자. 이 과정은 크게 3시기로 구분할 수 있는데, 첫째는 농림부가 주도해 1967년 11월 농지법안을 성안하는 단계이며, 둘째는 당정협의를 통해 농지법안에 대한 수정안을 만들어 1968년 7월 국회에 제출하기까지의 단계이다.

농지개혁의 정신을 계승한다는 농림부 내의 분위기를 반영한 탓인지 4월에 작성된 농지법안의 기초요강은 제1차 농지법안의 그것과 크게 다르지 않았다. 다만 소유상한제 폐지에 대한 내용이 포함되어 있기 때문에 그 본질적 내용은 큰 틀의 변화를 예고하는 것이었다. 때문에 10월에는 새 농지법안에서 변화하는 주된 내용, 즉 농지소유 상한제, 농지소유의 범위, 농지임차료율 및 지불방법(타경의 경우), 농지담보금융 등에 관한 설문조사를 실시했다.[49]

---

49) 조사대상자는 도시 지식층 각계 100명, 농촌은 농민 400명인데, 농림부 농가경제조사 표본농가 1,136호 중에서 선정했다. 그 비율은 대농(2정보 이상) 50명,

설문사항은 농지소유상한제, 농지소유의 범위, 농지임차료율 및 지불방법(타경의 경우), 농지담보금융 등 새 농지법안에서 변하는 내용에 집중되어 있다.

소유상한 폐지에 대한 설문에서 무조건 폐지에 대해 도시민 28.3%, 농민 26.7%가 찬성했다. 다만 완화 주장은 도시민 60.4%로 가장 많고, 농민은 그대로 두자는 주장이 48.5%였다. 즉, 농민은 고수, 도시민은 완화 내지 폐지를 주장하고 있다.[50] 부재지주의 농지소유에 대해서도 "도시에 있는 자산가가 농촌에 농장을 마련해 영농비는 물론 장비시설 등을 투자해 경영하는 등 토지자본의 농촌투자형태인 경우"로 표현한 질문에 대해서 도시민의 경우 부재지주이므로 금지해야 한다는 것이 30%에 불과한 반면, 농민은 61%가 반대의견을 제시하고 있다.[51]

이러한 여론 수렴 후 6차례의 중앙농지위원회를 거쳐 11월 말 확정된 농지법안 기초요강에서는 3정보 소유제한이 기업농 육성 및 경영규모

중농(1정보 이상) 150명, 소농(1정보 미만) 200명이었다. 전체 회수율은 85.6%로, 농민은 94%인데 도시민은 53%만이 응답했다. 농민이 상대적으로 매우 높은 관심을 보이고 있음을 알 수 있다.

50) 설문에 상한제에 대해 "이와 같은 제한은 농업의 자유로운 발전에 방해가 되고 오히려 경영의 근대화를 저해한다는 이유로 이의 철폐를 주장하는 견해"가 있음을 제시하고 설문을 구성하고 있기 때문에 철폐를 유도하는 설문구성이다. 그럼에도 불구하고 농민은, 특히 중소농민은 폐지에 20% 정도만이 찬성했다. 다만 도시민은 인적 구성이 상층에 편중되어 있는 탓인지 폐지에 찬성하는 비율이 매우 높게 나타났다. 이와 같은 의도적 설문구성은 소유상한 폐지에 대한 정부의 의도를 읽을 수 있는 부분이다.

51) 1967년 8월에는 시도지사에 농지법안에 대한 자문을 구했는데, 상한제 철폐에 대해서는 농가는 9정보까지, 법인은 엄격한 심사에 의거 무제한(서울), 상한선은 10정보 내외로 늘려 점차적으로 보완(전남), 상한선은 현행 3정보의 2배 내지 3배 정도로 확대, 무제한 철폐는 시기상조(경남) 등의 의견을 제시하는 등, 전체적으로 상한제를 완화하는 쪽으로 답변했다.

확대 저해, 법인 농지소유 금지로 도시자본 유치로 인한 농업발전 둔화, 농가자산의 영세성으로 인한 농업장비 및 시설 근대화 정체 등의 문제점이 있기 때문에 폐지해야 하지만(한국농촌경제연구원, 1983 III: 66), 상한제 철폐 및 경영규모 확대로 인한 영세농의 표준규모농가로의 육성 및 전환 대책이 필요함을 지적하고 있다.[52]

그런데 1967년 11월과 1968년 2월에 개최된 농지법심의 소위원회는 3정보 상한제 폐지에 매우 소극적이었다. 특히 일부 의원은 상한제 폐지에 강하게 반대했지만, 대통령의 강력한 의지임을 강조한 위원장의 통과 유도로 법안은 소위를 통과했다.[53] 합의의 변은 "본 법안의 중요골자인 농지소유상한선은 자연인 또는 협업농 농사법인 등이 대규모 영농으로서 기업농으로 영농코자 할 경우에 한해 철폐함이 합리적이라는 의견이 지배적이었으나, 기업농에 대한 정의가 지난할 뿐 아니라 문제가 중요함에 비추어 보다 차원이 높은 전체회의에서 결론을 지음이 타당하다고 합의"했다는 것이었다.

언론 보도 역시 호의적이지 않았다. 신문보도는 《조선일보》를 제외하고 모두 반대의견을 표명했다. 학계의 반응도 비판적이었다. 강진국(1967)은 기업농 육성이라는 이 중대한 전환점에서 우리는 사회여건의 바탕과 농업투자의 자금배경, 그리고 투자여건의 경제적 효과, 특히 농업

---

52) 농지법안의 목적은 "농업의 근대화를 촉진하기 위해 농지를 자경하는 농가 또는 농업을 자영하는 자에게 소유하게 하고 농지의 관리와 경영의 효율과 안전을 조장하는 동시에 담보제도를 개선함으로써 농업생산력의 증강과 농업 소득의 증대를 기"하는 것으로 규정했다(한국농촌경제연구원, 1983 III: 71). '자경'농가 허용과 효율성에 대한 강조가 두드러진다는 점에서 이전 농지법안과 차이를 보인다.

53) 심의과정에서 위원장은 "총재님께서 상한제 철폐와 농업의 기업화를 말씀"하셨음을 부각시키고 있다. 당시 의사결정과정에서 대통령 개인이 중요한 의사결정 행위자의 하나임을 보여주는 사례이다.

생산성의 현재 여건과 주산지의 바탕 또 국제시장에서의 기술적 자본적 경쟁 문제 등등을 생각할 때 그의 앞길이 밝아지리라고는 선뜻 수긍이 가지 않는다고 말했다(강진국, 1967: 86). 그는 상한제를 철폐하면 부재지주 제도를 공인하는 꼴이 되며, 법인 기업체는 형식으로는 주식회사지만 거의 모두가 가족회사이며, 농업생산물 가공품의 국제시장성이 다난하다는 점에서 기업농의 전망을 비관적으로 보았다.

박기혁(1968)은 3정보 소유상한은 가족경영을 기본적 경영단위로 상정한 것은 사실이지만, 3정보란 상한이 법으로 제정되었기 때문에 농업이 발전하지 못했다든가 이 법을 개정하면 곧 근대화가 이루어질 수 있을 것이라고 허무맹랑한 생각은 삼가야 한다고 했다(박기혁, 1968: 55). 그들에게는 농지의 외연적 확대보다는 내연적 생산성(단위당)의 확대가 더욱 요청되며, 그들에게 필요한 것은 새로운 생산요소(자본과 경영기술)인 것이다. 반면 자본장비가 고도화된 기업농은 바람직한 경영체라고 하겠으나 현실에서는 너무나 거리가 먼 구상이라 하지 않을 수 없다. 따라서 우리는 기업농보다 기업화의 방향으로 농업경영을 좀더 상품생산을 중심으로 한 상업농으로 이끌어가는 가족농의 경영개선이 필요하다고 보았다(박기혁, 1968: 56).

「국경연 150」에서는 농지법 제정과정에서 신소작제도를 합법화하는 것이 장기적으로 이익이라는 주장이 제기된 데 대해 비판하고 있다. 소작제도 공인의 논거는 신소작제도를 위탁관리제도나 분익농제도로 파악하고 부재지주는 이른바 준기업농으로 정의해 농업구조를 개선하겠다는 것이지만, 저농산물가격이나 상대적 과잉인구 상황하에서 소작농에게 적정이윤을 보장하는 것은 불가능하다. 또 소작제의 용인은 과소농경영체제를 변화시킬 유인을 제거함으로써 오히려 "생산적인 기능자본으로서의 농업외자본의 농업투입을 저해"(「국경연 150」: 39)한다는 것이었다. 이 경우 농업외자본의 농업투입은 경영보다는 부동산투기나 상업자본기능과 결합될 것이므로 농업생산력의 증진에 오히려 악영향을 미칠 것이라고 비판했다.

이러한 분위기 속에서 1968년 4월 공화당은 3정보 상한의 골격은 유지하되 그 이상 소유하고자 할 경우 허가를 받도록 하며, 기업농 육성조항을 삭제한 수정안을 제출했다. 이에 대해 정부의 경제장관회의에서는 5월 허가제를 정부원안인 등록제로 하는 수정안을 국무회의에 상정했다.[54] 그런데 6월 대통령이 주재한 당정협의에서 기업농에 대해서는 다시 허가제로 환원하되, 기업농에 대한 육성조항을 명시하는 수정이 이루어졌다. 기업농은 대통령령이 정하는 자본·기술과 장비를 갖추어 확대재생산을 지속할 수 있는 경영단위로서 국가나 지자체 소유의 토지를 대부받을 수도 있도록 했다. 이러한 우여곡절을 겪은 후 1968년 7월 드디어 농지법안이 국회에 제출되었다.

이 법안은 12월에 이르러서야 제안 설명이 이루어졌지만, 법안에 대한 반대여론이 비등하자 국회의원들이 심의를 기피했으며, 결국 1971년 5월 제7대 국회의 만료에 따라 자동 폐기되었다(김성호 외, 1989: 1074).

정치적 요인과 농지법안에 대한 반대여론에 직면해 농지법 제정은 다시 실패로 돌아갔다. 이에 따라 농지법과 함께 제정이 시도되었던 농업기본법도 그 원래 취지와 다른 모양으로 제정될 수밖에 없었다. 이제 이상의 논의의 연장선에서 농업기본법의 제정과정과 그 내용을 살펴보자. 농업기본법은 1955년 독일에서 처음 제정되었으며, 1965년에는 공화당 국회의원 안동준이 제안(이하 '안동준 안')했고, 이와 별도로 농림부(이하 '농림부 시안')와 공화당 정책연구실(이하 '연구 시안')에서

---

54) 허가에서 등록제로 전환하는 취지에 대해서는 "상한제는 점차적으로 풀어나가기 위해 상한선을 두되 실질적으로는 상한이 없는 것"(한국농촌경제연구원, 1983, III-388쪽)이라고까지 말하고 있다.

<표 7-1> 「농업기본법」 시안 3종류의 일반적 구성 및 특징

	농업의 문제점	원인	입법 목표
안동준 안	농민소득의 부진 국민식량의 절대적 부족	농업의 전근대적 후진성 경영의 과소영세성	농업의 정치적 경제적 사회적 제제약에 의한 불리점을 보정해 그 합리화와 근대화를 도모하고 식량의 자급도를 높이며 농민의 생활과 지위를 향상
농림부 시안	반봉건적 생산양식 타산업과의 생산성 격차 타산업종사자와의 소득불균형		농업생산성의 향상과 농가소득의 증대
연구 시안	봉건제가 완전히 제거되지 않았고 후진적 빈곤의 악순환이 계속	전기적 상업자본의 창궐 독점자본의 농업지배	전근대적 생산양식으로 청산으로서 중농정책을 통해 농업을 자본주제적 경영을 통한 확대재생산의 경제단위 (기업농)로 발전

자료: 「국경연 104」.

각각 시안을 마련했다. 이 3개 시안은 모두 일본농업기본법을 바탕으로 하고 있었지만 그 내용에서 약간씩 차이를 보였는데, 이를 <표 7-1>에 정리했다.

'안동준 안'이나 '농림부 시안'에서는 일본농업기본법을 좇아 자립농과 협업경영의 두 기축 위에서 구조개선의 방향을 제시한 반면, '연구 시안'은 농업경영의 근대화를 자본제화에서 설정하고 구조개선의 주축으로 기업농을 설정했다. 이에 대해 「국경연 104」는 농산물가격 책정이 현재처럼 비용가격 수준에서 결정된다면 기업농의 존립근거는 아예 없을 것이라는 근원적인 문제를 제기하고 있다. '연구 시안'은 "조급한 나머지 국민경제의 자체 논리 속에 실현가능성을 갖지 않는 기업농에 구조개선의 기본방향을 두고 협업농을 농업생산법인이나 기업농으로 해소시킴으로써 농업기본법을 허구적인 것으로 만들 가능성을 내포"(「국경연 104」: 35)하고 있다는 점과, 한국은 일본과 달리 여전히 농촌의 과잉인구가 문제인 상황에서 기업농의 현실적 가능성에 대해 의구심을 표했다.

정부가 제출한 농업기본법안의 최종 단일안은 이러한 사정을 감안해 기업농, 자립농, 협업농을 모두 수용하는 타협적인 것이었다. 기업농은 수출농업과 공업원료 생산업부문에, 자립농은 주곡농업부문에 종사하도록 하고, 세농과 개척농은 협업농으로 육성한다는 것이었다. 그러나 기업농은 수출농업으로의 육성가능성이 불투명하고, 협업농은 주곡분야에서 배제됨으로써, 현실적으로는 그간 농업구조 개선 논의의 쟁점이 되었던 두 경영주체 육성방안이 모두 포기된 셈이 되었다.

4. 맺음말

이상 1960년대 후반 한국사회에서 치열하게 전개되었던 농업구조 개선을 둘러싼 논쟁을 검토했다. 그것은 협업농과 기업농의 상대적 우위를 주장하는 학문적인 논쟁과, 농지소유상한 폐지와 소작제 용인을 골자로 하는 농지법의 통과를 둘러싼 입법과정에서 드러났다. 농촌의 피폐와 식량확보의 어려움에 기인한 외화유출은 정부로 하여금 농공병진이라는 슬로건을 내걸 수밖에 없도록 했지만, 이를 구체화할 협업농-기업농 논쟁 속에서도 농업구조 개선정책은 방향을 잡지 못하고 표류했다. 이러한 상황은 농촌을 급격하게 피폐화시키면서 도시에 새로운 문제를 야기했다. 그것은 농업생산의욕 감퇴, 급격한 이농, 식량수입의 급증이라는 새로운 문제를 야기했다. 이를 극복하기 위해 식량자급 7개년 계획에 따른 식량 증산계획이 추진되었지만 구조개선이나 가격지지에 대한 정책의 뒷받침이 없는 증산계획이 성과를 거둘 수 없었다.

기업농의 전망이 특수한 분야에 국한된 이상 농업의 자본제화를 위한 길로서 농민적 길인 농업의 협업화, 조합적 소유로의 개편은 변형된 주식회사제도의 농업도입이라는 초기적 외형에서 출발해 한국농업에 있어서 생산력 정체를 해결하는 가장 현실적인 농업개혁의 길(박현채, 1970: 91)이었는지 모르겠다. 그러나 정부는 농업구조 개선정책의 선택을 포기하고 가격지지정책을 통한 농민의 소득보전방향을 선택했다.

정부정책이 고미가정책으로 선회한 것은 1968년 10월 대통령의 지시인 것으로 보인다.[55] 1960년대 농정의 기조는 농업의 구조개선정책이었다. 농업을 이끌어갈 핵심농가를 어떻게 설정하느냐는 것이었는데, 그것이 치열한 논쟁 속에서 하나의 방향으로 귀결되지 못한 채 유야무야된 것은 경제기획원의 승리이기도 하지만 농정 내에 의견을 수렴할 수 있는 핵심층이 부재했기 때문이기도 했다. 농지법의 좌절과 농업기본법의 탄생은 이러한 상황을 반영하는 것이었다. 그 다음의 과제, 즉 그렇다면 농정을 어떻게 이끌 것인가가 문제인데, 정부가 택한 것은 구조조정정책이 아니라 가격지지를 통한 소득보전이었다.

'3선개헌'을 통해 정치적 정당성이 취약해진 박정희로서는 1970년대 도시나 지식인에 대한 이데올로기적 통제를 강화하고, 농촌에서는 이중

---

55) 농어촌개발정책은 1968년을 기점으로 크게 전환했다. 주산지 조성 등의 농어민 소득증대 특별사업 외에도 항구적인 한해대책을 목표로 하는 농업용수 개발사업이 진행되었는데 무엇보다도 고미가정책으로의 전환이 큰 변화였다. 이에 대해 정부는 지금까지의 농정이 농산물이 물가안정의 중심적 파라미터가 된다는 점과 농민들의 기술적 수준이 낮아서 증산에 필요한 농업자재를 구입하는 선택능력이 낮다는 점을 감안해 농산물가격을 지지하기보다는 농업생산에 필요한 투입자재의 염가대량공급에 치중했지만, 식량부족과 생산력격차에 따른 소득격차 심화로 가격지지정책으로 선회했음을 지적하고 있다(경제기획원, 1971).

곡가제, 농촌새마을운동 등의 추진을 통해 농민의 '환심'을 얻었다. 체제의 선택 속에서 농업은 구조개선 기회를 상실했으며, 가격지지정책이 후퇴하는 순간 농업의 쇠퇴는 가속화될 수밖에 없었다.

■■■ 참고문헌

강진국. 1967. 「새 농지법안에의 제언」. ≪신동아≫, 1967년 10월호.
경제기획원. 1963. 『농림통계분석요람』. 경제기획원.
_____. 1971. 『경제백서』. 경제기획원.
공제욱 외. 1998. 『1950년대 서울의 자본가』. 서울학연구소
국민경제연구회. 1966. 「농업기본법 시안에 대한 검토」. 『국민경제연구회보고서 104』.
_____. 1966. 「농업주산지조성계획의 문제점」. 『국민경제연구회보고서 106』.
_____. 1966. 「농지소유상한제 폐지문제에 대한 검토」. 『국민경제연구회보고서 109』.
_____. 1966. 「농업협업화의 의의와 문제점」. 『국민경제연구회보고서 115』.
_____. 1967. 「농지법 제정 구상에 대한 문제제기(농지의 세분화방지에 관해)」. 『국민경제연구회보고서 131』.
_____. 1967. 「농지법제정구상에 대한 문제제기(2): 구조개선문제와 관련해 기업농에 대한 재론」. 『국민경제연구회보고서 137』.
_____. 1967. 「한국축산업의 육성방안에 관한 제의: 농업혁명의 일 방법으로서의 낙농의 도입에 대해」. 『국민경제연구회보고서 138』.
_____. 1967. 「농어촌개발공사 구상에 대한 검토」. 『국민경제연구회보고서 144』.
_____. 1967. 「농지법제정구상에 대한 문제제기(3): 소위 신소작제도의 합법화와 관련해」. 『국민경제연구회보고서』.
김동욱. 1994. 「1950년대 한국의 인플레이션과 안정화 정책」. 연세대 경제학과 박사학위논문.
김문식. 1967. 「농업구조 개선과 토지제도」. ≪비지네스≫, 7-11.
_____. 1967. 「토지제도상의 제문제」. ≪정경연구≫, 1967년 11월.

_____. 1968. 「1949년도 농지개혁과 새 농지법안」. 『농촌근대화』, 3집.

_____. 1974. 「농업경제의 현실과 농제도개혁의 논리」. ≪정경연구≫, 1974년 9월.

_____. 1980. 『한국의 농업문제』. 서울: 평민사.

김병태. 1965. 「농업협업화의 문제점」. ≪세대≫, 1965년 12월.

김상곤. 1967. 「농지개혁은 단행돼야 한다」. ≪정경연구≫, 1967년 12월.

_____. 1967. 「제2의 농지개혁과 농업근대화」. ≪정경연구≫, 1967년 11월.

김성호. 1985. 「한국토지제도의 연속성과 단절성 上, 下」. 『농촌경제』, 8-3,4.

_____. 2000. 「농지개혁법 제정」. 한국농촌경제연구원. 『농정반세기 증언』. 농림부.

김성호 외. 1989. 『농지개혁사연구』. 한국농촌경제연구원.

_____. 1984. 『農地制度 및 農地保全에 관한 調査研究』. 한국농촌경제연구원.

김양화. 1996. 「1950년대 한국의 공업화과정」. 『공업화의 제유형 2』. 비봉출판사.

김용철. 1967. 「농업구조개편과 농지제도」. ≪정경연구≫, 1967년 12월.

_____. 1968. 「농협과 농촌지도기관」. ≪사상계≫, 1968년 7월.

김정호 외. 1995. 『農地法制定白書』. 한국농촌경제연구원.

나민수. 1967. 「한국농업은 성장하고 있다」. ≪비지네스≫, 7-11.

농림부. 1967a. 『농업종합개발계획 1967-1971』. 농림부.

_____. 1967b. 『농지제도개황』. 농림부.

문병집. 1966. 「한국농업의 협업화론」. ≪정경연구≫, 1966년 5월.

박근창. 1969. 「농업경제의 구조개혁과 그 전망」. ≪정경연구≫, 1969년 7월.

박기혁 외. 1966. 『韓國農地制度研究報告書』. 한국토지경제연구소.

박기혁. 1968. 「농지제도 개혁의 방향」. ≪사상계≫, 1968년 7월.

박정희. 1962. 「우리 민족의 나아갈 길」. 신범식 편. 1969. 『박정희대통령선집 1』.

_____. 1963. 「국가와 민족과 나」. 신범식 편. 1969. 『박정희대통령선집 2』.

박진환. 1969. 「농업근대화의 방향과 결정요인」. 『한국경제발전의 이론과 현실: 이론·정책 I 』. 내각조정실.

박현채. 1967. 「농기업에 의한 중농정책 평가」. ≪정경연구≫, 1967년 6월.

_____. 1970. 「농공병진이란 무엇인가」. 『한국농업의 구상』. 1981. 서울: 한길사.

_____. 1983. 『한국경제와 농업』. 서울: 까치.

설봉식. 1967. 「협업의 존립가치론: 농업근대화의 방향에서」. ≪정경연구≫, 1967년 2월.

우윤희. 1966. 「2차계획의 목표와 정책방향」. ≪정경연구≫, 1966년 9월.

원용석. 1966. 「왜 농민은 가난한가」. ≪세대≫, 1966년 2월.

유용대. 1968. 「경제개발계획과 농촌경제」. ≪세대≫, 1968년 3월.

유인호. 1967. 『한국농업협업화에 관한 연구』. 한국연구원.

_____. 1968. 「농촌의 근대화와 농지제도」. ≪세대≫, 1968년 3월.

은철수. 1967. 「한국농업의 개발방향」. ≪정경연구≫, 1967년 5월.

이기홍. 1967. 「농지제도논쟁의 정점」. ≪정경연구≫, 1967년 12월.

이종화. 1967. 「생산력 저하시킬 부재지주제」. ≪비지네스≫, 7-11.

_____. 1974. 「농지제 개혁과 정책의 우선순위 문제」. ≪정경연구≫, 1974년 9월.

이춘성. 1967. 「농기업과 농지소유상한제 철폐」. ≪비지네스≫, 7-11.

조석곤. 2001a. 「민족경제론 형성의 사회경제적 배경과 그 이론화 과정」. ≪동향과
　　　전망≫, 통권 48호. 한국사회과학연구소.

_____. 2001b. 「20세기 한국토지제도의 변화와 경자유전 이데올로기」. 『한국경제
　　　성장사』. 서울대학교출판부.

조순. 1969. 「자립경제체제의 정책기조」. ≪정경연구≫, 1969년 12월.

조용범. 1967. 「경제자립과 농어촌개발공사」. ≪정경연구≫, 1967년 9월.

주석균. 1974. 「한국농지제도개혁의 7개 쟁점」. ≪정경연구≫, 1974년 9월.

주종환. 1968. 「농지개혁의 비판적 고찰」. ≪정경연구≫, 1968년 1월.

지석영. 1967. 「농업발전과 성장에의 적응」. ≪정경연구≫, 1967년 1월.

최봉규. 1966. 「농업정책과 농촌부흥」. ≪정경연구≫, 1966년 11월.

최응상. 1966. 「농업기본법안의 문제점」. ≪정경연구≫, 1966년 5월.

_____. 1967. 「협업의 사회운동화와 기능」. ≪정경연구≫, 1967년 1월.

최정섭·허신행. 1984. 『자립경영농가 육성에 관한 연구』. 한국농촌경제연구원.

최호진. 1965. 「경제구조 개편의 방향과 이론의 현실성」. ≪정경연구≫, 1965년
　　　11월.

한국농촌경제연구원. 1983. 『農地制度改善關係資料集 (전6권)』.

한국은행. 1984. 『국민소득계정』.

홍성유. 1966. 「발전이론과 농공병진정책」. ≪정경연구≫, 1966년 9월.

近藤康男. 1962. 『農業構造の變化と農協』. 東京: 東洋經濟新報社.

제8장

1960년대 성장전략의 전환과 노동통제기제의 변용과정

이상희(산업연구원 부연구위원, 법학)

1. 연구의 의의

① 1960~1970년대 한국사회의 발전시기에 대해는 국가주도의 발전 결과만을 보고 긍정적 모델로 평가하기가 쉽다. 그러나 발전과정에서 지불된 사회적 비용, 가령 노동정책에서 기인하는 노동단체에 대한 통제 및 노동자 권리의 제한 등이 발견되고 있다. 결과만을 가지고 국가개입의 효율성을 평가하는 것은 사후합리화라는 함정에 빠질 우려가 있으므로, 이를 지양하기 위해서는 발전과정의 분석이 필요하다. 특히 정부수립 후 한국형 발전모델의 형성과 변용과정에서 어떠한 노동입법, 노동정책 을 전개했는지, 또 한국형 발전모델의 한 구성요소를 이루고 있는 노동입 법 및 정책의 형성과 재편에 영향을 미친 요인들은 무엇이었는지를 해명 해볼 필요가 있다.

② 한국사회의 발전시기로서 중요한 박정희 정권 시기에 대한 노동관 계법 내지 노동정책사 연구는 어느 정도 축적되어 있다.[1] 그러나 대다수, 특히 노동법적 관점에서 이루어진 연구는 1960년대와 1970년대의 노동

---

1) 특히 최장집(1997)과 김준(1993)을 참고.

정책을 통틀어 안보와 경제성장을 위한 통제입법이라는 일반적 지적에 머물고 있다.[2] 다만 근래 들어 다른 학제간 연구에서 5·16 이후 노동조합의 재편과정 등 당시 노동정책의 구체적 형성과정을 추적, 복원해 그 의미를 규명하고자 하는 몇몇 시도가 발견되고 있다.[3] 그러나 이 시기는 군인에 의한 정치적 통치전략과 경제개발을 통한 성장전략이라는 중요한 변수를 가지고 있었다. 기존의 연구는 이 시기에 전개된 노동관계법·제도와 노동정책의 형성 및 변용 과정이 이들 국가기획의 전략적 목표와 관련해 어떻게 구체화되었는지에 대한 면밀한 검토 내지 검증까지는 이르지 못하고 있다. 이 글은 1960년대 노동관계법·제도와 노동정책 변용의 취지 내지 지배적 의미를 규명해보고자 한다. 이를 위해서는 당시의 노동관계법 및 노동정책이 형성되고 재편되는 과정을 복원해보아야 될 것이다. 종전 연구가 역동적인 정치·경제학적 접근,[4] 무미건조한 노동입법적 접근[5]으로 서로 무관하게 이루어진 것이라면, 이 글은 양자간의 경계를 넘나드는 식으로 진행할 것이다.

③ 이 글은 1961년부터 1971년 11월까지를 대상으로 한다. 우리나라의 노동관계법은 1953년 제정되고, 제정법의 주요 내용은 자유주의적 노사자치주의를 지향하는 것이다.[6] 그러나 이들 자유주의적 노사자치주

---

2) 기존 연구에서 지적되고 있는데, 예를 들어 김삼수(2002: 257; 1998: 186-187)를 들 수 있다. 그러나 김삼수 역시 1960년대와 1970년대를 구분하고는 있지만, 성장전략의 전환에 즉응한 노동정책의 변용 여부에 대해는 관심을 두지 못했다.
3) 특히 김준(1999)과 이원보(2004) 등이 있다.
4) 가령, 앞의 김삼수(2002, 1998)와 김준(1999) 등이 대표적이다.
5) 노동법학자에 의한 노동입법사 문헌을 보면, 김진웅(1970), 김형배(1980), 현경대(1983), 임종률(1984), 신인령(1985), 이광택(1992), 김인재(1998) 등이 대표적이다. 이들 문헌은 대체로 연대기적으로 나열되어 있고, 다만 김인재의 글은 그 변천과정을 시기적 특질에 맞추어 구분하는 노력을 보이고 있다.
6) 이들 법의 주요 내용은 노동조합의 자유설립주의, 노동조합의 대내적 민주성과

의가 훼손되기 시작한 것은 5·16 군사쿠데타 이후 위로부터 노조재편이라는 정책과 1963년 4월 통제적 노동관계법 개정에서 시작한다. 노사관계에 대해 통치적 기반을 구축하고 제도운용으로서 국가적 개입을 하는 내용, 즉 통제기제가 마련되었다. 이 시기는 5·16 군정이 쿠데타 이후 종합경제재건 5개년 계획안 발표 및 자립경제 달성을 위한 기반구축, 정부가 지도하는 자본주의체제를 기본 목표로 설정하는 제1차 경제개발 5개년 계획 발표, 경제기획원의 신설, 외자도입 및 수출진흥을 위한 제도적 기반을 마련하는 시기이다. 이 글은 특히 이 시기에 집중하고자 한다. 성장전략을 발표하면서 통제기제로서 노조조직 재편과 통제적 노동입법이 도입·형성된 시기라는 일반적인 지적에 주목하고자 하기 때문이다.

④ 이 글은 1960년대를 겨냥하고 있다. 그런데 1960년대 내부동원을 통한 성장전략은 1960년 중반부터 외국인 투자 유치 등을 위시한 외부의존을 통한 성장전략으로 전환하는 중요한 시기를 맞이하게 된다. 내부동원형에서 외부의존형으로 성장전략의 전환 그 자체는 1960년대를 소화하고 있으나, 이들 성장전략의 전환과 관련한 통제기제로서 노동법제의 정비는 1971년 11월 유신 전야까지 걸쳐 있다. 외부의존형 성장전략을 추구하는 군사정부는 이 전략을 원활히 수행하기 위해 필요한 노동입법으로서 「외국인투자기업의 노동조합 및 노동쟁의 조정에 관한 임시특례법」을 1969년 말에 상정, 1970년 1월에 제정한다. 따라서 외부의존형 성장전략의 전환에 따른 통제기제로서 노동입법의 마련은 1970년에 걸쳐 있으나, 이것은 1960년대로 포섭되어야 한다.[7] 그래서 이 연구는 1971년

대외적 자주성의 확보, 협약자율, 자주적 조정원칙, 자유로운 쟁의권 행사 등이며, 이것은 자유주의적 노사자치주의를 지향한 것으로 평가된다(이광택, 1992: 164).

7) 김삼수(2002, 1999)는 단체행동권을 완전히 규제하는 1970년 외국인투자기업에 대한 특례법에서부터 1970년대 노동정책의 특징이 나타나고 있는 것으로

후반까지 걸쳐 있다.

⑤ 이 시기를 다시 복원하는 데는 한계가 있다. 특히 5·16 군사쿠데타 이후 위로부터 노조조직 재편을 하는 과정에 대한 정확한 기록이나 일관된 견해가 없다. 노동입법사료에서도 당시 군사평의회인 국가재건최고회의가 전권을 장악하고 1963년 통제적 노동입법권을 행사했기 때문에 주요한 의사결정과 관련한 각종 공식기록들이 남아있지 않다는 한계가 있다. 당시 국가재건최고회의가 행사한 주요 노동관계법 내용에 대한 회의 녹취록은 입법의 내용과 그 내용에 대한 찬반을 묻는 내용 이상이 나타나지 않고 있다. 이것이 이 글의 한계로 되고 있다.[8]

2. 1961년 5·16 이후 1971년까지의 경제개발정책과 주요 노동관계법·정책의 전개

1) 주요 전개내용

① 1961년 5·16 군사쿠데타가 발발하고, 5월 22일 국가재건최고회의는 포고령 제6호(정당·사회단체해체령)를 통해 노동조합을 비롯한 모든 정당 및 사회단체를 5월 23일부로 해체토록 했다. 7월 22일 군정은 5개년 종합경제재건계획안을 발표하고, 경제기획원을 신설했다. 8월 3일에는 「사회단체등록에 관한 법률」을 개정해 근로자단체를 비정치적 사회

보고 있다.

8) 김준(1999)은 공식적인 문서의 발견이 불가능한 현실에서 당시 간행된 각종 사료집과 생존자를 상대로 한 인터뷰를 통해 여러 가지 의문을 확인코자 했으나, 쉽지 않았음을 밝히고 있다. 특히 이원보, 김준, 인수범(1999: 118)은 공개된 내용 및 면담 등을 연결, 결합시키고 논리적으로 규명할 수밖에 없음을 지적한다.

단체로 규정해 사회단체로 등록하도록 하고, 「근로자의 단체활동에 관한 임시조치법」을 제정(1963년 4월 17일 폐지)해 기존 노조를 포함한 모든 노조는 설립신고와 신고증교부에 의해 노조를 설립해야 하며, 그밖의 근로자의 단체활동은 이 법이 특별히 규정하는 사항 이외에는 노동조합법의 규정이 적용되도록 했다. 같은 날 5개년 장기경제계획 및 긴급경제시책에 대한 담화문을 발표했다. 1961년 8월 4일 보사부장관의 "근로자의 단체활동에 관한 임시조치법 공포에 대해"라는 담화문을 통해 노조의 혁신과 정화를 요구하고, 노조간부 결격요인을 적시해, 해당 간부의 퇴진 요구 및 재조직 노동단체는 전국단일산별노조가 바람직함을 밝혔다. 8월 5일 노조재건에서 준비위원회가 분열되자, 8월 6일 보사부 장관은 구악을 되풀이하지 말고 노조난립 방지를 염원하면서 기존 노동운동자의 자숙을 요망하고, 8월 8일 노조재건에 합법적성을 잃으면 부인된다고 강조했다. 그후 군정으로부터 노조재편을 강요당하는 우여곡절을 경유해 1961년 8월 30일 한국노동조합총연맹이 결성된다. 1961년 12월 4일 「근로기준법」을 개정해 벌칙 강화, 준수 가능한 기준으로 조정하고, 12월 6일 「직업안정법」을 제정, 공포했다. 12월 20일 '해외시장개척 추진계획'을 성안하고, 경제기획원은 외자도입추진위원회를 구성했다.

② 1962년 1월 13일 제1차 경제개발 5개년 계획을 확정, 발표하고, 2월 27일 외국인투자 안전보장을 위한 합리적 조치를 강구하겠다고 했다. 1962년 12월 6일 비상계엄령을 해제하고, 12월 26일 노동3권 보장, 공무원 노동운동 금지 명문화 등을 주요 내용으로 하는 헌법을 개정했다. 1963년 4월 17일 노조설립 신고증 교부제도, 복수노조 금지, 정치활동 금지, 공익사업 범위확대 등을 주요 내용으로 하는 「노동조합법」, 「노동쟁의조정법」, 「노동위원회법」에 대한 전문 개정을 보았다. 1963년 12월 7일 노동위원회에 쟁의적법 여부 심사제를 신설하는 등을 내용으로 하는 노동조합법, 노동쟁의조정법, 노동위원회법을 개정했다. 1963년 9월 1일

보사부의 노동국을 노동청으로 승격 발족시키고, 11월 5일 「산업재해보상보험법」을 제정했다. 1963년 12월 21일 서독에 광부 제1진 123명을 최초로 파견했다. 1964년 1월 8일 한국노총의 노동3법 개정 요구, 2월 19일 삼민회 노동법 개정안이 국회에 제출되어 논의 끝에 1964년 7월 보건사회위원회 개정안이 성안되었으나 본회의에 상정되지 못했다.

③ 1964년 6월 24일 '수출진흥종합시책'을 발표하고, 9월 14일 「수출산업공업단지개발조성법」을 제정한다. 1965년 11월 3일 한국해외개발공사를 발족한다. 1966년 7월 29일 경제기획원은 제2차 경제개발 5개년계획안을 확정했다. 1966년 8월 3일 「외자도입법」을 제정해 외국인 직접투자 규제완화 및 종전 3개법을 통합 정비했다. 1967년 1월 1일 「산재보상보험법」을 100인(1965.1.1, 200인, 1968.1.1, 50인) 이상 사업장으로 확대 적용했다. 1968월 4월 19일 22개 사업장 내 직업훈련소 설치를 인가하고, 5월 8일 노동청은 최초의 유료직업소개소를 인가하며, 6월 22일 국립직업안정소 25개를 신설하고, 중앙직업훈련원을 설치했다. 1969년 1월 30일 경제각료회의는 외국인 투자유치 증진과 외국인 투자기업육성책을 채택했다. 1969년 7월 2일 외국인 지점 및 합작투자의 적극 유치로 수출증진을 위한 수출자유지역을 임해지역에 설치할 것임을 발표하고, 9월 16일 경제기획원은 입지조건이 좋은 마산에 노동집약적 업종유치 등 수출자유지역 설립방안을 최종 확정했다. 10월 23일 마산수출자유지역을 설치하고 입주외국인 투자기업에 조세감면을 부여했다. 1969년 12월 9일 노동청은 외국인 투자기업체 쟁의유발 노조를 해산조치하겠다면서 12월 7까지 정상조업에 임하지 않은 경우 주모자에 대한 형사처벌을 경고했다. 1969년 12월 13일 「외국인투자기업의 노동조합 및 노동쟁의 조정에 관한 임시특례법안」을 상정하고, 12월 28일 노총은 외국인 투자기업의 노동자 노예화 입법을 반대한다는 성명을 발표했다. 1969년 12월 26일 노동청은 「노동쟁의 등 당사자 한계에 관한 통첩(예규

제79호)」을 발해 기업별 조합체제를 유도했다.

④ 1970년 1월 1일 「외국인 투자기업의 노동조합 및 노동쟁의 조정에 관한 임시특례법」을 제정하고(1986년 폐지), 「수출자유지역설치법」을 제정했다. 1970년 11월 13일 서울평화시장에서 전태일 분신 사건이 발생한다. 1971년 1월 9일 정부는 외국인투자 유치정책을 발표해 제품의 전량수출 원칙, 국내시장 시판의 경우 내국인과 합작투자에 한해 인가 등을 밝혔다. 1971년 2월 9일 정부는 제3차 경제개발 5개년 계획을 발표하고 산업구조 고도화, 지역개발 균형, 중화학공업 우선 등을 밝혔다. 2월 23일 해외진출 근로자 모집을 직업안정소에서 대행토록 하고, 3월 5일 제3차 인력개발 5개년 계획을 발표했다. 3월 6일 「근로기준법」을 16인 이하 밀집 사업장으로 확장 적용하고, 4월 24일 노동청은 중앙직업훈련원을 개원하며, 6월 11일 유료직업소개업종을 대폭 확대했다. 7월 19일 상공부는 외국인 투자 유치, 자동차공업 육성방안을 발표한다. 1971년 11월 2일 체불사장 첫 구속이 발생하고, 1971년 12월 6일 국가비상사태가 선포되고 유신시대에 돌입하게 된다.

2) 전개의 의미

① 1961년에서 1971년까지 전개된 노동관계법 및 노동정책의 내용은 일견 경제개발계획 및 정책의 전개와 시기적으로 상관성을 가지는 것으로 보인다. 통제적 기반 구축을 위한 위로부터의 노조조직 재편, 내부동원형 성장전략에 맞추어 필요한 노동력 동원을 위한 근로기준법·직업안정법 등 개별적 노동관계법의 정비, 경제개발 5개년 계획의 수립에 뒤이어 노동운동의 통제를 위한 집단적 노동관계법의 정비 등이 그러하다. 특히 1963년 집단적 노동관계법 개정은 1953년 제정법에 비해 노동단체권을 제약하는 내용이다. 1963년 4월 노조설립의 자유를 제약하는 노조설립

신고증 교부제도, 기존 노조의 기득권을 인정하는 복수노조 금지, 노조의 정치적 자유를 제한하는 정치활동 금지, 정부의 개입을 심화시키는 노조 해산명령권의 강화, 공익중심의 노동행정의 일환으로 공익사업의 범위 확대·긴급조정제도 신설 등이 그러하고, 1963년 12월의 쟁의행위에 대한 규제로서 노동위원회에 의한 쟁의적법 여부 심사제도의 신설 등이 그러하다. 흔히 1963년의 집단적 노동관계법이 가지는 통제기제의 의도는 고도성장을 통한 조국의 근대화 또는 경제개발을 위한 노동정책을 추진하기 위하는 것에 있다고 한다.9)

② 한편 1970년 1월 1일 제정된 「외국인 투자기업의 노동조합 및 노동쟁의조정법」, 「수출자유지역설치법」은 1969년 12월에 상정되어 의결 제정된 것이다. 외국인투자기업에 대해는 노동쟁의조정법상 조정절차에 의하지 않고, 노동청장이 지체 없이 노동위원회의 조정에 회부해 조정을 개시하고, 20일이 경과해도 조정이 성립되지 아니한 때에는 중앙노동위원회의 중재에 회부해 중재를 개시하도록 하는 것이다. 또 수출자유지역 내의 근로자 쟁의에 대해는 공익사업으로 다루어 신속하게 처리하고자 했다. 전자는 외자유치의 극대화를 위해, 후자는 수출에 차질을 빚지 않도록 하는 것이다. 이들 법령은 1960년대 중반부터 시작된 외부의존형 성장전략에 비추어보면 적어도 시기적으로는 외자유치 및 수출산업 등 외부의존형 성장전략을 극대화하기 위해 도입한 노동통제기제로 보인다.

③ 그런데 1963년 노동관계법이나 1970년 외국인투자 확대를 위한 노동관계특례법의 전개가 성장전략에 부응하기 위한 통제기제의 도입만으로 설명하기에는 석연치 않은 곳이 많다. 군정이 취한 일련의 경제개발계획과 연관지우자면 일목요연할 수는 있으나, 당시 노동운동의 역량이

---

9) 김형배(1989: 77), 김진웅(1970: 53), 신인령(1985: 72). 최근의 연구로는 김인재(1998: 12), 이원보(2004: 66~70) 등이 그러하다.

나 노동시장 형편에 비추자면 반드시 그런가에 대해서는 의문이 제기된 다.[10] 당시의 노동운동은 경제의 발목을 잡을 정도로 보기는 어려웠고, 풍부한 노동력 때문에 새로운 노동통제가 필요한 것이 아니었으므로 소위 '시장에 의한 억압'이 충분히 작용하고 있음에도(이영철, 1999: 281~282) 통제기제가 도입·형성되고 있기 때문이다. 그렇다면 군인들에 의한 발상으로 사회적 갈등 등을 혐오한 나머지 일사불란한 정치적 통제 질서를 의도한 것일 수 있다는 가정이 생긴다. 특히 근로자 쟁의행위시 5·16 이후 일관해 공권력의 행사가 광범위하게 행사되었다는 지적(이원 보, 2002: 184~187)을 고려하면 이것이 성장전략을 염두에 둔 순수한 성장전략적 통제라 하기는 어렵다. 이 기간, 즉 1966-1971년까지의 노동 쟁의의 해결이 주무관청인 노동위원회의 조정제도에 의해 해결되기보다 도 행정관청의 비공식적인 조정에 의해 해결된 것이 압도적이었음을 볼 수 있다(이원보, 2004: 187). 특히 1969년 면방쟁의의 경우 중앙정보부 가 직접 나서서 당시 노사가 주장하던 임금인상 수준의 중간선을 훨씬 밑도는 내용으로 타결시킨 예를 보면 더욱 그러하다. 요컨대 노동행정에 서 발견되는 노동정책은 1963년 노동법이 가지는 한계를 훨씬 밑도는 수준의 노동기본권 보장으로 전개되었기 때문에 법·제도와 달리 실제 행정은 무단의 정치적 통치에 더 가깝다는 것이다.

④ 그러나 이 시기의 통제적 노동관계법 및 노동정책의 전개가 일사불 란한 정치적 통제질서 그 자체에 무게를 두었다고 보기에도 석연치 않은 점이 많다. 가령 1963년 집단적 노동관계법은 비교의 지평을 넓히자면 이후에 전개된 노동관계법에 비해 보다 많은 민주적인 요소를 내포하고

---

10) 특히 김준(1999: 107~110)은 경제개발과 노동통제책 도입의 논리필연적 관계 에 강한 의문을 표시하고, 그중 강제적인 산별조직 건설과 관련해 국가와 관료체제의 강력한 명령·통제·조정에 의해 유지되는 일사불란한 질서를 선호 했던 당시 군사정권 지도부의 생각과 연관지우고 있다.

있다는 지적도 있다.[11] 부당노동행위의 확대 및 원상회복주의 도입, 단결
강제를 가능하게 하는 유니온 숍 규정의 신설, 1953년 제정법부터 있어온
대체근로 금지 규정의 유지 등이 그러하다. 물론 입법의 의도를 정확히
확인할 수 없는 한계도 있고, 전체적으로 통제 일변도의 내용이긴 하지만,
일사불란한 정치적 통제를 위해서는 1971년 및 1980년 법에서 보여준
보다 더 철저한 통제기획도 예상되기 때문이다. 요컨대 1960년대 노동관
계법은 시기적으로는 성장전략적 목표하에 마련된 통제기제로 보이지만,
그 내용에서 5·16 직후 전개된 일련의 노동행정 등에 비춘다면 사회적
갈등을 무마해 정치적 통치를 수월하도록 하자는 동기도 내포하는 것으로
볼 수도 있다. 성장전략의 변화에 따른 불가피한 노동통제기제의 도입인
지, 정치적 통치 그 자체를 위한 치밀한 전략에 의한 것인지, 어느 곳에
무게를 두고 있었는지가 검증될 필요가 있다. 특히 경제개발계획에 따른
내부동원형 성장의 원형이 마련되고 불가피하게 외부의존형 성장전략으
로 전환되는 과정에서 노동통제기제 변용의 연관성이 어느 정도인지
규명해볼 필요가 있다.

---

11) 특히 김준(1999: 117)은 1963년 노동관계법은 1987년 개정 노동법과 유사한
수준으로서 다원주의와 권위주의의 경계선상에 미묘하게 위치하고 있다고
지적한다.

3. 5·16 이후 성장전략과 통제적 노동관계법·정책의 도입

1) 1961년 5·16 이후 군정의 노조재건 강제

(1) 강제 재건의 의도

① 1961년 5·16 군사정부는 포고령 제1호를 발해 노동중지 및 태업행위 등을 금지하고, 5월 18일 계엄사령부의 경제의 질서회복에 관한 특별한 성명서를 통해 노임의 동결 및 일체의 노동쟁의를 금지했다. 1961년 5월 22일 포고령 제6호 정당·사회단체 해체령을 통해 기존 노동조직을 모두 해산토록 하고 노동관계법의 효력을 모두 정지시켰다. 그 후 1961년 8월 20일 「근로자 단체활동에 관한 임시조치법」을 통해 노조설립 신고증을 교부받은 조합만이 임시조치법에 규정하는 사항, 그 밖의 사항은 노동조합법을 적용받도록 했다. 노동조합의 설립에서부터 국가가 통제를 가하겠다는 의지를 처음 드러낸 것이고, 노조는 통제의 대상으로 되고 있다. 한편 군정은 1961년 8월 4일 보사부 장관 명의로 '근로자의 단체활동에 관한 임시조치법 공포에 제하여'라는 담화문을 발표한다. 이 담화문에서는 노동조합의 혁신과 정화를 요구하고, 노동조합 간부의 결격요인을 적시해 해당 간부의 퇴진 요구 및 재건될 노동단체는 전국단일산별노조가 바람직함을 밝혔다. 이것은 군정이 노동조합을 어떻게 통제할 것인가의 생각을 밝힌 것이다. 그러나 무슨 의도로 이러한 조치를 취한 것인가에 대해는 분명치 않다. 이것을 해명하는 것이 5·16 이후 군정이 취한 노동통제기제의 성질을 정확히 할 수 있는 것으로 여겨진다.

② 1961년 5·16 이후 군정이 노동단체에 대응한 내용은 위에서 언급한 이상을 확인하기가 쉽지 않다. 그러나 강제적 산별노조의 재편이 국가의 정책파트너로서 노동단체의 승인에 그 목적이 있지 않음은 쿠데타 직후 노동단체의 해체라는 과정에서 확인된다. 그렇다면 통제를 위한 산별노

조의 재편으로 볼 수가 있다. 그러나 통제의 의도가 과연 노동운동 자체의
혐오에 있는 것일까. 당시 노동운동이 혐오의 대상이 될 정도의 수준이지
는 않았다는 점은 명확하다. 이것이 정확하지 않다면 통제의 의도는
다른 곳에 있을 터이고, 굳이 그 단서를 찾으려면 군정이 밝히는 곳에
있을 것이다. 즉, 군정은 그간의 노동운동을 사이비 근로자가 주동하는
파쟁과 반목의 운동으로 평가하고, 이것이 산업사회의 불안조성에 큰
요인이 되며, 5·16 이전의 일당독재를 위한 정치적 도구화에 대한 강한
불신을 가지고 있었다.[12] 요컨대 5·16 이후 노동조합에 대한 통제 의도는
그 진위를 확인할 수 없다는 한계가 있으나, 쿠데타 이전의 대한노총의
부패 및 정치적 행태에 대한 혐오감에서 비롯한다고 볼 수 있다.

③ 그러나 군정이 단순히 기존노조의 정치적 행태를 혐오한 것만이
전부일까 하는 것에서도 의문은 남는다. 앞서 열거한 5·16 이후 군정이
취한 일련의 행태를 보면 군정이 제기하는 바와 같이 단순히 구시대의
부패에 대한 반동이 아니라, 4·19 혁명의 안티테제로서의 성격이 여실히
드러나고 있다. 군정은 일체의 조직이나 단체를 해체 내지 경계하고
있었다. 그 때문에 단순히 노동조합뿐만이 아니라 군정에 위협이 될
수 있는 정적을 배제하는 일련의 행태를 보이고 있다. 노동조합의 재건도
반군정적 세력을 배제하고자 하는 통치차원에서 접근하고 있음을 부정할
수 없게 된다.[13] 이와 같은 사실에 비추면 군정의 노조에 대한 통제
의도는 여러 가지를 내포할 수밖에 없다. 즉, 박정희는 우선 노조재건을

---

12) 한국군사혁명사 편찬위원회(1964(하권): 1323). 1961년 8월 6일 정희섭 보사
   부 장관의 '노조재건의 순수를 요망하면서'라는 담화문 내용 등으로 미루어
   볼 수 있다.
13) 2003년 민주사회정책연구원 학술대회, 『한국형 발전모델의 원형과 그 변용과
   정』, "1960년대 성장전략의 전환과 노동통제기제의 변용과정"에 대한 이원보
   한국노동사회연구소장의 지적(2003.11.22).

통해 구노조의 정치적 행태의 제거는 물론 군정에 반하는 일련의 조직을 정비하자는 차원에서 접근했다 할 수 있다. 다만, 박정희는 재건된 노조를 통해 자신의 정치적 이용보다는 경제개발계획에의 협조와 성장전략에 이용하는 데 주력했다고 할 수 있다.[14] 이승만과 박정희는 모두 노동조합을 통제 내지 조종의 대상으로 여겼으나, 이승만은 자신의 비공식적인 정치적 도구화를 극대화하는 데 주력했다는 점과 대비된다.

(2) 산별조직의 의도

① 한편 군정은 왜 산별노조로 재건을 강제했는가. 산별노조로 조직재편과 이를 강화하는 복수노조 금지, 유니온 숍 제도의 허용 등은 국가가 강력한 노동조합을 정책적 파트너로 인정하는 형식을 보이고 있다. 그러나 인위적이고 폭력적인 조직재편 자체가 강력한 노동조합으로 기능하도록 할 리가 없다. 이를 밝히는 자료를 좀처럼 찾을 수 없기 때문에 기존 연구의 성과로서 생존자를 대상으로 한 인터뷰와 군정 주체가 말하는 바에 따라 이를 논리적으로 엮을 수밖에 없다.

② 어떤 견해는 다음과 같다. 당국은 민주주의를 하자면 노조를 부정할 수 없고, 그렇다면 노조라는 골치 아픈 조직을 어떻게 통제할 것인가가 핵심적인 관심거리였다고 한다. 그리고 군정이 주도한 노조조직 재건 논의과정에서 산별노조를 선호하는 노조간부들과 상층부를 틀어쥐어 통제를 쉽게 하려는 군정 측의 이해관계가 맞아떨어져서 나온 것이라는 가설을 조심스럽게 제기하고 있다(김준, 1999: 108~110). 또 다른 견해는

---

14) 박정희는 1963년 3월 10일 근로자의 날 행사에서 5·16 혁명 이후 정부는 5개년 경제개발 계획 수행에 총력을 집중하고 있는 차제에 그 핵심을 담당할 노동단체는 5·16 이후 개편된 전국산별단일체제인 노총임을 밝히면서 재건된 전국산별단일 노총의 임무가 성장전략의 총력에 있음을 강조한다(한국노동조합총연맹, 1963: 822).

군사지도자들이 독일식 노동조합을 모델로 삼았을 것이라는 지적도 있다. 가령 당시 군사지도자들과 지식인들은 1950년대 독일의 경제발전상을 성장의 가장 바람직한 모델로 간주하고 있었다는 것을 근거로 하는 견해 (최장집, 1997: 41)와 각종 집회에서 박정희의 연설 등을 근거로 라인강의 기적으로 상징되는 전후 독일의 경제부흥, 그리고 노동면에서 파업이 없는 노사관계가 이상적인 것으로 받아들여졌다는 견해(김삼수, 1999: 216)가 그러하다.

③ 그러나 사전에 기획된 독일식 모델로 추론하는 것은 여러 가지로 적합하지 않은 면이 많다. 당시 재편된 산별조직이라는 것이 독일과 같이 강력한 중앙집권적인 리더십을 구비한 것도 아니고, 비공식적인 상층간부의 협력작업의 일환에서도 이러한 사실은 드러나지 않기 때문이다. 오히려 재건모델과 관련해 미국의 AFL-CIO의 사례 등을 참조하면서 보름 동안 토론하는 등의 사실을 적시하는 인터뷰 내용(김준, 1999: 109)이나, 노조재건 중심인물들이 산별노조에 관한 정보와 지식을 갖게 된 동기에 대해 미국전력노조 출신 강사로부터 미국 CIO 결성과정 등 산별노조의 중요성에 대한 교육을 받은 사실[15] 등이 더욱 신뢰할 만하다. 또 당시 고급군인을 상대로 정치교육을 실시했던 국방연구원 교육내용에서 참조자료로서 노동조합과 정치 및 정당 분야에 탁희준의 "노동조합과 정치·정당"[16]이라는 글을 게재, 참조토록 하고 있다. 이 내용의 한 부분에서는 "한국노동조합은 원래 구성되었던 대로 조합주의적 노동조합을 지향하지 않을 수가 없을 것이고, 그것도 영국식 조합보다는 미국의 AFL-CIO와 같이 정치와는 직접적 관계를 맺지 않는 방식을 취하는 것이 현명하다는 결론을 얻게 된다"고 기술하고 있다(국방연구원, 1962:

---

15) 이원보(2004: 108~111)의 인터뷰 내용.
16) 탁희준(1960: 70~76)을 발췌, 소개하고 있다.

233). 군사혁명 정신으로 무장된 고급군인들은 노동통제 내지 노동정치와 관련해 이런 내용을 학습했던 것이다. 이것은 당시 군정이 노총재건 시 신경을 쓴 부분은 정치적 성향의 배제와 이러한 성질과 친한 당시 잘 소개되고 있는 미국식의 산별조직이 아닌가 한다. 만일 역으로 군정이 독일식 산별조직모델을 의도했다면 고급군인들의 정치교육자료에 독일 의 산별노조나 노사관계에 관한 최소한의 내용이 있음직한데 그것은 발견되지 않는다. 요컨대 군정은 노조를 통제의 대상으로 하되, 어떻게 통제할 것인가에 대해는 독일의 DGB 식이 아니라 이미 잘 소개되고 있는 미국식 산별조직이라는 추상적 소개를 전제로, (다른 연구가 지적한 바와 같이)(김준, 1999: 108~110) 노조상층부를 통해 일사불란하게 통제하 고 싶어 하는 군정 측의 이해와 비공식적으로 접촉한 노조간부들이 산별 노조를 선호하는 이해관계가 맞아떨어져서 나온 것으로 볼 수 있지 않을 까 한다.

(3) 기획의 치밀성

① 군정의 노동조합 통제 및 조직재편은 치밀하게 준비된 것인지, 아니면 즉흥적인 통치차원에서 진행되었는지도 정확하게 확인되지 않고 있다. 노총재건 당시 반대했던 인사 중 하나인 김말룡은 재건위원 가운데 안면 있는 자로부터 당사 중앙정보부로부터 엄격한 세뇌교육을 받은 사실과 충성심을 테스트 한 끝에 재건위원회로 보내졌다는 고백을 들었다 고 증언한다.[17] 이 증언을 고려하면 노조재편은 철저히 군정에 의해 통제를 위해 기획되고 의도된 작업일 가능성이 높게 된다.

② 그러나 이 역시 김말룡이 언급하는 인사와 당시 재건위원이 일치하 지 않는 등 그 신빙성에 문제가 있어 도무지 종잡을 수 없다(이원보,

---

17) 김말룡의 인터뷰(1995년 5월 5일 발행, 『한겨레21』) 참조.

2004: 108). 확실히 73일 만의 노동조합 재건은 치밀한 계획에 의해 진행될 수도 있고, 특히 당시 중앙정보부의 지휘하에 이루어지고 있었음을 밝혀주는 연구(최장집, 1997: 39)도 있다. 그러나 앞서 본 사실 및 추론에 의하면 어떻게 하든 노조를 통치하려는 군정과 밀접한 관련을 대가로 재건조직 구성원간에 오르내리던 전국단위의 조직독점 수혜라는 발상이 어우러져 점차 형성된 합작품일 가능성이 크다.

2) 1963년 집단적 노동관계법의 개정

(1) 내용

① 1962년 헌법(1962.12.26.공포)에서는 노동3권 조항이 수정되었다. 개정 헌법은 노동3권의 보장형식에서 법률이 보장하는 범위 내에서 노동3권이 보장된다는 개별유보조항을 없애고, 원칙적으로 보장하되, 다만 공무원인 근로자는 법률로 인정된 자를 제외하고는 노동3권을 행사할 수 없다고 해 종래 국가공무원법 등 법률을 통해 규제했던 것을 헌법에 처음으로 명문화했다(법 제29조).

② 한편 군정은 국가재건최고회의의 결의로 1963년 4월 17일 집단적 노동관계법을 전면 개정했다. 「노동조합법」에서는 근로자단체가 전국규모 노동조합의 산하노동단체[18]가 단체협약체결 또는 노동쟁의의 당사자가 되는 경우 이에 관한 사항을 규약에 기재하도록 해 산별노조체제를 지향하고(법 제14조 11호), 조직이 기존 노동조합의 정상적인 운영을 방해하는 것을 목적으로 하는 경우를 노동조합의 결격사유로 하며(법 제3조 단서 5호 신설), 노동조합은 설립신고증을 교부받아야 설립되는 것으로

---

18) 1963년 4월 개정법에서는 "산하지부"라는 표현을 썼으나, 같은 해 12월 개정법에서는 "산하 노동단체"로 바꾸었다.

했다. 또 노동조합이 특정 정당을 지지하거나 특정인을 당선시키기 위한 정치적 운동을 할 수 없도록 해(법 제12조 제1항 신설) 노조의 정치활동 금지를 강화했다. 이밖에 노동조합 임시총회 소집권자의 지명권을 노동위원회의 승인을 얻어 행정관청에 부여하고(법 제26조 제3항 신설), 노사협의회의 설치에 관한 규정을 신설(법 제6조)했다. 이들은 노동통제를 강화하는 성질을 가진 내용이다. 그러나 한편으로 노동조합법은 유니언 숍 조항을 신설(법 제39조 2호단서)해 노조의 단결강제권을 인정하고, 사용자의 부당노동행위 유형에 단체교섭 거부, 경비지원을 추가하는 등 범위를 넓히며(법 제39조 3호, 4호), 사용자의 부당노동행위에 대해 구법의 처벌주의(예방주의)로부터 구제주의(원상회복주의)로 변경19)했다(법 제40조). 이들 내용은 주로 노동단체권을 강화하는 내용이다.

③ 「노동쟁의조정법」에서는 공익사업의 범위를 전매·조폐사업, 손익이 국가에 직접 귀속하는 유류사업, 증권거래소, 은행사업을 추가하고(법 제4조), 전국규모 노조의 산하단체가 쟁의행위를 하고자 할 때에는 소속 노조의 승인을 얻도록 했다(법 제12조 제2항).20) 또 쟁의행위의 요건을 엄격히 하고, 공익사업에 대한 긴급조정제도를 신설(법 제6장)했다. 파업에 대한 통제를 강화하는 내용이다. 나아가 1963년 12월 7일 개정법에서는 노동쟁의 발생신고가 있은 후 노동위원회로 하여금 사전에 그 적법여부를 심사하도록 하고(법 제16조 제2항), 사태가 급박하거나 시간적인 여유가 없을 경우 노동위원회의 의결 없이 쟁의행위 중지 명령권을 행사할 수 있도록 했다.

④ 1963년 4월과 12월에 걸쳐 전개된 노동관계법의 개정방향은 전반

---

19) 처벌주의의 삭제가 오히려 부당노동행위를 근절하는 데 어려울 수도 있기는 하다. 주지하다시피 현행법은 처벌주의와 구제주의를 병용하고 있다.
20) 1963년 4월 개정법에서는 "산하지부"의 쟁의행위로 표현되었으나, 같은 해 12월 개정법에서는 "산하 노동단체"의 쟁의행위로 바꾸었다.

적으로 단체교섭 및 쟁의행위에 대한 권리를 약화시키는 내용으로 이루어졌다. 다만 종전 행정관청이 담당하던 알선을 노동위원회로 이관해 노동위원회의 조정기능을 강화하려 하기도 했다.

  (2) 의도

  ① 1963년 개정된 집단적 노동관계법은 1953년 제정법에 비해 통제적이다. 1963년 개정법에서 도입된 통제기제의 성격 내지 의도를 어떻게 보아야 하는지가 문제로 된다. 군정의 군인적 발상으로 일사불란한 정치적 통치 그 자체를 의도한 것이라는 주장도 있을 수 있고, 흔히 말하는 경제개발계획의 전략수행을 위한 의도라는 주장도 있을 수 있다. 그러나 이들 주장에 대한 입법부 속기록 등 정확히 검증할 수 있는 현존 자료가 없으므로 어느 주장에 부합하는지 정황증거를 연결시켜 보는 수밖에 없다.21)

  ② 그런데 1963년 개정법상 통제기제가 일사불란한 정치적 통치 그 자체를 위해 도입되었다는 주장은 다음의 내용에 비추면 의심의 여지가 있다. 우선 군정은 이미 5·16 이후 1961년 8월 노조에 대한 강제적 조직재편을 도모했다. 강제적 노조재편은 4·19 혁명의 기운 차단, 정적 배제 등 군인적 발상에 의한 정치적 통치기반 마련 차원에서 이루어졌을 가능성도 있다. 다만 앞서 본 바와 같이 강제적 조직재편은 향후 성장전략에 필요한 노동력 동원 기반 마련이라는 의도도 다분히 가지고 있었다. 그러나 1961년 쿠데타 초기의 정치적 통치전략이 1963년 노동관계법

---

21) 1963년 노동관계법 개정에 관한 입법부 기록은 국가재건최고회의록이 있으나, 개정 내용 및 찬반을 묻는 사실만 기록되어 있고 그 의미를 찾을 수 있는 내용은 없다(국가재건최고회의록 참조). 당시 1963년 노동관계법에 대한 비판적인 견해는 김치선(1963; 1964)이 대표적이며, 이에 대한 반대견해로는 오정근(1964) 등이 있다.

개정에도 일관되게 적용되었다고 단정하기는 어렵다. 다음, 1963년 법과 1971년 이후 유신체제하의 노동관계법은 통제기제의 내용이나 성질에서 차이가 크다. 애초 일사불란한 정치적 통치를 의도했다면 유신 이후나 1980년대와 같은 노동단체의 활동이나 쟁의행위를 전면 봉쇄하는 식의 룰의 도입도 예상될 수 있다. 물론 1963년 개정법이 노조에 대한 정치적 통치가 충분하리라 예상했고, 1970년에는 외국인 투자기업에 대한 전면적 통제의 필요가, 1971년 이후 무제한적이고 전면적인 통제의 필요가 생겼다는 지적도 있다(최장집, 1997: 107). 그러나 기획을 통한 일사불란한 정치적 통치가 전개된 것으로 보는 것은 지나친 해석이라 할 수 있다.

③ 한편 1963년 법 개정법 중 사용자의 부당노동행위 확대와 유니온 숍 제도 허용 등을 통한 노동단체권의 강화 규정, 정치활동 금지규정 등이 가지는 의미에도 주목해야 한다. 1963년 개정법의 정치활동 금지 규정은 5·16 직후 강제적 조직재편 시 배제된 노동단체의 활동재개 움직임에 대응하는 것이고(최장집, 1997: 103), 기존노조의 기득권 유지를 위한 복수노조 금지, 유니온 숍 규정의 신설 등은 군정과 노조 상층간부 사이의 보호·통제와 충성·복종의 교환을 제도화한 것으로 이해하는 것이 있다(김준, 1999: 112~114). 군정은 노총에게 전국단위의 유일단체로 활동할 수 있는 기반을, 노총은 군정의 성장정책에 협력을 제공한다는 것이다.[22] 다만 1963년 4월 개정에 곧 이은 같은 해 12월 노동쟁의조정법 개정에서는 쟁의행위 사전 적법 여부 심사권을 노동위원회에 부여하는 등 재차 쟁의행위에 대한 통제를 가하기도 함으로써 통치적 성질이 더욱 강화되기도 했다. 확실히 유일 산별조직 유도 인정, 기존노조의 운영을

---

22) 노총은 1963년 노동절행사를 통해 16개의 결의문을 채택했는데, 그 첫째는 반공태세의 강화와 승공통일에 전력을 경주하고, 둘째는 혁명과업과 경제개발 5개년 계획의 완수를 강력히 뒷받침한다고 천명하고 있다(한국노동조합총연맹, 1963: 835).

방해하는 제2노조의 불허, 유니온 숍 규정에 기반한 조직강제 인정, 노조의 정치활동 금지 등은 일사불란한 무단의 정치적 통치전략으로 보기는 어렵다. 노동단체에 대한 박정희의 생각은 정치적 통제 일반과는 다른 생각을 가졌다고 볼 수도 있다. 박정희는 노동단체에 대해 통제라는 정치적 수단도 필요했지만, 그것은 노동단체에 대해 조직독점력을 보장해 성장전략에 필요한 노동력 동원을 의도한 것으로 볼 수 있다는 것이다. 말하자면 노총에 대한 유일조직 강화23)를 통해 (이승만과 달리) 노동단체가 정치적 협력자가 아니라 성장전략에 필요한 노동력 동원의 파트너로 삼았다고 할 수 있다.24) 그러나 종종 발생하는 파업과 같은 쟁의행위에 대해서는 사전에 적극 차단하고자 했다. 그러는 한편 이미 1953년 제정법부터 있어온 파업 중 현행범을 제외한 불체포 특권, 쟁의 중 대체근로 금지규정 등과 같은 파업권을 보강하는 내용을 여전히 유지했다. 군정은 재편된 노총을 틀어쥘 수 있었다고 확신해 협력을 전제로 유일 노동조직을 보호하고 단결활동을 보강하는 한편 파업은 사전에 차단되어야 할 것으로 규제했다. 재편된 노조에 대한 1963년 법과 같은 자유주의 허용정책은 1970년 즈음에 한계에 도달한다.

④ 노총에 대한 조직보장과 성장전략에 대한 협조정책은 1964년 노동관계법 개정논의 과정에서도 확인될 수 있다. 노총의 1964년 1월 쟁의권을 규제하는 1963년 12월 개정법의 시정 요구, 삼민회와 김대중 의원의

---

23) 1963년 6월 보수통제법에 반대하는 노총의 쟁의 움직임에 대응한 교통·상공·체신부 및 전매청·내각사무처 등의 관계자회의에서 현업공무원 및 정부관리기업체 노조는 모범적으로 현행 노동법 준수에 주력할 것과 개정노동법의 정신에 입각해 유니온 숍제를 지향하는 단체협약을 맺도록 할 것 등의 원칙을 협의하고 있다(『전국전력노보』, 1963.6.8).

24) 앞서 본 1963년 3월 10일 근로자의 날 행사에서 재건 노총의 임무가 성장전략의 총력에 있음을 밝히는 박정희의 치사내용이 이를 뒷받침하고 있다.

1964년 2월 자유주의적인 노동관계법 개정안이 제기되고, 국회 보건사회 위원회는 1964년 4월 노동관계법 개정안을 상정해 공청회 등 우여곡절을 경유한 끝에 7월 노동관계법 개정 수정안을 통과시켰다. 노동관계법 개정 논의 쟁점은 기존 노조를 보호하기 위한 복수노조 금지 및 유니온 숍 제도, 노총의 지위를 강화시키는 산별체제 유지 등의 여부였다. 그런데 논의과정에서 기존 노조의 정상적인 운영을 방해하는 복수노조 금지 규정(노조법 제3조 단서5호) 및 유니온 숍 규정(노조법 제39조 2호 단서)에 대해는 노동청과 노총을 제외한 여·야당은 비민주적 결과를 초래할 수 있다는 이유로 복수노조 금지규정[25] 수정과 유니온 숍 규정의 삭제에 찬성했다.[26] 또한 전국적인 규모를 가진 노동조합의 산하단체가 쟁의행 위를 하고자 할 때에는 소속 노동조합의 승인을 얻도록 하는 산별체제 유도 및 강화 규정(노동쟁의조정법 제12조 2항)에 대해는 산별노조가 쟁의 를 억제하는 역할과는 달리 오히려 분규를 지연시키며 확산시킬 수 있다 는 점을 근거로 삭제하는 데 찬성했다.[27] 나아가 노동쟁의 사전적부심사

---

25) 당시 국회전문위원인 오정근은 복수노조 금지규정을 노동당국에서 적용한 사례가 없고, 노총은 복수노조 금지규정 때문에 유일산별조직으로 유지되고 있는 것으로 착각하고 있다고 한다. 또 복수노조 금지규정이 없는 자유당 시절에도 행정관청은 지나치게 난립할 우려가 있는 노조에 대해는 설립신고증 제도를 활용해 조절해왔으므로 복수노조 금지규정은 법률상 큰 효과가 없다는 지적을 하고 있다(제44회 국회보건사회위원회회의록, 1964.7.9).

26) 복수노조 금지규정을 과반수 조합원을 획득하는 경우 제2노조를 허용하는 것으로 수정하되, 수정안과 충돌되는 유니온 숍 규정을 삭제하는 내용으로 결론지었다(제44회 국회 보건사회위원회회의록, 1964.7.20).

27) 당시 국회 전문위원인 오정근조차도 산별노조에 대한 쟁의승인 규정이 노사분 규를 확대한다고 지적했으며, 노동청과 중앙노동위원회에서도 기업단위 노조 가 있는 경우 독자적 쟁의권 행사가 가능하다는 입장을 유지하고 있었다고 한다(제44회 국회 보건사회위원회회의록, 1964.7.23).

제(노동쟁의조정법 제16조 2항, 3항, 4항)에 대해서는 노동청이나 여야의원들 모두 삭제하는 데 의견을 같이했다. 그러나 노동조합의 정치운동 금지규정만은 적극적인 논의 없이 1963년 4월 법이 유지되었다. 요컨대 1963년 4월 도입된 산별체제 유도 및 기존 노조 유지를 통한 통치전략에 대해 적극적으로 옹호하지 않은 노동청, 쉽사리 개선에 합의하는 여당 등의 태도로 노총의 지위가 흔들릴 수 있는 방향으로 진행된 것이다.[28] 그러나 이와 같은 국회 보건사회위원회에서 심의된 개정안은 당시 한국노총 등의 반발에 직면해 국회 본회의에 상정되지도 못하고 폐기되고 만다(임홍빈, 1969: 81). 말하자면 노총의 지위가 흔들릴 수 있는 개정논의 내용이 여·야당간의 합의에도 불구하고 적극 고려되지 못하는 방향으로 종결되어 1963년 개정법과 같은 노총의 독점력 보장을 통한 노동력 동원체제가 여전히 유지된 것이다.

⑤ 확실히 1963년 개정법은 단결강화 및 단결활동권을 보장하되, 경제개발에 지장을 초래하는 파업 등 쟁의행위에 대해는 사전에 차단해야겠다는 의도를 가진 것으로 보인다. 그러나 이것은 어디까지나 협력자로서 노총을 매개로 한 것이며, 정치적 협력이 아니라 성장전략에 필요한 노동력 동원을 목적으로 한 것이라 할 수 있다. 무단의 통치전략을 위한 정치적 기반은 이미 5·16 직후 사회단체의 해산 및 재편전략을 추진하면서 위로부터의 노조조직 재편으로 마련되었다. 노조재편 이후 1963년 개정법의 성질이나 법개정 의도는 1971년 이후의 무제한적 통제입법보다는 훨씬 이성적이고 세련된 내용이므로 달리 보아야 한다. 쿠데타 정부가 민주주의를 표방하면서 노동조합을 인정하지 않을 수 없고, 노동

---

28) 물론 당시 여당의원들은 산하노동단체의 쟁의 시 소속 산별노조의 승인규정을 삭제하는 것이 산별을 전혀 인정하지 않는 것으로 된다면 노동정책의 전면변화를 가져오는 결과로 되는 것이므로 이것을 좀더 신중히 검토할 필요가 있다는 지적을 하기도 했다(제44회 국회 보건사회위원회의록, 1964.7.23).

조합을 인정하되, 경제개발에 방해가 되는 행위를 사전에 차단하기 위한 노조재편, 나아가 쟁의행위의 사전규제라는 모양을 취했던 것이다. 결국 군정은 집단적 노동관계 재편에서 경제개발에 방해가 되지 않도록 하는 내용으로 정비하되, 이에 즉응하는 수위로 한정하는 이성적인 통제기제를 도입한 것이다. 군인적 발상에 의한 정치적 조정이나 통치를 위한 통제의도와는 다른 면도 적지 않게 있다는 것이다. 요컨대 1963년 노동관계법 개정의 의도는 통제적 성질이 있음을 부정할 수 없으나, 그것은 1971년 및 1980년 이후에서 발견되는 통제와는 차이가 분명히 있다. 따라서 통제차원에서 입안했으되, 그 기능은 성장전략에 협력을 받을 수 있는 것으로 되고 있다. 즉, 1963년 법은 낮은 단계의 통제이기는 하되, 경제개발이라는 통치자의 성장전략에 최대한의 협조를 유인하는 것이라 할 수 있다.

3) 1961년 근로기준법 등 노동보호법·노동시장법 제개정

(1) 내용

① 군정은 집단적 노동관계법의 개정 전인 1961년 12월 4일 이미 「근로기준법」을 개정했다(1961.12.4). 개정 근로기준법은 평균임금 산출 시 총 근로일수로 나누던 것을 총일수로 나누도록 하고(법 제19조), 해고수당제를 30일 전 해고예고제로 바꾸며(법 제27조의2), 퇴직금을 계속근로년수 1년에 대해 30일분 이상의 평균임금으로 개정하고(법 제28조), 휴업지불의 예외를 인정하며(법 제38조단서), 법정공휴일을 근로일로 인정하던 규정(구법 제45조 제2항)을 삭제했다. 또 연차휴가제에 관해 2년 이상 계속 근로한 자에 대해 연차유급휴가의 가산제를 신설하되, 20일을 초과하는 연간유급휴일의 근로 시 지급할 임금을 통상임금의 100분의 50 이상 가산급으로부터 통상임금으로 변경했다(법 제48조제2항). 근로시간

에서는 운수업·물품판매 및 보관업·금융보험업 등을 비롯해 보사부장관이 인정하는 사업으로서 공익 또는 국방상 특히 필요한 때 동장관의 승인을 얻어 주당근로시간의 범위 내에서 1일 근로시간을 초과할 수 있도록 했다(법 제47조의2). 이들 개정내용은 대체로 53년 제정 근로기준법의 보호내용을 완화 내지 축소하는 것이다. 그러나 기준의 저하로 평가하기보다는 현실과 괴리를 좁히는 데 있다고 하는 견해가 일반적이다.

② 한편 1961년 근로기준법에서는 산전후 휴가에서 산후휴가일 보장을 통한 여성의 보호(법 제60조 제1항)나 근로기준법 위반에 대한 벌칙규정의 강화 등에 주목할 필요도 있다. 이들은 노동보호를 확충하는 내용이다(김인재, 1998: 11). 또 1962년 1월 10일 「선원법」 제정, 1963년 11월 5일에는 「산업재해보상보험법」을 제정해 근로자 재해에 대한 일정한 보장을 도모하기도 한다.[29] 이들도 모두 개별적 근로조건의 보호내용에 해당하는 것이다.

(2) 의도

① 근로기준법 등 노동보호법에서 가장 핵심을 이루는 내용은 근로감독체제의 정비와 기준의 준수를 담보하기 위한 강행규정으로 벌칙규정의 설정이라 할 수 있다. 1961년 근로기준법은 분명히 이를 강화하고 있다. 그렇다면 군정은 개별 근로자의 노동보호 측면에서는 상당한 보호를 기하는 정성을 보였다고 할 수 있다. 그러나 이것을 보호에 전력을 기울이는 내용으로 보기는 어렵다. 이 법 시행 이후 형식적인 근로감독의 기대가

---

29) 이밖에 이 시기에 주요 사회보장입법으로서 생활보호법(1961.12.30), 사회보장에관한법률(1963.11.3), 의료보험법(1963.12.16) 등도 제정된다. 다만 이 시기의 입법은 규범과 현실의 괴리가 심해 사회보장수급권이 장식적·명목적 권리에 지나지 않았음이 지적된다(김인재, 1998: 13).

어려운 실정임이 밝혀지기도 하기 때문이다.30)

② 한편 근로기준법의 개정은 5·16 군사쿠데타 후 1961년 7월 군정의 경제개발계획의 발표에 뒤이어 단행된 것이다. 즉, 이미 제1차 계획의 기본방향에서는 자본확보를 위한 일환으로 국내 노동력을 최대한 자본화 할 것이 제안되고 있다.31) 이에 부응하듯이 구체적으로 1962년 「기능자 양성령」 제정, 이것을 1967년 「직업훈련법」으로 변경 제정해 인력개발에 관심을 기울이고,32) 1961년 12월 6일 「직업안정법」을 제정해 근로자에 게 적합한 취업알선과 인력의 수요조절기능을 도모한다. 따라서 이들 일련의 법령과 1961년 12월 4일 근로기준법의 적절한 근로자 보호규정 정비의 의도는 노동력의 원활한 동원을 위함에 있다고 할 수 있다.

③ 요컨대 박정희 정권은 경제개발계획을 추진하기 위한 일환으로 노동보호법의 기본이 되는 근로기준법의 정비를 도모했으며, 성장에 필 요한 노동력의 동원을 위한 여러 가지 노동시장정책을 구사했다 할 수 있다. 나아가 1963년 12월 21일부터는 서독에 광부를 파견하고, 1965년 11월 3일 해외개발공사의 발족 등에서 나타나는 바와 같이 외부의존형 성장전략에 필요한 노동력의 동원도 구체화하고 있다.33) 이들 내용의

---

30) 노동청 자신도 1969년까지는 시정위주의 정기감독을 전개하고, 1970년부터 근로감독을 더욱 강력히 추진해 고질적인 위반사항에 대한 사법적 제재를 강화했다고 고백하고 있다(노동청,1973: 75).

31) 구체적으로 제1차 경제개발 계획의 기본방침에서는 자본확보를 위한 최대한 국내자원의 동원, 외자도입, 국내노동력의 최대한 자본화 등이 제안되었다.

32) 공업대국 건설과 경제성장의 중요성을 줄곧 강조한 박정희 대통령은 각종 기능대회 행사와 국제기능올림픽 대회 선수단 등에 대해 각별한 열정을 보이기 도 했다(가령 1967년 7월 27일 국제기능올림픽대회 선수단 환영식 치사, 1967 년 11월 11일 전국 기능대회 시상식 치사 등).

33) 우리나라 해외인력 진출은 1963년부터 시작해 해외취업자가 늘어나자 이들의 권익보호와 현지지도를 위해 해외노무관을 1964년 9월 서독주재 노무관 파견

전개는 어떤 면에서는 치밀한 계획이라 할 수도 있다. 성장을 위해서는 그에 필요한 내부인적 자원을 최대한 가동하기 위해 노동보호 및 노동인력 동원책, 외자를 모으기 위한 해외 노동인력 파견 등 무엇이든 묘책을 짜내고 실행했다고 할 수 있다.

4. 외부의존형 성장전략의 전환과 노동관계법·정책의 변용

1) 「외국인 투자기업의 노동조합 및 노동쟁의 조정에 관한 임시특례법」 제정

(1) 내용

① 1970년 1월 1일 「외국인 투자기업의 노동조합 및 노동쟁의 조정에 관한 임시특례법」이 제정된다. 이 법은 외국인투자기업체의 노사협조를 증진하며 외자유치를 촉진함으로써 국민경제 발전에 기여하기 위해 노동조합의 설립 및 노동쟁의조정에 관한 특례를 규정함을 목적으로 하는 법이다. 이 특례법의 적용을 받는 기업에 대해 노동쟁의에 대한 강제중재가 행해지고(법 제5조, 제6조), 노동쟁의조정법에 의한 쟁의조정절차를 배제토록 하는 것을 주요 골자로 하는 법이다. 5·16 직후를 제외하고, 1971년 국가비상사태 이전까지 이렇게 단체행동권을 제약하는 입법은 없었다.

② 외국인 투자기업체의 노동쟁의에 대한 강제중재는 기존의 노동쟁의조정법과 달리 강제중재제도를 직접 가능토록 하는 것이므로 긴급조정제

으로부터 시작, 오늘에 이르고 있기도 하다. 이 당시 해외 노동력 파견에 대해는 노동청(1973: 179 이하) 참조.

도 등과도 차이가 있다. 즉, 보다 직접적인 쟁의금지규정으로 작용할 수도 있다는 것이다. 외국인 투자기업의 노동쟁의 조정을 하게 하기 위해 보건사회부에 '외국인 투자기업체 노동쟁의 조정위원회'(이하 조정위원회)를 두도록 했다(법 제3조 제1항). 조정위원회는 근로자를 대표하는 자, 사용자를 대표하는 자, 공익을 대표하는 자와 정부를 대표하는 자로 구성하고, 보건사회부장관은 조정위원회의 위원장이 될 수 있게 했다(법 제3조 제2항, 3항).

③ 외국인 투자기업의 노동쟁의는 우선 외국인 투자기업체에서 노동쟁의가 발생한 때에는 관계당사자는 노동쟁의신고서에 노사협의 경위서를 첨부해 지체 없이 노동청장에게 신고해야 한다. 노동청장은 이 노동쟁의 신고가 있을 때에는 노동쟁의조정법 제16조 제2항 내지 제4항의 규정에 준하는 절차(쟁의적법여부 심사절차를 말함)를 거쳐야 하도록 했다(법 제5조 제1항, 제2항).

④ 외국인 투자기업의 노동쟁의조정절차는 조정과 중재절차로 연동되어 있다. 우선 노동청장이 노동위원회에 의해 신고된 쟁의가 적법한 것이라고 판정된 때에는 지체 없이 조정위원회의 조정에 회부해야 하고, 조정위원회는 이 사건이 노동청장으로부터 조정에 회부된 때에는 지체 없이 조정을 개시하도록 했다(법 제6조 제1항, 제2항). 다음, 조정위원회 위원장은 쟁의가 노동청장에게 신고된 후 20일이 경과해도 조정이 성립되지 아니한 때에는 사건을 중앙노동위원회의 중재에 회부해야 하고, 중앙노동위원회는 이 규정에 의해 조정위원회 위원장으로부터 사건이 중재에 회부된 때에는 근로자의 의견을 존중해 지체 없이 중재를 개시하도록 했다(법 제6조 제3항, 제4항).

(2) 의도

① 박정희가 쿠데타 직후부터 경제개발에 대한 대단한 집착을 가진

것을 여러 곳에서 확인할 수 있다. 결국 집권 후 얼마 되지 않아 성장의 동력으로서 국내의 자원을 동원해 경제를 지속적으로 성장시키는 것이 한계에 도달했음을 인식하고 외국인 투자자들의 적극적인 국내유치에 전념하게 된다.[34] 외국인 투자자들에 대한 국내의 유치사업은 산업관계 법상 각종 규제의 완화는 물론 노동관계법의 적용 배제라는 특혜의 부여 까지 추진하게 된다.[35]

② 한편 1970년 외국인 투자기업의 노동조합 및 노동쟁의 조정에 관한 임시특례법에서 한정된 영역이지만 단체교섭 및 단체행동권의 전면 적 제한 입법과 1971년의 「국가보위에 관한 특별조치법」에서 모든 사업 에 대한 전면적이고 무제한의 제한 입법은 그 시차가 짧다. 외투기업 특례법 직전 외투기업의 쟁의발생을 계기로 제정된 임시특례법이라고는 하지만, 그밖의 사업에서 쟁의발생에 대해 왜 1970년에는 단체행동권의 전면적인 박탈조치를 취하지 않았을까 하는 의문이 든다. 1968년 9월부 터 발생한 몇 개의 외국인 투자기업체의 노동쟁의에 대응하는 것으로서 1970년 외투기업 특례법의 제정을, 1969년 7월부터 발생한 몇 개의 대규모 쟁의행위에 대응하는 것으로서 1971년 국가보위에 관한 특별조 치법의 제정으로 대응한다고 보는 것이 있다(김삼수, 1999: 226~227; 최장집, 1997: 104~105). 이러한 이해는 전후 사건 및 입법시기에 즉응하

---

34) 당시 국회 논의에서 입법부는 국내기업과 외국기업 종사자 간에 공평성을 잃어서는 곤란함에도 왜 이렇게 긴급히 상정해 통과시키려는 의도가 무엇인지 를 묻자(최희송 의원), 보사부장관(김태동)은 개발도상국은 모두 외국인 투자기 업에 대한 특혜를 주고 있고, 외국인 투자를 유치하는 것이 우리 경제발전에 도움이 되겠다는 정부의 판단하에 법안을 상정했음을 상기시키고 있다(1969년 12월20일, 제72회 국회 보건사회위원회 제8차 회의록 참조).

35) 당시 외투기업특례법에 대해 그 필요성을 인정하면서도 노동기본권에 대한 무차별적 배제를 문제점으로 지적하는 것으로서는 김치선(1975)과 김유성 (1978) 등이 있다.

는 것이긴 하나, 석연치 않은 점도 있다.

③ 외국인 투자기업의 노동조합 및 노동쟁의 조정에 관한 임시특례법은 1969년 12월 13일 국회에 상정된다. 이것은 1969년 조선공사쟁의 및 면방쟁의가 발생한 7월-10월 이후가 되는 것이다. 사건의 전후를 보면 1970년 외투기업에 대한 전면적인 통제가 아니라 모든 사업장에 대한 단체행동권의 봉쇄도 예상될 수 있다. 그렇다면 이 시기의 사정을 구체적으로 확인할 수 있는 단서는 없지만, 적어도 1970년 외투기업에 관한 입법은 성장전략에 대응하는 이성적인 성질의 것으로 볼 수는 없을까. 박정희는 이미 오래 전부터 외부의존 없이 성장이 불가능함을 역설했다.[36] 외국인 투자기업체에 대한 기대도 컸었다. 그럼에도 이들 외국인 투자기업체에 대해 노동조합법 또는 노동쟁의조정법을 그대로 적용했고, 몇 가지 일련의 쟁의현상에 주목한 후에야 비로소 통제조치를 취한 것이다.[37] 즉, 1963년 개정법에 의한 통제기제로도 외국인 투자유치에 아무런 문제가 없었다고 보았으나, 외부의존형 성장전략의 극대화 추진과정에서 노동쟁의로 인한 투자유치의 장애가 발생할 수도 있음을 확인한 후 기존의 통제기제를 변용했다는 것이다.

---

36) 1964년 1월 10일 대통령 연두교서에서부터 자립경제체제의 달성은 외화획득력을 증대하는 길밖에 없으므로 정부는 수출진흥에 최대의 노력을 경주할 것임을 밝히는 등 수출의 중요성을 강조하고, 1967년 1월 17일 연두교서에서는 수출목표를 달성해야 하며, 미국 등 민간자본의 투자를 유치함으로써 경제건설과 수출시장 개척의 이중효과를 올리도록 할 것이라고 밝히고 있다.

37) 이 법안 상정 당시 외투기업체로서 노동조합이 설립되어 있는 기업체는 12개에 불과하고, 외투기업체가 드는 국내투자 저해요인으로 임금문제는 고작 15.4% 임에 불과함에도 특단의 통제입법이 필요한가라는 의문이 제기되었으나, 당시 보건사회부 장관은 외투기업의 분규로 외국에서 대한민국에서는 사업이 어렵다는 등이 지적된다면 그 파급영향이 적지 않으므로 입법이 부득이하다고 했다 (1969년 12월 20일, 12월 22일, 제72회 국회 보건사회위원회 제8차 회의록).

④ 1970년 제정된 외국인 투자기업의 노동조합 및 노동쟁의 조정에 관한 임시특례법은 1970년대 전면적인 노동통제로 전환한 시기로 편입시킬 수도 있다. 그러나 외투기업에 대한 1970년 제정법은 제2차 경제개발 5개년 계획(1967-1971)에서 차관기업의 경영부실로 상업차관에 대한 질적 규제의 강화, 외자유치 전환으로 정책드라이브 채택 등(평가교수단(1972: 242 이하)으로 이미 1960년대 중반 이후 어느 정도 예견되어 왔다.38) 다만 그 계기로 되는 외투기업의 노동쟁의가 1960년대 후반에 표출되고 1969년에 이 법을 의회에 상정한 것이다. 따라서 이 법의 성질은 단체행동권을 박탈하는 것이라 하더라도 어디까지나 한정된 영역에서 외국인 투자자 유치를 통한 성장전략에 차질이 발생하지 않도록 함에 있고, 그 점에서 1971년 이후에 전면적으로 대두되는 안보를 이유로 하는 무제한적이고 전면적인 통제기제로 변용한 시기와는 차별적이다.

2) 「수출자유지역설치법」의 제정

① 외국인 투자기업의 노동조합 및 노동쟁의 조정에 관한 임시특례법이 제정된 같은 날인 1970년 1월 1일 이른바 「수출자유지역설치법」이 제정된다. 이 법은 임해의 특정지역에 수출자유지역을 설치해 외국인의 투자를 유치함으로써 수출의 진흥, 고용의 증대 및 기술의 향상을 기해 국민경제의 발전에 기여함을 목적으로 하는 것이다(법 제1조). 경제성장책

---

38) 박정희는 1967년 이후 외자도입 합리화를 위한 종합시책, 외국인 투자 유치증진과 외국인투자기업 육성 시책 등을 마련하고, 원리금 상환이 수반되지 않는 외국인 투자를 적극 유치하는 방향으로 전환한다. 1966년 1월 1일 일요신문사의 질의에 대한 답변에서는 자립경제는 배분원천의 확대를 의미하므로 노사협조를 구하고, 정부는 외국인의 국내 경제활동에 대한 법적 및 행정적 보호 또는 규제 등 시의적절한 정책을 통해 국내경제의 보호발전을 도모할 것이라 했다.

의 주요 수단으로 수출이 최고의 것이라 믿었기 때문에 이에 차질을 가져와서는 곤란하므로 필요한 법령을 정비한다는 것이다.

② 그런데 이 법에서도 노동쟁의조정법상 노동쟁의 조정에 대한 특례 규정을 두고 있어 주목을 받고 있다. 이 법은 제18조에서 자유지역 내의 입주기업체에 종사하는 근로자의 쟁의 및 쟁의의 조정에 관해는 노동쟁의 조정법 중 공익사업에 관한 규정을 적용하도록 했다. 자유지역이란 수출 자유지역을 말하는데, 수출자유지역은 건설부 장관이 내무부 장관의 의견을 들어 선정한 예정지 중에서 상공부 장관이 정하는 지역으로서 관계 법령의 적용이 전부 또는 일부가 배제되거나 완화된 보세지역의 성격을 띤 지역을 말한다(법 제2조, 제3조 참조).

③ 이 법이 의도하는 바는 수출에 차질을 가져오지 않도록 자유지역 내의 근로자 쟁의에 대해는 공익사업으로 다루어 신속하게 처리하고자 하는 것이다. 외투기업에 대한 특례법과 이 법은 모두 외자의 획득을 가속화하기 위한 것으로 이해된다. 요컨대 이 법령도 외국인투자기업에 대한 노동관계특례법과 같이 외부의존형 성장전략의 극대화를 위한 일환으로 마련된 것이라 할 수 있다.

5. 1960년대 노동관계법의 1971년 이후와의 차별성

1) 1971년 「국가보위에 관한 특별조치법」 제정

① 1971년 1월 21일 무장공비 침투사건, 민주화세력에 의한 반정부 운동 등으로 정부는 1971년 10월 15일에 계엄령을 선포하게 된다. 이어서 같은 해 12월 6일 국가비상사태를 선포, 국가안보중심의 정책을 시행하기 시작했다. 같은 해 12월 27일에는 이른바 「국가보위에 관한 특별조

치법」이 제정되었다. 이 법은 대통령에게 주요 국가현안에 대한 무제한적인 비상대권을 부여하는 것을 주요 골자로 한다. 국가안보를 위해서는 전 국민을 동원할 수 있고, 국가경제적 요청에 따라 임금과 물가를 조정할 수 있는 것이다. 1972년 유신체제를 예비하는 내용으로 되고 있다.

② 특히 이 법 제9조에서는 비상사태하에서 단체교섭권 또는 단체행동권의 행사는 미리 주무관청에 조정을 신청해야 하며, 그 조정결정에 따라야 하고(법 제9조 제1항), 대통령은 국가안보를 해하거나 국가동원에 지장을 주는 일정한 범위의 근로자의 단체행동권을 규제하기 위해 특별한 조치를 할 수 있도록(법 제9조 제2항) 규정했다. 광범위한 재량권의 행사로 단체교섭 및 단체행동권을 제한하겠다는 것이다. 그런데 국가보위에 관한 특별조치법에 의해 근로자 단체교섭 및 단체행동권의 행사를 하기 위해서는 주무관청에 조정신청을 해야 한다는 규정을 근거로 노동청에서는 동법 시행령이 제정되기까지 동법 제9조를 집행하는 길을 터놓기 위해 예규 제103호 "국가비상사태하의단체교섭등조정업무처리요령"을 1972년 2월 29일자로 시달했다. 법률의 시행을 법령의 근거 없이 단순한 행정규칙으로 한다는 것이다.[39]

③ 이에 근거한 노동쟁의조정 절차는 다음과 같이 진행되었다(2월 29일자 예규 제103호 및 3월 25일자 예규 제105호). 노사당사자는 단체교섭 행사시 주무관청에 소정의 단체교섭 조정신청서(당사자, 조정 요망 사항, 당사자 주장 기입)를 제출해야 한다. 조정기구인 주무관청은 시·도지사, 노동청장이 된다. 조정결정은 신청서 접수 후 30일 이내에 조정결정을

---

39) 이에 대해 과연 시행령이 없이 예규만으로 법률을 집행할 수 있는가에 대한 의문이 제기되기도 했다. 조정기능을 행정관청으로 이관하는 것도 문제이지만, 법령의 효력까지 효력상 계위를 무시해 동법의 시행령 없이 단순히 행정규칙에 불과한 예규만으로 법률을 직접 집행할 수 있는가에 대한 비판을 면치 못했다. 대표적인 것으로 김치선(1972: 85).

해야 하고, 조정결정에 대해서는 재심요구나 행정소송이 불가능하다(최후
적 구속력). 단체교섭이 조정 결정될 때까지는 단체행동권 행사를 신청할
수 없다. 이렇게 해 이 당시 노동쟁의는 노동위원회가 아닌 행정관청에
의해 강제로 조정이 이루어지고, 조정안에 대한 효력도 행정소송 등으로
다툴 수 없게 되었다. 노동쟁의가 조정절차 하나로 구속력을 가지는
결정으로 해결되고, 일사불란한 절차진행과정에서 단체행동권을 행사할
여지가 없게 되었다.

2) 「국가보위에 관한 특별조치법」과 이후의 노동입법

① 1971년 국가보위에 관한 특별조치법 이후 1972년 12월 27일 유신
헌법이 공포된다. 유신헌법은 노동3권에 대한 법률적 유보와 광범위한
단체행동권의 행사를 제약하는 것을 주요 골자로 한다. 곧 이어 1973년
3월 13일 주요 집단적 노동관계법을 개정해 역시 공익을 이유로 노동3권
을 광범위하게 제약하는 내용을 주요 골자로 한다.

② 그런데 이 시기 우리나라 노동단체의 단체교섭권 및 단체행동권은
1972년 유신헌법과 이에 근거한 일련의 노동관계법 개정으로 국가보위
에 관한 특별조치법에 근거한 단체교섭권 및 단체행동권의 제약에서
벗어날 수 없었다는 데 그 특질이 있다. 국가보위에 관한 특별조치법의
운명은 제5공화국 헌법의 공포와 더불어 개정된 1980년 노동관계법을
넘어 1982년 12월 7일 이 비상한 법이 폐지될 때까지 그 운명을 연장했다.
즉, 1971년 제정된 이 비상한 법에 근거해 행정관청의 일사불란한 조정절
차에 의해 중단되었던 집단적 노사관계는 유신정부와 제5공화국에서도
그 노동관계법의 변화와 무관하게 여전히 지속되었으므로 1982년 이
법의 폐지로 비로소 노동관계법령에 의한 노사관계로 환원되었다는 것이
다.40)

③ 확실히 1970년 외국인 투자기업의 노동조합 및 노동쟁의 조정에 관한 임시특례법과 1971년 국가보위에 관한 특별조치법은 그 대상 범위를 달리하나 근로자의 단체교섭 및 단체행동권을 제약하는 내용에서는 궤를 같이한다. 그러나 이 두 가지 통제입법은 그 의도를 달리한다고 보아야 한다. 앞서 본 바와 같이 외투기업에 대한 노동통제입법은 외부의 존형의 성장전략의 장애제거를 의도하는 것으로 보아야 한다. 1971년 국보위조치법은 1970년 외국인 투자유치를 극대화하는 성장전략적 의도로 입안한 외국인 투자기업에 대한 노동관계특례법과 달리 장기집권에 따른 혼란의 봉쇄를 통해 사회를 일사불란하게 통치하는 것을 의도하는 것이다. 요컨대 경제개발전략에 따른 통제기제와 전체적으로 강력하고 무단의 통치를 위한 통제기제는 그 성질에서 구분되어야 한다는 것이다. 국가보위에 관한 특별조치법을 제정하기 수일 전인 1971년 12월 6일 박정희 대통령의 국가비상사태선언에서는 정부의 시책은 국가안보를 최우선으로 한다는 의지를 표명하게 되는데,[41] 이것은 분명 이전의 조국통일, 자주국방의 역설과는 달리 들리기 때문이다.

---

40) 이 때문에 1980년 노동법 개정시 고 김치선 교수는 그동안 노동청예규에 의해 노동위원회의 조정기능이 정지되어 왔음을 지적해 하루빨리 이 조정기능이 노동위원회로 회복되어야 한다고 지적했다(1980년 1월 16일자 조선일보 독자논단). 한편 노동청은 1980년 3월 13일 "단체교섭권등조정업무처리규정"이라는 예규를 마련, 노동청 등이 해오던 직권조정업무를 중앙 및 각 시도 노동위원회로 이관키로 했다(1980년 3월 14일자 조선일보).

41) 안보상 취약점이 될 일체의 사회불안을 용납하지 않으며, 또 불안요소를 배제, 최악의 경우 우리가 향유하고 있는 자유의 일부도 유보할 결의를 가져야 한다고 선언한다(1971년 12월 6일 국가비상사태선언문).

6. 결론

① 5·16 군사쿠데타로 집권한 군정이 취한 노조재편이 민주적이고 다원적 이익단체로 인한 사회·정치적 갈등을 혐오하는 일사불란한 통치에 의도가 있는지, 경제개발계획으로 대변되는 성장전략을 위한 사전정지작업에 의도가 있는지를 판단하기가 쉽지 않다. 어느 증언에 비추면 정치적 통치 그 자체를 목적으로 철저하게 계획된 것으로 보이고, 다른 증언과 정황 증거에 비추면 재편과정에서 노조의 군정에 대한 성장전략에 협조와 복종을 교환하는 식으로 성장전략을 의식하는 모습도 보이고 있다. 전자는 5·16 이후 군정에 의한 많은 정적의 배제와 단체의 강제해산 등 반쿠데타 세력의 배제와 구노조의 정치적 행태를 제거하기 위한 노동단체의 정비라는 측면에서 설득력을 가진다. 후자는 파쟁과 반목을 일삼는 구노조를 재편·통제해 산업사회의 불안을 차단하고 그 기능을 자신의 정치적 이용보다는 경제개발계획에 협조를 구하는 데 주력했다는 측면에서 설득력을 가진다. 요컨대 노조재편 사건만을 두고 보면 통치라는 측면만이 부각되지만, 이후 전개되는 노동입법을 통한 노조의 통제가 유신시대보다는 자유적이고 이성적이었음을 고려하면 성장전략에 협조를 고려한 사실을 부인하기 어렵다. 한편 노조재편이 재건모델까지 고려되는 등 철저한 기획에 의한 것으로 보기는 어렵고, 특히 재건모델이 중앙집권적인 리더십으로 잘 짜여진 독일식을 전제한 것으로 보기도 어렵다. 노조재편 당시 참여자의 증언이나 군인을 대상으로 한 정치교육 자료에 비추면 (노동력 동원을 위한 통제로서) 미국의 산별노조 및 비정치적 노조를 선호하는 군정과 조직재편에 참여한 노조측 인사들간의 이해관계의 일치로 정리된 것으로 보인다.

② 1963년 집단적 노동관계법 개정의 의도는 통치수단적인 성질이 있음을 부인할 수 없다. 그러나 1963년 개정법은 1971년 및 1980년

이후에서 발견되는 통치수단과는 분명한 차이가 있다. 1963년 집단적 노동관계법은 1971년 이후보다 훨씬 이성적인 내용을 담고 있기 때문이다. 다만 1960년대 전개된 통치일변도의 노동행정을 감안하면 개정법의 의도는 통치적인 측면만이 부각된다. 그러나 1963년 개정법은 노조재편에 기반한 위로부터의 통치를 통해 산업사회의 갈등을 제어함으로써 성장전략에 협력을 받을 수 있는 것으로 보아도 된다. 1963년 개정법의 의도는 입법상 낮은 단계의 통제 및 노동행정상 높은 통제를 통해 경제개발정책이라는 통치자의 정책에 협조를 강제하는 것이라 할 수 있다. 한편 개별적 노동관계법의 변용은 성장전략과 더욱 긴밀한 관계를 보이고 있다. 1961년 근로기준법과 이후에 전개된 노동시장관련 입법 및 정책은 내부동원형 성장전략에 적극 부응하는 것으로 볼 수 있다. 이들 법령은 노동력 동원의 길을 터놓는 것이라 할 수 있다. 다만 노동력 동원에 편입되는 데 그칠 뿐 개발에 집착한 나머지 파이를 키우는 동안 동원된 노동력에 대한 최소한의 보호규정이 제대로 준수되지 않은 문제(전태일 사건)가 컸었다. 요컨대 1960년대 노동관계법은 성장전략에 필요한 노동력 동원을 최대한 가동하기 위한 노동시장전략을 계획하고 구사하는 한편, 위로부터 통치를 통해 성장에 장애가 되는 산업사회의 갈등을 제어한 것이라 할 수 있다.

③ 1970년의 외국인 투자기업의 노동조합 및 노동쟁의 조정에 관한 임시특례법은 성장전략의 전환에 따른 노동통제기제의 변용을 보여주는 전형적인 사례이다. 이 법의 적용을 받는 외국인 투자기업에서는 노동쟁의조정법상 쟁의조정규정의 적용을 배제하고, 강제중재를 통해 쟁의행위를 전면 봉쇄하는 내용이다. 이 법은 외국인 투자자들을 유인하기 위한 입법임에 틀림없다. 다만 처음부터 통제가 계획되고 구사된 것이라 하기는 어렵다. 박정희는 이미 1965-1966년 무렵부터 외국인 직접투자 유치 등 외부의존형 성장수단을 구사해왔음에도 기존의 내부동원형 성장전략

에 부응하는 노동통제기제를 유지해왔다. 그러나 일련의 외투기업 쟁의 발생 직후 비로소 외투기업에 대한 임시특례법을 통해 외부의존형 성장전략을 위한 새로운 통제기제로 변용을 드러낸 것이다. 같은 해 수출자유지역설치법도 마찬가지이다. 박정희는 외화가 없이 내부동원만으로 계획한 성장을 달성할 수 없다는 강박관념을 여러 곳에서 드러내었다. 온갖 방법을 동원한 수출진흥책의 실시, 이미 외국인 투자기업의 유치에 전력하고 있으면서도 처음부터 1970년 외투기업에 대한 임시특례법과 같은 무제한의 통제는 취하지 않았다는 것이다.

④ 박정희는 쿠데타 직후부터 조국통일이라든가 자주국방을 거론하면서 안보에 대한 남다른 사관을 가지고 있었다. 그럼에도 안보를 이유로 무단의 통치를 보인 1971년 이후와 달리 1963년 집단적 노동관계법과 1970년 외국인 투자기업의 노동조합 및 노동쟁의 조정법은 보다 자유적이고 이성적이었다. 1970년 외투기업에 대한 임시특례법도 외투기업에 대한 단체행동권의 전면적 제한이라는 실질을 담고 있었지만 이는 어디까지나 외투기업에 한정한 것이지 전면적이지는 않았다. 말하자면 성장전략의 일환으로서 노동통제책을 구사했다고 볼 수 있다. 그러나 1971년 이후에는 국가보위에 관한 특별조치법이라는 비상한 법 하나로 제5공화국이 들어선 1982년까지 집단적 노동관계법의 개정과 무관하게 근로자 쟁의에 대한 무단의 통제로 일관되게 했다. 이것은 타당한 기반을 가지기 어려웠고, 따라서 안보가 전면에 등장하는 정치적 통제기제로 판단된다.

⑤ 상당부분을 추론에 의존해 아쉽지만, 5·16 이후 정적배제 및 노조 조직재편 이후 1960년대에서 1970년대에 이르기까지의 노동통제기제는 무단의 정치적 통치 그 자체를 의도한 것이라기보다 성장전략의 수행을 위한 일환으로서 그에 필요한 통제기제가 도입 내지 변용되었다고 볼 수 있다. 입법자의 의도는 성장전략에 따른 노동력을 동원하기 위해 개별적 노동관계법을 정비하고, 동원과정에서 발생할 수 있는 갈등을

제어하기 위해 집단적 노동관계법상 통제기제를 통해 성장전략에 협조를 강제하고자 했다. 결국 1970년 외부의존형 성장을 위해 외투기업에 대한 쟁의행위를 차단하는 등의 통제기제로 변용을 하게 된다. 그러나 1971년 이후의 노동관계법은 안보이데올로기를 전면으로 한 정치적 통치의 일환으로서 과감한 통제기제의 변용으로 전개된다. 입법자의 의도는 1970년 11월 전태일 분신 사건을 계기로 활발해진 노동운동과 사회운동을 의식하고, 정치권력의 계속적 유지를 위해 안보이데올로기를 전면화하되, 종전 성장전략의 지속적 수행이라는 기반도 합리적 근거화에 적극 활용했다.

■ ■ ■ 참고문헌

국가재건최고회의. 『국가재건최고회의록』 각권.
국방연구원. 1962. 『과정지시 국내정치력의 분석』.
국회. 1961-1971년 각 년도. 『국회속기록』.
김삼수. 1998. 「1960년대 한국의 노동정책과 노사관계」. 『1960년대 한국의 공업화와 경제구조』. 서울: 백산서당.
_____. 2002. 「박정희 정권 시대의 노동정책과 노사관계」. ≪사회경제평론≫, 18호. 한국사회경제학회. 서울: 풀빛.
김유성. 1978. 「외국인 투자기업의 노동문제」. 『법학』, 제18권 1호. 서울대 법학연구소.
김인재. 1998. 「사회법제의 변천: 그 평가와 전망」. ≪법제연구≫, 제15호. 한국법제연구원.
김준. 1993. 「아시아 권위주의 국가의 노동정치와 노동운동: 한국과 대만의 비교」. 서울대 박사학위 논문.
_____. 1999. 「5·16 이후 노동조합의 재편과 한국노총 체제의 성립」. 『사회와 역사』, 제55집. 한국사회사학회.
김진웅. 1970. 「입법상으로 본 건국 이후의 노동정책의 변화」. 『우리나라 행정정책에 관한 연구』. 고려대 법률행정연구소.

김치선. 1963. 「개정노동조합법 비판: 성장이냐 후퇴냐」. 『법학』, 제5권 1/2호.
　　　서울대학교 법학연구소.

_____. 1964. 「현노동관계법의 병인: 자유설립주의와 Tripartism의 확립」. ≪사상계≫,
　　　제12권 6호.

_____. 1972. 「국가보위와 단체행동 및 단체교섭권」. ≪노동공론≫, 1972년 4월호.

_____. 1975. 「다국적 기업과 노동문제」. ≪고시연구≫, 1975년 6월호.

_____. 1980. 「새시대에 맞는 노동정책을」. ≪조선일보≫(1980년 1월 16일자
　　　'독자논단').

김형배. 1989. 「노동법제」. 『노동경제 40년사』. 한국경영자총협회.

_____. 1980. 「한국노동법의 변천」. 『한국의 노동경제』. 서울: 문학과지성사.

노동청. 1971. 『노동통계연감』.

_____. 1973. 『노동행정 10년사』.

박정희 대통령 기념관. 「박정희 대통령 연설문」. www.516.co.kr.

신인령. 1985. 『노동기본권 연구』. 서울: 미래사.

오정근. 1964. 「노동관계법의 개정안과 그 문제점: 삼민회안과 노동총안을 보고」.
　　　≪고시계≫, 제9권 4호.

이광택. 1992. 「노동법의 반성과 과제」. ≪법과사회≫, 제6호 서울: 창작과비평사.

이원보. 2004. 『한국노동운동사: 경제개발기의 노동운동(1961-1987)』. 고려대 노
　　　동문제연구소. 지식마당.

이원보·김준·인수범. 1999. 「경제개발기의 노동운동」. 『한국노동운동사 대토론회
　　　자료집』. 고려대 노동문제연구소.

임종률. 1984. 「우리나라 노동법의 궤적」. ≪현대노사≫, 1984년 10월호.

임홍빈. 1969. 「노동입법과 정책의 표리」. ≪신동아≫, 1969년 3월호.

전국전력노동조합연맹. 1963. ≪전국전력노보≫.

최장집. 1997. 『한국의 노동운동과 국가』. 서울: 나남출판사.

탁희준. 1960. 「노동조합과 정치·정당」. ≪사상계≫, 제8호.

평가교수단. 1972. 『제2차경제개발계획 평가보고서』.

한국군사혁명사편찬위원회. 1964. 『한국군사혁명사 제1집』.

한국노동조합총연맹. 1979. 『한국노동조합운동사』.

_____. 1962-1972. 『사업보고』.

현경대. 1983. 「우리나라 노동법제의 특징과 변천」. 『노동법의 제문제: 김치선
　　　박사 화갑기념 논문집』. 서울: 박영사.

제9장

군부독재 시기 노동체제 형성에 관한 연구: 1961-1987

노중기(한신대 교수, 사회학)

1. 머리말

1961년 박정희 군사정권의 쿠데타 이후 지난 50여 년 동안 한국의 노동정치는 반전을 거듭하는 급속한 변동을 경험했다. 대체로 10년을 주기로 해 발생한 계기적 변동들에는 1961년 쿠데타와 한국노총 체제의 형성, 1970년 전후의 노동법개정과 전태일 열사 분신, 1979년 1980년의 노동자투쟁과 서울의 봄, 그리고 5·17 군사쿠데타, 1987년 노동자대투쟁과 민주노조운동의 본격화, 1997년 날치기 노동법개악 반대 겨울총파업 등이 포함될 수 있다. 또 다가올 2007년은 작업장단위 복수노조 허용, 전임자임금지급 금지 및 이에 대응한 민주노조운동의 산별체제 전환 시도 등으로 또 한 차례의 격변을 예고하고 있다.

한편 변동의 내용과 폭이 컸던 결과, 학계의 노동정치 거시변동에 대한 연구는 각 시기별로 단절되는 독특한 현상을 보여 왔다. 예컨대 크게 보아 1987년 노동자대투쟁 이후의 노동정치연구는 상대적으로 그 양이나 질적인 측면에서 풍부하게 이루어졌다. 최근에는 '노동체제'의 개념을 매개로 해 여러 가지 이론적 논의가 진행되어왔다고 할 수 있다(임영일, 1999; 장홍근, 1999; 노중기, 1997a). 그러나 최근의 연구성과들은 내적으로 일정한 한계를 갖고 있었다. '1987년 노동체제'라는 개념의 문제의식은 한국사회 노동체제의 특수성을 주목하고자 한 데 있었으나 그 체제의 기본 특성이 형성된 1961년에서 1987년까지의 노동정치에 대한 연구는 상대적으로 취약하기 때문이었다.[1] 노동체제 변동의 경로의 존성(path-dependence)이 크다는 점을 감안하면 연구시기의 확장이 반드시 필요하다. 따라서 군부독재의 가혹한 노동통제가 진행된 이 시기에 대한 거시 노동정치 분석, 그리고 그것과 이후 시기의 노동정치의 이론적 관련성을 밝히는 일은 매우 시급하고 중요한 일이 된다.

예컨대 코포라티즘의 문제도 이런 맥락에서 재조명해 볼 수 있다. 기존의 연구들 중 주류의 흐름은 1960년대, 1970년대 노동체제를 국가코포라티즘 노동체제로 파악한다(최장집, 1989; 전신욱, 1989). 그리고 1996년 이후에는 우리사회에서 사회적 타협체제 또는 합의기구 형성에 관한 논란이 있었다. 1970년대를 국가코포라티즘 체제라고 본다면 1980년대 이후의 시기를 이론적으로 설명하는 일, 그리고 코포라티즘 체제 해체에 관한 이론적 설명은 반드시 필요한 일이 된다. 반대로 1970년대를 과연 코포라티즘 체제로 파악할 수 있는가라는 반론도 가능해질 것이다.

이 글에서는 이런 문제의식에 기반을 두고 크게 네 가지 문제를 다루고자 한다. 먼저 1960년대와 1970년대의 노동체제에 대한 이론적 설명이다. 배제유형의 국가코포라티즘(exclusive state corporatism)으로 설명하는 주류적 설명에 대한 이론적 반론을 포함해서 새로운 개념화를 시도할 것이다. 둘째, 1961년에서 1987년에 이르는 노동정치의 흐름을 간략히 정리하고 그 내부의 시기별 변동과 내적 동학을 고찰해 볼 것이다. 셋째,

---

1) 최근 이 시기에 관한 연구가 활발해지고 있다. 노동사 연구나 노동운동사 연구를 중심으로 여러 연구 성과들이 나오고 있으나(이원보, 2004; 이병천 엮음, 2003), 거시 노동정치 분석은 진전되지 않았다.

체제의 핵심적인 구성요소인 민주노조의 출현과 변동을 고찰하는 가운데 민주노조운동의 성격을 검토한다. 넷째, 1987년 노동자대투쟁과 이 시기 민주노조운동의 연관에 대해 문제를 제기하고자 한다. 중공업 남성대공장노동자들의 자연발생적 투쟁으로 규정되는 노동자대투쟁을 이전의 민주노조운동의 흐름 속에 위치지우는 일은 쉽지 않으나 매우 중요하다.

마지막으로 이 연구의 한계를 지적해둘 필요가 있다. 27년에 걸친 군부독재하의 노동체제에 관한 연구는 방대한 기초연구를 필요로 하는 일이다. 그리고 이 글에서 문제 제기한 몇 가지 주제들도 각기 개별연구로 삼을 수 있는 커다란 주제들이다. 따라서 이 글은 향후 연구와 토론을 위한 시론이며 가설적인 문제제기의 성격을 가질 뿐이다.

2. 기존 연구에 대한 검토: 국가코포라티즘 이론 비판

최장집(1985, 1989)은 1960년대와 1970년대의 노동체제를 '국가코포라티즘의 배제적 하위유형에 대단히 유사하다'는 결론을 도출했다. 그는 이 시기 우리의 노동체제가 코포라티즘 이익대표의 구조적 특징들, 즉 노동조합 조직 내부 활동에 대한 공식인가와 통제, 지도자 선출 및 요구 표출에 대한 통제, 인가받은 노조의 이익대표 독점, 준 공식적 이익단체와 국가 당국 사이의 상징적 실질적 관계 형성 등의 특징들을 상당 정도 드러내었다고 결론지었다.[2]

---

2) 더 자세하게 보면 군부독재의 국가는 부당노동행위 신설을 통해 공식노조와 그 조직 결성을 보호하고 복수노조 금지를 통해 대표권의 독점을 보장했으며 행정관청은 조직 결성을 공식적으로 승인하는 체제를 갖추었다. 또 체크오프 (check-off) 제도를 통해서 경제적 보조체제를 만들고 정치적 활동 등 요구표명의 내용을 통제하는 동시에 상층 지도부에 대한 치밀한 규율시스템을 만들었다고

그의 연구는 방대하고도 치밀한 경험적 연구를 기반으로 하고 있으며 매우 풍부한 함의를 담고 있어 비판하기가 결코 쉽지 않다. 또 국가코포라티즘의 하위유형으로 분명히 규정하면서도 그 한국적 특수성을 자세하게 규명함으로써 논의의 설득력을 높였던 것도 주목할 필요가 있다.[3] 결국 그의 이론은 주로 정치학을 중심으로 해서 정설로 받아들여졌고 지금도 상황은 바뀌지 않고 있다.

그러나 바로 그 한국적 특수성과 맥락의 차이 때문에 이 시기의 노동체제를 국가코포라티즘으로 파악할 수 있는가 하는 의문은 오래 전부터 지속적으로 제기되어왔다(송호근, 1991; 신광영, 1994; 노중기, 1993, 1995; 임영일, 1997; 구해근, 2002; 김삼수, 2003). 그가 강조한 특수성은 부차적이라기보다 본질적인 것이 아닐까라는 비판이었다. 대체로 노동사회학자들을 중심으로 제기된 비판의 내용들은 다음과 같이 정리될 수 있다.

먼저 과대성장국가로 표현되는 고도의 국가관료제, 지배계급의 높은 통일성, 낮은 수준의 계층분화, 수출주도 산업화 모델, 유기체적 세계관의 부재 등 한국 노동체제의 구조적 맥락은 라틴아메리카의 그것과 너무 다르다는 점을 들 수 있다. 또 높은 조직률, 전국적 중앙집중성, 연관한 정당정치 구조 등 코포라티즘 이론의 구조적 전제들이 존재하지 않는 점도 매우 중요하다. 이렇게 구조적 맥락이 크게 다를 경우 몇 가지 특징에 기초한 이론적용은 과도한 이론화의 한계를 드러낼 수밖에 없다. 예컨대 '한국의 코포라티즘은 라틴아메리카의 그것과 달리 기존 계급

본다. 자세한 내용은 최장집(1985; 1989: 302~303)을 참고할 것.

3) 한국적 코포라티즘의 유형을 라틴아메리카의 그것과 구분시켜주는 요소로 그는 네 가지의 특성을 지적했다. 먼저 국가관료주의가 고도로 진전되어 지배계급의 결속력이 높다. 둘째, 사회적 양극화 수준이 매우 낮았다. 셋째, 라틴아메리카와 달리 수출지향적, 노동집약적 산업화가 이루어졌다. 넷째, 유교문화의 권위주의 전통 등 문화적 배경이 매우 다르다는 것이었다(최장집, 1989: 308).

역학구조, 기존 노동통제구조를 그대로 유지하거나 그 수준을 약간 높이는 정도의 정치적 보완작업'(최장집, 1989: 308)일 뿐이라면 이를 코포라티즘으로 부르기는 무리이다. 이미 유형별 차이를 넘어서서 코포라티즘으로 규정할 수 없게 된다.

둘째, 공식노조인 한국노총을 중심으로 하는 코포라티즘적인 통제기제가 작동하고 있었다 하더라도 그것이 그 사회의 체제를 규정할 수 있는 핵심적인 것이었던가에 대한 의문이 있다.[4] 핵심적인 쟁점은 한국노총을 매개로 하는 조직적·정치적 통제가 당시 노동체제의 규정적 요소였던가에 대한 질문이다. 많은 연구자들은 외형적으로 코포라티즘 기제가 존재한 것은 사실이나 그것이 체제적 규정요인은 될 수 없다고 보았다. 시장전제(market despotism)에 주목한 일부의 논의를 제외한다면 다수의 연구자들은 이데올로기적 통제, 법적 장치, 정보기관, 직접적 폭력 행사 등 국가의 노동정치에 대한 강한 규정성에 주목했다.[5]

셋째, 연관해서 코포라티즘 이론의 이원론적 유형론이나 무리한 이론

---

4) 이 점을 분명하게 인식하고 있는 최장집은 코포라티즘적 통제 이외의 통제기제가 동시에 보완적으로 존재하고 있었다고 지적한다. 그것은 공장새마을운동와 같은 각종 이데올로기 교화, 물리적 억압 등 다양한 요소로 나타나며, "한국에서의 권위주의적 노동통제는 국가코포라티즘보다 광범했다"(최장집, 1989: 303-305)는 것이다. 그러나 이는 그의 최종적 결론과 배치될 수 있는 진술이었다. 이런 모순은 그의 논문 전체에 산재하고 있다. "(1950년대 후반의) 기존 통제체제와 크게 다르지 않는 체제"(308쪽), "박 정권 권위주의의 절정기에 곧바로 급격히 침식되는 체제"(309쪽), "국가의 억압적 조치라는 핵심기제가 없이는 작동과 존속이 불가능한 억압적 체제"(310쪽) 등의 언급들이 그 예이다.

5) 신광영(1994)의 '배제적 억압전략', 노중기(1995)의 '억압적 배제전략' 등이 그것이다. 국가의 이데올로기적, 조직적, 물리적 폭력에 대한 강조는 최장집을 포함해서 다수 노동사회학자들의 공통된 견해라고 할 수 있다. 약간 다른 맥락에서 임영일(1997: 15~16)은 코포라티즘 이론에는 자본과 국가의 관계, 자본에 대한 이론이 없다고 비판했다.

적용을 비판하는 경우도 많았다(노중기, 1993). 예컨대 극도로 비대칭적인 계급역학, 반공을 중심으로 하는 보수적 이데올로기 지형과 낮은 노동계급의식, 독특한 국가-자본관계 등 계급관계의 미묘한 구도를 정확히 표현하기 위해서는 이원론이나 서구이론의 적용으로는 한계가 뚜렷하다는 것이다. 몇몇 연구자들이 '계급정치'의 개념이나 '전략적 관점'을 강조하는 대안적 이론을 탐색한 것도 이런 이유 때문이었다(임영일, 1997). 그리고 이런 방법론적 한계 때문에 코포라티즘 이론은 이 시기 노동정치의 역동성을 보여주기보다 이론의 적용가능성 탐색에 머무르고 말았던 것이다.

마지막으로 기존의 코포라티즘 이론은 1960년대와 1970년대의 노동체제를 구분하지 않고 사실상 동일시했던 한계가 있었다(김삼수, 2003). 그러나 양 시기의 노동정치는 서로 다른 모델로 구분할 수 있을 만큼 커다란 차이를 보였다(이병천, 2003). 노동조합의 결성과 활동에 있어 보다 자유로운 환경이었던 1960년대는 유신 치하의 1970년대와 엄격히 구별될 수 있다. 또 더 나아가서 코포라티즘이 '1970년대에 급격히 침식되었다'고 한다면 1980년대 초반 노동체제의 성격이 문제로 남는다. 완전한 기업별 노조체제, 강화된 국가억압과 1970년대 민주노조운동의 절멸로 요약되는 이 시기 노동체제는 1970년대와 질적으로 단절되는가, 아니면 연속적인 것인가?

요컨대 군부독재 시기 노동체제에 대한 코포라티즘 이론 적용은 그 자체로 무리할 뿐만 아니라 남아있는 여러 가지 쟁점들을 해결하지 못하는 한계를 보여주었다. 그러므로 이 글에서는 새로운 관점에서 이 시기의 노동정치, 노동체제를 설명하고자 한다. 여기에는 다음과 같은 분석틀이 전제된다.

첫째, 이원론에 기반을 둔 유형론을 넘어서기 위해 '전략과 구조' 혹은 '노동정치'의 관점을 수용한다. 그것은 주어진 구조적 조건에서 제약되는 노사정 전략적 행위자들의 역동적 상호작용을 강조할 것이다(장홍근, 1999; 임영일, 1999). 또 그 과정에서 독특하게 구조화된 상호작용의 안정된 틀을 '노동체제'의 개념으로 추출하고자 할 것이다.

둘째, 1961년에서 1987년에 이르는 군부독재하의 노동체제를 '억압적 배제체제'로 규정하고자 한다. 코포라티즘 이론과 달리 이 개념은 이 시기의 노동체제가 조직적 수단뿐만 아니라 이데올로기, 법적 제도적 수단, 물리적 수단을 총동원한 것이었음을 강조한다. 그리고 여기에는 계급역량의 심한 불균형, 보수적인 시민사회, 노동계급의 조직화 미비 낮은 계급의식 등의 구조적 측면의 특수성이 포함된다(노중기, 1995).

셋째, 이 시기의 노동정치는 세 개의 소시기에 걸쳐 역동적으로 진행되었음을 주목하고자 한다(이원보, 2004). 군부독재 27년간의 노동정치는 내적으로 모순과 갈등이 점철되었으며, 상당 정도 그 내용에 변화가 존재했다. 따라서 각 소시기별로 노동정치의 구조변동과 그에 따른 주체들의 전략선택을 정리할 필요가 있다. 특히 민주노조운동으로 일컬어지는 자주적인 노조운동의 변화는 주요한 설명대상일 것이다.

3. 억압적 배제체제의 역사적 전개

1) 억압적 배제체제 1기: 1961-1969

억압적 배제체제의 첫 소시기는 1961년 군사쿠데타로부터 1969년까지의 기간이다. 군사쿠데타 정권은 4·19 이후 분출된 노동자대중의 자주적인 요구를 잠재우기 위해 두 가지 강력한 통제수단을 동원했다. 즉, 쿠데타 직후 기존의 노동조합들을 해산시키고 새로운 노조체제를 위로부터 졸속으로 만들어내었다. 다른 한편에서는 1963년 4월과 12월 두 차례에 걸쳐 1953년 제정 노동법을 대폭 개정함으로써 노조활동이나 쟁의를 강하게 통제하고자 했다(이원보, 2004; 전신욱, 1989).

새로운 정치권력이 선제적으로 설정한 두 가지 제도적 장치들은 이 시기 노동체제의 성격을 규명하는 가장 중요한 준거가 된다. 단지 수개월 만에 급조된 중앙집권적 산별노조 조직체제의 성격은 분명했다. 군사정권은 '일사불란한 노동통제', 사회통제의 명료한 목적을 갖고 있었으며, 궁극적으로는 '정치적 배제'와 '경제적 동원'라는 개발독재의 지배이념을 구체화한 것이었다.6) 중앙집권적 산별노조, 한국노총체제를 통해서 노동자들의 요구를 일차적으로 통제할 수 있기를 기대했던 것이다.

이 시기의 산별노조 조직체제는 국가코포라티즘 노동체제를 입증하는 가장 중요한 준거가 되었다. 한국노총은 독점적 지위를 국가로부터 공인받은 산업별 단일조직체제였고, 이는 코포라티즘의 가장 기본적인 조직적 특성이었기 때문이다.

그러나 '유인'과 '강제'를 교환할 수 있게 해주는 조직특성인 중앙집중성이란 점에서 한국노총체제는 상당한 결함을 갖고 있었다. 즉, 조직형식상 산업별 단일조직이었음에도 불구하고 실제에 있어서는 기업별 노조라는 본질을 갖고 있었던 점이다. 산별노조의 지부나 분회는 종업원 신분을 기초로 조직되어 있었고, 재정운용도 지부나 분회에 권한이 주어져 있었다. 또 철도, 전매, 전력과 같은 전국 단일노조를 제외하면 대다수의 교섭은 지부나 분회의 주도하에 이루어졌던 것이다.7) 따라서 조직

---

6) 한국노총체제의 도입과 관련된 과정은 정확히 알려져 있지 않다. 즉, 쿠데타 세력들이 분명한 청사진을 갖고 있었는지 또 그 목적이 무엇이었는지에 관해서는 모호한 부분이 많다. 이에 대한 본격적인 연구로는 김준(1999), 이원보(2004: 104~116) 참고.

7) 김삼수(2003: 200~201)는 이 시기의 노동조합체제를 본질적으로 기업별 노조라고 파악하고 '유일유사 산업별=기업별 조합체제'라고 규정했다.

구조에 있어 상급조직의 산하조직에 대한 통제나 규율은 완전할 수 없었던 구조적 한계를 갖고 있었다.

다음으로 개정 노동법은 몇 가지 개선조항에도 불구하고 전체적으로 노조활동을 제약하고 쟁의를 통제하고자 하는 의도를 분명히 보여주었다.[8] 이 개정 법률체제는 1953년 노동법으로부터 후퇴가 분명했다. 그렇지만 단결권과 파업권 자체를 부인하지 못했다는 점에서 본질적으로 1953년 법체제의 틀을 유지하고 있었다(김삼수, 2003: 189).

이와 같이 군부정권은 상명하복의 완전한 노동통제체제를 원했으나 노동조합 조직체제와 노동법 체제의 틀은 불완전한 것이었다. 불완전한 법적 조직적 통제체제를 부분적으로나마 보완한 것은 반공주의, 노사협조주의 등 제반 이데올로기적 통제, 노동법 외 국가보안법·반공법·집시법 등의 법적 통제, 경찰력의 직접적 개입, 중앙정보부 등의 각종 정보권력기구의 일상적 감시사찰 등이었다(전신욱, 1989: 164~175).

또 다른 한편 사용자들의 각종 부당노동행위와 노조억압정책, 쟁의 파괴도 국가의 통제장치들과 함께 이 시기 노동체제를 특징짓는 요소였다. 이데올로기, 법률적인 환경, 자원동원에서 크게 유리했던 사용자들은 불완전했던 법률과 제도를 넘어 노동자들의 요구를 억압하는 주체였다. 또 이들은 1968년과 1970년 각기 전국경제인연합회(전경련), 한국경영자

---

8) 1963년 노동법에 나타난 통제장치는 크게 네 가지로 나누어진다. 첫째, 복수노조 금지조항으로 한국노총에 독점적 이익대표권을 부여하는 것, 둘째, 공무원 단결 금지, 정치활동 금지, 노사협의회 설치 의무규정 등 단결권에 대한 제한, 셋째, 노조 설립신고주의, 조직운영에 대한 각종 개입 등 행정권력의 노조에 대한 지배개입, 넷째, 쟁의에 대한 사전 심사제도, 복잡한 쟁의 절차, 공익사업 범위 확대, 긴급조정제도 등 쟁의에 대한 법률적 행정적 제한조치가 그것이다. 한편 부분적인 개선내용에는 부당노동행위 구제주의 설정, 유니온 숍 인정, 냉각기간 단축 등이 포함된다(이원보, 2004; 김삼수, 2003).

협의회(경총)를 결성하고 정부에 법적 제도적 요구를 일상적으로 전달했다. 특히 이들은 의사 산업별노조체제에 대해 비판했다. 기업수준의 임금교섭이나 쟁의를 통제하지 못하면서도 전국적인 쟁의를 야기하는 (허구적)산별체제보다 기업별노조로의 환원이 더 유리하다는 인식이었다.

쿠데타 권력의 강한 통제의지에도 불구하고 저임금장시간 노동에 시달리던 노동자들의 저항은 1960년대 전체에 걸쳐 점차 확대되었다. 임금노동자의 확대는 곧 조직률의 증가로 이어졌고 제조업 노동자의 비중도 커지게 되었다. 공공부문에 치우쳤던 쟁의는 점차 제조업 민간부문으로 확산되었고, 1960년대 말에 이르면 경기후퇴, 기업의 경영상황 악화와 더불어 장기간 지속된 대규모 쟁의가 나타나기 시작했다.[9]

이 시기의 노동운동은 한국노총으로 대표되는 공식노조운동으로 표출되었다. 한국노총은 반공주의와 실리주의적 노동조합주의를 표방했다. 정치적으로는 협력하되 경제적 실익을 교섭을 통해서 확보한다는 실리주의적 노동조합주의는 개발독재체제에서 결실을 얻을 수 없었다. 결과적으로 한국노총은 경제개발이 가속화될수록 저임금-장시간노동체제에서 신음하는 노동대중으로부터 분리될 수밖에 없었다. 산별노조 수준에서 지도부는 1960년대 후반 정치적 요구를 제기하는 듯했으나 곧바로 지배 정치세력의 일부로 편입되었다. 그리고 개별 지부, 분회에서 지도부는 노사협조주의로 크게 선회했다. 그러므로 대체로 노동대중의 이익은 공

---

9) 1963년 89건이던 쟁의발생 건수는 1968년 135건으로 크게 늘어났다. 쟁의건수가 94건으로 줄어든 1969년에는 대규모 쟁의들이 발생하기 시작했다(전신욱, 1989: 183). 1968년의 외국기업인 시그네틱 쟁의, 1969년의 섬유노조의 면방쟁의와 대한조선공사 쟁의가 대표적인 것이었다. 이들은 군사정부의 입장에서 외자기업의 대규모 쟁의, 산별교섭과 산별 파업, 최초의 긴급중재 발동 등 기존 통제체제의 한계를 그대로 드러내준 사례였다. 그런 면에서 이는 1970년대 국가의 선제적 쟁의 봉쇄조치를 예기하는 쟁의들이었다.

식 노조조직에 의해 보호받지 못하는 상황이 되었고 불만은 누적되어 갔다. 특히 새로이 확대되고 있었던 경공업 수출부문과 중소 영세기업 노동자들은 저임금 장시간체제에 직접적인 희생자였으나 어떤 의사전달 수단도 갖추지 못한 상태였다.

요약하면 억압적 배제체제의 첫 소시기는 상대적으로 유동적인 국면으로 체제형성의 초기단계였다. 그만큼 억압적 배제의 다양한 요소들의 중첩되고 있었고 불완전하게 드러났다. 예컨대 국가는 허구적 산별체제를 선제적으로 만들어냈으나 노조활동이나 쟁의를 봉쇄하지 못했다. 반대로 노동운동은 한국노총체제의 허구적 실리주의, 노사협조주의에 의해 그 발전이 가로막혀 있었다. 더 본질적으로 높은 실업률하에서 낮은 노동대중의 의식, 불리한 정치적 이데올로기지형, 억압적인 국가와 사용자들의 탈법적 노동통제로 말미암아 질식상태에 처해 있었다고 할 수 있다. 그러나 급속한 경제성장과 저임금 장시간 노동이라는 모순의 심화, 수출부문 노동자의 급증, 한국노총-국가의 불완전한 통제 등 여러 요인들로 말미암아 체제의 불안정성은 더욱 커져갔다.

여러 측면에서 봉합되지 못했던 1960년대의 노동체제는 1970년을 맞아 급속하게 변화하기 시작했다. 1970년에 전태일의 선구적 투쟁과 노동법 개정 및 국가억압의 강화가 동시에 발생한 것은 우연한 일이 아니었다.

2) 억압적 배제체제 2기: 1970-1979

1970년 벽두에 공포된 「외국인 투자기업의 노동조합 및 노동쟁의에 관한 임시특례법」(이하 외국인임시특례법으로 줄임)과 1971년 12월 말의 「국가보위에 관한 특별조치법」(이하 국가보위법)은 2기 억압적 배제체제의 시작을 알리는 서곡이었다. 두 가지 특별법의 핵심내용은 노동법상의 단체교섭권과 단체행동권을 사실상 인정하지 않는 단결금지에 있었다(김삼수, 2003: 190-197). 단체교섭과 단체행동에 앞서 행정기관의 강제중재를 의무화하는 국가보위법 9조는 사실상 총체적인 단결권의 부정이었다. 실제 조정기간에 노사합의나 합의조정의 비율이 높은 것으로 나타나지만 실제로 그것은 행정기관의 압박에 의한 것이었다. 또 조정신청 이전의 합의의 경우에도 파업권이 봉쇄되어 있으므로 실제로는 교섭의 결과가 아니라 노사협의에 의한 합의에 불과한 것이었다. 요컨대 2기 배제체제의 특징인 노동조합의 기초적인 활동을 완전히 봉쇄하는 체제가 완성된 것이었다.

이후 1973년과 1974년의 노동관계법 개정에서는 노동조합법상의 '전국적인 규모를 가진 노동조합의 산하 노동단체'라는 표현이 삭제됨으로써 기업별 노동조합체제로 실질적인 조직전환이 이루어졌다. 또 노동조합법에 노사협의회 관련 조항이 확대, 강화됨으로써 노사협의회로 교섭쟁의권이 위축된 노동조합을 대체할 수 있는 제도적 장치가 마련되었다.

유신쿠데타를 전후로 해 개악된 노동법체제에 의해 결국 한국노총을 포함한 공식노동조합은 더 이상 노사관계를 규율하는 유효한 행위자로 작동할 수 없었다. 노동조합을 대신해서 2기의 노동정치를 규율한 것은 국가의 행정기구와 시장에서의 임금조정이었다. 상급노조의 정책참가나 산별교섭이 무력해진 것과 함께 현장에서의 단체교섭이나 쟁의행위도 완벽히 봉쇄되었고, 모든 것을 결정한 것은 행정관청이라는 국가 권력이었다. 다만 경기변동에 따라 시장임금의 상승은 가능했고, 이것이 유일하게 노동대중의 경제적 이해를 부분적이나마 실현하는 기제가 되었다.[10]

---

10) 1973년에서 1979년에 이르는 기간 동안 실질임금의 연평균 증가율은 12.7%에 달했다. 노동력 수급 등 노동시장요인도 있겠으나 이 기간이 수출이 주도한 고도성장 시기였다는 경기요인이 컸다(김삼수, 2003: 207~208).

임시특례법과 국가보위법은 모두 1972년의 유신쿠데타 이전에, 즉 국가정치 수준의 전면적 반동화가 시작되기 이전에 도입되었다. 1960년대 말 경기악화, 생존권 위기심화에 따라 쟁의의 양상이 달라지기 시작했으나 급박하게 쟁의권을 박탈해야 할 정도는 아니었던 것으로 보인다. 그러므로 이는 미리 사전에 예방하는 선제조치 성격의 정책실행인 것으로 이해할 수 있다. 물론 1960년대 후반 전경련과 경총 등 사용자단체의 지속적인 요구도 한 몫을 했던 것으로 볼 수 있다. 그러나 보다 본질적으로 그것은 이미 1960년대 후반에 준비되었던 중화학공업화를 위한 사전 포석으로 해석하는 것이 타당하다. 저임금 장시간노동이라는 노동력착취에 기반을 둔 산업화전략에서 노동통제는 가장 중요한 정책적 요소였음을 다시 확인할 수 있다(조영철, 2003).

다음으로 2기 노동체제에서 코포라티즘 기제는 그 형식적 틀마저 심하게 훼손되어 더 이상 작동할 수 없게 되었다. 제도 수준에서 산별노조체제가 형해화한 것과 함께 한국노총 지도부는 유신을 전후로 해 억압체제에 완벽히 복속되어갔다. 한국노총과 산별지도부는 1971년 말 국가비상사태 선언 및 국가보위법 발동, 1972년 10월 유신과 이후의 노동관계법 개정에서 권력의 요구에 철저히 순응했다. 그 결과는 노동대중의 정치적 요구는 물론 경제적 요구조차 대표하지 못하는 이익대표의 위기로 나타났다.[11] 노조의 준 국가기구화 현상이 두드러지게 나타났다.

그런데 이것을 '비경쟁적인 이익집단에 의해 대표되는 이익대표체계'로 해석하고 코포라티즘과 유사한 것(최장집, 1989: 173)이라고 볼 수는 없다. 라틴아메리카와 다른 두 가지 점이 고려될 필요가 있다. 먼저 기업별

---

11) 각 산별노조 지도부는 유신을 환영했을 뿐만 아니라 유신을 지지하는 계몽활동과 유세에 나서기까지 했다. 또한 섬유노련 지도부는 동일방직 등 산하 민주노조에 대해 노골적인 탄압공작을 국가권력과 함께 실행한 바 있었다.

로 교섭하고 기업단위로 활동하는 노조조직체제, 즉 우리 기업별체제에서 조직적 통제와 이익대표가 작동하기 힘들다는 점이다. .즉, 조직을 매개로 하지 않은 하부조직에 대한 억압적, 공작적 탄압이 있었을 뿐이며 이익대표의 요소는 부재했다는 점이다. 둘째, 코포라티즘 통제가 강화된 유신정권하에서 기업 수준에서의 새로운 노조활동, 즉 민주노조가 곧 활성화된 현상을 설명하기 힘들다. 조직을 매개로 한 유기적 통제체제가 형성되기보다 조직지도부는 단위사업장 조직이나 노동대중으로부터 점점 자립화되어갔던 것이다. 노총 상층간부의 매수는 역설적으로 자주적인 노조운동을 야기한 중요한 배경이 되었다. "코포라티즘 체제가 박정권의 권위주의화의 절정의 시기에 급속히 침식되고 있었던 사실"(최장집, 1989: 309)은 결국 코포라티즘에 기반을 둔 통제체제가 아니었음을 말하고 있다. 그러므로 유신체제의 노동체제는 코포라티즘의 조직적 통제 외에 여러 가지 법 외적 메커니즘을 필요로 하고 있었다. 여기에는 공장새마을운동, 노사협의회, 반공, 선성장 후분배 등 제반 이데올로기 동원, 긴급조치와 같은 정치적 통제, 정보치안기관의 물리적 억압 등이 포함된다(최장집, 1989: 304~305; 전신욱, 225~242).

마지막으로 2기에 들어와서 노동운동에는 이전까지 볼 수 없었던 새로운 현상이 뚜렷이 나타났다.[12] 1970년 전태일의 분신 이래 노동운동의 흐름은 뚜렷하게 나타났다. 먼저 1960년대 1기 노동운동을 대표했던 공식노조운동은 노동대중들로부터 분리되어 자립화했고 '어용노조'로 고착화되었다. 뿐만 아니라 자연발생적인 노동대중의 저항, 새로운 노동운동을 통제할 능력도 전혀 없다는 것이 드러났다. 다음으로 산발적이기

---

12) 이원보(2004: 357)는 이 시기 노동운동의 양상을 네 가지로 정리했다. 첫째, 한국노총 등 제도권 노조운동의 어용화, 둘째, 간헐적이고 폭발적인 비조직 노동자의 저항투쟁, 셋째, 종교인 지식인의 노동운동 지원, 넷째, 민주노조운동의 출현이 그것이다.

는 했으나 비조직 노동대중의 폭발적인 쟁의가 발생하기 시작했다.[13] 이는 전태일 열사로 대표되는 극한적 저항의 또 다른 형태였고 이 시기 노동운동의 특성을 보여주었다. 마지막으로 노조활동에 대한 억압적 국가의 전방위적 봉쇄 속에서도 민주노조가 출현하고 민주노조운동이 전 기간 동안 지속되었던 것은 주목할 만한 일이었다.

1970년대 민주노조운동은 가혹한 2기의 억압적 배제체제가 만들어낸 산물이었다. 민주노조의 특징으로 일컬어지는 민주성과 연대성, 현장 중심의 전투적 저항의 정신, 경제주의 조합주의의 한계 등은 노동체제의 특성으로부터 일차적으로 설명되어야 한다. 먼저 민주성은 전방위적 국가 억압의 결과 일상적 활동의 공간이 폐쇄되고 공식노조의 이익대표가 불가능한 상황에 대한 주체적 대응이었다. 노동법상의 노동조합과 단체행동권이 봉쇄된 조건에서 현장 노동대중의 민주적 참가는 노동자들이 동원할 수 있는 거의 유일한 자원이었기 때문이다. 또 학생, 종교단체의 지원과 연대는 엄청난 국가권력 앞에 맞선 기업단위 민주노조로서는 피할 수 없는 선택이었다. 반대로 이 점은 학생, 종교단체의 경우에도 어느 정도는 마찬가지였다.

한편 경제주의, 조합주의의 한계는 여러 가지 측면에서 고찰할 수 있다. 우선 당시 수출주도 산업화 과정에서 경공업 여성노동자들에 대한 노동력 착취는 경제체제의 유지에 관건적 요소였다. 따라서 이 부문의 노동자들이 중심이 되는 조직노동운동이 발생했고 그것이 민주노조였다. 당시의 이데올로기 지형과 노동자대중의 일반적인 낮은 의식 수준을 감안하면 다시 복원되는 계급적 노조운동이 소박한 경제주의, 조합주

---

13) 대표적인 쟁의로는 1971년의 광주대단지 주민의 항쟁과 한진상사 노동자들의 대한항공 빌딩 방화 시위사건, 1973년의 삼립식품 노동자 파업농성, 1974년 울산 현대조선 노동자투쟁, 1977년 현대건설 사우디 파견노동자 파업 등이 있었다.

운동으로부터 출발한 것은 충분히 이해할 만한 일이었다. 또 상급단체가 급속히 어용노조로 바뀌고 기업별노조체제가 정권의 핵심적 통제장치가 되는 가운데 기업을 넘어선 연대, 직접적 이해관계를 넘는 투쟁을 기대하기는 어려웠다. 그러나 동일방직이나 YH무역과 같이 작업장의 생존권투쟁이 곧바로 정권의 탄압을 불러오고 의도치 않는 대정부투쟁으로 발전하고자 했던 점도 주목해야 할 것이다.

3) 억압적 배제체제 3기: 1980-1987

억압적 배제체제의 전 기간은 대체로 국가억압이 그 양과 질 모두에 있어 나선형으로 확장되는 특징을 보여주었다. 세 개의 소시기는 억압의 강화의 각 단계를 표시했으므로 3기의 국가억압은 그 최대치에 도달했던 것으로 볼 수 있다. 이런 억압의 강화는 물론 국가정치의 변동, 축적체제의 위기, 그리고 굽히지 않는 민주노조운동의 저항과 성장과 같은 모순구조의 심화로부터 야기된 것이었다.[14)]

2차 석유위기와 민중생존권투쟁의 폭발, 박정희 정권의 갑작스런 붕괴, 그리고 광주민중항쟁에 대한 유혈진압을 거쳐 성립한 전두환 군사쿠데타 정권에게 노동문제는 특별한 것이었다. 5·16 쿠데타 세력에게 노동문제

---

14) 5·16과 유신, 그리고 5·17로 이어지는 세 개의 쿠데타는 노동정치에서 세 개의 소시기와 일치하며, 내용적으로도 그 특성을 예기하고 있었다. 마찬가지로 경제적인 측면에서도 1960년대 초 미국의 대한원조 축소와 그에 따른 민중들의 삶의 위기, 1960년대 말과 1970년대 초반의 경제위기 및 군사정부의 중화학공업화 시도, 1979년 2차 석유위기와 경제공황도 억압적 배제체제의 세 소시기와 중복된다. 과거 관료적 권위주의(bureaucratic authoritarianism)이론의 심화(deepening) 논쟁에서 유신쿠데타과 사회경제체제 변동의 연관성이 심각하게 논구된 바가 있었다. 그러나 이 문제들은 여전히 충분히 연구되지 않은 미지의 영역에 속한다.

는 미래를 대비하는 부차적 과제였던 반면, 5·17쿠데타 세력에게 그것은 심각하고 중요한 현재적 과제였다고 할 수 있다. 짧은 서울의 봄에 시민, 학생들의 민주화요구와 함께 노동현장의 민중항쟁이 시작되었던 바로 그 상황에서 쿠데타를 일으켰기 때문이었다.15)

쿠데타 세력의 초법적 기구였던 '국가보위비상대책위원회'(이하 국보위)는 노동문제에 대해 두 가지 대책을 곧바로 제출, 실시했다. 그 하나는 조직노동운동에 대한 전면적 재편이었고, 다른 하나는 이를 뒷받침하기 위한 노동법 개악이었다.

먼저 신군부의 국보위는 쿠데타 직후 한국노총과 17개 산별노조, 39개 지역지부에 대해 업무감사를 실시하고, 연합단체의 활동을 중지시켰다. 또 8월 21일 '노동조합 정화지침'을 통해 191명의 핵심 간부 사퇴, 노총 지역지부의 해산, 산별노조의 통합 등을 강제로 실행했다. 이는 결국 사업장·기업 단위의 노조활동·단체교섭만을 인정하는 기업별노조체제를 강제하는 결과를 가져왔다. 또 신군부는 새로 활성화되고 있었던 민주노조를 전면적으로 파괴했다. 민주노조의 중심활동가들을 구속하거나 삼청교육대에 보낸 후 그들의 근거인 민주노조들을 없애는 작업에 나섰다.16)

---

15) 1980년 봄 임금투쟁이 본격화되기도 전에 이미 400여 건을 상회하는 쟁의가 발생하고 있었다. 그리고 더 중요하게는 지역의 국가권력과 직접 대치한 사북 동원탄좌사태나 동국제강 노동자들의 폭력적 파업시위, 그리고 민주노조들의 재활성화와 같이 노동쟁의 양상에서 커다란 변화가 이미 시작되고 있었다. 한편 1980년 서울의 봄은 1987년 6월 시민항쟁과 7, 8월 노동자대투쟁의 전개양상을 압축적으로 보여주는 것으로 해석해볼 수도 있다. 정치변동과 노동운동의 폭발이 겹쳐지는 이런 형태상의 특징은 우리 노동체제에서 국가정치와 노동정치의 연관성에 관한 보다 심도 있는 이론적 해명을 요구하고 있다.

16) 파괴대상 노조들은 청계피복, 반도상사, 콘트롤데이타, 서통, 남화전자, 무궁화메리야스, 태창메리야스, 원풍모방노조였다. 민주노조들은 군부정권의 억압에

다음으로 국보위는 1980년 12월 31일 근기법, 노동조합법, 노동쟁의
조정법 등을 전면적으로 개정하고 노사협의회법을 새로이 제정해 공포했
다. 개악 노동법에서 가장 중요한 변화는 '제3자 개입금지조항', '단체교
섭 위임조항 삭제', '기업별노조 강제조항' 등을 통해 기업별체제를 법제
도적으로 강제한 것이었다. 그리고 '노조 설립요건의 강화', '노조 임원자
격 제한'조항으로 단결권을 거의 부정했으며, '쟁의행위의 제한', '직권중
재 범위의 확장', '냉각기간 연장', '벌칙의 강화' 등을 통해 쟁의권도
박탈했다. 또 국가의 행정기관은 노조 해산명령, 임원 개선명령, 단체협약
취소 변경 명령권을 갖게 되어 노조활동을 완전히 지배할 수 있게 되었다.
마지막으로 노사협의회가 독립적인 법으로 제도화되었고 결국 노동조합
대체기구로서의 위상을 확보하게 된 것도 중요한 변화였다.

2기를 거치면서 껍데기로 남아 있었던 기형적 산별노조체제가 완전히
해체됨과 동시에 국가기관에 의한 직접적인 노동통제는 제도화되기 시작
했다. 노동청은 노동부로 승격되어 노동통제를 총괄 실행하게 되었고
1981년 12월 말에는 노동대책회의가 국가의 공식적인 노동탄압기구로
구성되었다.[17]

이와 같은 법적, 물리적, 조직적 통제체제를 갖춤으로써 억압적 배제체
제는 3기에 들어와 그 제도적 틀을 완성했다. 이제 공식노조를 매개로

강하게 저항했으나 1982년 말 원풍모방을 끝으로 조직 형식적으로는 완전히
소멸되고 만다.

17) 중앙과 지역으로 나누어진 대책회의에는 중앙과 지역의 최고 권력기구가 모두
참가했다. 중앙의 경우 노동부장관을 위원장으로 하고 경제부처 차관, 대검차
장, 치안본부장, 국가안전기획부차장이 위원으로 참가했다. 이 기구는 모든
정보의 종합, 노동억압의 기획, 각종 통제수단들의 통합적 조직, 탄압의 실행까
지를 일괄처리하는 틀을 갖고 있었다. 그리고 기구운영의 실질적 권한은 억압
적 정보기구인 국가안전기획부가 갖고 있었다. 자세한 것은 전신욱(1989:
296~302) 참고.

한 코포라티즘적 통제의 외양은 사라졌고, 국가기구의 직접적 물리적 억압이 전면화된 것이었다. 그러나 이 시기 노동체제의 특징은 법과 조직 이전에 공안·치안기구의 물리적 억압이 중심적인 수단으로 사용된 데에 있었다. 1983년 유화국면 이후 신규노조 결성투쟁이 빈발했을 때 이를 통제한 일차적 수단은 무엇보다 국가 및 국가와 결탁한 사용자들의 탈법적 물리력 행사였다. 블랙리스트와 사찰, 용공조작과 조직사건 공작, 인신구속과 테러 등이 중심적인 통제장치가 되었던 것이다.

한편 3기의 가혹한 국가억압체제는 그 경도(硬度)가 높았던 반면 강도(强度)는 높지 않았던 것으로 평가할 수 있다. 표면적으로 압살되었던 민주노조운동은 강제된 산업평화의 이면에서 질적으로 높은 수준의 새로운 조직화, 투쟁을 준비하고 있었다. 이 과정은 두 가지의 흐름 속에서 구체화되었다.

먼저 1970년대에 개별적인 수준에서 노동운동에 참가하던 학생세력은 광주항쟁을 거치면서 조직적으로 노동운동에 투신했다. 각종 내부논쟁을 통해 준비를 마친 학생운동세력은 하나의 조직화된 힘으로 노동현장을 아래로부터 조직하기 시작한 것이다(김용기·박승옥, 1989). 이들은 1970년대 민주노조운동이 경제주의 조합주의의 한계에 매몰된 점을 반성하고 보다 계급적인 노조운동이 필요하다는 점을 분명히 인식했다. 다른 하나의 흐름은 어용으로 완전히 전락한 한국노총과 조직적으로 완전히 구분되는 현장노동자운동이 시작되었다는 점이다. 1982년까지 1970년대 민주노조가 완전히 파괴된 이후 선진적 노동자들은 새로운 민주노조의 상을 주체적으로 만들어나가기 시작했다. 이 두 가지 흐름이 현장에서 결합해 나타난 상징적 투쟁이 1985년의 대우자동차 노동자파업(이하 대자파업)과 구로동맹파업(이하 구동파)이었다.

두 파업은 1983년 하반기 이래의 유화국면에서 1984년 대구택시노동자 시위를 이어받아 발생했다.[18] 억압적 배제체제의 정점에서도 정치적 억압의 이완은 곧 노동운동의 활성화로 이어짐을 다시 보여준 사례였다. 또 학생운동 출신의 노동운동가가 조직적으로 지휘하고 여기에 노동자대중이 결합한 새로운 노조운동의 양상이 단적으로 나타났다. 특히 파업, 농성을 중심으로 하면서도 기존 어용노조를 전면 부정하는 전투적, 자주적, 민주적 노조의 새로운 상을 뚜렷이 보여주었다.

그러나 두 파업의 대비되는 차별성도 주목할 필요가 있다. 대자파업은 1970년대 중소기업 여성노동자 중심의 민주노조운동이 대기업 중공업 남성사업장으로 나아가는 민주노조운동의 중심이동을 상징적으로 보여주었다. 반면에 구동파는 전통적인 여성노동자 중심의 중규모 사업장에서 발생했으나, 기업간 분절을 넘어서는 연대파업, 낮은 수준의 정치적 파업이라는 점이 특징적이었다(유경순, 2005). 또 대자파업과 달리 외부 시민사회운동과 함께함으로써 민중적 연대투쟁의 상을 보여주기도 했다. 마지막으로 대자파업은 제한된 것이나마 노동조건의 개선을 확보하는 승리로 귀결되었으나, 구동파는 철저하게 탄압받고 패배한 투쟁이었던 것도 중요한 함의를 갖고 있었다.[19]

---

18) 1983년 말 유화국면부터 탄압이 다시 가중되었던 1986년 상반기까지 노동운동은 크게 활성화되었다. 이 시기 노동운동의 특징은 다음과 같다(이원보, 2004: 685~734). 첫째, 생존권, 기본권을 요구하는 현장노동자들의 자연발생적 투쟁이 빈발했다. 둘째, 한국노총과 분리된 독립적 노조운동과 노동단체운동이 활성화되었다. 셋째, 지식인의 노동운동 투신이 대규모로 진행되었다. 넷째, 동맹파업, 정치파업 등 전투적 변혁적 노조운동이 발생하기 시작했다.

19) 임영일(1997: 59~63) 참고 1985년의 두 파업은 민주노조운동의 발전과정에서 하나의 중요한 상징적 사건으로 해석할 수 있다. 즉, 1970년대 1기 민주노조운동과 1987년 이후의 2기 민주노조운동을 가름하는 분수령이었던 것이다. 두 파업에는 1기 운동의 구조적 한계를 넘어서고자 하는 2기 민주노조운동의 원형적 요소가 모두 포함되어 있었다. 예컨대 노동자 대중 중심의 계급적 민주노조운동, 국가권력에 대한 적대와 전투적 대립을 포함하는 정치적 성격,

두 파업 이후 1986년 억압이 다시 강화되는 짧은 기간을 지나 억압적 배제체제는 결정적으로 해체되기에 이른다. 1987년 노동자대투쟁은 더이상 국가의 전방위적 억압으로 노동사회가 유지될 수 없음을 노동대중이 투쟁으로 보여주었다. 3저호황에도 불구하고 생존권을 부정하고 저임금 장시간노동을 강요하는 억압적 배제체제의 내적 모순이 폭발한 것이었다. 또 대투쟁은 6월 민주항쟁이라는 정치적 개방공간에서 발생한 노동대중의 낮은 수준의 민주화투쟁이었다(노중기, 1997b). 억압적 배제체제의 해체과정에서도 축적체제의 모순과 국가정치의 변동이 노동정치 변동과 깊이 연관되어 있음이 드러났다.

4. 억압적 배제체제의 구조와 모순

군부독재 30여 년간 국가의 노동억압은 하나의 방향으로 일관되게 변동해왔다. 그리고 그 변동의 방향은 국가억압의 강화, 노동착취의 심화에 맞추어져 있었다. 1기의 다소 애매하던 노동체제는 2기를 거치면서 기업별노조와 노동기본권 부정으로 나아갔고, 그 완성 형태는 3기에서 법 제도적 변화로 명료하게 나타났던 것이다.

억압적 배제체제는 국가와 자본의 물리적 억압을 중심으로 노동계급의 이해를 배제하는 노동체제를 일컫는다.[20] 여기에는 합법적 비합법적 제

제도 노조조직과 사용자로부터의 자주적인 노조운동, 기업별체제의 한계를 넘어서고자 하는 연대주의 운동이 그것이다. 그러나 동시에 그것은 한계도 동시에 갖고 있었다. 즉, 여전히 남아있는 경제주의와 정치적 편향으로 표현되는 낮은 수준의 계급의식, 기업별체제를 극복하지 못한 낮은 수준의 연대활동 등이 그것이다. 요컨대 대자파업과 구동파는 1987년 노동자대투쟁 이후의 전투적 노동조합주의의 원형이었다고 볼 수 있다.

도적 폭력 행사 일반이 포함되는데, 대체로 이데올로기적 통제수단, 법적 통제수단, 조직적 통제수단, 탈법적 국가폭력인 물리적 수단이 전방위적으로 동원된다. 코포라티즘 이론에서 주목하는 합법노조를 통한 조직적 지배는 단지 전체 통제기제들 중 한 요소라고 할 수 있다. 그리고 여러 요소들을 관통하는 하나의 원리는 국가가 노동계급의 이해를 완전히 배제하기 위해 모든 수단을 다 동원할 수 있으며, 그 결과는 최종적으로 물리적 억압에 대한 의존이 결정적이었다는 점이다.

또 억압적 배제체제는 군부독재 등 비민주적 정치체제에서 발생하는 노동체제의 한 하위유형으로 볼 수 있다. 1960-1980년대 한국의 경우, 억압적 배제체제는 본질적으로 당시 한국사회의 구조적 특성으로부터 연원한 것이었다. 분단국가의 이데올로기 지형, 대중의 낮은 계급적-정치적 의식, 잘 조직화된 국가의 물리적 폭력기구, 가부장적인 기업 내 노자간 지배질서 등 우리사회에 특정한 구조적 지형이 산출해낸 노동배제체제였던 것이다(최장집, 1989: 1장). 따라서 표면적으로 다른 사회와 유사한 어떤 특징이 노동체제에서 발견된다 하더라도 그것의 내적 기제나 전체 체제에서의 위상, 함의는 크게 달라질 수 있게 된다.

각 주체들의 전략적 대응은 소시기별로 차이를 보여주나 전체 체제에서는 대체로 그 윤곽이 명료했다. 먼저 국가는 노동자 대중의 기본 인권과 생존권, 노동3권 등을 전방위적으로 억압하는 전략으로 일관했다. 결국

---

20) 신광영(1994: 194~197, 308)은 '배제적 억압전략', 혹은 '배제적 억압정책'의 개념을 사용한 바 있었다. 억제전략, 대변전략, 시장전략 등 그의 네 가지 유형분류는 매우 유용하다. 그러나 필자는 코포라티즘의 배제전략과 여타의 배제전략을 구분하기 위해 억압과 포섭의 구분을 사용하고자 한다. 동시에 배제전략의 분류를 콜리에 부처의 그것처럼 이원론적 유형론의 관점이 아니라 독특한 유형적 사례로서 분석하고자 한다(Collier & Collier, 1979; 노중기, 1995: 2장).

국가는 노동조합의 활동, 그 형식 모두를 부정하는 방향으로 나아갔다. 1960년대의 기형적 산별노조체제는 본질적으로 기업노조의 틀을 벗어나지 못했다. 그리고 1970년대에 국가는 그 기업노조마저 노사협의회로 대체하고자 했고, 많은 경우 기업노조 자체를 와해시키는 공작을 일상적으로 수행했다. 1980년대에 국가는 노조결성 자체를 부정하는 억압적 장치를 제도화하는 데까지 이르렀다.

국가는 수출주도 산업화·노동집약적 산업화의 전략적 관건을 노동계급의 이익을 철저히 배제하는 것으로 이해했다. 동시에 노동대중의 생존권에 기반을 둔 저항이 곧 정치적 사안임을 초기부터 심각하게 의식했다. 이 두 가지 조건에 대한 전략적 대응이 1961년, 1969년, 1970년, 1980년의 노동법 개악과 억압조치 강화로 나타났던 것이다.

자본의 경우 전체 27년에 이르는 장기간 동안 그 위상과 역할이 상당히 변화해왔다(임영일, 1997: 47~53). 초기에 자본은 국가에 종속되어 능동적 역할을 할 수 없었다. 1960년대 말에 이르러 경공업 중심의 수출산업화가 구조적 한계에 부딪히자 자본은 내부 단일헤게모니를 강화하고(전경련) 노동문제에 대한 자신의 이해를 적극적으로 구성, 관철하고자 했다(경총). 그러나 억압적 배제라는 국가의 기본전략에 대해 반대할 이유는 없었다. 자본은 오히려 억압의 강화를 통한 위기탈출, 노동자 저항의 봉쇄를 전 기간 동안 강하게 국가에 요구했다.

자신의 이익을 표출할 수 있는 기제를 점차 상실해간 노동대중은 주어진 정치적·경제적 계기 속에서 자연발생적·폭발적인 형태로 투쟁을 전개할 수밖에 없었다. 매개의 투쟁과 저항은 취약한 역량으로 말미암아 대부분 패배로 귀결되었으나, 곧 바로 다음 계기에 확대 재생산될 수 있었다. 전체적으로 경제성장에 따라 노동자대중과 조직노동자들은 급속히 증가했는데, 경제적 모순이 누적되고 있었기 때문이었다. 그리고 그 과정에서 국가통제로부터 자주적인 대중조직, 민주노조를 스스로 만들고 확대해 왔다. 세 개의 소시기는 그 양적·질적 발전의 결절점으로 이해할 수 있다.

노동운동은 주체들의 의도와 무관하게 곧바로 국가의 노동정책과 대립하는 것으로 나아가지 않을 수 없었다. 그 과정에서 국가의 통제하에 있었던 어용노조와의 긴장은 확대·강화되었다. 기형적 산별체제, 한국노총이라는 조직적 통제기제가 잘 작동할 수 없었던 이유, 그것이 형식적인 외양에 그쳤던 이유는 1960년대 초반 역설적으로 그 기제가 구태여 필요 없을 정도로 취약했던 노동계급의 계급역량에 있었다. 국가는 노동계급 상층 일부에 대한 '통제된 조직적 이익대표'-'경제적 이해의 제한된 양보'를 의미하는 코포라티즘 기제를 이용할 유인이 없었던 것이다. 말하자면 국가코포라티즘도 한국의 노동계급에게는 호사스런 것이었다. 동시에 이것은 민중주의 시기에 장기간에 걸친 수입대체 산업화와 그에 따른 노동계급의 동원이라는 역사적 경험을 갖고 있는 라틴아메리카 사회와의 구조적 차이를 반영하고 있었다.

앞서 살펴본 것처럼 제반 억압적 통제수단의 무제한적 사용이라는 특성을 공유하면서도 이 시기 노동체제는 내적으로 크게 변동했다. 소시기 1기의 경우 직접적 물리적 억압보다 조직적 통제, 법적·제도적 통제가 강했고, 전체적으로 보다 자유스러운 노사관계 환경을 갖고 있었음을 알 수 있었다. 이는 3공화국의 국가성격과 직접 연동된 것으로 해석할 수 있을 것이다.[21] 그러나 1970년대 이후 공안기관 중심의 물리적 통제가 크게 강화되었고, 조직적 통제의 내용도 기형적 산별체제에서 기업별 체제로 운동 내부에 분절화를 확대하는 방향으로 나아갔다. 결과적으로

---

21) 이를 과도하게 강조하는 것은 적어도 노동체제의 경우에는 타당하지 않다고 본다. 억압적 배제체제 내부의 차별성이라고 봐야 한다. '개발독재'이론으로 1960년대와 1970년대 지배체제를 질적인 단절로 보는 관점으로는 이병천 (2003)을 들 수 있다.

3기에는 1960년대 체제와는 현상적으로 상당히 구별되는 노동체제가 만들어졌다. 그러나 전체적으로 억압적 배제체제에서는 이데올로기적·물리적 통제가 기초적인 통제기제로 일관되게 작동해왔다. 상황이 역전된 것은 1987년 이후에서나 가능했다.

세 개의 소시기 분석과정에서 우리는 몇 가지 함의를 도출해볼 수 있다. 먼저 이 시기의 노동체제는 결국 코포라티즘으로 파악할 수 없다는 점이다(신광영, 1994; 노중기, 1995; 임영일, 1997; 구해근, 2002; 김삼수, 2003). 5·16 쿠데타 직후 급조된 한국노총체제는 실제 일사불란한 통제, 통제의 효율성을 목적으로 만들어졌을 가능성이 크다. 그리고 그 내적 기제는 코포라티즘적인 것일 수도 있었다. 그러나 그런 의도와 목적이 제도적 장치로 정착되기에는 한국의 노동계급의 힘은 너무 미약했으며 반대로 국가권력의 힘은 너무나 컸다. 결국 국가는 복잡한 절차나 상당한 정치적 경제적 양보를 필요로 했던 코포라티즘 기제에 의존할 이유를 별로 찾지 못했다. 국가는 스스로 선제적인(preemptive) 방식으로 직접적 억압을 강화함으로써 체제를 바꾸어나갔으며, 결국 한국노총의 대중에 대한 통제력을 약화시키고 무력화시켰다. 한국노총은 이익대표체제라기보다 국가권력의 연장에 불과했던 것이다(김호기, 1999: 183- 184). 이런 구조적 제약 효과는 1970년대 이후 조직적 통제의 기제가 크게 약화되는 것으로 귀결했다.

다음으로 체제변동의 동인을 대체로 확인할 수 있었다. 세 개의 소시기는 모두 국가정치, 축적구조의 변화와 조응해 구성되었다. 즉, 정치변동, 경제상황의 변동에 곧바로 연동된 노동운동의 고양과 하강이 있었고, 국가는 선제적으로 혹은 사후적으로 이에 대응해나갔던 것이다.

그리고 노동운동 측면에서도 이 시기는 특징적이었다. 무엇보다 개별 사업장 쟁의, 또는 개별 노동자투쟁이 곧바로 국가권력의 탄압을 받았고 곧 정치화되는 특성을 보여주었다. 대체로 기업울타리를 벗어나지 못했고 소박한 경제주의적·조합주의적 요구에 머물렀던 것이 1970년대 노조운동이었다. 그러나 동일방직노조나 YH무역노조와 같이 주체들의 의지와 무관하게 쟁의는 정치화되었다.

마지막으로 27년 전 기간에 걸쳐 노동운동은 주기적 확대, 축소를 거듭했다. 그러나 국가권력의 억압으로 인한 끊임없는 패배에도 불구하고 자주적, 민주노조운동은 장기적으로 성장해왔다. 이 과정은 자주적 노조운동을 형성하는 과정이었고 미약하나마 연대에 기반을 둔 계급의식이 만들어지는 과정이었다. 1970년 전태일, 1979년 YH 쟁의, 1985년의 대자파업과 구동파, 1987년 노동자대투쟁은 각기 자주적 노조운동의 자생적 출현으로부터 시작해서, 보다 의식적이고 연대 지향적인 노동자 계급 대중의 민주노조운동으로 나아가는 나선형적 발전을 뚜렷하게 보여주었다.

다음으로 소시기 분석에서 또 하나 주목해야 할 점은 억압적 배제체제의 모순구조이다. 크게 보아 모순은 과도하게 강했던 국가와 자본, 그리고 과도하게 취약했던 노동운동과 정치적 도전세력이 만들어낸 역설로부터 기원하고 있었다.

이 체제는 동시대 세계 최고 수준의 저임금·장시간 노동이라는 가혹한 착취, 또는 그 착취강도의 강화에도 불구하고 노동자들의 생존을 위한 최소한의 이익대표, 권리도 보장할 수 없었던 체제였다. 곧 고도성장과 고도착취에 따른 계급대립의 압력을 배출할 출구가 없었던 것이다. 그러므로 정치·경제적 위기국면에서 생존권에 대한 압박 수준이 갑자기 높아지거나, 제한적이나마 정치적 공간이 열릴 경우 노동대중의 자연발생적 투쟁, 또는 기획된 투쟁이 폭발할 개연성을 갖고 있었다.[22] 앞에서 본

---

22) 1960년대 말과 1970년대 초반, 그리고 1979년 YH 투쟁과 부마항쟁, 1985년의 두 파업이 전자라면, 1980년의 봄, 1987년 대투쟁은 후자의 사례라고 할

바와 같이 경제가 팽창하는 시기에는 제한된 수준에서나마 경제적 보상, 실질임금의 상승이 있었다. 그러나 이는 항상적인 것일 수 없었고, 1987년 대투쟁처럼 경기 호황기에도 정치적 균열구조가 발생할 경우 대중의 저항은 폭발할 개연성을 항상 갖고 있었던 것이다.

노동운동의 관점에서 이 시기는 국가억압과 민주노조운동의 도전의 이중주의 시기로 볼 수 있다. 곧 국가 변수, 정치변동 변수가 전체 노동정치의 지형을 규정했던 것으로 볼 수 있다. 5·16 쿠데타, 10월 유신, 부마항쟁, 5·17 쿠데타와 광주항쟁, 6월 시민항쟁과 같은 정치적 위기 국면은 곧 바로 노동대중의 동원으로 이어졌던 것이다. 그런데 여기서 다시 확인해야 할 것은, 이 시기 전체에 걸쳐 노동운동은 상황을 규정할 독립변수라기보다 종속변수에 머물렀던 점이었다. 1979년 YH 쟁의, 1985년 두 개의 파업과 같이 노동운동은 질적으로 성장해 체제의 변형을 야기한 세력으로 성장했으나 여전히 종속적인 변수에 머무른 것이었다. 이 상황은 절차적 민주화가 시작되고 노동계급 대중의 전 계급적 투쟁이 폭발한 1987년까지 변화하지 않았다고 할 수 있다.

5. 결론: 억압적 배제체제와 민주노조운동

군부독재 27년 동안 구조화된 억압적 배제의 노동체제는 현재의 민주노조운동을 배태한 역사적 의미를 갖고 있었다. 2005년 현재의 시점에서

수 있을 것이다. 한편 축적체제와 노동체제 변동의 연관에 대해서는 여전히 보다 심도 있는 연구가 필요하다. 관료적 권위주의 이론이 주목했던 1970년대 초반 경제위기와 유신 노동억압의 연관, 1980년대 초 2차 석유위기와 경제자유화와 노동억압 강화의 연관, 1986년 이후 3저호황과 노동자대투쟁의 관계가 그것이다.

민주노조운동은 위기라 일컬을 만한 상당한 구조적 위기국면에 봉착해있다(노중기, 1999, 2005a). 1998년 이후 10여 년에 가까운 기간 동안 민주노조운동은 정체나 퇴보상태를 면하지 못하고 있는 것이다. 대다수의 연구자들이 위기를 논하지만 그 위기의 내용이 무엇인지는 여전히 모호하다. 이런 사정은 이른바 '민주노조운동의 위기'에서 '민주노조'가 무엇인지가 분명치 않은 것과 깊이 연관되어 있다.

억압적 배제체제에서 발생하고 성장한 민주노조운동은 이 시기에 동시에 그 한계와 새로운 가능성을 모두 보여주었던 것으로 판단된다. 그러므로 결론에서는 민주노조운동을 그 내적 구성과 함의라는 측면에서 간략히 재검토해보고자 한다.

먼저 노동운동론의 측면에서 1970년대 민주노조운동과 1980년대 이후의 민주노조운동의 연관에 대한 논의이다. 주지하듯이 전태일로부터 시작된 1970년대 민주노조운동은 수출부문 여성 경공업노동자들의 경제주의, 조합주의적 경향의 노조운동이었다. 1980년대 초반 이 운동의 한계에 대해서는 수많은 비판이 있었던 것이 사실이다(김용기·박승옥, 1989; 김금수·박현채 외, 1985). 그리고 그 비판들은 대체로 충분히 수긍할 수 있는 성질의 것이었다.

그런데 문제는 그것의 운동론적인 한계와 함께 그것이 배태되었던 시대의 구조적 조건과 그 한계에 대해서도 충분히 인식할 필요가 있다는 점이다. 앞서 보았듯이 당시 노동체제는 극도의 힘의 불균형 속에서 형성된 것이었다. 한국전쟁 이후 자주적이고 민주적인 노조는 완전히 절멸된 상태였고 이는 4·19 이후의 짧은 기간을 포함해도 마찬가지였다. 엄청난 국가의 물리적 억압과 극도로 불리한 이데올로기적 사회적 환경 속에서 나이 어린 여성노동자들은 스스로의 껍질을 깨고 나와야 하는 조건이었다. 억압적인 법제도와 어용 한국노총의 통제, 그리고 국가의 강한 물리적 억압, 더 근본적으로는 사회적 몰이해와 비난 속에서 3중,

4중의 구조적 제약을 뚫어야 하는 일이었다. 비유하자면 달걀로 바위를 깨는 일이었다.

그러므로 우리가 주목해야 할 것은 그것의 운동론적인 한계보다는 그것이 절멸되지 않고 1980년대 이후에 새롭게 확대 재생산된 사실이다. 사회경제적 정치적 수준에서 모순이 심화되었던 것은 그 일차적인 조건일 것이다. 특히 중화학공업화의 결과 남성 대공장사업장의 노동자들이 운동의 중심에 들어서고 있었던 점이다. 그러나 그런 객관적 가능성만으로는 부족했다. 1980년대 초반 적어도 조직적으로는 절멸되었던 민주노조운동은 두 가지 과정을 통해서 새롭게 부활했다. 그 하나는 운동주체들의 반성이었다. 노동자들을 억압했던 상대는 단순히 악독한 사용자나 반노동자적인 국가권력만은 아니었음을 수많은 시행착오로 배울 수 있었던 것이다.[23] 국가와 자본에 대한 계급적 적대, 그리고 과학적 운동론의 흡수는 1970년대 운동의 되풀이된 실패의 산물이었다.

그리고 다른 하나는 지식인 출신 노동운동가들의 민주노조에 대한 조직적 지원과 연대였다. '소박한' 민주화운동, 생존권투쟁으로 시작되었던 노학연대는 부마항쟁과 광주항쟁을 거치면서 철저한 자기비판을 수행했다. 그리고 그 결과는 1985년 이후의 노동자투쟁으로 표출되기 시작했다. 내적으로 많은 한계가 있었지만[24] 대자파업과 구로동맹파업은 억압

---

23) 청계피복노조의 파괴과정에서 노조의 주체들은 기존의 운동방식을 뼈저리게 반성한 바 있었다. 자세한 것은 이원보(2004: 654~655) 참고.

24) 이미 정설이 되어 있지만 대자파업은 철저히 작업장 내부 투쟁에 그쳤고, 경제적 요구와 타협적인 운동방식에 머물렀다. 반면 구동파 내부에는 이후 서울노동운동연합으로 발전하는 과정에서 나타났듯이 정치투쟁 편향성이 내포되어 있었다. 1987년 이후 우리 운동의 좌우편향의 요소가 1985년의 두 개의 대비되는 투쟁에 그대로 담겨 있었던 것은 역사의 아이러니일 것이다(김성훈, 1986).

적 배제체제 내부에서 민주노조운동의 새로운 가능성을 분명한 형태로 정형화한 것으로 평가할 수 있다. 대자파업은 운동의 주체란 측면에서 그리고 구동파는 기업별노조의 한계를 넘어서고자 하는 투쟁방식, 대중적인 정치투쟁이라는 새로운 운동양식을 뚜렷이 보여주었던 것이다. 그리고 양 투쟁은 모두 격렬한 전투성, 계급적 적대성을 공유하고 있었다.

다음으로 1970년부터 1987년에 이르는 18년의 기간 동안 민주노조운동은 그 운동적 정체성, 즉 전투성, 자주성, 민주성, 연대성을 일단 정형화할 수 있게 되었다. 즉, 민주노조운동의 형성기로 규정될 수 있다는 것이다. 이 시기의 민주노조운동은 국가가 주도하는 체제적 억압에 대한 방어적 성격의 운동이었고, 본질적으로 수동적인 것이었다.

먼저 연대성은 기업별 분단에 기초한 분할지배로 나아갔던 국가와 자본의 통제전략에서 직접적으로 발생했다. 더불어 취약한 권력자원을 최대한 확대하기 위한 자연스런 대응전략이었다고 할 수 있다. 여기에는 종교조직, 학생, 재야인사, 그리고 학생출신 활동가 등이 포함되고, 나아가 이웃의 민주노조들도 자연스럽게 결합했다.

둘째로 현장을 민주적으로 조직해 민주적 의사결정에 기초해서 조직을 움직이는 관행이 정착되었다. 이것은 한편에서 사용자들의 어용노조전략에 대한 대응이었고, 다른 한편에서는 주어진 권력자원을 최대한 동원하기 위한 방책이었다. 스스로의 조직역량을 최대한 끌어내기 위해서는 조합원 대중의 민주적 의사결정이 꼭 필요했던 것이었다.

셋째, 자주성은 공식노조가 더 이상 노동자들의 이익을 대표할 수 없는 조건에서 발생했다. 어용노총에 반대하는 자주성이 1970년대 초부터 일관된 민주노조운동의 이념이 될 수 있었던 것은 이 시기 노동체제를 코포라티즘으로 볼 수 없게 하는 또 하나의 근거가 된다.

넷째, 전투성은 엄청난 국가와 사용자의 폭력에 맞서는 과정에서 정형화된 이념일 것이다. 코포라티즘 체제로 분류되는 대만이나 라틴아메리카와 달리 한국에서는 노조에 대한 부분적 허용이나 정당을 매개로 한 통제장치가 없었다. 궁극적으로 물리력에 의존한 탄압일변도의 체제적 조건이 전투성을 강화한 것이었다(신광영, 1994: 316~318).

마지막으로 검토해 보아야 할 것은 1987년 노동자대투쟁과 억압적 배제체제하의 민주노조운동의 관계이다.[25] 흔히 1987년 노동자대투쟁은 대기업 남성노동자들의 자연발생적인 투쟁으로 평가되어왔다(김동춘, 1993). 그리고 그것은 1980년대 초반의 경인지역 중심의 지식인 중심의 노동운동과 조직적으로 연결되어 있지 않다는 점이 확인되어왔다(임영일, 1997: 64~70). 이런 설명은 모두 1987년 전후의 민주노조운동이 단절되었음을 강조하는 함의를 갖고 있다.

관련해서 우리는 세 가지 물음을 던져볼 수 있다. 먼저 이념적 조직적 연관이 없다면 어떻게 울산지역으로부터 전국적으로 노동자대투쟁은 폭발할 수 있었는가? 둘째, 1980년대 초반 민주노조의 특성, 즉 연대성, 민주성, 자주성의 특질이 동일하게 노동자대투쟁에서 발견되는가? 셋째, 1980년 초의 폭발적 운동, 그리고 패배한 여러 투쟁과 달리 자연발생적이었던 대투쟁이 이후 민주노조운동의 기초가 된 이유는 무엇인가? 즉, 1980년대 말, 1990년대 초반의 가혹한 국가억압에도 불구하고 전노협, 민주노총으로 조직적 확대를 이룰 수 있었던 이유는 무엇인가?

이 세 가지 물음은 더 많은 후속연구를 필요로 한다. 그렇지만 가설적인 수준에서나마 우리는 그 '단절성'의 의미를 추론해볼 수 있다. 그것은 1970년대 민주노조운동의 한계를 일정하게 극복한 새로운 형태의 민주노조운동이 대중적으로 폭발한 것으로 대투쟁을 이해하는 관점이다. 즉,

---

25) 노동자대투쟁은 억압적 배제체제하의 투쟁이기보다는 1987년 체제의 출발점으로서 규정할 필요가 있다. 이 속에는 1987년 체제의 내적 요소들이 압축적으로 표현되어 있기 때문이다(노중기, 1997).

1970년대 전체에 걸쳐 지난하게 진행되었던 1기 민주노조운동은 광주항 쟁, 신군부의 노동억압을 거치면서 조직적으로 절멸되었다. 이후 1983년 부터 1986년까지는 새로운 형식과 내용의 민주노조운동이 자리를 잡는 과도적인 시기였다. 그리고 1985년 대자파업과 구동파를 거치면서 새로 운 정형이 만들어진다. 즉, 민주적인 노동조합이 중심이 되면서도 전투적 이고 연대지향적인, 그리고 낮은 수준의 정치적 요구를 제기하는 민주노 조의 운동양태가 정형화되었던 것이다. 물론 이 과정은 조직적 연결이나 이념적 통일을 전제로 하는 연속적인 과정은 아니었다.

■ ■ ■ 참고문헌

구해근. 2002. 『한국 노동계급의 형성』. 서울: 창작과 비평사.

김금수·박현채 외. 1985. 『한국노동운동론 1』. 서울: 미래사.

김동춘. 1993. 『한국사회 노동자연구: 1987년 이후를 중심으로』. 서울대 박사학위 논문.

김삼수. 1999. 「1960년대 한국의 노동정책과 노사관계」. 한국정신문화연구원 편. 『1960년대 한국의 공업화와 경제구조』. 서울: 백산서당.

_____. 2003. 「박정희시대의 노동정책과 노사관계」. 이병천 편. 『개발독재와 박정 희시대』. 서울: 창작과비평사.

김성훈. 1986. 「85년 노동운동에 관한 두 개의 평가」. 『현장6』. 서울: 돌베개.

김인동. 1985. 「70년대 민주노조운동의 전개와 평가」. 김금수·박현채 외. 『한국노 동운동론 1』. 서울: 미래사.

김장한 외. 1989. 『80년대 한국노동운동사』. 서울: 조국.

김정주. 2003. 「외부 의존형 성장의 추구와 국가기구의 전면화과정」. 민주사회정 책연구원 학술대회. 『한국형 발전모델의 원형과 그 변용과정』 발표문.

김 준. 1989. 「제6공화국의 노동정책」. 학술단체협의회 편. 『1980년대 한국사회와 지배구조』. 서울: 풀빛.

_____. 1999. 「5.16이후 노동조합의 재편과 '한국노총체제'의 성립」. 한국사회사

학회 편. ≪사회와 역사≫, 제55집. 서울: 문학과지성사.

김호기. 1999. 「1970년대 후반기의 사회구조와 사회정책의 변화: 노동정책과 복지
　　정책을 중심으로」. 한국정신문화연구원 편. 『1970년대 후반기의 정치사회
　　변동』. 서울: 백산서당.

노중기. 1993. 「한국 국가의 노동통제유형에 관한 비판적 연구」. 한국산업사회연
　　구회 편. ≪경제와 사회≫, 여름호. 서울: 한울.

＿＿＿. 1995. 「국가의 노동통제전략에 관한 연구: 1987-1992」. 서울대 박사학위
　　논문.

＿＿＿. 1996. 「노동개혁과 노동정치」. 한국산업사회연구회 편. ≪경제와 사회≫,
　　가을호. 서울: 한울.

＿＿＿. 1997a. 「한국의 노동정치체제 변동: 1987-1997」. 한국산업사회학회 편.
　　≪경제와 사회≫, 겨울호. 서울: 한울.

＿＿＿. 1997b. 「6월 민주항쟁과 노동자대투쟁」. 학술단체협의회 편. 『6월민주항쟁
　　과 한국사회 10년 1』. 서울: 당대.

＿＿＿. 1999. 「노동운동의 위기구조와 노동의 선택」. 한국산업노동학회 편. 『산업
　　노동연구』, 5권 1호.

＿＿＿. 2002. 「코포라티즘과 한국의 사회적 합의」. ≪진보평론≫, 13호.

＿＿＿. 2003. 「노동체제 변동과 민주주의」. 학술단체협의회 엮음. 『민주주의는
　　종료된 프로젝트인가』. 서울: 이후.

＿＿＿. 2005a. 「위기의 노동운동, 신자유주의에 포위된 민주노조운동」. 한국산업
　　노동학회 발표원고.

＿＿＿. 2005b. 「민주노조운동과 구로동맹파업: 그 내적 연관에 대한 시론」. 구로동
　　맹파업 20주년정신계승 대토론회 발표문(6.18).

박승옥·김용기. 1989. 『한국노동운동논쟁사』. 서울: 현장문학사.

서울노동운동연합. 1986. 『선봉에 서서: 6월 노동자 연대투쟁 기록』. 서울: 돌베개.

신광영. 1994. 『계급과 노동운동의 사회학』. 서울: 나남.

유경순. 2005. 「1985년 구로동맹파업의 전개과정과 현재적 의미」. ≪진보평론≫,
　　여름호.

유범상. 1999. 「노사관계개혁위원회」. 최영기 외. 『한국의 노사관계와 노동정치』.
　　한국노동연구원.

유철규 편. 2004. 「박정희모델과 신자유주의 사이에서」. 함께하는 책.

이병천. 2003. 「개발독재의 정치경제학과 한국의 경험」. 이병천 엮음. 『개발독재와
　　박정희시대』. 서울: 창작과비평사.

이상회. 2003. 「1960년대 성장전략의 전환과 노동통제기제의 변용과정」. 민주사회
　　정책연구원 학술대회.『한국형 발전모델의 원형과 그 변용과정』발표문.
이원보. 2004.『한국노동운동사-경제개발기의 노동운동 (1961-1987)』. 지식마당.
임영일. 1993. 「한국의 노사관계와 계급정치」. 경남대 극동문제연구소 편.『한국
　　정치 사회의 새 흐름』. 서울: 나남출판.
＿＿＿. 1997. 「한국의 노동운동과 계급정치(1987-1995)」. 부산대학교 박사학위
　　논문.
장홍근. 1999. 「한국 노동체제의 전환과정에 관한 연구, 1987-1997」. 서울대 박사
　　학위 논문.
전신욱. 1989. 「한국 산업화과정에서의 노동통제와 노동저항」. 고려대학교 박사학
　　위 논문.
정진상. 2002. 「노사정위원회와 총파업투쟁」. 경상대학교 사회과학연구원 엮음.
　　『신자유주의 구조조정과 노동체제의 변화』. 서울: 한울.
조영철. 2003. 「재벌체제와 발전지배연합」. 이병천 엮음.『개발독재와 박정희시대』.
　　서울: 창작과비평사.
최장집. 1985. 「노동조합에 대한 조합주의적 통제」. 변형윤 외.『분단시대와 한국
　　사회』. 서울: 까치.
＿＿＿. 1989.『한국의 노동운동과 국가』. 서울: 열음사.
Collier, David and Ruth Berins Collier, 1979, "Inducement versus Constraint," *American Political Science Review*, Vol.37, No.4.

글쓴이 소개 (가나다순)

공제욱

약력: 1957년생, 서울대학교 사회학박사, 한국사회사 전공

소속: 상지대학교 교수(사회학)

논저: 『1950년대 한국의 자본가연구』(백산서당, 1993), 『1960년대의 정치사회변동』(공저, 백산서당, 1999), 「일제의 의복 통제와 '국민' 만들기」(≪사회와 역사≫ 제67집, 2005)

김정주

약력: 1966년생, 한양대학교 경제학박사, 정치경제학 전공

소속: 한신대학교 연구교수(경제학)

논저: 「노동시장 분석을 통한 이윤율 저하경향의 법칙 재검토」(『사회경제평론』 제18호, 한국사회경제학회, 2002), 「생산가격에 의한 가치체계의 재생산: 전형문제의 재검토」(『경제학연구』 제51집 제1호, 한국경제학회, 2003), 「시장, 국가, 그리고 한국자본주의 모델: 1980년대 축적체제의 전환과 국가후퇴의 현재적 의미」(유철규 편, 『박정희 모델과 신자유주의 사이에서』, 함께읽는 책, 2004)

노중기

약력: 1961년생, 서울대학교 사회학박사, 산업노동사회학 전공

소속: 한신대학교 교수(사회학)

논저: 「세계화와 노동체제 변동에 관한 비교사회학적 연구」(『산업노동연구』 제10권 1호, 한국산업노동학회, 2004), 「사회적 합의와 신자유주의 노동체제」(≪경제와 사회≫, 여름호, 한국산업사회학회, 2004)

박태균

약력: 1966년생, 서울대학교 문학박사, 한국현대사 전공

소속: 서울대학교 국제지역대학원 교수(한국사)

논저: 『조봉암 연구』(창작과비평사, 1995), 「1956-1964년 한국 경제개발계획의 성립과정」(서울대학교 박사학위 논문, 2000), 『한국전쟁』(책과함께, 2005)

유철규

약력: 1961년생, 서울대학교 경제학박사, 금융제도론, 기술경제학 전공

소속: 성공회대학교 교수(경제학)

논저: 「금융 공황과 IMF 금융개혁의 문제점」(『동향과 전망』 통권 37호, 한울, 1998), 『구조조정의 정치경제학과 21세기 한국경제』(윤진호, 유철규 편, 풀빛, 2000), 『박정희 모델과 신자유주의 사이에서』(유철규 편, 함께읽는책, 2004)

이상희

약력: 1963년생, 숭실대학교 법학박사, 노동법 전공

소속: 산업연구원 부연구위원, 산업자원부 장관 노사자문관

논저: 「불안정 노동관계의 법적 규율에 관한 연구(2): 기간제 근로 및 파견근로를 중심으로」(『노동법학』 15호, 한국노동법학회, 2002), 『일본에서 특수고용형태 종사자의 법적 지위와 관련한 유권해석의 검토: 교육산업종사자 효율적 보호방안』(중앙경제사, 2004), 「자동차운수업의 근로자의 근로시간 개념 및 그 개선에 관한 연구: 방안 모색의 기초」(『노동정책연구』 제4권 제2호, 한국노동연구원, 2004)

정건화

약력: 1959년생, 서울대학교 경제학 박사, 노동경제학 전공

소속: 한신대학교 교수(경제학)

논저: 「미국 비정규노동에 대한 연구」(『산업노동연구』 제9권 제2호, 2003), 「대안적 경제 체제의 모색을 위한 제도경제론적 검토: 시장 담론을 중심으로」(『사회경제평론』 제23호, 한국사회경제학회, 2004), 『정보사회론』(공저, 미래 M&B, 2005).

조석곤

약력: 1960년생, 서울대학교 경제학박사, 한국경제사 전공

소속: 상지대학교 교수(경제학)

논저: 「민족경제론과 '국민형성'의 과제」(≪동향과전망≫ 통권 55호, 한국사회과학연구소, 2002), 『한국근대 토지제도의 형성』(해남, 2003), 「1980년대 자유주의 농정에 대한 평가」(≪농촌경제≫ 27-3, 2004).

최상오

약력: 1964년생, 성균관대학교 경제학 박사, 현대한국경제사 전공

소속: 서울대 경제연구소 책임연구원(경제학)

논저: 「1950년대 한국의 환율제도와 환율정책」(『한국경제연구』 제9권 2호, 한국경제연구학회, 2002), 「한국의 전후 재건과 미국」(『민주사회와 정책연구』 제3권 1호, 민주사회정책연구원, 2003), 「이승만정부의 경제정책과 공업화전략」(『경제사학』 제35호, 경제사학회, 2003), 『한국의 유가증권 100년사』(공저, 해남, 2005)

황수철

약력: 1959년생, 서울대학교 경제학박사, 농업경제학 전공

소속: 농정연구센터 부소장(경제학)

논저: 「새로운 식품안전관리시스템의 모색을 위해: '위협받는 소비자식탁, 어떻게 할 것인가」(심포지엄시리즈XI, 농정연구센터, 2004), 「농업구조조정의 좌절과 소득정책으로의 전환: 1960년대 후반 농지법 제정논의를 중심으로」(≪동향과 전망≫, 한국사회과학연구소, 2003), "Government Tasks to Reform Korea's Agricultural Policy"(*Korea Focus*, vol. 11. no. 3, 2003)

한울아카데미 **798**

1950~1960년대 한국형 발전모델의
원형과 그 변용과정

ⓒ 공제욱·조석곤, 2005

지은이 | 공제욱 외
펴낸이 | 김종수
펴낸곳 | 도서출판 한울

편집 책임 | 안광은

초판 1쇄 인쇄 | 2005년 11월 3일
초판 1쇄 발행 | 2005년 11월 15일

주소 | 413-832 파주시 교하읍 문발리 507-2(본사)
       121-801 서울시 마포구 공덕동 105-90 서울빌딩 3층(서울 사무소)
전화 | 영업 02-326-0095, 편집 02-336-6183
팩스 | 02-333-7543
홈페이지 | www.hanulbooks.co.kr
등록 | 1980년 3월 13일, 제406-2003-051호

Printed in Korea.
ISBN 89-460-3461-0 94330

* 가격은 겉표지에 표시되어 있습니다.